启真馆 出品

阿多尔诺
基础文选续编

[德] 特奥多·阿多尔诺 —— 著

夏凡 —— 编译

ZHEJIANG UNIVERSITY PRESS
浙江大学出版社
·杭州·

图书在版编目（CIP）数据

阿多尔诺基础文选续编 /（德）特奥多·阿多尔诺著；
夏凡编译. -- 杭州：浙江大学出版社，2022.12
（阿多尔诺文集）
ISBN 978-7-308-23091-9

Ⅰ.① 阿⋯ Ⅱ.① 特⋯ ② 夏⋯ Ⅲ.① 阿多诺(
Adorno, Theodor Wiesengrund 1903-1969)—哲学思想
Ⅳ.① B516.59

中国版本图书馆CIP数据核字（2022）第188524号

阿多尔诺基础文选续编

［德］特奥多·阿多尔诺　著　夏　凡　编译

责任编辑	伏健强
责任校对	黄梦瑶
装帧设计	祁晓茵
出版发行	浙江大学出版社
	（杭州天目山路148号　邮政编码310007）
	（网址：http://www.zjupress.com）
排　　版	北京楠竹文化发展有限公司
印　　刷	河北华商印刷有限公司
开　　本	635mm×965mm　1/16
印　　张	25.75
字　　数	372千
版 印 次	2022年12月第 1 版 2022年12月第1次印刷
书　　号	ISBN 978-7-308-23091-9
定　　价	98.00元

译者序

本书是《阿多尔诺基础读本》的续编，按照写作时间顺序收录了德国思想家特奥多·维·阿多尔诺（Theodor W. Adorno，1903—1969）的22篇文献。这些文献写作于1938—1969年（阿多尔诺去世前），大部分收录于德文版《阿多尔诺全集》的第8卷、第9卷、第10卷和第11卷。《异化的杰作：〈庄严弥撒〉》收录于《阿多尔诺全集》第17卷（第145页以下），另见《贝多芬：音乐哲学》一书（苏尔坎普出版社，1993年版；已有中文译本，标题改为《贝多芬：阿多尔诺的音乐哲学》）。此外，《胡塞尔与唯心主义问题》在作者生前已经单独发表，《关于社会批判理论的说明》则是生前未发表的手稿。

阿多尔诺的生平和基本思想，我已经在《阿多尔诺基础读本》的《导论》中做过介绍，此处不再赘述。正如我曾经指出过的那样，要理解这些文献的思想，只有通过认真的、精益求精的反复研读才能达到。所谓"导读"，是一部研究著作才能完成的任务，而不是写一篇洋洋洒洒的序言就能代替的。所以，在这里，我只是按照惯例，对文献的基本情况做一番交代。

第一组文献来自《阿多尔诺文集》第8卷（《社会学论文》，苏尔坎普出版社，1972年）。它们是：《社会》（1965年）《伪文化理论》（1959年）、《〈德国社会学的实证主义论争〉导言》（1969年）、《晚期资本主义，还是工业社会？》（1968年）、《评〈社会科学的逻辑〉》（1962年）。要说明的是，《伪文化理论》的标题如果直译，应当是《半文化理论》，今从英译文改译。"伪文化"还是"半文化",两种译法各有千秋,读者自会判断。

其中值得注意的是《评〈社会科学的逻辑〉》和《〈德国社会学的实证主义论争〉导言》,它们和《阿多尔诺基础读本》中已经收录的《社会学和经验研究》(1957年)均来自《德国社会学的实证主义论争》一书(1969年德文原版,英译本1976年版)。这3篇文献集中反映了阿多尔诺对以波普尔为代表的实证主义思潮的批判。

1961年,在德国社会学学会的图宾根大会上,卡尔·波普尔做了题为《社会科学的逻辑》的讲演。阿多尔诺和达伦多夫(Ralf G. Dahrendorf)随后进行了反驳。阿多尔诺的反驳意见在1962年成文发表,《评〈社会科学的逻辑〉》一文对波普尔的批判理性主义思想进行了清算。波普尔这些"开放社会的卫道士"一心追求科学的真理,确切说,科学理论的证伪。阿多尔诺则认为,科学的真理概念是不可能从真理的社会概念上剥离下来的。换言之,在虚假的社会中谈论理性的真伪,是一件非常不合理的事情。此后争论愈演愈烈。1969年,相关文章被收录成《德国社会学的实证主义论争》一书,阿多尔诺为该文集写了长篇的导言。

1965年,阿多尔诺在《社会》一文中坚持认为,当前的西方社会仍然是阶级社会。在1968年德国社会学学会的大会上,阿多尔诺做了题为《晚期资本主义,还是工业社会?》的定调发言,他反对用"工业社会"这个暧昧的提法混淆资本主义社会与社会主义社会之间的区别,而坚持认为西方社会是一种晚期资本主义社会。无论如何,阿多尔诺的左派观点是坚定的。

第二组文献来自《阿多尔诺全集》第9卷(1975年版)和第10卷(1977年版)。首先是一本小册子,《地上的星星:次级迷信研究》,收录于《阿多尔诺全集》第9卷(下册),第7-120页,原文为英文。1952年,阿多尔诺从当时的联邦德国(西德)前往美国,在洛杉矶从事了一段大众文化的心理分析工作,研究成果是《电视和大众文化模式》、《地上的星星》、《电视开场白》和《作为意识形态的电视》等4篇论文。《电视和大众文化模式》经改写后,以《如何看电视》为题发表,《阿多尔诺基础读本》已经收录。《地上的星星》是对《洛杉矶时报》星座专栏的分析,是不可多得的文化工业个案研究。同样属于文化工业个案研究的是《电视开场白》和《作为意识形态的电视》,写于1952年,首次发表于1953年。它们先是被收入《冒犯:九个批判模型》(1962年)一书,然后收入《阿多尔诺全集》第10卷。

《阿多尔诺全集》第10卷(《文化与社会批判》)由4本书组成:《棱镜:文化批评与社会》(1955年)、《没有榜样:小美学》(1967年)、《冒犯:九个批判模型》(1962年)、《关键词:批判模型之二》(1969年)。本书的第三组文献均来自这一卷。来自《棱镜》的是《没落之后的斯宾格勒》(1938年写作,1941年发表)、《凡伯伦对文化的抨击》(1941年写作和发表)、《阿道斯·赫胥黎与乌托邦》(1942年写作,1951年发表)和《阿诺尔德·勋伯格,1874—1951》(1952年写作,1953年发表)等4篇;来自《没有榜样》的是《论传统》(1966年)和《关于艺术社会学的提纲》(1965年11月5日报告,1967年发表);来自《冒犯》的是《人文科学与文化笔记》(1962年),标题中的"人文科学"一词,德文直译应为"精神科学",特此说明;来自《关键词》的则是《哲学思维笔记》(1964年10月9日广播演讲,1965年10月发表)。

第四组文献来自《阿多尔诺全集》第11卷(《文学评论》,苏尔坎普出版社,1974年)。它们是:《抒情诗和社会》(1957年)、《〈本雅明文集〉导言》(1955年)和《歌德〈伊菲革涅〉的古典主义》(1967年)。1955年,阿多尔诺夫妇编辑出版了世界上第一部《本雅明文集》(2卷本),阿多尔诺的这篇导言的重要意义不言而喻。《歌德〈伊菲革涅〉的古典主义》是阿多尔诺1967年7月7日在柏林自由大学(西柏林)的演讲。在学生运动的激进氛围中,阿多尔诺不为所动,坚持认为美学高于政治。这一立场无人理解,遭到了强烈的抗议。

剩下的几篇文献构成了第五组。《胡塞尔与唯心主义问题》是阿多尔诺对《认识论元批判》(1938年写作,1956年出版)的总结,第一次比较系统地批判了胡塞尔的现象学。《异化的杰作:〈庄严弥撒〉》是对贝多芬的《庄严弥撒》的批判性分析。阿多尔诺一生都在研究贝多芬，他把贝多芬视为音乐界的黑格尔，代表着资本主义同一性逻辑的完成和自我解体。这些研究手稿在阿多尔诺逝世后被编为一本书《贝多芬：音乐哲学》，《异化的杰作：〈庄严弥撒〉》也在其中。

本书的翻译工作始于 2017 年 1 月，结束于 2019 年 12 月。在此期间，我欣慰地看到，阿多尔诺的著作陆陆续续在汉语学界翻译出版了。众人拾柴火焰高，终归是一件值得庆贺的事情。不过，这也使得我调整了翻译计划。我将不再以"读本"的形式译介阿多尔诺的思想，而是更专注于那些令人望而生畏的"大部头"。毕竟，《启蒙辩证法》《否定的辩证法》《美学理论》等著作才体现了阿多尔诺哲学思想的最高境界。汉语学界早就期待着能够和阿多尔诺这位"最熟悉的陌生人"再次相逢。

一切相逢，都是久别重逢。一切重逢，又将是"初次见面"。

是为序。

夏凡

2020 年 5 月，全球大疫中

江苏南通

目录

1. 没落之后的斯宾格勒 [①]

　　与其说，哲学的历史是对哲学问题的解答，不如说，"哲学问题总是被它们引起的思想运动所遗忘"这个事实才构成了哲学史。奥斯瓦尔德·斯宾格勒的学说也不例外。随着世界历史朝着他的理论所预言的灾难迅速移动，他的理论已经被遗忘了。《西方的没落》（下文简称《没落》）一开始很受欢迎，大获成功，但是德国舆论很快就转而反对这部著作。官方哲学家斥之为肤浅，学术权威们指控它是外行冒充内行，而在德国的通货膨胀和稳定的起起伏伏中，没有人想要任何与《没落》的主题有关的东西。与此同时，斯宾格勒发表了很多小研究，其装腔作势和油腔滑调使他很容易被贴上流行的"生活的喜悦"的标签。

　　当《没落》的第二卷在 1922 年出版时，其接受度远远不及第一卷，尽管"没落"这一主题直到第二卷才具体展开。读斯宾格勒的门外汉像读他之前的尼采和叔本华那样读他，从而远离了哲学；职业哲学家很快簇拥到海德格尔周围，其著作赋予他们的恼怒一种更为高雅的表达。他赞颂了死亡，并且许诺要把对死亡的思考变成学者的职业秘密；斯宾格勒仅仅下达了判决，而没有考虑到人。斯宾格勒过时了，他的小册子《人与技术》无法和同时代的聪明伶俐的哲学人类学相竞争。几乎没有谁注意到他和国家社会主义的关系，他和希特勒的争论，乃至他的逝世。在德国，他遭到

---

①　本文最初发表在 1941 年《哲学与社会科学研究》第 9 卷第 2 期上，发表时的题目为《今天的斯宾格勒》。1955 年收录于《棱镜》一书，改为现在的题目。收录于《阿多尔诺全集》德文版第 10 卷，苏尔坎普出版社，1977 年版，第 47-71 页。

放逐，被当成一个悲观主义者、一个反动派：在当时的先生大人们对那些词语的用法意义上。在国外，人们认为他要对陷入野蛮状况负意识形态上的责任。

然而，有很好的理由再次提出斯宾格勒的作品的真实性和虚假性问题。为了最终判断他的观点的价值，应该容许他看看世界历史——直奔新秩序而去，并忽略了他的世界历史。还有一个较小的理由，世界历史的进程已经在一定程度上证实了他的直接预测，如果他还记得这些预测的话，会大吃一惊的。被遗忘的斯宾格勒要用他的正确性来复仇了。得到证实，却被遗忘，斯宾格勒的这一命运让他那不祥的"盲目的宿命"概念有了几分客观性。当七位德国学者联合起来用《逻各斯》期刊打败圈外人，他们的庸人热情招致了嘲笑。今天，他们的热情看起来没那么有害了；它证明了思想的无能，堪与魏玛共和国面对希特勒时的政治无能相媲美。斯宾格勒几乎找不到与他旗鼓相当的对手，他的被遗忘是逃避造成的结果。

只要读一下曼弗雷德·施罗特的书《关于斯宾格勒的争论》(Manfred Schroeter, *Der Streit um Spengler*)，读读他对1922年之前的批判文献的全面研究，就能看到德国精神在面对一个似乎继承了它以往的全部历史力量的对手时是如何崩溃的。面对一个像军官训斥新兵蛋子那样指责他们的人，德国哲学和科学只能迂腐地拘泥于具体事物，一种顺从的乐观主义修辞学，其观念往往不自觉地承认了缺陷：要么是保证事情其实并没有那么糟糕，要么是狡猾地用夸张的相对主义来消灭斯宾格勒的相对主义立场。在他们浮夸的不幸背后，是消除一切抵抗的秘密动机。然而，世界的步伐越是和他一致，就越是有必要思考这部宣告了人类命运的作品的意义——随着千百万人的被屠杀，人类已经比他的可怕的预言有过之而无不及。面对后来的历史发展，斯宾格勒的论点的力量是非常明显的。应该研究该力量的根源：哪怕作品有着经验上和理论上的明显不足，仍然拥有着这一力量。虽然最终并不相信他的论点，也应该问一问，用什么样的思想才能反驳斯宾格勒的论证，并避免权力的装腔作势和官方乐观主义的昧良心。

在说明斯宾格勒的力量时，首先不应转向他的历史哲学的一般概念，比如植物性生长和文化崩溃的概念，而要看看他怎样把他的历史哲学运用到即将到来的历史阶段上：他命名这个阶段为"恺撒主义"，类似于古罗马帝国时代。他最有代表性的预言和群众统治的问题有关，比如宣传、大众文化和政治操纵的形式，尤其是民主制度被颠覆为独裁专制的若干内在趋势。斯宾格勒不认为经济在社会现实中起决定作用，而认为经济生活不过是特殊的"心灵状态"的"表现"，因此他对经济的具体预测也不具有太多的重要性。他没有提出垄断问题，尽管他很清楚权力的不断集中导致的文化后果。然而他论述的范围之广，足以揭示值得注意的经济现象，特别是和货币经济的衰落有关的那些现象。

《没落》第二卷的几段文字涉及恺撒主义时代的文明。首先是论述"现代都市的面相学"的段落。关于房屋，斯宾格勒写道："它们和灶神、门神、家神、财神居住的房子没有任何共同之处。它们仅仅是壳子，形成它们的不是血统，而是实用，不是情感，而是商业精神。只要火灶对虔诚的心灵来说还是家庭的真正的、有意义的中心，和土地的最后纽带就还没有消失。当这些东西失去时，当这片房屋海洋的大量房客和过夜客人从一个藏身处到另一个藏身处，过着像原始时期的猎人和牧人那样的漂泊生活时，理智的游牧民就彻底形成了。这个城市是一个世界，就是世界本身。只有作为一个整体，它才具有人类居所的意义。房屋不过是构成城市的原子。"维尔纳·桑巴特也在他的小册子《为什么美国没有社会主义？》里提出了类似的思想。

近来的城市居民成为第二游牧民，这一形象值得玩味。该形象不仅表达了焦虑和异化，也表达了一种即将到来的状况的非历史性特征，在这一状况下，人仅仅觉得自己是不透明的过程的客体对象，被突然的震惊和突然的遗忘撕裂开来，不再能够意识到时间的连续性。斯宾格勒看到了人的原子化和退化之间的关系，这种退化的人只是随着极权主义国家的袭击才充分暴露出来："宏伟的城市群总是寄居着可悲的贫穷和习俗的堕落；那些阁楼和顶层、地窖和后院正培育着新的原始人。"

在各种不同的"露营"中（那里甚至不再有房屋），退化变得公开了。

斯宾格勒不理解带来这种状况的生产条件。然而，他更加清楚地看到在统治群众的实际生产过程之外掌握着群众的精神框架，这些现象通常冠以"休闲"的名目。"理智的紧张只知道都市特有的放松方式，也就是用消遣和娱乐来缓解紧张。真正的游戏、生活的喜悦、快乐、陶醉是宇宙节奏的产物，其本质再也不被理解了。但是，用相反的东西（自觉的、故意的愚蠢）去缓解繁重的、实用的脑力劳动，用体育运动的身体紧张去缓解智力的紧张，用竞赛和赌博引起的'快乐'的感性紧张和'刺激'的精神紧张来缓解身体的紧张，用有意识欣赏的神秘主义来取得纯粹的日常劳作的逻辑——这一切发生在所有文明的每一个都市中。"

从这一点出发，斯宾格勒确立了一个观点："艺术本身成为体育运动。"他既不知道爵士乐也不知道猜谜节目，但是如果要概括当今大众文化的最重要趋势，几乎找不到比"体育"更耐人寻味的范畴了：有节奏地跨越障碍，比赛——无论它是表演者之间的比赛还是制作人和公众之间的比赛。斯宾格勒的嘲讽的全部力量不仅针对着操控者，也针对其受害者：他们沦为广告文化的"教养"工业的牺牲品。"农夫（Fellah）类型的人出现了。"

斯宾格勒认为这种农夫类型是公共传播媒介的集中化对人类意识的剥夺造成的结果。该过程仍然用货币的权力来说明，尽管他预见到货币经济的终结。在他看来，理智，作为无限的自主性，只有在和货币的抽象统一性的联系中才能存在。无论实际情形如何，他的描述对极权统治下的状况是完全正确的，该极权政体在意识形态上同时向金钱和思想宣战。可以说，斯宾格勒认识到了在广播出现之后才发展成熟的媒介特征；同样，他对民主制度的反对意见也只有在独裁专制到来之后才显出全部的分量。"通过报纸，民主制度把书籍从人民的精神生活中完全驱除了。书籍的世界，及其鼓励人们用思想去选择和批判的各种各样的观点，现在真的只为极少数人占有。人们只读同一份报纸，'他们的'报纸，这种报纸每天成千上万地塞进家家户户，从早到晚蛊惑着人们的理智，它的版式让人忘掉了书籍。假如偶尔有一本书面世，就用'书评'来预先消除其可能的影响。"

斯宾格勒看到了启蒙在普遍性统治的时代中的双重性。"与政治报刊联系在一起的，是普及教育的需要，这一需要是古代世界完全没有的。在这一需要中，有一种将群众（政党政治的目标）置于报纸控制之下的无意识冲动。早期民主政治的理想主义者把普及教育视为毫无不可告人的动机的纯启蒙，甚至在今天也能到处看见热衷于新闻出版自由观念的弱智，殊不知这恰恰为即将产生的世界报业巨头铺平了道路。学会了阅读的人屈从于巨头的权威，晚期民主政治期待的自我决定变成了人民完全被印刷文字背后的权力所决定。"

斯宾格勒对一战中的温和的报业巨头的描述，在操纵的宣传技术和"自发的"群众示威中获得了成熟的形式。"读者还没察觉，报纸（乃至读者本人）就换了主人。"在第三帝国，这是千真万确的事情。斯宾格勒斥之为"20世纪的作风"。"今天，一个老派的民主主义者将要求摆脱新闻出版的自由，而不是要求新闻出版的自由。与此同时，领袖已经变成了暴发户，面对群众，他们要捍卫自己的地位。"

斯宾格勒预言了戈培尔："驯兽师对他的动物的控制也不过如此。作为读者群众的人民一旦解除了控制，就会冲过街道，冲击指定目标，发出威胁，砸坏窗户。可是，只要报刊的一个指示，人民便安静下来，返回家中。今天的报刊是一支配备了精良武器的军队，记者是它的军官，读者是它的战士。但是，和任何军队一样，战士盲目地服从命令，而战争目标和作战计划的改变是不让他们知道的。读者既不知道也不会知道他被什么目的利用了，不知道他要扮演的角色。难道还有比这更可怕的对思想自由的讽刺漫画吗？以前不允许人们自由思考，现在允许了，但没有人能够自由思考了。人们现在只想他们应该想的东西，这被他们认为是自由。"

斯宾格勒的具体预测并不让人惊讶。首先是军事上的预测，很大程度上可能受到德国在一战中的高度命令型体制的经验的影响，斯宾格勒认为普遍兵役制的"民主"原则和它要求的策略已经过时了："从现在起，志愿的、热衷于战争的军人服役的职业军队将逐渐取代常备军，十万人的军队将取代现在上百万人的军队。但实际上，这第二个世纪（拿破仑战争之后的世纪，即 19 世纪）将成为真正的战国时代。这些军队不是战争的替代品——它们是为战争存在的，它们需要战争。在两代人之内，它们的意志就将压倒一切想要和平的人的意志。在争夺全世界的遗产的这些战争中，所有的大陆都风雨飘摇，印度、中国、南非、俄国都将动员起来，新技术和新战术将再度针锋相对。强权的大都市的权力中心将任意支配较小的国家、它们的领土和它们的经济。它们仅仅是地方，是被操纵的对象，是实现目的的手段。它们的命运对于更宏大的进程而言是无关紧要的。我们自己就在很短的时间内学会了忽视那些在战前会让全世界目瞪口呆的事情。"

与此同时，提及奥斯威辛已经引起了烦人的不满。没有任何人和过去有关了。在斯宾格勒的理论中，战国时代之后是一个非历史的（取其贬义）世界：现在的经济趋势是建立一种没有经济危机的稳定状况，而消除市场和竞争的波动显然符合斯宾格勒的预测。他的预言更惊人地实现于文化的静止状态中，这方面的最先进尝试已经否定了 19 世纪以来的社会的理解和认可。这一静止状态要求不断地、拼命地重复已经被接受的东西，与此同时，提供给群众的标准化艺术及其固定程式就排斥了历史。所有的特别现代的艺术都是用魔法唤醒历史动力学的努力，要么是把静止的恐怖提高到令人震惊的程度，要么就描绘灾难，让非历史的东西突然看起来像是古代的东西，斯宾格勒对较小的国家的预言已经开始在人自己身上实现了，哪怕是最大的、最强的国家的公民。于是历史似乎被消灭了。所有的事件都是人曾经经历过的事情，而不是他们自己造成的事情。就连最伟大的战略开发和胜利进军也有一种幻灭的意味：它们没那么真实。"假"（phony）这个词抓住了这一点。事件是寡头及其刺客的私事；他们不是社会的动力学造成的，而是把社会置于强大的行政管理之下，直至行政管理消灭了社会。

作为政治权力的对象，人缴出了他的自发性："帝国时代一旦到来，政治问题就不复存在。人们按部就班地处理当前局势，与强权相处。在战国时代，为了实现民主政治的伟大真理，为了获得有价值的生命不能没有的那些权利，血流染红了世界城市的城墙。这些权利现在取得了胜利，但是就连惩罚也不能让孙辈们去行使这些权利。"

斯宾格勒对政党本质的改变的预测已经在纳粹主义中获得了完全的确认——党成了一群拥护者。他对政党特征的概括，也许是受罗伯特·米歇尔斯的启发，同样极有见识地看到法西斯主义知道如何邪恶地利用它；如果一种人道主义自称为尚未实现的世界之尺度，其虚假性只会被证明为绝对的虚假和非人道。斯宾格勒看穿了政党结构和资产阶级自由主义之间的关系。"进入议会的贵族政党本质上和进入议会的无产阶级政党一样是伪装的。只有资产阶级政党在那里才是自然的。"他强调了允许政党体制转化成独裁的机制。

这样的思考很类似于斯多葛派以来的历史循环论哲学。马基雅维利发展了这一观念，从长期看，民主制度的衰败总是使独裁政治成为必然。但是，处在某个时代末尾的斯宾格勒虽然在一定意义上复兴了处在该时代开端的马基雅维利的立场，却表现得比先前的政治哲学家们更为高明：他已经体验到了历史的辩证法，尽管他尚未为之命名。对他来说，通过政党的统治，民主的原则发展到它的反面。

"真正的政党统治的时期不到两个世纪，对我们来说，它在世界大战之后就完全衰落了。在共同的推动力的基础上，作为一个群体行动的选民将选举出有能力处理他们的事务的人——这是所有宪法的幼稚假设——只有在一开始才有可能，也就是说，尚不存在组成特殊团体的倾向。1789年的法国和1848年的德国就是这样。只要会议一召开，立刻就会形成各种策略联盟。这些团体的联合依靠的是保持已赢得的优势地位的意愿：它们再也不自视为选民的喉舌，而是用尽一切鼓动手段来影响选民，并利用选民来达到它们自己的目的。人民的某种倾向一旦被组织起来，实际上就成为组织的工具，并且它将继续无情地前进，直到组织也转变为领袖的工具。权力意志比任何理论都强大。起先，领导层和党的机关是为实现纲领而建立起来的。后来，官员们为了权力和利益而牢牢抓住它们不放——正如今天的普遍情形那样，各个国家都有成千上万的人靠着政党及其分配的岗位和工作为生。最终，纲领从记忆中消失了，组织只为它自己运转。"

斯宾格勒尤其谈到了德国，预见到帮助希特勒夺取政权的少数派政权。"德国的 1919 年宪法形成于民主没落的边缘，它极其天真地承认了政党机器的独裁，这些政党机器已经把所有权力揽在自己怀中，不再严肃地对任何人负责。臭名昭著的比例选举制和官方名单制确保了政党机器的维护和扩张。1848 年宪法中的人民权利已经荡然无存，取而代之的是政党的权力。这种权力虽然听起来无害，实际上意味着组织的恺撒主义。在这个意义上，1919 年宪法是那个时代最进步的宪法，其最终结果现已有目共睹。只做了若干小的改动，它就把不受制约的权力授予了个人。"

斯宾格勒预言，思想的权力将会灭绝，最终思想将成为一种禁忌。他甚至试图用不可变的历史进程来论证这一禁忌的合法性。

这就触及了斯宾格勒的体系的"阿基米德点"。他的历史哲学断言的"精神正在死去"，以及他从中推导出的种种反理智的后果，不仅适用于历史的"文明化的"阶段，也适用于斯宾格勒构想的一般人。"真理是为心灵而存在；实际上，只和生命有关。历史研究（我所说的面相学方法）是和血统有关的事情；它是一种能扩展到过去和未来的知人论世的天赋，是一双能够看到事件、必然事件、不得不如此的事情的慧眼，而不仅仅是科学的考据或资料的知识。"

这里的关键因素是"认识"人的天赋，以及它和血统的意识形态之间的关联，而这同时也就是斯宾格勒预言的那一恐怖。在这一观念背后，站着的是马基雅维利对一种不变的人性的假定：只要能察知这种人性，便可一劳永逸地控制它，因为它永远保持不变。理解了全部的内在含义之后，"认识"人实际上是蔑视人："他们是这样的，他们是那样的。"这一态度的核心旨趣乃是统治。斯宾格勒的所有范畴都是由这个概念决定的。他同情的是统治者，当他谈论起现代工业巨头的无穷智慧和钢铁意志的时候，历史幻灭的哲学家就像他总是在嘲笑的那些和平主义者那样吹捧他们。他的全部历史图像都是以统治的理想为准绳的。他对这种理想的亲和力使他在任何事关统治之可能性的问题上都具有深刻的洞察力，然而，一旦他面对那些超越以往全部历史（统治之历史）的推动力时，上述亲和力就会用恨意遮蔽他的眼睛。在斯宾格勒那里，德国唯心主义者崇拜宏大的普遍概念，并且冷漠地让个人生存为这些理念牺牲的倾向（这是叔本华、克尔恺郭尔和马克思都攻击黑格尔的一种倾向）变成了对人类的现实牺牲的幸灾乐祸。黑格尔的历史哲学还对历史上的屠戮痛心疾首，斯宾格勒却只看到事实。确实，事实令人遗憾，如果谁想表示遗憾的话；但是，只要他和历史必然性合谋，只要他的历史相面术站在强者一边，那么事实并不见得会引起他的太大关注。詹姆斯·肖特韦尔（James Shotwell）在《思想史随笔》一书中公允地批判了斯宾格勒："斯宾格勒对他描绘的伟大的悲剧感兴趣，而没有闲工夫同情再现的黑夜中的那些受害者。"

最能表现统治这个主题的，是斯宾格勒的概念框架的那种彻底的行政管理风格：它忽略了文化，似乎文化只是五颜六色的石头，随着命运、宇宙、血统和精神被炸毁，无碍大局。如果把一切现象都还原为"以前发生的就是这些"这个公式，那就是在施加一种范畴的暴行。这种暴行和斯宾格勒热衷的政治暴行密切相关。他把历史重新洗牌，让历史吻合他的宏大规划，这就像希特勒把少数民族从一个国家分流到另一个国家那样。最终，一切都被考虑到了。什么也没落下，所有的抵抗都被消灭了——而抵抗始终只建立在那些尚未被理解的东西之上。无论单门科学对斯宾格勒的批评有多么不准确，它们在这一点上具有真理的因素。历史的大规模经济学（Grossraumwirtschaft）的幻景，只有通过个别实体才能避免——其固执为专制的归并设定了界限。如果说，由于斯宾格勒的视角及其范畴的广度，他要优于沉迷于细节的单门学科，那么斯宾格勒的涉猎之广同时也使他低于个别学科。他的广度是因为他从来不忠实地追随概念的辩证法和具体细节，而是用一个理论图式绕道而行：该图式意识形态地从"事实"中压榨出思想，从不承认事实并不仅仅如猛一眼看起来的那般协调一致。在斯宾格勒的世界历史视角中，有一种卖弄和自大的成分，很像是威廉时代的胜利大道（Siegesallee）的精神；只有当世界变成了胜利大道，才会呈现出他想要的形式。迷信"哲学的伟大在于宏大"，这是唯心主义的坏遗产——仿佛绘画的质量取决于题材是否重大似的。伟大的主题并不能证明观点的伟大。如果黑格尔的话不虚，真理是总体，那么只有当总体的力量被个别性的知识所吸收的时候，才是这样。

在斯宾格勒那里看不到这一点。个别性从不向他敞开，总是被他的文化形态学的比较研究预先解释了。他的方法论被得意地称为面相学。其实，他的面相学思想是和他的范畴的极权主义特征拴在一起的。一切个别的东西，无论多么奇特，都只是某个宏大事物的符号，是文明的一个符号。因为斯宾格勒的"世界"概念是严格受到他的范畴统治的，不符合其范畴的任何东西都没有容身之处。这里有一些真理的成分，因为事实上，以统治为基础的社会总是凝结为封闭的总体，不给个别性以任何自由。总体性是社会的逻辑形式。斯宾格勒的面相学有一个优点，它直接关注在个别性之中的"体系"，即使它以自由的表象掩盖了普遍的依赖性。但是这个优点被以下事实抵消了：斯宾格勒所强调的"个别因素对总体的普遍依赖"（具体说来，文化的表现特征对其总体性的依赖）是如此抽象，以至于它模糊了对人类生活起决定作用的那些具体的、分化明显的依赖因素。因此斯宾格勒用面相学来反对因果律。忽略了因果联系，把典型的消极反应的大众与权力的集中化（这是体系的关键范畴，它生产和再生产着大众）相提并论，这样一来，斯宾格勒就能够把依赖性的社会关系简化为和命运的关系或者和一个文化阶段的关系。因此，在形而上学上，他迫使无能的大众亲自为恺撒强加给他们的耻辱负责。面相学的眼睛瞎了，它只拿几个一成不变的关键词来对现象分类。斯宾格勒不是深入研究现象的表现特征，而是急于借助刺耳的广告语，倾销掉他闷闷不乐地堆积起来的货物。

斯宾格勒把单门科学从头到脚审视一番，似乎要清仓大甩卖。如果谁想要用斯宾格勒本人否定的文明的术语学来概括斯宾格勒本人，用他自己的方式来称呼他，那么就应该把《西方的没落》比作一家百货店，在店里，思想代理商贩卖着他从文化的关门大倾销中半价购得的干瘪的文学碎片。他的卖法表露出德国中等阶级学者的辛酸怨恨，他们想把自己的博学变成资本，把它投资到最有前途的经济部门中——当时是重工业部门。斯宾格勒从极权主义势力崛起的阴影中洞察出自由知识分子的绝望，这促使他成为叛徒。精神否定了自己，这使得它能够提供一种反意识形态的意识形态。斯宾格勒宣告了文化的死亡，从而遮蔽了愿望的思想。否定自身、投靠强权的精神希望自己得到原谅。莱辛对人的断言，"太聪明的人并不聪明"，在斯宾格勒身上找到了典型代表。《西方的没落》一书导言里的一段话可能会成为名言："如果本书能让新的一代人从诗歌转向技术，从绘画转向商业海运，从认识论转向政治学，那么他们就是在做我想要的事情。对他们来说没有比这更好的事情了。"

完全可以想象这句谄媚的话是对谁说的。斯宾格勒分享了他们的信念，认为是时候让年轻人清醒过来了。他们就是后来倡导"现实政治"的那些人。斯宾格勒对绘画、诗歌和哲学的愤怒，表现出一种深刻的恐惧：他恐惧的是，在他带着惊恐的兴奋描绘的这个无历史的阶段，当一切"政治问题"乃至经济本身都消失了的时候，如果不及时安置文化的话，文化就将不再是斯宾格勒想要破坏的那种"无害的表面"。文化将暴露出那些被管制经济体系"消除"了的矛盾。官方的法西斯文化引起了它所压迫的那些人的笑声和怀疑，而对法西斯主义的抵抗大多在书本、教会和古典戏剧中找到了避难所。任何被容忍的古典主义一旦得到容忍，就再也不是古典主义了。斯宾格勒的判决不偏不倚地打击了官方文化和它的反对派；表现主义和电影被相提并论。判决的未分化特征与极权国家掌权者的精神框架完美契合，那些统治者蔑视自己的谎言，憎恨真理，只要还剩下任何敢于梦想的人，他们就不会安心。

单门学科，尤其是在盎格鲁－撒克逊国家，通常把斯宾格勒看作一位形而上学家，他用他武断的概念图式来侵犯现实。唯心主义者觉得斯宾格勒否定了进步的自由意识，但是实证主义者才是斯宾格勒最苦的对手。无疑，他的哲学侵犯了世界，但这种侵犯正是现实世界每一天都要经受的侵犯。历史充满了生命，进步或许是对历史的一种过于机械论的描述，尽管如此，历史似乎更倾向于按照斯宾格勒的图式走向冻结。一种哲学究竟是形而上学抑或实证主义，并不是一眼就能看出来的。形而上学家往往不过是更具远见的或者没那么胆怯的实证主义者。斯宾格勒果真如他自己和他的论敌所说，是一个形而上学家吗？如果只停留在形式层面，只看到概念化过程压倒了经验内容，看到验证的困难或不可能性，乃至他的认识论中的那些本质上非理性的辅助概念，那么他的确是个形而上学家。然而，如果考察这些概念的实质，就总是能够发现实证主义必不可少的东西，尤其是对"事实"的狂热崇拜。斯宾格勒从未放弃过任何诋毁真理的机会，不管真理可能指的是什么；他也从未放弃过任何推崇事实的机会——赞颂那些"纯属事实，别无其他"的东西，那些只需记录和接受的东西。"……历史现实中并不存在理想，只存在事实。不存在因果关系，不存在正义，不存在平等，不存在目的；只有事实。任何不理解这一点的人可以写关于政治的书，却不可因此跻身政治学的行列。"

斯宾格勒偷偷地把一种本质上批判的观点（在以往的历史中，真理总是无能的；单纯的存在粉碎了意识打破其权力范围的一切尝试）变成了单纯的存在的合法性证明。某个存在的、拥有权力的、将自身永恒化的东西可能仍然是错误的：这种想法从未出现在他那里。毋宁说，他强行禁止自己和别人这样想。当他听到无能的声音的时候，他克制了愤怒，他能说出的反对无能的话无非就是"它现在无能并将永远无能"。黑格尔的断言"凡是现实的都是合理的"，在斯宾格勒这里堕落为一幅漫画。他保留了黑格尔对改革者的批判，保留了与黑格尔的"充满意义的现实"概念相关的情怀；但是他是在赤裸裸的统治范畴之中思考的，从而否定了现实所要求的一切意义和理性，即黑格尔的那种情怀的唯一可能的基础。历史的理性和非理性对斯宾格勒来说全是一样的，都是纯粹的统治；而事实不过是统治显现自身的手段。

斯宾格勒往往模仿尼采的那种跋扈的语气，却没有像尼采那样让自己脱离与世界的共谋。尼采注意到，康德用科学的手段来为常人对科学的偏见辩护。这大致也适用于斯宾格勒。他用形而上学的手段来为实证主义对事实的信仰辩护，为实证主义用既定事实反对形而上学的批判意见的这种能力辩护。第二个孔德，他把实证主义变成了形而上学，把臣服于事实变成了"热爱命运"，把随波逐流变成了宇宙的智慧，把无意义变成了神秘，把取消真理变成了真理本身。这是斯宾格勒的力量之源。

有一些最反动的理论家对自由主义的批判在很多方面要好过进步的理论家，斯宾格勒就是其中之一。其中的原因值得探讨。和意识形态的关系不同，可能是关键原因。对于辩证唯物主义的拥护者来说，自由主义意识形态大多数是虚假的承诺。他们的代言人并不怀疑人性、自由、正义等理念，而仅仅质疑资产阶级社会声称自己已经实现了那些理念的主张。意识形态对他们来说仅仅是表象，尽管是真理的表象。结果，如果不是存在本身的话起码也是其"客观趋势"被赋予了调和的色彩。没有人足够严肃地谈论对抗的增长，并承认一种退化为野蛮的现实可能性，所以没有人认识到意识形态的糟糕之处并不仅仅在于它是辩护的伪装，情况要糟糕得多：作为客观的荒谬性，意识形态帮助社会从自由竞争社会转变为一个直接压迫的体系。因此，他们也不会去问"不得不承受现存秩序之压迫的那些人如何去改变现存秩序"之类的问题。他们仍然把"大众"和"文化"当作正面意义的概念接受下来，甚至没有人去怀疑其中包含的辩证法，或者质疑这样的事实："大众"这个特殊范畴不过是现存社会阶段的产物，而与此同时"文化"已经变成了一种严格管制的体系。没有人认识到抽象形式的理念不仅仅代表了调节性的真理，它们本身就深受非正义的折磨——正是在非正义的魔咒之下，这些理念才会被构想出来。

右派越是不关心意识形态包含的真理——哪怕是虚假形式的真理，他们就越容易看穿意识形态。对于拥护强者的人而言，自由、人性、正义不过是弱者用来保护自己不受强者欺凌的骗人说法（在这个信仰上，反动的德国理论家基本上都追随尼采），所以他们毫无困难地指出了已病入膏肓的理念和现实之间的矛盾。他们对意识形态的批判超越了意识形态。它对理念之恶的洞察就取代了对恶现实的洞察：据称，理念尚未实现这一事实就证明了理念是坏的。赋予这种肤浅的批判力量的，是它和现存强权的共谋。斯宾格勒之流并非世界精神之去路的先知，而是其勤奋的推动者。

预测其实是操纵；人的自发性被取消了。把人及其活动视为决定因素的这种理论，不是用政治上的"力量对比"来思考问题，而是要终结此类力量的博弈——它并不预测。斯宾格勒说，有必要尽可能地计算历史中的未知因素。然而，人的这种未知因素恰恰是不可计算的。历史不是方程式，不是分析判断。去计算历史，从一开始就排除了任何性质截然不同的事物的可能性。斯宾格勒的历史预言是坦塔罗斯神话和西绪弗斯神话的剩余物，总是报忧不报喜的神谕的残余。与其说他是先知，不如说他是算卦的。小资产阶级用他那宏大的毁灭性卦辞来庆祝他的思想胜利。

世界历史的形态学对斯宾格勒的意义就像笔迹学对克拉格斯的意义，两者实现的是同一个目的。小资产阶级想要让笔迹、过去或者扑克牌来告诉他的命运，这一愿望恰恰来自斯宾格勒恶毒攻击的各种受害者身上的那一个特性：放弃意识的自我决定。斯宾格勒认同强权，但是他的理论的算卦特征揭示了他的这一认同的无能。他确信这一点，就像宣告绞刑判决之后的死囚那样。他那历史哲学式的世界图景使得他自身的无能（乃至他人的无能）永垂不朽。

也许，斯宾格勒的思维方式的这一特点能让我们产生更深刻的批判思考。他的形而上学是实证主义的，因为它退却到事实本身而不是别的方面，因为它去除了潜在可能性的范畴，因为它仇视一切严肃地用可能性来抗衡现实性的思想。然而，在一个关键点上，斯宾格勒突破了这一实证主义，突破之大，使得他的神学评论者都引以为盟友。这就是历史的推动力的概念，即"灵魂"的概念，有时会显现在历史中的某个特殊类型的人（或者像斯宾格勒有时候说的那样，一个"种族"）身上的一种谜一般的、完全内在的、不可解释的性质。

尽管斯宾格勒信仰事实，并持有相对主义的怀疑论，但是他还是引进了一个形而上学的原则作为历史动力学的终极解释。他自己经常说，这个原则和莱布尼茨的隐德莱希概念有密切联系，而歌德对它的描述是：一种塑造出来的形式，其生命是自我展开的。这种像植物一样生长和死亡的集体灵魂的形而上学，就让斯宾格勒跻身于尼采、齐美尔，尤其是柏格森

（斯宾格勒诋毁柏格森）等人的生命哲学家之列。对于斯宾格勒这位策士而言，讨论灵魂和生命有助于把唯物主义打上浅陋的烙印。事实上，他反对唯物主义的原因只是在于它不是肤浅的实证主义，唯物主义希望世界变得不同。

但是灵魂的形而上学带来的后果远不止于策略上的影响。可以称之为潜在的同一性哲学。略带些夸张地说，在斯宾格勒那里，世界历史成了风格的历史：人的历史经验就像艺术作品那样成为他的内在自我的产物。人和自然的对立——首先产生了统治自然的倾向，转而导致了人被他人统治——在《西方的没落》中都是看不到的。斯宾格勒不理解，他全神贯注关心的"历史的命运"在多大程度上取决于征服自然、改造自然的需要。经济成了一个类似于艺术的"形式的世界"，一个纯粹是灵魂之表现的领域，一个本质上独立于生活的再生产之需要的领域。

在经济的事务上，斯宾格勒仍然是个绝望的初学者。这不是偶然的。他谈及货币的无所不能，口气就像小资产阶级煽动者在股票市场大声责骂国际阴谋那样。他没有看到，在经济中，关键因素不是交换的中介，而是生产。他如此沉迷于货币这一表面现象，称之为"象征权力"，结果把象征误认为事物本身。他公然与工人政党的一切纲领相矛盾，指责这些政党不想消灭货币，只想占有货币。对他来说，奴隶经济、工业无产阶级和机械化的经济这些范畴和造型艺术、音乐的复调、不定积分等范畴并没有质的差别。它们都不过是某种内在性的标志。斯宾格勒在异质性的形象范畴和现实之间建立起来的联系往往令人惊讶地解释了历史时代的统一性，然而与此同时，一切并非自由、自主地属于人类表现王国的东西都在这一过程中消失了。一切无法被还原为人性之象征的东西，都只能幸存于模糊的普遍联系中。（尽管斯宾格勒是宿命论者，他还是赋予了人性至高统治权。）

因此斯宾格勒的历史观中的宿命决定论假冒为自由王国的本质。这仅仅是幻象。结果是极其矛盾的一团乱麻：恰恰因为一切外在的东西都成了内在性的形象，因为关键的问题再也不涉及主体和客体的现实过程，所以世界看起来就像是从灵魂实体中生长出来的那样——好比植物是从种子那里生长出来的。斯宾格勒把历史还原为灵魂的本质，就赋予历史一种独立实体的表象，但正出于这个原因，历史恰恰是被决定的。卡尔·乔尔（Karl Joel）在他论斯宾格勒的逻各斯问题的文章中写道，"这本巨著的全部毛病"是"它忘记了人及其创造力和自由。无论有多少内在化，他都将历史非人化了，把历史变成了一系列自然过程。尽管他把灵魂注入了历史，然而他以历史的形态学、面相学为目标，就把历史变成了某种身体的东西，从而比较其外在构型、其表现形式、各种历史现象的具体特征"。

不是"尽管"有内在化，而是"因为"这种内在化，历史才被非人化了。自然，是人在历史中不得不与之斗争的东西，却被斯宾格勒的哲学轻蔑地推在一旁。于是历史变成了第二自然，就像植物的生命一样盲目、封闭和命中注定。然而能够称得上人类自由的东西，恰恰只有在人打破自然之束缚的努力中才能形成。如果忽视了这一点，如果世界被当成了人的纯粹本质的纯粹表现，那么自由就消失在历史独有的人的性质中。自由只有通过生存的抗争才能发展起来；如果自由被设定为绝对的，而灵魂被提升为一种支配性的法则，那么该法则本身将沦为单纯存在的牺牲品。

斯宾格勒的历史观的狂妄自负和他对人的贬低实际上是一回事。文化并不是像斯宾格勒断言的那种（处在自我展开过程中的）集体灵魂的生命，相反，它产生于人类获得生活再生产的资料的斗争中。因此文化包含着对盲目的必然性的抵抗因素，一种在认识的基础上的自我决断的意志。斯宾格勒切断了文化和人的生存驱力之间的联系。对他来说，文化成了一种游戏，在这个游戏中，灵魂是它自身的玩伴。他把文化的幻象——纯粹内在性的产物——等同于历史的现实力量，实际上等同于自然力量，因为其他一切都和现实（它们本来要经受现实的考验）一道被排除了。

因此，斯宾格勒的唯心主义就屈从于他的权力哲学。文化成了统治的内在部分：始于内在性、终于内在性的这个过程成了一种宿命，而历史解体为文化的无目的的兴起和衰落的永恒性。斯宾格勒用文化来谴责晚期的文明，文化构成了他本人的世界规划的基础。而文化当中抵抗"自然性"的那个要素被忽视了。纯粹的"灵魂"和纯粹的统治是一回事，就像斯宾格勒的灵魂野蛮而无情地统治着它的携带者那样。现实的历史被意识形态地转化为灵魂的历史，为的是把人身上的对立因素、反叛因素——意识——更为彻底地置于盲目的必然性的支配之下。斯宾格勒对绝对唯心主义和魔鬼神话学的亲和力给出了最终的演示——他的灵魂学说来自谢林。他对神话思维方式的青睐实际上是可以理解的。他在第二卷的一个脚注里写道，某些事件的周期性"只不过表明了，以一个小星球上的人类生活这一形式表现出来的宇宙涌流并非自足自立的，而是跟宇宙的永无止息的运动有着深刻的和谐关系。麦维斯（R. Mewes）在一本值得注意的小书《民族生活中的战争时期与精神时期，及近期世界大战的宣告》（1896年）中，阐述了战争时期与气候、太阳黑子、行星的某些结合之间的关系，并据此预告有一次大战将在1910—1920年间发生。但是，我们感觉到的这些联系以及数不清的其他联系，掩盖了一个我们不得不尊重的秘密"。

尽管斯宾格勒鄙视文明化的神秘主义，但他的这种表述很接近于星相学的迷信。它们是对灵魂的赞颂的终结点。

同一物的永恒复归，是这种命运学说的终点。这一复归不过是人对人的罪行的永恒复制。命运概念使人屈从于盲目的统治，它是人施行的统治的反映。当斯宾格勒提到命运的时候，他总是指人的某个集团征服了另一个集团。灵魂的形而上学是他的实证主义的助手，因为它把冷酷无情地自我永恒化的"统治原则"实体化为某种永恒不变的、无法抗拒的东西。其实，不可抗拒的命运是统治和不义所规定的，而它得到了斯宾格勒的世界秩序的宽恕。在他的体系里，正义似乎作为命运的反题而被禁止了。斯宾格勒著作中最野蛮的一段话是对尼采的无意的戏仿，他在那里哀叹："种族的世界感觉，事实的政治意义乃至民族意义（'这是我的祖国，不管是对是错'），成为历史发展的主体而不是它的客体（因为没有第三条道路可走）的决心（简言之，权力意志）将被一种倾向克服：具有这种倾向的典型人格没有任何原创精神，于是越发迷恋逻辑，舒服地待在真理、概念和乌托邦的世界中；他们是书呆子，相信他们能够用逻辑代替现实，用抽象的正义代替事实的力量，用理性代替命运。这种倾向始于总是怯懦的人，他们从现实退回到修道院、地下室、书斋和学术共同体之中，他们宣称世界历史是无关紧要的东西；在任何文明中，这种倾向都将结束于世界和平的使徒。从历史上看，每个民族都产生这样的废物。在相面术上，他们的头颅构成了一个单独的类型。他们在思想史中占有很高的地位，他们当中有许多熠熠生辉的名字，但是从现实历史的角度看，他们是低等的。"

对斯宾格勒的回答将历史地被"现实历史的角度"所克服，但这不是历史的角度，而是自然的角度（还是贬义的自然）；至于把历史的可能性转化为现实，这在斯宾格勒看来是不可能的，因为此事尚未发生。詹姆斯·肖特韦尔的批判一针见血地触及了问题的要害："过去，冬天一直紧挨着秋天，因为生命是重复的，发生在自给自足经济的狭隘领域中。与其说，社会之间的交往是刺激，不如说是掠夺，因为人类迄今找到的维护文化的手段，都必须不公正地依靠那些得不到任何物质幸福的人。从野蛮的袭击到奴隶制，再到今天的工业问题，反反复复出现的文明基本上都建立在虚伪的经济力量之上，并且以同样虚伪的道德和宗教的诡辩为后盾。来来去去的文明生来就缺乏均衡，因为它们建立在剥削的非正义的基础之上。没有理由不认为现代问题不会重蹈覆辙，走向灾难。"这一观点将粉碎斯宾格勒的全部历史观。如果说，古代的没落是因为自主的生命必然性及其"灵魂"的表现，那么事实上就可以认为，命运这个方面和宿命论的特征很容易转移到当代的情境中来。如果真的像肖特韦尔指出的那样，古代的没落是因为非生产性的大庄园制度和相关的奴隶经济，而一旦克服了这些统治形式（或类似的统治形式）便能掌握命运，那么斯宾格勒的世界结构就是从一个坏的、独一无二的事件中抽出来的虚假类比。

可以肯定，这不仅仅涉及对持续进步和文化存续的信念。斯宾格勒高度强调文化的原始性，乃至对"文化的和解力量"的任何幼稚的信任都要被一劳永逸地一扫而空。他比其他任何人都更令人震惊地证明了文化的原始力量总是迫使文化走向衰败，而文化这一形式和秩序本身是和统治共谋的——总是处在危机中的统治则倾向于和它的受害者同归于尽。文化携带着死亡的标记。否认这一点，就会在斯宾格勒面前变得无能——斯宾格勒泄露了文化的很多秘密，就像希特勒泄露了很多宣传的秘密那样。

单单谴责野蛮主义并依赖文化的健康，并不足以摆脱斯宾格勒的历史形态学的迷人循环。看到人们如此开心地信任文化，斯宾格勒会笑的。我们应该识别出的恰恰是文化本身的野蛮因素。唯一有机会在斯宾格勒的判决中幸存下来的思想，是那些既挑战野蛮的现实又挑战文化这一观念本身的思想。斯宾格勒说的那种植物般生长的文化的灵魂，有生命的"形式存在"，由象征构成的无意识的古代世界（这些象征的表现力让他迷醉）——一个孤芳自赏的生命的所有这些符号，无论它们何时在现实中出现，实际上都是厄运的先兆。因为它们都证明了文化强加于人的强制与牺牲。依赖它们，并否认没落，只会更牢固地陷入其宿命的纠缠。这也是要复辟那些已经被历史做出判决的事物。对斯宾格勒来说，那是终审判决。然而，通过执行这一判决，历史就恢复了已经被正确定罪的那些事物的权利，它们是无可挽回的过去。

斯宾格勒的猎手之眼无情地打量着人间的城郭，仿佛它们只是野地。然而他的双眼小看了一样东西——没落释放出的力量。"万物生长皆似病"，特拉克尔的诗句超越了斯宾格勒的景观。在由残酷无情的生命和受压迫的生命构成的世界里，"颓废"成了一种潜在的更好的生命的庇护所——因为"颓废"拒绝效忠于这个世界及其文化，它的粗鄙，它的崇高。弱者（在斯宾格勒的诫命中，是要被历史抛弃和消灭的人）是居于这一文化的否定性中的否定性代表：这一文化的否定性是由一切许下诺言的事物构成的，无论诺言多么微弱无力，都希望打破文化的专制，并终结史前史的恐怖状态。要想不让命运和权力一手遮天，唯一的希望就在弱者的抗议中。要抵御西方的没落，不能指望文化的重建和复兴，而只能依靠乌托邦——它就无言地藏身于没落的景象里。

2. 胡塞尔与唯心主义问题

一位哲学家的功绩，也就是说，他真正的哲学贡献，而不是他可能作为一位教师或者一位倡议者的功绩，不应该用他的思维所获得的"结果"来衡量。认为哲学家必须产生一套不可反驳的发现的固定集合，胡塞尔本人恐怕也认同的这一观念，假设了他为自己提出的所有任务都是可以解决的，假设了他提出的每一个问题都是能够有答案的。然而，这一假设是站不住脚的。尽管哲学的任务是在一个连贯的思维过程中必然产生的，但它很有可能是无法解决的。因此，它们陷入的僵局既不是哲学家的错误造成的，也不是只能用哲学史的偶然性来解释的意外事故，而是植根于问题本身的内在矛盾之中。我想谈的正是唯心主义问题的这个方面。可以把唯心主义定义为这样一种哲学，它试图把现实或真理等等概念建立在意识分析的基础上。它从一个基本前提出发，认为最终可以建立起主体和客体的同一性。唯心主义哲学的所有来自认识领域的概念导致了死结，这是它的宿命。这一点可以用给定性概念（亦即直接的内在经验概念）为例说明。胡塞尔在其思想发展的最后阶段，批判地、不厌其烦地讨论了这个概念。在他的著作《形式逻辑和超越论逻辑》中，他说："即使在这里，也就是说，在内在经验的情形中——在这里，说'内在的材料真的存在于构成的经验中'是有意义的（必须更精确地、更有鉴别力地描述这一点）——也要当心，不要错误地认为作为对象的材料在其现实的发生中被完全构成了。"（第 251 页）换句话说，很明显的是，任何意识分析都不能像洛克的感性论那样彻底打发掉给定性概念。甚至不得不承认，在某种意义上，直接给定的概念更接近于心理操作和人的意识活动，而不是更接近于康德的先验综合或胡塞尔的作为过程的显现理论里的那些高度分化的、中介的概念。诸如给定性之类的概念无法得到最终确认，这并不是因为它不符合某些经验这一事实，它之所以导致了胡塞尔描述的困难，是因为胡塞尔假定了真理的最终来源是意识的统一性。胡塞尔提出的所有反对给定性概念的理由都提到了在那一统一性中的给定的功能，提到了任何给定都必然是以那一统一性为背景的，因而具有相对性。显然，胡塞尔对给定性的批判没有产生任何结果的分析（就"结果"这个词的通行意义而言）；胡塞尔不能用更确切的术语来取代给定性，也不能用若干基本事实的举例说明来表述"显现的意向性过程"等等理论假设。然而，整个分析的价值或许在于它转而反对了主体和客体的最终同一性的唯心主义假设。对我来说，胡塞尔的哲学恰恰是一种从内部破坏唯心主义的尝试，用意识的工具来打破先验分析之墙的尝试，与此同时，也试图将先验分析进行到底。下面从胡塞尔哲学中选取的几个分析将说明胡塞尔突破唯心主义传统的这一尝试以及他因此遭遇到的困难，因为他从未允许他自己彻底放弃唯心主义的前提假设。

我认识到，像"问题本身的内在矛盾"之类的说法听起来令人生厌，而且依靠概念之运动（包括上面提到的给定性概念）的方法闻起来有黑格尔的思辨味道。胡塞尔肯定也有着这样的怀疑，因为他曾经夸口说从来不曾理解黑格尔的哪怕一个句子，但有一次，在讨论黑格尔拒绝把矛盾当成原理时，他说黑格尔就是那些难以分辨是天才还是疯子的实例之一。对我来说，这里非常有意思的是，胡塞尔本人不自觉地给出了黑格尔的方法的一个例子。在胡塞尔的时代，没有哪个哲学家像他那样，"运动"或"过程"等等术语仅仅在思想中起那么小的作用——晚年胡塞尔另当别论。他往往不把思维解释为行动，而是直观事物，也就是说，像对待画廊里的画那样静静地面对事物。他不想用精神过程来连接思维，而是尽可能干净彻底地将它们彼此分开。从他的数学开端到最终结束，他只关心永恒真理的合法性，对于附带现象，他报之以古典理性主义的轻蔑。简言之，他是他的时代最为静态的思想家，正是这一事实使他和柏格森截然对立：他经常拿自己和柏格森对比，因为他的概念化或者本质直观的概念往往使人联想到柏格森的直觉。然而，他的思想是以对立的形式发展起来的，并且暗示其最终和他的哲学本身所属的整个思想领域之间的根本对立。胡塞尔一开始是奥地利哲学家弗朗茨·布伦塔诺的学生，他的整个哲学生涯都保持了某些和老师的相似之处。布伦塔诺的哲学有两大源泉：一是罗马天主教会的亚里士多德传统，二是英国经验论。终其一生，他想把这些来源混合为一套连贯的思想，也就是说，他试图把严格的本体论意义上的客观先验论同一种大体是心理主义的认识论结合起来。布伦塔诺的这一企图从一开始就具有强烈的反康德倾向。对布伦塔诺来说，真理的先验要素不是主观构成的，而是具有严格的客观性，而在他的道德哲学中也贯彻了同样的观点，尤其是在他的著名文章《论道德认识的起源》中，他试图用对错来界定善，也就是说，用爱它或者恨它的客观正确性来界定善。虽然听起来荒诞不经，然而正是对先验的客观性的这一表述使他倒向了经验论的心理学。如果我们的认识的本质是客观给定的，不是由我们的思维过程构成的，那么思维过程就失去了康德赋予它的尊严及其强制性：就可以完全在经验的基础上讨论它。不过，布伦塔诺并不满足于反批判的独断论和怀疑论的玄虚的结合。他试图把他的思想中的本体论倾向和经验论倾向统一起来，或许正是这种统一的努力使得他深刻地影响了整整一代奥地利思想家。为了表达这一综合，他启用了经院哲学的一个旧概念，据我所知，第一个使用这个概念的是邓斯·司各特。这就是意向性概念，指的是某种心理行为——"经验"——其基本特征是具有一种超越了它们的"意义"。从这一概念的引入中，可以发现一种彻底的经验论倾向反转为自己的反面。对于这一观念来说，休谟的理论——认为概念只是较弱的、经过修正的印象——是不能成立的。在分析古典经验论叫作"概念"的那些经验时，我们用它们并不是的经验亦即印象来解释它们，停留在严格的描述水平上，我们只能说，它们意味着某些不是它们自身的东西。例如，如果我现在想起我昨天的牙疼，那么我现在的经验，亦即思想行为，并不同于它所指的东西，亦即牙疼；但另一方面，在某种意义上，我昨天的牙疼在我现在的思想行为中的心理含义是它的意向对象，而不涉及它的先验现实性或非现实性。意向性后来成为胡塞尔的主要工具之一。他从他的老师布伦塔诺那里拿来了这个概念，也拿来了本质的客观性的概念，以及将客观本质论同主观思维过程的分析结合起来的愿望。胡塞尔是作为数学家登场的。他的思想的材料从一开始就尽可能远离主观反思的相对性，这种材料的客观性是没有丝毫疑问的。在布伦塔诺的影响下，胡塞尔仍然试图把他的时代的心理学认识论应用于这个领域，并且在他的算术哲学中为算术奠定一个心理学的基础。他的思想中相互对立的动机第一次意识到自身，是在他的数学批判者让他意识到这一企图必然失败的时候。重要的是，第一次谈论这个问题时，黑格尔的术语"过度"钻进了胡塞尔的语言："每当我们要从思维的心理学联系过渡到思想内容的逻辑统一性（理论的统一性），总是无法获得足够的连续性和明晰性。"（《逻辑研究》，第 1 卷，序言，第 7 页）从这时起，胡塞尔试图把数学（不仅是数学，也包括整个逻辑有效性）从心理反映那里解放出来，并证明它自身作为一个领域的合法性。胡塞尔在他的时代的巨大影响要归因于这一尝试：试图再度征服真理的客观性，而反对相对主义的心理主义。要知道，在 19 世纪 90 年代初，除了新康德主义，德国所有得到认可的哲学没有不宣称自己是心理主义的。胡塞尔的《逻辑研究》为什么引发了巨大的反响？答案是：他的倾向使他成了他的时代的心理学逻辑实证主义（当然在很多方面完全不同于现代的逻辑实证主义）的敌人，而那一倾向根源于实证主义自身。即使在胡塞尔的成熟时期，在他的《大观念》中，他仍然认为"如果'实证主义'指的是实证的东西——亦即可被原初地加以把握的东西——是所有科学的绝对无偏见的基础，那么我们就是真正的实证主义者。"（《大观念》，吉布森英译本，第 86 页）也就是说，如果他批判对数学的心理学方法和对逻辑的心理学方法，那他的动机不是形而上学的思辨，而是他发现在科学地分析数学真理的性质时，比方说，这一真理是实证的数学科学给定的，我们不可能把它还原为与那些真理有关的思维的心理活动。当胡塞尔的哲学越来越强调本质概念而不是事实的概念时，这一强调的来源是科学。胡塞尔自认为在坚持事实本身，即作为观念统一体的数学真理的"事实"，它们和任何事实的存在都无关。这些真理本身不得不被视为事实，因为它们是不得不如实接受的给定物，不能用任何解释性的假设来修正它们。虽然说，胡塞尔本人无意于挽救某个更高级的世界（无论这指的是什么），然而他的哲学在德国战后的思想氛围中确实卓有成效地成为一种用实证科学本身来重建价值等级制的手段。他实际上想要表明的是，一种真正科学的和启蒙的、数学化的方法不可能满足于心理学方法，并且不得不寻找另外的合法性证明。对他来说，逻辑的心理学基础只是假说、思辨，甚至是形而上学。

他反对心理主义的斗争并不意味着重新引入独断论的偏见，而是要把批判理论从幼稚的、无批判的"拜事实教"的偏见中解放出来，而他反对的是心理学形式的"事实"。我正是从胡塞尔哲学的这一要素中看出了它在今天的"真理性"。

我认为这一点极为重要，故而我将更具体地说明实际上发生了什么，并重述《逻辑研究》第 1 卷的核心论点，尽管同成熟的现象学哲学相比，这一卷显得胡塞尔还在"学徒期"。这一核心观点反驳了一种假设：认为形式逻辑的规律、"思维的规律"，同"自然规律"或者因果律（和事物的物理过程相关的规律）是一回事。他认为，实际的思维必须遵从的因果规范（当思想必须服从逻辑的观念规范时）根本不等同于这些观念规范本身（参见《逻辑研究》第 1 卷，第 68 页）。"如果一个生物被如此地构造起来，以至于它在进行统一的思维时不会作出任何矛盾性的判断，或者说，它不会得出任何违反三段论的结论，但是这些事实中并不包含着这样一个论点，即：矛盾律、完全三段论等等是一些能够解释这种构造的自然规律。"胡塞尔用加法计算机的例子清楚地说明了这一点。"对输出的数字的调整和连接是根据机械规律即'自然规律'进行的，正如有关这些符号意义的算术定律所要求的那样。但要想从物理上解释这个机器的进程，人们不会去引用算术规律，而只会去引用机械力学规律。"胡塞尔这里比作机器的心理活动领域并不源于逻辑规范领域，就像加法机的机械原理不能用输出的数字所服从的数学规则来解释那样。正如胡塞尔所说，"心理主义的逻辑学家们忽视了在观念规律与实在规律之间，在规范性规定与因果规定之间，在逻辑必然性与实在必然性之间，在逻辑基础与实在基础之间所具有的那种根本性的、永远无法消除的差异。无法想象有什么中介能够在观念与实在之间建立起沟通"。逻辑真理的心理还原的不可能性使得胡塞尔完全切断了实在和观念，因为在他看来，要把两者联系起来，就不得不做出若干假设，但这些假设的基础不可能在逻辑的意义或者数学原理自身的内部找到。这恐怕是柏拉图之后最为极端的分离，但它植根于一种非常严格的科学真理的概念之中，这一真理概念要让纯粹的数学彻底摆脱经验的任何污染，哪怕是思维的污染——思维毕竟是一种心理活动。

然而，胡塞尔像他之前的任何一位哲学家那样，几乎无法容忍这一分离，这一极端的、不可调和的"实在与观念的二元论"。他的矛盾发展的第二步就是试图将两者统一起来。显然，将"实在"（人的心理现实）同观念（逻辑真理和数学真理的绝对有效性）联系起来的唯一方法正是《逻辑研究》第1卷拒绝承认为合法性证明之手段的那一原理，即思维的过程。因为观念的真理是且仅是思维的真理。如果不是"可能的思维"，数学命题或者逻辑命题又将是什么呢？另一方面，思维意味着人的思维，我们不知道除了现实存在的活着的个人实际进行的思维的物理活动，还有什么叫"思想"。因此胡塞尔下一阶段的哲学不得不关注思维本身的性质，它处于实在和观念之间的两可性。胡塞尔经常被人诟病的是他在《逻辑研究》第2卷中重新引入了心理学，该卷的副标题是"现象学和认识理论的研究"。我不想回答胡塞尔是否真的回到心理学这个问题。《逻辑研究》第2卷是他的著作中最难读的部分，其长篇大论即使是最耐心的读者也觉得极难把握其含糊的意义，特别是因为胡塞尔没有在这本书里清楚地区分对思维结构的实际描述和术语的探讨，尤其是和通行的认识论的主要概念的歧义纠缠不清。这就造成了极大的困难，无法断定这些分析到底是不是心理学的分析。不过对我来说，类似的困难在康德哲学那里就遇到了，尤其是在《纯粹理性批判》第 1 版和第 2 版对范畴的不同演绎中。我觉得，事实领域和思维领域是互相交织的，任何把它们彻底分开的尝试，任何把世界还原为两者之一的尝试都是注定要失败的。实在和观念的对立之所以是抽象的，很可能是因为我们其实并没有权利把这一抽象当作存在本身的性质所具有的基本原则。如果谁想把世界还原为事实或者还原为本质，他就会陷入吹牛大王的境地：想拉着自己的辫子把自己从泥潭里拉出来。必须承认，胡塞尔像吹牛大王那样试图把事实拔除掉，却仍然把观念当作某种给定的东西，然而只有事实才是能够给定的，所以他面临着无法克服的困难。我不会进入《逻辑研究》第 2 卷的迷宫。这些研究中影响最大的（却也是最不切合主题的）是最后一项研究，即第六研究，题为"现象学的认识启蒙之要素"。它实际上想要在观念和实在之间架设桥梁。它试图建立一种认识的方法，通过这一方法我们就能够直接认识到那些逻辑客观性或观念单元。通过这一桥梁，这一方法，我们能够"思维"到观念的实在（ideale tatbestände）——观念的实在不是我们创造出来的，其绝对有效性却有着合理的根据。胡塞尔把这一桥梁或方法叫作"范畴直观"。这个概念为后来的全部现象学奠定了基础，尤其是海德维格·康拉德-马迪乌斯的现象学和舍勒的现象学，也包括海德格尔在内。后来所称的"本质直观"，对本质的直觉，或者像吉布斯说的"本质的洞见"，实际上只是从第 2 卷的最后一项研究中发展起来的。在胡塞尔的《观念》中，这一概念越来越被视为理所当然，仅仅在导论里讨论了一下，在第一章里隐晦地出现。听过胡塞尔之名的人恐怕第一个想到的就是这个概念。它通往胡塞尔哲学中的唯心主义问题的核心。在我看来，鉴于胡塞尔的所谓代表作《观念》已经有了英文译本，而阐述了范畴直观理论的《逻辑研究》却还没有翻译过去，所以更有必要考察这个概念了。

可以肯定，胡塞尔是个过于小心谨慎的人。范畴直观的概念既让他声名鹊起，也让他声名狼藉，他成了形而上学思辨的革新者。但是，在最后一项研究中，这个概念只起着很有限的作用，在它被引进之后就销声匿迹了。他的全部直观理论从一开始就想要显得比它实际上的更无害。如果说，在胡塞尔那里存在着极权主义的冲动，想要证明真理有着不容否认的、超人类的客观性，那么，他身上也存在着与之相反的冲动，即一种批判的态度，一种近乎夸张的恐惧，害怕把他自己托付给任何不能认为是永恒的和绝对肯定的真理。胡塞尔是非理性主义的理性主义者，他的自相矛盾在范畴直观的理论中暴露了出来。

如果一种思维仅仅满足于"发现"作为预先给定之物的真理，那么它的矛盾结构在一定意义上来自胡塞尔《逻辑研究》第 1 卷的逻辑绝对主义的本性。可以说，范畴直观的学说是思维主体上的逻辑绝对主义的必然结果。甚至在第 1 卷里，我们也能找到事实上包含了整个学说的段落："也许那些仍不能摆脱流行观念的人会受心理主义引证的迷惑，但只要看一下某个逻辑规律，看一下它真正所指的东西，以及看一下它作为真理被把握时所带有的明晰性，这种迷惑便会马上消失。"（《逻辑研究》第 1 卷，第 64 页）范畴直观理论的主题是"自在的真理"，客观上预先给定的观念项，通过"只要看一下"就成为"明晰的"。这些真理被称为"实事状态"（Sachverhalt）。这个术语极难翻译成英语，翻译的困难恰恰说明了问题本身的困难所在。我在这里把它翻译为"项"（items），这是可以找到的最抽象的术语，本身不带有任何与所考察的"实事状态"的事实性有关的含义。然而，"实事状态"的字面意思是"事实的关系"，它在这里的意思实际上是某种极其矛盾的东西。一方面，它指的是某种类似于事实的东西，因为它是给定的某物，我们自己无法建构的东西，我们不能改变的东西，我们对之并不拥有权力的东西，一句话，会让我们想起英语里的"顽固的事实"（stubborn facts）一语的东西。另一方面，这些"项"是虚无：它们只是观念的法则，就像数学原理那样。胡塞尔的"项"是以数学规则为模型建立起来的，对于数学规则而言，是否存在着可以按照这些规则来计数的现实对象（"尘世的"对象）是无关紧要的。它们仅仅描述了这样的对象的可能性，其有效性完全不受可能与之相关的现实的任何影响。胡塞尔说："感性对象与感性感知的关系如何，实事状态与那个（或多或少相适地）'给予着'它的觉知行为的关系也就如何。我们觉得有必要简短地说，实事状态（纯逻辑观念的真理）与其觉知的关系就是感性对象与感性感知的关系。"（《逻辑研究》第2卷，第二部分，第140页）理性主义者胡塞尔想用范畴直观来证明"理性的真理"，而对于实证主义者胡塞尔来说，真理的直接给定性的特征是知识的唯一合法来源。他一方面设定了博尔扎诺的"命题本身"，亦即有效性的纯粹统一，另一方面，他设定了真理的任何可能的合法性证明都来源于意识领域，给予的领域，经验的领域，"经历"的领域。这两个领域之间的唯一联系是意向性。理性的真理只是象征地指示意义，指示出实际经验所表示的意义。按照胡塞尔，意向性能够达致这样的真理，而且既不会将真理主观化，也不会将真理相对化。真理的存在本身是"明晰的"。真理不是被理解为主观的反思或抽象所产生的东西，而是自我给予的和可感知的东西。然而，它们不会因此受到"不过是事实和偶然性"这一惩罚，"素朴的"感性感知总是会受到的惩罚。范畴直观是胡塞尔哲学的机械降神，试图用它来调和其哲学的两个互相矛盾的动机：他又想保留真理的绝对客观性，又接受了实证主义的合法性证明这一强制要求。

现在，从意向性概念、纯粹的"意义"概念中是无法得出这一种自相矛盾的成果的。因为意向性概念仅仅意味着我们可以在我们的意识流动中意指出客观的本质，它并不表示它们的存在。有某种意义，意指着诸如数学命题之类的观念项，并不等于是明晰的存在。毕竟，人们也可以意指某个错误的东西。因此胡塞尔用"直观的充实"来补充意向性："在起先只是象征地起作用的表述上又附加了（或多或少）相应的直观。一旦这种附加发生，我们便体验到一个在描述上极具特色的充实意识：纯粹意指的行为以一种瞄向意向的方式在直观化的行为中得到充实。"（《逻辑研究》第2卷，第二部分，第32页）全部范畴直观学说的核心是充实理论。让我们举一个不像胡塞尔学说里通常举的例子那么抽象的例子："纳粹主义和法西斯主义不是政府的唯一可能形式。"这是一个意向，也就是说，我用单一的意义使这些词语成为一个序列。然而对某些人来说，尽管他们明白这个句子的意思，其意义却并不明晰。这个句子的某些成分，比方说，它提到的"政府"，归根结底是可以通过感性感知"充实"的。然而命题的其他成分，比如"和""不""唯一可能"，就不是这样了。胡塞尔为那些成分忧心忡忡。但是他在追求命题的真理客观性时，拒不承认它们是我们自己的思维的功能。他想让它们不仅仅是主观的要素。他赋予那些词语一种"极具特色的"充实。他说它们可以通过对它们自身的直观来充实，一种非感性的却仍然是直接的意识。

"'一个'与'这个'，'并且'与'或者'，'如果'与'那么'，'所有'与'没有'，'某物'与'无物'，'量的形式'与'数的规定'——所有这些都是意指性的命题要素，但是，在实在对象的领域中，这无非就意味着，在可能的感性感知之对象的领域中，我们只是徒劳地寻找它们的对象相关项（如果我们还可以认为它们具有这种相关项）。"（《逻辑研究》第2卷，第二部分，第139页）范畴直观概念找到了如下的极端表述："现在要提出这样一个问题：如果含义的范畴形式不是通过狭义理解的感知或直观而得到充实，即通过那种为我们用'感性'的说法所试图暂时勾画的感知和直观而得到充实，那么它们是在哪里得到充实的呢？——前面所做的考虑已经为我们清楚地预先描绘出对此问题的回答。首先，就像我们已经预设的那样，形式确实也会得到充实。"或者说，"在此必须有一个行为来同样地服务于范畴的含义要素，就像单纯的感性感知服务于材料的含义要素一样"（第142页）。这些行为服务于"所以"和"并且"等词语，就像我们对某个绿色的或红色的物体具有感性感知时服务于"绿"或者"红"等词语；这些行为促使胡塞尔把整个句子的明晰性叫作"范畴直观"。一个陈述变得明晰，只是在不仅仅是它里面的材料而且是它的含义整体能够被感知所充实的时候。严格说来，胡塞尔并没有用现象学的方法达致范畴直观，他没有描述任何实际的范畴直观行为，而是以某种假说的形式将它们推演出来。几乎可以认为，他是通过术语的讨论而不是通过对任何事物本质的观察而得出它们的。打着"意义分析"的旗号，胡塞尔和他的某些学生表现出一种奇怪的信任，即相信他们只要看一下词语的含义，就能发现真理。尽管胡塞尔总是很警惕歧义，他在这里却成了歧义的牺牲品。范畴直观这个词语是模棱两可的，胡塞尔赋予"对实事状态的觉知"的那种直接性，或者说是"所以"和"并且"等词语背后的所谓观念的实在，都只不过是实际的判断行为的直接性。可以表述如下：从主观的角度看，判断是一种活动，一种经验，作为这样的活动和经验，判断是某种直接给定的东西。去做判断，或者说，对一个被判断的实事状态的觉知，其实是一回事。更确切地说，第二种说法是对第一种说法的隐喻性限定。除了实际的判断本身，没有第二种行为是"对某人所判断的东西的觉知"，当然，除非他在反思这个判断。但这种反思必然超越了实际的判断行为的"直接性"，在反思中，判断行为本身成了这一反思的对象。不过，判断的直接性正是胡塞尔的"对实事状态的觉知"这一概念所暗示的东西。而对胡塞尔来说，要觉知一个实事状态，就意味着要保证判断的真实性。"对实事状态的被给予的觉知"（第140页）具有歧义。严格说来，它可以指：（1）觉知到一种事实状态，即获得了判断的综合；（2）让这一判断的真实性显得绝对明晰。然而，这个表述的任何一种意义都不可能被解释为"范畴直观"。判断的综合不是范畴直观，因为在胡塞尔那里，作为自发的思维，判断要求某种直观来充实它。但是，范畴直观所确保的那一明晰性的必要前提——反思——既不是直观的，也不是直接的。反思让实事状态和其他的实事状态联系起来，它的结果是一个新的范畴化。即使反思归根到底可以回溯到感性的、知觉的要素，作为不可感知的反思，它本身必定包含着概念的形式。胡塞尔把中介性叫作直接性，因为他相信材料；他想把中介（即理性的真理）同纯粹的可错性分开。反过来，他把只有通过中介、通过反思过程才能获得的普遍性和必然性赋予了直接性。

人们经常谈到胡塞尔的柏拉图主义实在论。在胡塞尔的著作中，这一实在论当然伴随着一种极端的认识论唯心主义：也就是说，他赋予柏拉图式实在的那种本质，是和现实、事实，及在时间和空间内构成的世界完全没有任何关系的本质。一旦仔细考察胡塞尔把他的本质的准柏拉图主义实在论同一种唯心主义的思维观调和起来的努力，就会注意到他陷入了一种幼稚的逻辑实在论。他把逻辑原则实体化、本体化了，仿佛它们是二等的事物，然而逻辑原则只有在和思维的关系中才有效。如果它们真的是事物，那么指向它们的思维就堕落为对它们的消极被动的反映和接受。胡塞尔把康德的思维自发性概念扔回到纯粹的消极被动性的水平，对胡塞尔来说，思维同样是受理性的真理影响的，就像康德认为我们的感觉受先验的物自体影响那样。当康德想把我们的经验建立在仅仅是形式的意识分析的基础上时，他的先验物自体概念就遇到了困难。我想表明的是，当胡塞尔主张一种二等的物自体时，换言之，他把那些真理的思维还原为一种纯粹消极被动的直观时，他的独立于主观构成的真理概念遇到的困难一点儿也不比康德遇到的那些困难来得小。也就是说，整个范畴直观概念，这个不仅在德国而且在全部现代哲学中造成了非凡后果的概念，实际上不是现象学的发现。范畴直观学说是把意识分析和真理的自在存在合而为一的花招。

胡塞尔为何不得不躲在这一花招中避难？值得指出的是，他的全部哲学都充满了像范畴直观那样自相矛盾的概念，即使在他最后的著作中也可以找到诸如"偶然的先验"或"本质自我"之类的概念，指的是一种严格意义上的个人意识、个别意识——和事实绝对无关的、纯粹的本质，而不是来自杂多的个人意识。这些矛盾的概念指向了同一个方向：胡塞尔给自己提出的任务，是他自己的术语"不可解决的"。矛盾的术语只不过是他的问题的不可解决性的表现。他的问题可以扼要概述为：他背叛了唯心主义思想，却想用纯粹唯心主义的工具（亦即仅仅对思维的结构和意识的结构进行分析）来突破唯心主义的藩篱。关键在于，当胡塞尔反对心理主义时，他赋予这个术语的意义要比通常理解的意义广泛得多。他对心理主义的攻击泛化为反对一切主体概念，无论多么抽象的主体概念都源自"世俗的"存在并假定了一个"世界"。对他来说，就连笛卡尔的自我也仍然是"一小块世界"，因为它是通过把我们的世俗经验限定在"不可怀疑的"范围内而得到的，不是像胡塞尔想要的那样，是通过"改变了的态度"获得的——这一态度不是和"思维的我在"有关的实在，而仅仅是一种可能性。如果说，康德谈到"我们的"意识，如果说，在康德那里，理智图式的作用受制于事实的、实在的印象，否则范畴就会变成没有任何有效性的空洞的形式，那么在胡塞尔这里，康德也是心理主义者。其实，晚年胡塞尔发表在《哲学》杂志上的著作已经谴责了文艺复兴以来的全部现代思想史都是心理主义的。换言之，他不仅攻击实证主义和经验主义，也攻击唯心主义，而他的影响力主要是一位反唯心主义者带来的效应。

"回到实事本身"这个口号就是这样一种攻击，而他坚持"直观"等概念的动机其实就是这种回到材料本身的反唯心主义冲动。他想要消灭一切"纯粹的思维活动"和"意义"的"超级结构假设"，消灭一切产生于体系之偏见的武断构造。他发起的战斗，可以说是对一切哲学的装饰的攻击，对一切不属于事物本身的东西的攻击。对于伟大的德国唯心主义体系来说，精神的自发性是一切真理的源泉，对于胡塞尔来说则是思辨之谬误的根源。他是这个特定意义上的反唯心主义者。

但是，"回到实事本身"的口号意味着胡塞尔哲学中最艰巨的困难。他想要回到"实事"，不仅要避免任意的概念构造之谬误，也要得到一种绝对可靠的、不可动摇的、无可争辩的真理。这一把握绝对的愿望，最终是以一种绝对的严格性将万事万物从一个绝对的点那里演绎出来的愿望，正是唯心主义的愿望；只不过，这一愿望现在躲避在反唯心主义哲学的庇护下。一旦胡塞尔试图建立一种关于绝对的哲学，他就回到了同样的自我原则，回到了他拒斥的那种自发性。显然，他的哲学诉诸的终极概念是唯心主义的概念。按照胡塞尔，把握事物本身的"原则中的原则"是这样的："每一种原初给予的直观都是认识的合法源泉，在直观中原初地（可说是在其机体的现实中）给予我们的东西，只应按照它被给予的那样，而且也只在它在此被给予的限度之内被理解。"（《大观念》，第92页）在这一原则背后，除了旧的唯心主义原则别无他物：第一，我们的意识的主观材料是一切认识的最终来源；因此，第二，一切基础的哲学分析都必须是意识分析。另外，对立于给定性的一极，纯粹的概念，或者用胡塞尔的说法，"本质"，在胡塞尔那里同样是通过还原为主观意识（脱离了一切事实的、偶然的东西）而得到合法性证明的。本质学说被认为是胡塞尔反唯心主义的致命一击，但它其实不过是唯心主义的顶峰。纯粹的本质，似乎摈弃了一切主观构造的那种"客观性"，其实不过是抽象的主观性，纯粹的思维作用，在康德的"意识统一性"意义上的"我思"。

于纽约市

3. 凡伯伦对文化的抨击 [①]

    凡伯伦的《有闲阶级论》一书因其炫耀性消费的理论而闻名。按照该理论，商品消费，从很早的"掠夺"的历史阶段到现在，与其说是为了满足人的真实需要或是提供凡伯伦所谓的"生活的丰富性"，不如说是为了维持社会声望和身份地位。就美学而言，凡伯伦从对炫耀性消费的批判理论中得出的结论很类似于阿道夫·路斯同时期阐述的功能主义理论的结论。就功用性来说，他们类似于技术统治论。尽管这些是凡伯伦理论中的历史有效成分，但它们并没有完全准确地描述出他的思想的客观冲动，即反对文化的野蛮。从他的著作的第一句话开始，"野蛮的文化"这个短语就一而再再而三地出现，像是仪式上的面具。他用这个短语特指历史上的一个阶段，从古代的猎人和武士到封建地主和绝对君主，而这个阶段和资本主义阶段的分界线并不清晰。在无数地方，他倾向于否定现代，认为现代是野蛮的，尤其是在现代以文化自诩的地方。在凡伯伦看来，能够证明现代性已经摆脱了赤裸裸的必然性原则，因而变得人道了的那些特征恰恰是远古以来的历史时期的遗迹。对他来说，从功用王国中的解放只意味着来自以下事实的"无目的性"：文化的"制度"及其人类学特征并不与生产方式同步变化，而是滞后于它，有时与它产生矛盾。如果沿着凡伯伦的思路往下走，而不是拘泥于他的（动摇在尖刻和拘谨之间的）具体论述，那么就会得出结论：看似克服了贪婪、追逐出人头地、直接性的桎梏等因

---

① 本文最初发表在 1941 年《哲学与社会科学研究》第 9 卷第 3 期上。收录于《阿多诺全集》德文版第 10 卷，第 72—96 页。

素的那些文化特征，其实，只不过是贪婪、个人野心和坏的直接性等因素的那些客观上已经过时的形式的遗绝。它们源自一种证明的需要，即证明"纯实用的考虑已经被免除了"，证明为了改善个人在社会等级制中的地位、增进个人的社会荣誉、强化个人对他人的权力，人把时间花费在无用的事情上。文化为了一种经过中介的功用性而反对（直接的）功用性。其标志是生活的谎言。在探索这一谎言时，凡伯伦表现出了和他的同时代人弗洛伊德并无不同的坚持不懈，研究起了现象世界的渣滓。在凡伯伦的黯淡前景中，草坪和拐杖，裁判员和家养动物是揭示了文化之野蛮的寓言。

这一方法和他的学说内容一样，使人大骂凡伯伦是个疯狂的、破坏性的旁观者。作为一名芝加哥的教授，他制造了一起学术丑闻，结果是他被开除。但与此同时，他的理论扩散开来了。到今天，已经得到了广泛的正式承认，就像弗洛伊德那样，他的惊世骇俗的术语已经渗透进了新闻报道。这里可以看到一种趋势：对于令人讨厌的对手，就给他一个温暖的认可，从而解除了他的武装。不过凡伯伦的思想与这种认可并非格格不入，他并不像他第一眼看上去那样是个旁观者。在考察他的思想谱系时，要注意三个来源。第一个来源，也是最重要的来源，是美国的实用主义。凡伯伦属于其中较早的、有达尔文主义倾向的传统。他的大作的核心章节的一开始就说："人类在社会中的生活就像其他物种的生命一样是生存斗争，因此是选择性适应的过程。社会结构的演进是制度的自然选择过程，人类制度和人性的一些已有的和正在取得的进步，基本上是对最能适应的一些思维习惯的自然选择，是个人被迫适应环境的过程——而这种环境是随着社会的发展，随着人类赖以生存的生活制度的不断变化而逐渐变化的。"适应概念是中心。人屈服于生活，就像屈服于未知的实验师规定的实验条件；人如此擅长于适应强加于他的自然条件和历史条件，只有这样才有机会生存下去。思想的真理性取决于它是否为适应服务，有没有为物种的生存做贡献。凡伯伦的批判总是在这一适应尚不完全的地方开始。他很清楚适应理论在社会领域中遇到的困难，他很明白存在着内在性与外在性的相互作用，他知道适应有助于强化"物化的状态"。这一见识迫使他不断提炼、修正他的学说，但永远不会达到质疑适应本身的绝对必要性的地步。进步就是适应，别无其他。凡伯伦顽固地拒绝看到，适应这个概念的内在组成和它的尊严，对于有意识的存在来说，是跟它在盲目的自然世界中的情况完全不同的。这一根本立场与思想的大气候相吻合，使得凡伯伦的异端思想很容易得到认可。

他的适应理论的特殊内容还有第二个来源，一种古老的实证主义，圣西门、孔德和斯宾塞的学派。在凡伯伦看来人应该去适应的这个世界，正是圣西门和孔德的那个工业技术的世界；而凡伯伦宣告了其至上性。对他来说，进步的具体含义就是对意识形式和"生活"形式的适应，也就是对经济消费领域、对工业技术领域的适应。适应的手段是科学。凡伯伦认为科学是因果律的普遍运用，而对立于万物有灵论的残余。在他看来，因果思维是客观的定量关系对人格主义和人类学观念的胜利，其原型是工业生产。总之，目的论的观念被严格排除了。历史是一个缓慢的、无规则的然而又内在连续的进步过程，进步体现在对世界的适应和对世界的去神秘化上——这种历史观是和一种跟孔德差不多的历史阶段论相一致的。在这一语境中，凡伯伦偶尔会暗示，他希望即将到来的阶段会看到私有制的消灭。这表明马克思是他的第三个来源。凡伯伦对马克思主义的态度是有争议的。他的批判对象并不是作为资产阶级社会之基础的政治经济学，而是该社会的非经济生活。他不断诉诸心理学和"思维习惯"，以解释经济事实，这和马克思的客观价值理论并不相容。然而，凡伯伦尽可能地把马克思的许多次级理论吸收到他的实用主义立场中来。"明显的浪费"和"倒错"等基本范畴也源自马克思那里。消费不是为了消费本身，而是反映了交换对象的社会性——这种消费概念和马克思的商品拜物教概念相关。倒错的论点，即在经济条件的压力下被迫退化到过时的意识形式，也要（至少部分地）归功于马克思。在凡伯伦那里，也像杜威一样，试图实用主义地理解人的适应过程，结果导致了辩证的主题。他的思想是实用主义和历史唯物主义的混合。

不过，这种思路在凡伯伦那里几乎没有进入他的理论核心。关键在于，是什么力量把这些主题注入他的理论中的。凡伯伦的基本经验可以概括为对"伪独特性"的体验。当几乎一模一样的商品的大规模生产和集中化、组织化的流通占了上风，当生活的经济技术结构不断排斥以手工业生产为基础的个性化，"此时此地之物不可能被无数别的东西替代"的表象就成了一种欺骗。要求某种特殊的、独一无二的东西——这一要求在促销时总是被夸大——每一物品似乎都在拿这一要求嘲笑着现状：这一状况中，所有人都屈从于遵循"更多的同一性"原则的社会秩序。凡伯伦无法忍受这一嘲笑。他痛苦地承认了那个表现为"对象的抽象同一性"的世界是被经济基础决定的。当凡伯伦要求消费的合理组织时，他实际上要求的是大规模生产——在其中，消费者从一开始就是计算的对象，只是到了消费领域才暴露出其本质。既然"有趣的差异"和"奇特"之类的话语已经成为广告的套话，凡伯伦的观点就显而易见了。他是第一个自发地认识到这一点的人。在技术窒息了真正的个性之前很久，他就认识到了事物的伪个性。他从物品本身的内在不连贯性中，从它们的形式和功能之间的矛盾中看出了它们虚假的独特性。带点儿夸张地说，以装饰为形式的 19 世纪媚俗艺术对他来说就是未来的暴政的形象。他看到了媚俗艺术逃脱了美学批评的一个方面，这个方面有助于解释众多 19 世纪的建筑和内部的那些骇人听闻的灾难性表现——压迫的外观。在凡伯伦的眼里，一旦装饰越来越像古代的压抑形式，就越是构成了对人的威胁。最能体现这一点的，莫过于他对慈善机构的建筑的讨论："例如，某些捐款成了建造弃儿收容所或社会福利院的基金。但这些基金投入光荣的浪费，已经是屡见不鲜的了，足以引起人们的惊讶或嘲笑。一部分基金用来建造大厦，外表覆盖着一些丑陋而名贵的石块，雕满了奇形怪状的、毫不协调的花纹，加上城堞式的墙垣、角楼、高大的门和要塞入口般的设计，看起来就像野蛮时代的战争中的一个堡垒。"凡伯伦用这个例子来强调宏伟和装饰的威胁性方面，以支持他的历史哲学。由于他相信进步，所以他在 19 世纪的媚俗艺术中（尤其是 1870 年之后的装饰运动中）看到的侵略性的野蛮形象只代表了过去时代的遗迹，或者说，表明了那些不从事物质生产的人、脱离了工业劳动过程的人的退化。然而，凡伯伦叫作"古代遗风"的事物同时也是即将到来的恐怖的信号。他悲哀的内感觉否认了他的乐观主义展望。人类历史在他眼中所采取的形式将迎来它最可怕的阶段。他看到这些堡垒形状的育婴堂之家时感到的震惊，已经在哥伦布宫（纳粹主义的新功能酷刑室）那里成为一种历史性的力量。凡伯伦把总体的统治奉为本质。对他来说，所有的文化都是赤裸裸的"恐怖"的扭曲形象。他对即将到来的灾难的迷恋既解释了他为何冤枉了文化，又说明了这一不合理的看法的合理性。

文化在今天已经呈现出广告的特征，而对凡伯伦来说，文化不是别的，就是广告，是权力、战利品和利润的展示。他带着对世人的极度憎恶，忽略了超出此范围的其他一切。他眼中的斑点成为感知血淋淋的不正义之痕迹的手段——哪怕是在幸福的景象中也能看到。在"不受限制地处置人类历史的权利"的旗号下，19世纪的大都市从雅典神庙、哥特式教堂、意大利城市共和国的浮华宫殿那里收集了一套骗人的台柱。凡伯伦偿还了这笔债务；对他来说，真正的神庙、宫殿和教堂已经像仿制品那样虚假了。世界历史是世界市场。凡伯伦用媚俗艺术来解释文化，而不是反过来。他对"文化被广告消费"这种状况的概括已经由斯图尔特·克拉斯扼要阐述过了："在这个时代乃至所有更早的时代，处于维持生活的限度之上的人基本上不会把社会给他们的剩余产品用在有用的目的上。"这里的"所有更早的时代"指的是一切不同于最近这个时代的商业文化的东西：对仪式实践的实际权力的信仰，性冲动和性象征（整个《有闲阶级论》没有一个地方提到性），艺术表现的魅力，逃离功用性之奴役的渴望。与他的本意相反，这位实用主义者，这位目的论思辨的死敌，是按照一种邪恶的目的论图式来思考的。他的天才智慧并不惮于用最粗陋的理性主义来揭露拜物教对表面上的自由王国的全面统治。在他的抨击下，把统一性强加给自然形成的单调性的那种具体化已然堕落为一件大规模生产的物品，该物品虚伪地声称着具体性。

凡伯伦的邪恶眼神是一块丰收之地。他攻击了那些为人们忽视的或者被认为无害的现象——人们不会长时间地盘桓于其中，而只是把它们当作社会的表面现象打发掉。其中之一是体育。凡伯伦直言不讳地把各种体育（从儿童的竞赛到大学体育，再到两种极权国家都盛行的宏大的体育盛会）统统概括为暴力、压迫和掠夺精神的大爆发。"掠夺气质的所有这些表现，都应列入侵占一类。这些现象一部分是凶猛的竞争态度的简单直率的表现，一部分是出于博取勇武声名之愿望的、有目的的活动。一切体育比赛都属于同一类的普遍性质。"按照凡伯伦，对体育的热情具有侵略性。"对竞赛活动的热爱，基于一种古老的精神素质。"然而没有比这种古代遗风更为现代的了；竞技赛事是极权主义的群众集会的模型。作为被容许的放肆，它们把残酷和侵略同一种极权主义的要素结合起来（被训练出来的遵守规则）守法，法制——如纳粹德国的大屠杀中所见。凡伯伦觉察出体育中的放肆和统治精英之间的亲密关系。"如果富有这种侵占习性的人在社会中对青年成员的习性发展居于领导地位，那么他对尚武精神的保留和复归所产生的影响也许是极其深远的。例如，近来有许多牧师和其他社会栋梁对少年儿童团及类似的准军事组织的辅导，就含有上述意味。"他的目光甚至看得更远。他看出体育是伪活动，是对原本会闯祸的精力的疏导，是把一种特殊的严肃性和意义赋予了无意义的活动。人越少受经济束缚之苦，就越是觉得要创造出一种严肃的、有社会声望的然而又是非营利的活动的表象。然而，与此同时，体育适合侵略性的、实用的掠夺精神。它为有目的的活动和浪费时间这两个冲突的愿望找到了公分母。因此它是欺骗，是伪装。凡伯伦的分析，当然要予以补充。因为体育不仅包含了对他人实施暴力的冲动，也包含了对自身进行攻击并感受到痛苦的欲望。只不过凡伯伦的理性主义心理学阻碍了他看到体育中的受虐狂因素。这一点使得体育不只是先前的社会形式的遗迹，而或许是对威胁性的新社会形式的最初适应——凡伯伦抱怨说，"制度"落后于工业精神（仅仅指技术），这一抱怨是不对的。现代体育，可以说是要恢复身体的某些被机器剥夺了的功能。但这么做只是为了更无情地把人训练得服从于机器。因此，体育属于不自由的范畴，无论其组织形式如何。

凡伯伦的文化批判中还有另一个相对次要的情结，即所谓妇女问题。

因为女性的最终解放显然属于社会主义议程，所以一直觉得没必要深入思考女性的社会地位。从萧伯纳以来，妇女问题在资产阶级文学中就是滑稽可笑的。斯特林堡把它颠倒为男人问题，就像希特勒把犹太人解放问题颠倒为"从犹太人那里解放出来"的问题。现存条件下妇女解放的不可能性，不是社会状况造成的，而是解放的倡导者造成的，而解放目标本身的缺陷（使得这些理想近乎神经病）被混同于目标的实现。娜拉和海达的形象已经被思想开放的办公室女郎取代，后者只要能够去约会看电影，就会对生活心满意足；假如她知道娜拉和海达，大概会用时髦的词句斥责这二位"想入非非"（unrealistic）吧。和她对应的是这样一种男人：他利用着性的自由，冷淡而不悦地欣赏着他的伙伴迟钝的顺从，然后更尖刻地嘲笑她，以表示他的满意。和易卜生有很多相似之处的凡伯伦，也许是最后一位不回避妇女问题的思想家。作为女权运动的最新辩护士，他吸取了斯特林堡的经验。对凡伯伦来说，作为一种社会现象的妇女，恰恰是妇女对她们自身而言的东西——一个伤口。他体察到她们被父权制羞辱。他把女性的地位比作仆人。分拨给她的闲暇时间和奢侈品只是用来强化主人的地位。这意味着两个矛盾的后果。要是给凡伯伦的文本一些自由权利，可以这样描述它们：一方面，正因为女人被贬为"奴仆"和炫耀的对象，她在某种意义上脱离了实用的生活。她比男人更少（至少在凡伯伦的时代如此）接触经济竞争。在某些社会阶层中，在某些时代，她可以不必发展被凡伯伦叫作"掠夺精神"的那些特质。由于她和生产过程的距离，她保留了人的一些未完全被社会掌握的特征。因此，属于社会上层的妇女最容易背弃她们的阶级。然而，与此相反的还有另一种倾向，凡伯伦把这一倾向的最突出的症候叫作"女性的保守主义"。她很少作为主体参与历史的发展。限制她的依赖地位弄残了她。这就抵消了脱离经济竞争带给她的机会。以男人的智力兴趣的领域来衡量，即使那些男人也全神贯注于商业的野蛮，而大多数女人所处的智力状态是白痴——凡伯伦毫不犹豫地指认这一点。沿着这一思路，可以得出结论：女性脱离了生产领域，只是为了更彻底地被消费领域吸引，被商品世界的直接性俘虏，就像男人被钉在利润的直接性上那样。女性是男性社会强加于她们的不正义的镜像，她们越来越像商品。凡伯伦的观点表明了解放乌托邦之变迁。希望的目标不应该使女性的残缺的社会特征等同于男性的残缺的社会特征。相反，其目标应该是这样一种状况：在其中，不但悲哀的女性面孔消失了，忙碌的、能干的男人也同时消失了。两性差异造成的耻辱里存活着该差异可能产生的幸福。

　　然而，凡伯伦并没有得出上述结论。尽管他含糊地提及"生活的丰富性"，但他的社会图景不是以幸福的理想为基础的，而是以工作的理想为基础。在他的视野中，幸福仅仅是"工作本能"（他最高的人类学范畴）的满足。他是个清教徒，甭管他本人是不是。他从不倦于攻击禁忌，但他的批判止步于工作的神圣性：他的批判有某种父权制的陈词滥调，主张文化不足以自身为荣，而是以脱离劳动为荣，以有闲为荣。作为文化的内疚感，他用社会本身的功用性原则来诘难社会，证明了按照这一原则，文化不仅是浪费而且是欺诈，所以是非理性的，从而质疑了整个体系的合理性。凡伯伦有点像那种严厉对待节俭的告诫的小资产阶级。因此在他的眼里，所有文化都是无意义的炫耀性展示，具有破产的性质。对这个论点的片面坚持，使他拆穿了社会过程的荒谬性——这一社会过程必须依靠步步为营的"虚假计算"和建造欺骗的、虚幻的迷宫才能维系。但是凡伯伦为他的方法付出了代价。他把生产领域奉为偶像来崇拜。他的理论暗示，资产阶级经济中存在着掠夺性资本和生产性资本的区分。他区分了现代经济"制度"的两大类型："金钱的"和"工业的"。他区分了人的职业以及与这些职业相适应的行为方式："只要人的思维习惯是在营利和财产占有的竞争过程中形成的，只要他们的经济职能不超出以交换价值为表现的财富的所有制，不超出通过交换价值来对财富进行管理和融通这个范围，他们在经济生活中的经验就有助于掠夺气质和掠夺思维习惯的存续和加强。"凡伯伦没把社会过程理解为一个总体，而是区分了生产性的和非生产性的职能。这一区分的主要目标是非理性的流通机制，他说："金钱工作涉及的那一类人和那一类经济过程中的职责，与从事竞争工业的企业所有权有关，尤其与列入金融活动一类的那些经济管理的基本行业有关；此外，商业工作的大部分也可以列入这个范畴。"只有通过这个区分，才能看清凡伯伦反对有闲阶级的实质。他反对有闲阶级的地方，不是它对别人施加的压力，而是说没有足够多的压力让该阶级来践行他本人的清教工作伦理。他抱怨有闲阶级有逃避的机会，尽管这一机会是荒唐的。在他看来，经济独立并不完全是造成古代遗风之必要性的原因："古代的思维习惯继续存在，是因为没有实际的经济压力迫使该阶级去调整其思维习惯，以适应改变了的情境。"——值得注意的是，凡伯伦往往是提倡"适应"的。确实，"适应"的反题，作为人性前提的"闲暇"，对凡伯伦来讲并不陌生。这里有一种非理论的、多元主义的思想框架。闲暇和浪费拥有它们的权利，但仅仅是"审美上的"。这跟经济学家凡伯伦无关。不要小看他的区分中对审美的轻视。对凡伯伦来说，更为紧迫的问题是"什么才是经济的"。问题不在于凡伯伦的著作能否列入经济学的学科行列，而在于他本人对经济学的概念。他的"经济"的定义其实就是"有利可图的"。他对经济学的谈论是和一个拒绝不必要的花费、认为那"不经济"的商人重合的。有用和无用的概念本身并未加以分析。凡伯伦按照社会自身的标准，证明了社会的运作是"不经济的"。这既太多，又太少：说它太多，是因为他非常耀眼地阐明了理性的非理性；说它太少，是因为他不理解有用和无用的相互依赖。他把无用性的问题留给了脑力分工带来的其他范畴，把他自己变成一位文化效用专家，而他的投票会被他的美学同行否决。他没有在审判权的对立中看出这是拜物教的分工的表现。作为经济学家，他对文化的处置一方面过于独断专行，认为文化是浪费，从预算中把它削减掉，另一方面又偷偷地屈从于文化在预算领域之外的存在。他没有看到，文化的合法性或非法性只有从社会总体的视角才能加以判断，而不能从提问者的部门视角来判断。因此他对文化的批判中内在包含着一种滑稽的要素。

凡伯伦似乎要做一块干净的石板，擦掉文化的泡沫，露出事物的底色。然而对"残余物"的追求总是会沦为盲目性的牺牲品。作为对真理的反映，现象是辩证的；拒斥所有现象，就是彻底处于现象的支配下，因而真理也就随着泡沫扔掉了——没有泡沫，真理便无从显现。然而，凡伯伦拒绝看到在他的基本经验所反抗的东西背后的冲动。弗兰克·韦德金德在其死后发表的论文中，评论媚俗艺术是我们时代的哥特艺术或巴洛克艺术。凡伯伦并没有严肃认真地把握韦德金德指出的媚俗艺术的历史必然性。对凡伯伦来说，假城堡只是时代错误。他不理解退化特有的现代性质。在大规模生产的时代，骗人的独特形象对他来说只不过是遗迹，而不是对已经背叛了它自己本性的、高度工业化的"机械化"的反映。这些形象构成的世界，被凡伯伦揭示为"炫耀性消费"的那个世界，是人工合成的"幻想"世界。它代表了一种不求实际的，却又令人着迷的努力，即想要挽回现代生产方式造成的经验损失，想要通过自我制造的具体性来摆脱抽象等价物的统治。人们宁可用具体性的幻象来欺骗自己，也不愿意抛弃附着于其上的希望。商品拜物教不仅仅是不透明的人与人的关系在物质世界中的投射。它们也是一些奇怪的神灵，起源于交换过程的优先性，却代表着某种没有完全被交换过程同化的东西。凡伯伦的思想在这个二律背反面前退缩了，而这个二律背反恰恰使得媚俗艺术成为一种风格。媚俗艺术不仅仅意味着作品的滥用。合成的形象描绘了向远古的退化，这一事实只证明了它的遥不可及。最高级的艺术所构想的形象将技术可能性的层面和人对具体性的需要结合在了一起，但社会并不接受它们。也许，应当允许以合题的形式来阐述进步（现代）和退化（古代）之间的关系。在这个社会中，能量的发展和窒息是同一个原则的无情后果，这就意味着技术的任何一次进步都同时是一种退化。凡伯伦谈到了"野蛮的常态"，说明他也有所怀疑。野蛮是常态，因为它并不仅仅是残渣余孽，而是稳步复制着自身，并且和人对自然的统治成正比例发展。凡伯伦太忽视这一等式了。他看到了城堡和火车站的时代落差，但是没有把这一落差理解为历史的规律。火车站戴着城堡的面具，但这面具是它的真理。只有当技术的物质世界成为统治的直接奴仆时，它才会扔掉这些面具。只有在极权主义的恐怖国家里，它才显现出它真实的样子。

由于凡伯伦小看了现代复古风中的必然因素，认为人工合成的形象仅仅是幻象，是有可能根除的，所以他也在社会的奢侈和浪费的"法的问题"面前败下阵来。作为社会改革家，他宁可消灭这些肿瘤。奢侈具有二重性。凡伯伦只聚焦于其中的一个方面：某些社会产品没有用于满足人的需要，增进人的幸福，而是被挥霍了，只为了保持一个过时的制度。奢侈的另一面是，这部分社会产品没有直接或间接地用于耗费的劳动的再生产，而是用在人身上，故而人并未完全处于功用性的支配下。尽管凡伯伦并未公开区分奢侈的这两个要素，但显然要消灭第一个方面（炫耀性消费），挽救第二个方面（生活的丰富性）。在这一生硬的意图中，隐藏着他的理论的缺陷。今天的奢侈中，额外费用和幸福是不可分开的。它们构成了奢侈的内在同一性。尽管幸福只存在于人暂时避开了金钱的"社会化"过程中，但是他们的幸福的具体形式本身总是包含着社会的一般状况，即否定。普鲁斯特的小说可以解释为发展这一矛盾的尝试。因此情欲的幸福不是和"如此这般的"人有关，而是和被社会决定的、处在其社会表现中的人有关。瓦尔特·本雅明曾写道，对男人的情欲来说，他爱的女人出现在他的公司是和献身于他同等重要的事情。凡伯伦大概会像资产阶级那样嘲笑这种观点，并谈到炫耀性消费。但是人实际上找到的幸福是不能和炫耀性消费分开的。没有哪一个幸福，不曾允诺要实现一些社会构成的欲望；但是也没有哪一个幸福，不曾允诺某些与这一实现有质的差别的东西。抽象的乌托邦思维在这一点上欺骗了自己，就阻止了幸福，而被它要否定的东西玩弄于股掌之间。因为它固然要清洗掉幸福中的社会污点，但是它也被迫否定对幸福的一切具体承诺，并且把人还原为他们本身的工作的一种功能而已。就连臣服于炫耀性消费并达到走火入魔程度的商品拜物教徒，也分享了幸福的真理内容。尽管他否定了他本人的生活幸福，代之以物的声名——凡伯伦谈到"社会承认"——他却在不经意间揭示了隐藏在一切摆阔和炫耀背后的秘密：如果不确实暗示着整个社会的幸福，任何个人的幸福都是不可能的。哪怕是出于恶意，对身份的炫耀、卖弄的动机（在其中，幸福的社会要素不可避免地在竞争原则的支配下显现自身）也包含着对社会的承认，对总体的承认，承认它是幸福的真正主体。凡伯伦指认奢侈具有的那些"不公正的"特征，那种恶意，并不仅仅复制了非正义，它们也以扭曲的形式包含了对正义的追求。人并不比他们赖以生存的社会更坏——这里有着对凡伯伦的愤世嫉俗的矫正。但是，他的愤世嫉俗也是一种矫正。他之所以诋毁那种恶意，乃至其中的最崇高的动机，是因为他仍然顽固地效忠于善意。

真是很讽刺，凡伯伦的忠诚被迫采取了资产阶级社会中的被他严厉谴责的形式，即退化的形式。在他的思想中，唯一的希望在于人的史前时期。对他来说，无梦想的现实主义——对工业世界的状况的顺从适应——排除掉的幸福就反映在天堂般的黄金时代的形象中："当人类的合群生活已经可以正式称作人类的生活，但还处于最原始阶段时，这种生活似乎是属于和平性质的；在这种环境与制度的早期情况下，人类的性格特征（气质和精神态度）虽不能说是懒惰，却是和平的、非侵略的。就这里的研究目的来说，社会发展的最初阶段是和平的文化阶段。这一假定的文化初期的主要精神特征，似乎是一种未反思的、不系统的群体团结感，大致表现为：对人类生活的一切便利方面，表现出满意的，但一点儿也不热烈的共鸣；对于理解到的抑制和生活上的不求实际，则抱有一种不安的反感。"凡伯伦解释了作为资产阶级时代的人的特征的去神话化和人道化，他不是把它们解释为不断增长的自我意识的象征，而是对上述原始状态的复归。"在有闲阶级所处的受到庇护的情形下，似乎有一种向着非歧视性的冲动的复归，这种冲动是掠夺的野蛮文化之前的阶段的特征。复归既包括了手工艺的观念，也包括了好逸恶劳和好人缘等癖性。"卡尔·克劳斯，语言装饰的批评家，曾经写道"起源即目标"。同样，技术统治论者凡伯伦的思乡病，也是以恢复最古老的东西为目标的。对他来说，女权运动是"恢复女性的前冰川期的地位"的盲目而松散的努力。这种挑衅的话似乎侮辱了实证主义对事实的感觉。但是这里显现出凡伯伦理论中最奇怪的一个连接，实证主义和卢梭的理想自然状态论之间的连接。作为一个除了适应不承认别的任何规范的实证主义者，凡伯伦面临的难题是，为什么人们不应该去适应"浪费、不求实际、凶暴这些原则"的规定呢？按照他的观念，这些原则是"金钱的礼仪准则"。"但是我们要问，为什么需要辩解呢？如果支持运动比赛这类活动的大众感情已经相当普遍而有力，为什么这一事实本身还不能算是充分的正当理由呢？民族在掠夺文化和准和平文化下经受长期锻炼而养成的尚武精神已经遗留给现代的人们，这种精神与凶暴和狡黠一类表现是一拍即合的。既然如此，为什么不承认这类活动是正常和健全的人类性格的正当表现呢？除了在这一代情感中表现的一系列习性（包括刚勇这一遗传性格在内）所构成的规范，究竟还有什么别的应该执行的规范呢？"这里，凡伯伦带着和易卜生差不多的笑容，把他的推论推向了差点儿向现存世界投降的地步，也就是说，有着向"正常的野蛮"投降的危险。"还有隐藏在背后的、接受人们的呼吁的一个规范，这就是做工的本能。这是比掠夺的竞赛习惯更加基本的，来源更加悠久的一种本能。"这是他的原始时代的理论的核心。实证主义者只允许他自己把人类的潜在可能性设想为朝着既定物的转变，即转变为某种过去实际上存在过的东西。如果实现了和解的生活并没有比存在的地狱更多的"规定性"、更多的肯定性、更多的现实存在，那么这样的和解生活是不正当的。天堂是实证主义者的难题。凡伯伦只是偶然发明了"做工的本能"，为的是让天堂和工业时代找到一个人类学的公分母。如他所说，人甚至在大洪水之前就靠汗水来挣得每天的面包了。

在这种理论中，在这些无能的、自我讽刺的理论支撑中，凡伯伦充分暴露了他自己：不同的概念企图和"适应永恒同一"和平相处。嘲笑一位力图突破事实性的实证主义者，是很容易的事情。凡伯伦的整部著作里都充满着怒气。它是付出了"均衡感"的代价的一个大笑话，而实证主义的公平游戏的规则要求这种均衡感。他不知疲倦地寻找着体育的习俗制度和宗教之间的类似之处，或是绅士的荣誉的侵略性特征和罪犯的相似之处。他甚至不能不抱怨宗教礼拜的仪式装备中的经济浪费。他和生活的改革家走得很近。他的原始社会乌托邦往往堕落为对"自然"的粗鄙信仰，而他指责长裙和紧身胸衣之类时装的所谓愚蠢，因为19世纪的大部分属性已经被20世纪的进步一扫而空，却并未因此终结文化的野蛮。炫耀性消费成了偏执观念。要理解这一点和凡伯伦的社会分析中的真知灼见之间的矛盾，就要考虑一下怒气本身的认知功能。就像和平的原始时期的图景一样，在凡伯伦那里，怒气是潜能的避风港。被怒气指引的评论者试图将社会的压倒一切的否定性和他自己的经验匹配起来。他试图将看不见摸不着的异化总体变得可见可触，但是总体的这种性质恰恰使它超出了直接的生活经验的掌握。偏执观念取代了抽象的普遍概念，因为它僵硬地、顽固地保留着具体而有限的经验。关于最直接的东西（真实的痛苦）的中介知识和衍生知识生来就缺少权威性和证据，怒气则表明了弥补这一缺陷的欲望。但是，这样的痛苦源自作为总体的压迫性社会制度，因此只有以抽象的、中介的形式才能上升为知识。怒气背叛了这一点。它从它和无知先生的对话中得出了思想框架。它之所以失败，因为社会的异化恰恰包含着把知识的对象排除在直接经验的领域之外。凡伯伦的全部理论的前提（在被"更多的同一物"统治的世界上，主体经验的丧失）指认了异化过程的人类学方面，而自从黑格尔以来，这个异化过程都是以客观的范畴来理解的。怒气是一种辩护机制。无论何时，无论何地，早至波德莱尔那里，怒气的姿态总是控诉，它否定了社会的直接表现，却把社会的罪过推卸给它的现象。

知识和经验的匹配，所付出的代价是知识的不完善性。在这方面，怒气像是某个小资产阶级宗派，他们把世界的堕落归于一个阴谋，并同时坦率地接纳这种着了魔的荒诞。当凡伯伦让野蛮的挥霍之类的表面现象负起全责的时候，他论点的这种不均衡性成为其真理的要素。它旨在引起震惊。这表现了这个世界同对世界的可能经验之间的不均衡性。知识伴随着讽刺它的笑声，因为只要它还是人类的知识，它的实际对象就躲避着它。只有作为非人的知识，它才配得上这个非人的世界。客观体系和主观经验之间唯一的思想交流是将双方都炸开的爆炸，并且在爆炸中暂时照亮它们的外观。这种批判扑向了最近的那个街角的野蛮，而不是在普遍概念的王国里自我安慰，就此而言，和不那么幼稚的理论相反（在那面前，它是荒谬的），它保留了开始被"科学社会主义"的概念所忽视、最终消失在卡尔·克劳斯所谓的"莫斯科行话"中的一份备忘录。狭隘性不仅是对广度的补充：有时它也是对过于宏大的观点的解毒剂。这就是凡伯伦的合理性。他的怒气来自他对进步精神的官方乐观主义的厌恶，当然他自己也沾染了这种乐观主义，因为他在常识的波流中游泳。

怒气将个性颁发给了凡伯伦的批判。这是一种祛魅，一种"揭露"。凡伯伦热情地追随着传统的启蒙方式，即揭穿宗教是"牧师的欺骗"。"我们觉得凡是属于神性的，必然是一种格外宁静的、有闲的生活习惯。一个虔诚的说教者，不论什么时候，为了宣传教义或唤起信教热忱，在他的屋子里挂起诗意的图像时，在观众心头浮起的，必然是一位笼罩在非常强烈的财力与权力气氛之中的主人，四周围绕着许多随从。在神像这类通常的写照中，这一群侍从的任务是代理有闲，把他们的时间和精力大部分花费在非生产性的、对神的德性和功绩的颂扬上。"这里对天使的非生产性劳动的指责，有点像世俗化了的咒骂，但也是某种失败了的笑话。硬心肠的人不会让自己受到口误、梦和社会的神经病的干扰。他的幽默有些像是丈夫逼迫自己得了歇斯底里症的老婆做家务活，为了把那些疯狂的念头从她的脑袋里赶出去。如果说，怒气顽固地抓住异化的物质世界不放，要求客体的背叛为主体的罪恶负责，那么揭露的态度就是一个不愿意让自己被客体的背叛所欺骗的人的态度。他剥去了客体的意识形态面具，为的是更好地操控客体。他的愤怒直接指向了该死的骗子，而不是指向糟糕的事态。揭露者的愤怒能够轻易转向一切中介功能，这并不是偶然的；骗子和中介属于彼此。但是思想和中介也属于彼此。对思想的仇恨扎根在揭露之中。然而，对野蛮文化的批判不能满足于一种野蛮的放弃文化。它必须认清，赤裸裸的无文化的野蛮是那一文化的终极目标，并拒斥这一目标，但是它不能仅仅因为野蛮不再撒谎，就粗鲁地宣布野蛮对文化的至高权力。诚实，作为恐怖取得的胜利，回响在

"天国主人的工业非生产性"之类的陈述中。这种笑话对因循守旧的人有吸引力。嘲笑天福形象的那些人要比形象更接近现存权力，无论形象如何被权力扭曲和赞颂。

不过，凡伯伦对事实的坚持、对一切形象的禁忌中也有着好的、有益的一面。在他那里，对野蛮生活的抵抗转移为适应那一生活的无情必然性的力量。对他这样的实用主义者而言，总体是不存在的，也没有思维和存在的同一，连这种同一性的观念都没有。他反复回到一个观点："思维习惯"和具体形势的要求是不可调和的。"制度是以往过程的产物，同过去的环境相适应，因此同现在的要求绝不会完全一致。出于必然的事理，这种淘汰适应过程是绝不能赶上社会在任何一个时期所处的不断变化中的形势的；因为不得不与之相适应从而进行淘汰的一些环境、形势和生活要求天天在变化；社会中每一个相继而起的形势才告成立，它就开始变化，成为陈迹。发展过程向前跨进一步，这一步本身就构成了形势的一种变化，要求作新的适应，它也就成了下一步调整的出发点。情形就是这样无止境地演变下去。"不可调和性就禁止了一切抽象的理想，或者说，使之成为童言稚语。真理可以被缩减为最小的一步；真实的东西是近在眼前的东西而不是远在天边的东西。这位实用主义者反对采纳与特殊利益相反的"总体"利益（无论怎么理解这个总体利益），反对超越和克服功利主义的狭隘真理，但是他可以正确地同意，总体不是明确的规定，只有最近的东西才能被经验到，所以理想注定是碎片的、不确定的。仅仅反对这一观点，并不足以区分一个好的社会的总体利益和实际功用的局限性。现存的社会和与此不同的社会并没有两套不同的真理；毋宁说，后者的真理是跟现存秩序及其各个要素内部的现实运动分不开的。因此，辩证法和实用主义之间的对立，就像哲学上的一切对立一样，被还原为一种微言大义，也就是说，如何理解"下一步"。实用主义者仅仅把它理解为适应，这就使同一物的统治成为永恒。如果辩证法赞同这一点，那么它就会抛弃可能性的概念，从而放弃了辩证法自身。然而，如果可能性不是抽象的、任意的——如乌托邦的辩证哲学家们所禁止的那样，那么该如何设想这种可能性呢？

反过来，如果没有若干超出了现成规定的主观认识，那么"下一步"又该如何设定方向和目标呢？如果化用一下康德问题的提法，今天的人可以问：新事物如何可能？这一尖锐的问题中保留着实用主义者的严肃性，堪比一位严肃认真的医生，其乐于助人的态度是就人和动物的相似性而言的。这是死亡的严肃性。然而，辩证法家是不会屈服于这一命运的。对他的立场来说，非此即彼的推论逻辑消解了。如果说，对实用主义者来说，纯粹的事实是"不透明的事项"，不能得到理解，只能加以归类；那么，辩证法家认为他在认识上的任务就是用概念的工具来消除那些现象的残余，即所谓"原子"。没有什么比适应本身更不透明的了，它把"模仿现存"树立为真理的标准。实用主义者坚持一切真理的历史索引，并认为他本人的适应概念就有这样的索引。这就是被弗洛伊德称为"命运"的东西——稀缺。下一步是适应的一步，这只有在稀缺和贫困普遍存在的情况下才必然。适应是跟"太少了"的境遇相符的行为模式。实用主义的狭隘和局限在于它把这一境遇实体化、永恒化了。这是它的自然概念和生活概念的意义。它想要给人的是"和生活过程的同一"，这种行为模式就把生物在自然（只要自然尚不能提供足够的生活资料）中的生活永恒化了。凡伯伦对"受到庇护的人"（这些人的特权地位使得他们在一定程度上无须调整适应变化了的环境）的暴怒相当于是对达尔文主义的生存斗争的赞美。它同样也把稀缺给实体化了：由于技术的进步，社会形式的稀缺显然已成明日黄花，而凡伯伦却认定人要适应稀缺。于是，实用主义者沦为辩证法的牺牲品。对当下技术状况（它给了人们财富和丰裕的希望）的唯一正当的反应，是把它按照人类的需要组织起来——人类现在已经不再需要暴力，因为人类现在是他自身的主人。凡伯伦认识到贫穷和恶劣情形的存续之间的联系："赤贫阶级，以及所有那些把全部精力消耗在日常生活斗争中的人们是保守的，因为他们再也没有余力去想明天以后的日子；同样，那些非常富裕的、日子过得很幸福的人们也是保守的，因为他们很少有机会对今天的情况感到不满。"但是，这位退步的实用主义者，坚持认为人不可能去想明天之后的事情，不能去想下一步之

外的事情，因为他们不知道从明天起怎么生活。他代表了贫穷。这是他
的真理性所在，因为人们仍然局限于贫穷之中；这也是他的虚假性所在，
因为贫穷显然成了荒谬的存在。今天，对可能性的适应不再意味着适应，
而是意味着将可能性变为现实。

4. 阿道斯 · 赫胥黎与乌托邦 [1]

　　欧洲灾难的深远影响之一就是在美国建立了一种前所未有的社会类别——知识分子移民。19世纪来到新大陆的那些人为其提供的无限可能所吸引，他们移民过来是要创造自己的财富，起码找到谋生之道；而在人口过剩的欧洲国家里，他们找不到。自我保存的志趣远不止于保存自我，在该原则下发生的美国经济的迅速增长驱使着移民漂洋过海。新来者努力调整适应；在前途面前，在他自身努力的合法性要求面前，他的批判态度妥协了。无论是他们的背景还是社会地位，都不能让新来乍到的人避免被谋生的艰辛斗争所压倒。与他们的迁居有关的任何乌托邦希望，在新的向上奋斗的冒险语境中有了崭新的面目：以前从未听说过的从洗碗工到百万富翁的前途。德·托克维尔式的怀疑论（他在一个世纪以前就察觉到无限平等中的不自由因素）仅仅是个例。对德国文化保守主义所称的"美国主义"的反对声音，可以在坡、艾默生和梭罗之类的美国人当中找到，却不能在新移民中找到。一百年之后，移民不再是个别知识分子，而是整个欧洲的知识分子，当然不仅限于犹太人。他们不是想活得更好，而只是想活下来。机会不再是无限的，因此在经济竞争中占压倒地位的"适应的必要性"不容分说地延伸到了他们身上。一种文明取代了先驱们的野性：先驱们想要在精神上和物质上开拓野性，用野性来完成精神上的重生；文明则同化了体制内的一切生活，不允许任何不受管辖的精神，哪怕是欧洲式的舒缓悠闲在大商业时代留下的那些漏洞。国外来的知识分子明白无误地看

---

[1]　本文收录于《阿多尔诺全集》德文版第10卷，第97–122页。

到，如果他想得到什么的话，或者至少被超级托拉斯（生活已经浓缩为这些托拉斯）接受为雇员的话，他就必须根除他身上的自主性存在。不肯投降和完全听话的倔强个人完全陷入了震惊：聚集为巨大团块的"物的世界"管理着不把自身变成物的一切。在普遍发达的商品关系（商品关系已经成为最高标准）的机器中，知识分子变得无能，他们对震惊的反应是恐慌。

赫胥黎的《美丽新世界》是这一恐慌的表现，确切说，是其理性化。该小说是对未来的幻想，情节比较简单，它试图用祛魅世界的原则来理解震惊，将这一原则提升到荒谬的地步，并且从对非人性的理解中衍生出人的尊严的概念。出发点似乎是对大批量生产的一切（无论是物还是人）的普遍相似性的感知。叔本华的"自然是人造物"的隐喻在字面上被认可了。到处都是的双胞胎人群是在试管中培养出来的：无尽的复制品的梦魇类似于资本主义的最近阶段在日常生活中大量生产出来的那些复制品：从训练过的微笑，礼仪学校灌输的优雅，到千百万人的标准化的意识——这些意识在传播工业刻下的沟槽里反复旋转。长期以来一直遭受侵蚀的自发经验的此时此地性已经丧失了力量；人不仅仅是大公司的大批量生产的消费品的买家，也是大公司的绝对权力的无个性的产物。在恐慌的眼中，抵抗同化的反对意见石化为灾难的寓言。它看穿了日常生活的无害性的幻象。在它眼中，模特的商业微笑成了现实存在，是受害者扭曲的咧嘴笑容。该书出版 30 多年后，证据更为充分：小的恐怖如电梯男孩的能力测试，检测最起码的智力；恐怖的景象如对尸体的合理利用。如果说，按照弗洛伊德的《群体心理学和自我分析》的观点，恐慌指的是这样一种状况，即强有力的集体认同瓦解了，释放出的本能力量被转化为原生的焦虑，那么，陷入恐慌的人能够激活集体认同的黑暗基础——个人的虚假意识，在没有显而易见的统一性的情况下，他盲目地服从权力的形象，相信他们和总体是一致的，而无所不能的总体扼杀了个人。

赫胥黎毫无那种愚蠢的镇静——哪怕在最糟糕的情况下，也会委曲求全地说一句"并没那么糟"。他不会向那种幼稚的信念屈服——据说，不可阻挡的进步将自动消除技术文明的过度。他也蔑视流亡者动不动就拿来聊以自慰的救命稻草——以为美国文明的可怕方面只不过是其原始性的暂时遗迹或者是其青春活力的保障。我们不允许对"美国文明不仅不落后于欧洲文明反而事实上领先于欧洲文明"的观念产生丝毫怀疑，而旧世界在拼命模仿新世界。正如《美丽新世界》里的世界国家只知道如何人为地维持蒙巴萨、伦敦和北极的高尔夫球道和实验站之间的差异，美国主义（这一讽刺的取材对象）已经接管了全世界。世界就像一个乌托邦，而这个乌托邦的实现正如别尔嘉耶夫的题词所说，从技术上讲已经是板上钉钉的了。但是，再往前延伸，它就成了地狱：赫胥黎把他对文明现状的观察沿着文明本身的目的论路线往前延伸，直到暴露出它的可怕面目。重点不在于那些客观的技术要素和制度要素，而在于当人再也不知道匮乏为何物的时候会变成什么样子。经济领域和政治领域失去了其重要性。只有一种全面理性化的全球等级制度，只有一种实行全面计划的国家资本主义，只有伴随着全面的集体化发展起来的全面统治，而货币经济和牟利动机依然存在。

　　"团结、一致和稳定"替代了法国大革命的格言。团结定义了一种集体性，在其中，每一个人都无条件地服从于总体的功能（在新世界，对总体的质疑是不被允许的，甚至是不可能的）；一致意味着消除一切个人差异，标准化到牙齿乃至基因；稳定，一切社会动力学的终结。人为的平衡状态，是对晚近的资本主义的经济"杠杆游戏"（千年王国的颠倒）的归纳和推论。让社会保持均衡状态的万灵药是"调节"。这一说法是生物学和行为主义心理学的产物，在那里，它代表着通过人为的环境变换、通过对条件的控制来唤起特定的反射或行为方式；而且它进入了美国英语的日常会话中，指称对生活条件的一切科学控制，例如"空调"（空气调节器）。在《美丽新世界》中，调节意味着社会干预对人的全面预构，从人工哺育到对婴幼儿的意识和无意识的技术操控再到"对死亡的调节"——这种训练清除掉了儿童对死亡的恐惧：在喂他们糖果的同时在他们的眼前展示死亡，从而使他们自此之后永远把死亡和糖果联系起来。调节（其实是一种自我调整）的最终效果是社会压力和社会强制（远远不只是新教伦理）在一定程度上的内化和一体化：人顺从地爱上了他们不得不去做的事情，甚至没有意识到自己屈服了。因此，他们的幸福在主观上得以巩固，而秩序得到了维护。至于"社会（通过心理学或家庭等中介）对个人的外在影响"之类观念，已经被认为过时了。今天在家庭里已经发生的事情，在《美丽新世界》里是从上而下强加的。作为社会的孩子（字面意思），人不再存在于和社会的辩证对立之中，而是在本质上与社会统一。作为那个消除了一切对抗的集体总体性的忠实奴仆，他们是"被社会调节的"（不是隐喻），而不仅仅是通过"发展"来适应统治体制。

阶级关系的体制变成了永恒的生物学机制：哺育指导员在每个人还是胚胎的时候就给他指派了以一个希腊字母为代号的等级。通过一种巧妙的细胞分裂法，普通人用相同的双胞胎来补充，将乙醇添加到双胞胎的血液中，以阻碍其身心发育。也就是说，本来是在物质匮乏的条件下无意识发生的愚蠢，而今在大获全胜的大众文明中，在消除了匮乏之后，必须手把手地复制出来。用理性手段将不合理的阶级关系固定下来，说明阶级关系是多余的东西。今天的阶级界限已经丧失了其"自然"性，未受指导的人类历史所产生的一种幻象。这样一来，就只能通过人为的选择和筛选，只能通过行政管理对社会产品分配的差异化来让阶级永远持续下去。在《美丽新世界》里的孵化和调节中心，指导员剥夺了低等级的胚胎和婴儿的氧气，从而人为构成了一种贫民窟环境。在无限的可能性之中，他们把恶化和退化给组织起来了。然而，这种由极权体制所设计和自动引入的退化，其实是全面的。对此了如指掌的赫胥黎也指出了上层阶级的残废："即使是阿尔法级别的人也是被调节的。"即使是那些以个性为荣的人，他们的精神也是被标准化了的，因为他们共享着"圈内人"的身份。他们自动地对他们被调节的部分下判断，这就非常类似于中下层阶级的成员了：中下层阶级的成员要么吵吵着说，他们的真正问题不在于物质环境而在于宗教的复兴，要么就强调他看不懂现代艺术。不理解成了一种美德。上层阶级的一对情侣在风雨天飞越英吉利海峡，男方希望延长飞行时间，以避开人群，多和他的爱人单独相处一段时间，亲近她也更亲近他自己。女方不愿意，所以男方问她是否理解他的愿望。"'我不理解任何事情。'她坚定地回答，决心将她的不理解保持到底。"赫胥黎的观察不仅仅指出了一个最简单的真实陈述所挑起的恶意将破坏两人之间的平衡关系，它还诊断出了一个强大的新禁忌。现存的社会越是（通过它压倒一切的权力和隐秘的结构）在被蒙骗的精神那里成为它自身的合法性证明，就越是把亵渎了"存在就等于正确（仅仅因为它存在）"这一观念的那些思想打上罪犯的烙印。他们生活在飞机中，但是注意到这一诫命，它像一切真正的禁忌那样并未明言。"汝不应飞行。"大地上的众神惩罚那些将自己抬升到大地之上的人。虽然看起来是反神话的，然而现存秩序的契约恢复了神话的权力。赫胥黎在他的人物的谈话里展示了这一点。闲聊的愚蠢被故意夸张到极致。这一现象早就不仅仅是意在防止会话成为狭隘的工作谈话或不害臊的扯淡的那些常规套路的结果。相反，谈话的堕落是客观趋势造成的。世界变成商品的现实转换，社会机器对一切思想和行为的预先决定，使得交谈成为幻象：在永恒的同一性的魔咒下，谈话解体为一系列的分析判断。《美丽新世界》的女孩（在这个例子中，几乎不需要解释）只会像消费者那样谈话。大体上，她们的谈话只关注无所不在的工业的产品目录里能够找到什么，只关心可以买到的商品的信息。客观的肤浅，它是对话的空壳，想要找到未知之物的意图。要是消灭了这一观念，对话也就该灭绝了。被彻底集体化了的、不停交流的人同时也就放弃了一切交流，并且公开承认他们正是自从资产阶级社会的开端便偷偷地成了"沉默的单子"。他们被古代的那种幼稚的依赖所吞噬。

他们既被隔断了和精神的联系（赫胥黎简单地把这等同于以莎士比亚为代表的传统文化的产物），又被隔断了和自然（作为景观的自然，未受社会侵犯的造物之图景）的联系。精神与自然的对立是资产阶级哲学鼎盛期的主题。在《美丽新世界》里，两者联合起来反对一种文明，该文明不放过任何东西，而且不容忍任何不是按照它自身的形象而制造出来的东西。精神和自然的联合，在唯心主义思辨的构想中是最高的和解，现在却成了绝对物化的绝对对立面。"精神"，亦即意识获得的一种自发的、自主的综合，只能在它和它所不能把握的领域（一个并非范畴预先规定的领域，"自然"）的对抗中才能获得。而只有在精神把它自身理解为物化的对立面时，自然才是可能的。也就是说，精神把自然看作是它要超越、要克服的东西，而不是视之为顶礼膜拜的对象。两者都消失了：赫胥黎很熟悉最近的典型普通人，他们把海湾视为旅游胜地，并坐着小汽车听着广播广告。与此不无关联的，是对过去的事物的憎恨。精神本身似乎也是过去的事物了，是添加在光荣的事实、既定物上的可笑的附加物，无论它是什么。凡是不在四周的东西都是古董和垃圾。"历史是胡扯。"据说是福特说的这句话把一切不和工业生产的最新方法保持一致的东西扔进了垃圾堆，最终把生活的一切连续性也扔了进去。这种缩减把人弄残废了。他们不能感知或思考任何和他们不一样的事物，于是不可避免地对他们的生活感到满足，再加上纯主观的功能主义法则，所有这一切都导致了纯粹的去主体化。清除了一切神话之后，科学地制造出来的反世界精神的主体和客体是幼稚的。和大众文化一道，半无意半有意的退化最终变成了统治闲暇时间的强制条令，"幼稚的礼仪的适当标准"，嘲讽基督教格言"如果你不想像个小孩子那样……"的地狱笑声。可耻的是用手段代替了一切目的。与一切客观目标都无关的工具崇拜（在《美丽新世界》中，今天的隐性宗教"汽车"成了字面的了："福特是上帝"，T形标志取代了十字架），对小玩意儿的拜物教之恋，两者恰恰是以"讲求实际"和"现实主义"为荣，并将其标榜为生活规范的那些人的病态特征。而这些替代也发生在《美丽新世界》里似乎还存在着自由的地区。赫胥黎认识到一个矛盾：当性禁忌在社会中失去了内在强制力时，也就是说，若不开禁就只能严禁时，快感本身也堕落为可怜的"乐子"，堕落为"得到"这个人或那个人之后的自恋满足。通过乱交的制度化，性成了一件无关紧要之事，这样一来，即使摆脱了社会也仍然没有逃出它的手掌心。生理上的释放是必要的，像是一种治疗；相伴的情感则被丢弃了，那是对社会无用的浪费精力。人没有感动的理由。原始资产阶级的"心平气和"现在扩展到一切反应之中。在被传染的爱欲中，它直接反对一度被认定的至善——主体的幸福，为此要清除掉起初曾追求的激情。它攻击狂喜，它也就攻击了一切人和人之间的关系，攻击了一切试图超越单子论生存的努力。赫胥黎识破了集体化和原子化的互补关系。

　　然而，他对有组织淫乱的描绘中潜藏着一种情愫，使得他的讽刺性观点蒙上了阴影。由于这一观点宣布了某些号称非资产阶级的东西的资产阶级本质，因此该观点本身陷入了资产阶级的陈规旧习。赫胥黎对他的人物的克制感到愤怒，但他的内心其实是陶醉的敌人——不仅限于他先前谴责过的麻醉剂带来的陶醉，因此他首肯了主流的态度。像许多得到解放的英国人一样，他的意识是由他所弃绝的清教预制而成的。他无法分辨性解放和性堕落。他之前的小说里已经出现了放荡的自由思想，是一种没有灵韵的地方性刺激——跟所谓"大男子"文化中男人拥有女人并蔑视地谈论女人的方式并没有多大区别。在赫胥黎那里，一切都发生在比"四字母词的劳伦斯"更升华了的层面上，然而一切都被更彻底地压抑了。他对虚假幸福的怒火使得真正的幸福的概念也牺牲了。在他承认佛教的同情心之前，他的讽刺显现出某种愤怒的忏悔者的宗教意识，尤其是在精神的自我谴责之中。而这种宗教意识原本是和他的著作格格不入的。远离尘嚣的航程走向了裸体主义的群居，这种曝光过度毁掉了性经验。尽管赫胥黎很辛苦地描绘了野蛮人的前大众文明的世界（在《美丽新世界》中，野蛮人是作为人性的遗迹出场的），然而作为扭曲的、可恶的、不理智的存在，反动的要素得以进入他的描述。弗洛伊德也是被现代性诅咒的人物之一，但在某一点上他和福特是一样的。他成了内在生活的效率专家。连同所有亲切的蔑视一道，他被赞颂为"家庭生活的惊人危险"的第一个发现者。这才是他真正的功绩，而历史的正义站在他这一步。批判家庭是压抑的代理机构之一，这个从萨缪尔·巴特勒以来的英国反对派都很熟悉的观点出现在家庭失去其经济基础，随之也失去了它决定人的发展的最后一点儿合法权利，成了赫胥黎如此敏锐地揭露其为官方宗教的那种中立化的怪物之际。赫胥黎无意中误读了弗洛伊德，从而让未来世界鼓励幼稚的性爱。弗洛伊德是正统派，认为教育的目标是要抛弃本能冲动。赫胥黎本人却站在那些不太关心工业时代的非人化、更关心其道德衰落的人的阵营里。究竟幸福是否取决于要打破的禁忌的存在与否，是一个没完没了的辩证法问题，然而小说的精神却把这个问题歪曲为一种肯定的回答，歪曲为将过时的禁忌永恒化的借口——似乎逾越禁忌而产生的幸福将使那些禁忌合法，但禁忌并不是为了幸福而存在，而是为了挫败幸福而存在。小说里描写的定期的集体淫乱和指定的短期换妻都是倦了、腻了的常规性生活（它把快感变成了乐子，通过允许快感而否定了快感）的逻辑结果。但是，恰恰是在从眼中找到快乐的不可能性之中，在全身心投入快感时的反思的不可能性之中，赫胥黎过早地哀悼的那种古代的压抑又在起作用了。要是它的权力被打破了，要是快感从制度的束缚（即使在淫乱狂欢中，制度也照样束缚着快感）中解放出来了，美丽新世界和它那致命的僵化就将烟消云散。它所谓的"最高道德准则"是一切人属于一切人，这种绝对的可互换性消除了作为个性存在的人，清除了人"为自己存在"的要求（斥之为神话），把人定义为仅仅是为他人而存在的，并且本着赫胥黎的精神，把人定义为毫无价值的。战后，在美国版的前言中，赫胥黎以这一准则的前辈的身份提出了萨德侯爵的要求：人权也包括一切人对一切人的绝对的"性处置"。在其中，赫胥黎看到了后续的推论将达到的那种愚不可及。但是他没有看到这一异端的格言和他的未来的世界国家水火不相容。所有的独裁者都禁止淫荡，希姆莱经常引用的冲锋队装饰扣正是它的"精忠报国"的反面。统治可以被定义为一个人对其他人的处置，但不可定义为所有人对所有人的任意处置，后者与极权秩序不可调和。和性的无政府主义相比，在劳动关系上更是如此。一个人只为了其他人而存在，一个绝对地为他存在，就一定会丧失他个人的自我，但他也逃离了自我保存的轮回——美丽新世界也像旧世界一样，保留了这种轮回。纯粹的可互换性将毁掉统治的核心，并允诺自由。赫胥黎的全部观念的弱点在于它无情地让它的观念运动起来，同时却阻止它们向自身的对立面转化。

小说的高潮是两个世界之间的情欲冲突：女主人公列宁娜，一位衣着光鲜、优雅迷人的美国职业女性，企图用一种符合正大光明的混交习俗的方式来引诱野蛮人。她的对手则属于害羞一族，有一种少年的羞涩之美，依赖妈妈，拘谨放不开，宁可思念也不愿表白，满足于其爱慕对象在诗歌中的美化。这一类型不仅是 E（epsilon）试管培养出来的，也是牛津和剑桥培养的类型，是现代英国小说里的"多愁善感的备胎"类型。冲突来源于约翰发现了美女的献身是对他的崇高爱情的贬低，于是跑掉了。这一场景的效果与其论点背道而驰。列宁娜的虚假魅力和玻璃纸般的不知羞耻根本不会造成赫胥黎想要达到的非情欲效果，而是极为色诱的，哪怕是勃然大怒扬长而去的野蛮人最终也在小说结尾处拜倒臣服于她。如果列宁娜正代表了美丽新世界的形象，那么这个世界并不恐怖。诚然，她的每一个动作都是社会预制出来的，是一种常规的仪式。然而，正因为常规已经渗透到她的骨子里，常规和自然之间的张力就消失了，随之消失的是构成了常规的非正义性的那种暴力；从心理学上看，不符合常规总是同化失败的标志。通过彻底的社会中介，一种新的直接性、新的人性将会出现。美国文明并不缺乏这种倾向。但是赫胥黎把人性和物化设定为僵硬的对立，这种设定符合小说所遵循的传统，也就是把人和石化环境之间的冲突作为对象。赫胥黎不能理解文明给出的人道承诺，因为他忘记了，人道不仅包含着物化的对立面，也包含着物化本身。物化不仅是人类解放要摆脱的状况，也是人类解放的可能性的前提条件；无论物化的状况多么苛刻、冷漠和不完善，主体的冲动也只有通过物化才能实现。小说所考察的所有范畴，家庭、父母、个人及其财产，都已经是物化的产物了。赫胥黎诅咒未来及其物化，却没有意识到他召唤的美好过去也具有同样物化的性质。因此他无意中成了那种与大众文化沆瀣一气的乡愁的代言人，尽管他敏锐地在《试管之歌》中看出其眉目："我的瓶子，我一直在等你！我的瓶子，为何我总是被倒来倒去？……世界上没有哪个瓶子像我的可爱的小瓶子。"

野蛮人对他的梦中情人发火，并非纯粹的人性在抗议时尚的冷酷无礼——虽然这大概是作者想要的抗议；毋宁说，诗学的正义将其转化为精神病人的攻击性，而被赫胥黎不公正对待的弗洛伊德可以很轻易地告诉他：在这位精神病人的愤怒的纯洁中，真正的动机是被压抑的同性恋。他冲着姑娘发火，就像伪君子冲着他不得不禁止自己做的事情发火那样。赫胥黎站在了错的一边，从而背离了社会批判。小说中真正代表了社会批判的是贝尔纳·马克斯，一位背叛了自己的出身的 α +（阿尔法以上）等级的成员，他是遭到可疑之同情的犹太人漫画像。赫胥黎非常清楚，犹太人之所以遭到迫害，是因为他们没有完全同化，因此他们的意识有时会超越社会制度。他没有质问贝尔纳的批判观点的可靠性。但是观点本身被归结为一种有机体的卑下，一种不可避免的低级情结。与此同时，按照时代推崇的方式，赫胥黎指控激进的犹太知识分子是粗鄙的势利小人，最终是不可原谅的道德怯懦。自从易卜生创作了格里格斯·维尔勒和斯托克曼以来，实际上，自从黑格尔的历史哲学以来，号称要考察所有人、为所有人发声的资产阶级文化政治就一直在遮蔽任何想要改变世界的人：一方面说他们是真正的孩子，另一方面说他们只不过是他所反对的总体的变态产物，与此同时坚持认为真理总是站在总体一边，无论总体是和人对立还是体现在人身上。作为小说家，赫胥黎强调他和传统的一致性；作为文明的先知，他憎恶这一总体性。格里格斯·维尔勒确实毁掉了他想挽救的人，同样的，任何人也不能逃脱贝尔纳·马克斯的虚荣心：他自以为没有大家那么愚蠢，因此想象自己出淤泥而不染。自以为不受否定的限制，超越了辩证法的任意性，因此用超然物外、高高在上的态度评价现象——恰恰因为这样，这种外在的评价既不是真理也不是公正。公正的反思不应该津津乐道于更好的事物的缺陷，只为了让它们迁就较差的事物，而应当从缺陷中为愤怒增添额外的力量。否定的力量被低估了，这是为了使它变得无能为力。然而它证实了，反辩证法地被设定为肯定的和绝对的东西也是同样无能的。在和统治世界的孟德的重要会谈中，野蛮人宣布"你需要的是哭着进行变革"。他故意自豪地赞颂苦难，这不仅仅是顽固的个人主义的特征。它召唤着基督教的形而上学，唯有苦难才允诺了未来的救赎。但是，尽管看起来有许多相反的地方，小说里贯穿的是启蒙意识，在其中，基督教的形而上学噤若寒蝉。因此，对苦难的崇拜本身就成了一个荒谬的目的。它是和赫胥黎所不理解的黑暗之力量有关的一种审美主义的风格化；野蛮人在顺从的、享乐主义的世界统治者面前宣告了尼采说的"危险地生活"，这是极权主义者墨索里尼的完美口号，墨索里尼正是那样的世界统治者。

在讨论世界统治者禁止发表的一篇生物学论文时，小说的那一过于肯定的内核变得清晰可见。"这种观念更容易破坏较高阶级的更为不安的精神，使得他们不再把幸福奉为最高的善，转而相信某种更高的目的，某种超越了人类现状的领域；生活的目的不是维持幸福安康，而是强化和提纯意识，扩充知识。"不管对理想的这一陈述是苍白无力的还是明智慎重的，它都陷入了矛盾。"强化和提纯意识"或"扩充知识"就直接把精神给绝对化了，使得精神完全对立于实践和物质需要的满足。因为精神的本性是以社会生活过程（尤其是分工）为前提的，而所有心理的和精神的内容都有目的地和将"实现"它们的具体生存联系起来。于是，把精神设定为无条件地、无时间地对立于物质需要，就等于意识形态地把这一分工形式和社会形式给永恒化了。如果精神的客观内容不包含物质现实的改变，那么任何精神都是不可设想的，哪怕是最出世遁世的梦想。究根结底，任何真实存在的情感或内在生命的一部分都不会不想要某种外在的东西，否则，如果没有这样的目的，就会堕落为虚假，成为纯粹的假象（无论怎样升华它）。就连被赫胥黎赞扬为颇有"价值"的那种罗密欧和朱丽叶式的无私的激情都无法独立存在，也就是说，只有在它指向了超越身体结合的精神时，才有可能成为精神的，才不仅仅是心灵的装模作样。赫胥黎不自觉地揭示了这一点，他描绘了他们的渴望，其全部意义就是结合。"是夜莺，不是云雀"不可与性的象征意味分割开来。赞美晨曲的超验性，却没有在它的不得安宁中、它想要满足的欲望中听到超验性，就会像《美丽新世界》里的有诸多生理限制的性爱一样毫无意义，后者毁灭了一切不能直接作为目的本身而保存下来的巫术。如今的耻辱并不是所谓物质文化压倒了精神文化，在这样的抱怨中，赫胥黎会碰到很多令人讨厌的盟友，一切中立化的教派和世界观的"主教区歌唱家"。必须攻击的是社会强行将意识与其社会实现分离开来，而这一实现本是意识的本质要求。赫胥黎的永恒哲学所确立的"精神和物质的分离"，亦即用一种不确定的、抽象的"远方"取代对幸福的信念，恰恰巩固了赫胥黎不能容忍的物化状况：一种与物质生产过程隔离的文化被中立化了。"如果物质需要和理想的需要之间的区别被划定"，如马克斯·霍克海默所言，"那么物质需要的满足无疑具有优先性，因为这一满足也包含了……社会交换。事实上，它包含了公平正义的社会，也就是为所有人提供尽可能好的生活条件。这就等于彻底消灭了统治这个恶魔。然而，如果仅仅强调孤立的、理想的要求，将导致彻底的胡说。乡愁的权利，超验知识的权利，危险生活的权利，都是无法确证的。反对大众文化的斗争只能够指出它与维持社会不正义之间的关系。指责口香糖削弱了人的形而上学倾向，是荒谬的；但是，指出里戈利的利润和他的芝加哥宫的基础在于它让人们苟全于恶劣状况、使人们不再批评的社会功能，是可行的。不是说口香糖毁掉了形而上学，毋宁说，它就是形而上学——这一点可要搞清楚。我们批评大众文化，不是因为它塞给人太多东西或是让人们的生活太安逸了——那是路德神学要干的事情；我们批评它，是因为大众文化为虎作伥，是这个只给人们很少、很糟糕的东西的社会条件的一部分，在这一条件下，整个阶层里里外外都生活在可怕的贫困中，世界形势则使人一方面预感到大难临头，另一方面指望着睿智的精英们的密谋能够带来可疑的和平"。为了与满足需要的领域相抗衡，赫胥黎设定了另一个领域，非常类似于资产阶级通常指称的"更高级的玩意"。他从一个不变之物开始，似乎生物学的需要概念是不变的。然而，在需要的具体形式中，人的需要是以历史为中介的。如今的需要表面上拥有的静止特征，亦即它们附着在固定不变之物的再生产上，只不过反映了生产的特征：只要现存所有制关系始终存在，那么不管市场竞争如何优胜劣汰，生产都是固定的。当这一静止状态结束，需要将变得完全不同。如果生产重新指向了无条件、无限制的满足需要，并涵盖了迄今为止的体系生产出来的那些需要，那么需要本身就会发生彻底的改变。真实的需要和虚假的需要难以分辨，只不过是现阶段的一个要素。在这一不可分辨性之中，生活的再生产和它的压迫的再生产构成了一个统一体，作为总体性的法则，它是可理解的，而在个别现象中则不然。终有一天会表明，人不需要文化工业提供给他们的垃圾，也不需要更实体的工业部门兜售给他们的可怜的高质量产品。"劳动力的再生产不仅需要食品和住宿也需要电影"的观点，只有在一个替人再生产他们的劳动力，并且让他们的需要与供应方的利益和社会控制保持一致的世界上，才是正确的。认为得到解放的社会将渴望拉梅塔（Lametta）的拙劣表演或德沃里（Devory）的糟糕的汤，是荒唐的。汤越好，对拉梅塔的放弃就越愉快。匮乏一旦消除，需要和满足的关系就改变了。今天，被迫为了以市场为中介的、僵化了的需要进行生产，这种强制性是让所有人从事其职业的主要手段之一。人们所想、所写、所做的或者制造出来的一切，都不会超越这一状况，该状况靠着其牺牲品的需要来维持它的权力。无法设想，满足需要的强制性在变革后的社会中仍然是镣铐锁链。当前的社会形式在很大程度上否定了内在于它的那些需要的满足，因此它能够通过把生产指向那些需要，把生产置于其控制之下。这一系统既行之有效，又不合理。消除了商品生产中的不合理性，并满足了这些需要的那一秩序也将消灭实用精神——它甚至反映在资产阶级的"为艺术而艺术"的非功利主义之中。该秩序不仅将消除生产和消费之间的传统对抗，也会消除生产和消费近来在国家资本主义中的统一，它将汇入卡尔·克劳斯表述的理念："神创造了人，而不是创造了生产者和消费者。"无用之物将再也不必感到无地自容。适应则失去了其意义。生产力将第一次作用于真正的需要，而不是扭曲的需要。它将不再拿无用之物去减缓未满足的需要；相反，满足将带来一种与世界联系的能力，这种关系不再屈服于普遍功用的原则。

　　在赫胥黎对虚假需要的批评中，保留了幸福的客观性的概念。机械重复着"所有人的当下的幸福快乐"这一短语，成了最极端的控诉。当人们是一个以拒绝和欺骗为基础的社会的产物时，当那个社会把虚幻的需要灌输给人们时，用这些需要的满足来定义的幸福实际上是恶。它不过是社会机器的附庸。完全一体化了的世界不容忍悲伤，在这个世界里，《罗马书》

的诫命"与哀哭的人要同哭"比以往更有效，而"与喜乐的人要同乐"却成了沾满血污的嘲讽——秩序允许被统治者从事的职业要靠贫困的永恒化才得以为继。因此，仅仅是拒绝虚假的幸福就有了颠覆的效果。在野蛮人发现一部白痴电影令人发指时，列宁娜的反应"他为什么要出来糟蹋东西？"是一张浓密的欺骗之网的典型表征。"人不应该糟蹋别人的东西"，这恰恰是那些糟蹋别人东西的人的金科玉律之一。但与此同时，对列宁娜的愤怒的描写为批评赫胥黎本人的态度奠定了基础。他以为，只要按照传统文化的标准证明了主观幸福的无价值，他就说明了这一幸福是无价值的。应该用一种从传统宗教和哲学中提取出来的本体论取而代之，也就是说，认为幸福和客观的善是无法调和的。在赫胥黎看来，一个只想要幸福的社会将不可避免地走向疯狂，走向机械化的野蛮。但是，列宁娜的严加防备泄露了天机，她的那种幸福是不可靠的，它被矛盾歪曲了，顾名思义，它甚至不是幸福。要认识到综合艺术的愚蠢和参与其中的受众的"客观的绝望"，并不一定要伪善地收集一大堆莎士比亚的句子。电影的本质在于它仅仅复制和巩固了现实存在，哪怕仅仅是在幼稚的休闲时，它也是极为肤浅和毫无意义的，它的复制现实主义是和它自称的审美意象格格不入的——这从电影本身就可以一目了然，而不必教条地引用永恒真理。赫胥黎小心翼翼地描绘的恶性循环里的那些漏洞不是因为他的想象力不足，而是一种主观上完美、客观上荒谬的幸福观。如果说，他对主观幸福的批评是有效的，那么，他那绝对化的客观幸福的概念、与人性的要求无关的幸福概念就是意识形态。虚假的来源是主体和客体的分离，这一分离已经物化为僵硬的二中择一。表述了这一选择的是穆斯塔法·蒙克，这本书里的辩论家和魔鬼代言人，他体现了《美丽新世界》表述得最清晰的自我意识。当野蛮人抗议说，人被整个文明降格了，他的回答是："从哪一个位置降下来了呢？作为一个幸福的、努力工作的、消费商品的公民，他是完美的。当然，如果你用另外一些标准，而不是用我们的标准来看，你也许可以说人被降格了。但你是从一套假设出发的。"这所谓的两套假设的说法具有明显的相对主义色彩，假设看起来就像是已经完成的产品一样，必须挑一样。真理问题被打发了，变成了一种"如果……就……"的关系。无独有偶，在赫胥黎那里，死亡和内在性的价值沦为实用化的牺牲品。野蛮人说，他曾经有一次站在悬崖上，把手伸进灼热之中，为的是感觉一下钉十字架是什么滋味。在要求解释的时候，他给出了奇怪的回答："因为我觉得我应该这么做。如果耶稣能忍受的话，还有，如果人犯了错……此外，我并不幸福，那也是一个原因。"如果野蛮人不能为他的宗教冒险——他选择受苦——找到别的正当理由，而只是因为他正在受苦这一事实，那么他和问他的人并没有矛盾：后者劝他，更合理的做法是吃一种叫"唆麻"的麻醉致幻剂，能产生"快乐"的万灵药，以消除抑郁。理念世界一旦被不合理地绝对化、实体化，就被贬谪到纯粹存在的层面上。在这一形式中，它继续按照纯经验的规范来要求合法性，而对它的规定恰恰是为了它想要否定的那种幸福。

客观意义和主观幸福的简单二元对立是小说的反动性的哲学基础。二者必居其一：要么选择幸福的野蛮主义，要么选择"文化"——一种以不幸为前提的更高级的状况。马尔库塞认为，"自然和社会的不断加深的统治消灭了一切先验性，无论是物理的先验性还是心理的先验性。文化，作为对立的一方的总称，是靠着不圆满、渴望、信仰、痛苦、希望维系的，也就是说，靠着那些并不存在却在现实中留下踪迹的东西。那就意味着文化存在的基础是不幸"。论争的核心在于难以只要一面而不要其对立面：要技术，不要死亡调节，要进步，不要被操纵的幼稚退化。不过，这种困难的决绝所表现出来的思之热忱并不等于意识形态的道德限制。今天，只有顺从主义才会默认客观的疯狂只不过是历史发展的偶然，因为退化对于统治的连续发展是至关重要的。理论并不能善意地去选择历史进程中符合它的部分，而忽略历史的其余部分。提出一种对技术持"肯定态度"却主张它应该提供意义的"世界观"，不过是廉价的安慰，只有助于强化本身十分可疑的"积极工作的精神面貌"。不过，在理论上讲，《美丽新世界》施加在每个人和所有事物上的"压力"同死一般的寂静状态并不相容，后者使这种压力成为梦魇。并非偶然，小说里的主要人物，包括列宁娜在内，都表现出主观的精神错乱的征兆。前述的二元选择是虚假的。赫胥黎带着这种让人无法接受的满足所描绘的"完备国家"之所以超越了它自身，不是靠着人们渴望的成分和应予谴责的成分的拼盘大杂烩，而是靠着它自身的客观性质。赫胥黎意识到了在人的背后正在实现的诸历史趋势。对他来说，最重要的趋势是主体的自我异化和彻底外化，它本身成了一个没有任何目的的纯粹手段。然而他制造了一个对商品拜物教的拜物教。在他眼中，商品的特性成了本体论的和自立的，于是他屈从于这一幽灵，而不是将其看穿为一种意识形式，一种虚假意识：一旦其经济基础消除了，它也就随之消除了。赫胥黎不承认，《美丽新世界》里的幽灵般的非人道实际上是人与人之间的关系，即一种没有意识到自身的性质的社会劳动关系。全面物化的人只不过是盲目地没有看到自身的人。赫胥黎却囫囵吞枣地不停追逐各种表面现象，例如"人和机器之间的冲突"。赫胥黎按照浪漫主义庸人的传统，认为技术的本质就是废除劳动，他对技术的这一指控完全是南辕北辙。劳动的废除实际上是技术介入社会生产关系的结果，而这一观点实际上隐含于整部小说之中。就连今天的艺术和大众生产的不相容性也不是由技术造成的，而是不合理的社会关系保持它的个体性（用本雅明的话说，"灵韵"）承诺的需要使然。个体性仅仅在它被毁弃之际才被人推崇。就连赫胥黎怪罪于技术的那个过程，目的被（彻底独立于目的的）手段取代的过程，也不一定会消灭目的。恰恰在艺术之中，在艺术利用了无意识管道的地方，盲目地玩弄手段也能设定和展现目的。手段和目的之间、人性和技术之间的关系是不能用本体论上的优先性来调节的。赫胥黎的选择题等于是设定了人类不应该从灾难中解脱出来。人类被置于二中择一的处境：要么退化到神话学（就连赫胥黎也怀疑这种神话学），要么就进步到意识的彻底不自由状态。这一人的概念没有为别的选择留下余地，人只能束手就擒：要么被体制的集体强制同化，要么被彻底还原为偶然的个体。没有抵抗的选项。这一结构一方面谴责极权主义的世界国，另一方面事后诸葛亮地赞美造成了该极权化的个人主义。这一概念里头没有出路，它本身也就意味着让赫胥黎害怕的事，亦即清算一切不可同化之物。资产阶级的"无能为力"回荡在小说之中，其实际后果恰恰是极权主义的美丽新世界的那句背信弃义的话——"你必须适应"。小说所体现出的铁板一块的趋势和线性进步的观念源自"史前史"阶段上的生产力发展的有限形式。反乌托邦的在劫难逃性源自生产关系强加的局限（为利润而生产的制度被封为神圣）被设想为人和技术生产力本身的属性。赫胥黎在预言历史之熵时，屈从于他猛烈抨击的那个社会所鼓吹的幻象。

赫胥黎批评了实证主义精神。然而，由于他的批评仅限于震惊，却仍然沉浸在经验的直接性里，仅仅把社会幻象记载为事实，所以他本人成了实证主义者。尽管他的基调是批评的，其实他基本上赞成描述取向的文化批评，也就是说，他在哀叹文化的无可奈何花落去的同时就为强化统治提供了借口。打着文化的旗号，文明走向了野蛮。赫胥黎预见到的不是对抗，而是某种本质上并不自相矛盾的"技术理性的总体主体"，以及与此相应的一种极简主义的全面发展。这些观念属于当今的时髦概念"普遍历史"和"生活方式"，它们是文化的正面的一部分。尽管他深刻地揭露了全面的一体化，但是他没有将其症候解读为对抗性本质的表现，亦即总体化趋势固有的统治压力的表现。赫胥黎蔑视"所有人的当下幸福"这一说法。但他的历史观的本质基本上是和谐的——这一点体现在该历史观的形式上，而不是构成其内容的事件上。他的"不断进步"的观念和自由主义者的观念只有侧重点上的区别，客观的眼光则是一样的。赫胥黎就像一位边沁主义的自由派学者一样，预见了向"最大多数人的最大幸福"的发展，只不过他为此忧心忡忡。他嘲笑流俗的所谓常识，可他却拿着那样的常识来谴责"美丽新世界"。因此在整个小说里随处可见到赫胥黎哀悼的那种老掉牙的世界观的残渣余孽。暂时之物的无价值性，历史的灾难本性，被拿来和永远不变之物——万年哲学，理念天国的永恒阳光——进行对比。于是外在性和内在性变成了一种原始的对立：人不过是一切邪恶的对象，从人工授精到急剧衰老；而个人范畴依然保持着未经质疑的尊严屹立在那里。无反思的个人主义为自己辩护，仿佛贯穿于小说的恐怖并不是个人主义社会直接生出来的怪物。个人的自发性被排除在历史进程之外，但个人概念离开了历史并进入了万年哲学。个性，在本质上是社会的，却颠倒为不变的自然天性。它在罪恶之网中的意义被处于顶点的资产阶级哲学觉察到了，但是心理学却用经验层面的个人取代了这样的洞察。在一个与其说赢得尊敬毋宁说遭到抵触的"传统"的复苏中，个人被夸张地赞扬为一个理念，而每一个人却被幻灭的浪漫主义后裔们谴责为道德败坏。社会对个人的无效性的有效认证变成了对负担过重的私人个体的控诉。赫胥黎的这本书也和他的全部作品一样，责备那个被实体化了的个人是"可互换的"，责备他的生存仅仅是社会的"性格面具"而不是他真实的自我。这些事实被归咎于个人的非本真性、伪善和狭隘的利己主义——简言之，可作为一种敏锐的、描述的个体心理学的"存货"的一切特征。赫胥黎本着真正的资产阶级精神，同时把个人视为一切和无：个人是一切，因为他曾经是财产权制度的基础；个人是无，因为他仅仅是财产的所有者，因此是绝对可替换的。这是个人主义意识形态必须为它的虚假性付出的代价。小说讲述的寓言是虚无主义，而不是它号称的人道主义。

　　然而，在这里，赫胥黎并没有公正地对待他的实证主义所强调的事实。《美丽新世界》像所有精心设计的乌托邦那样空洞。情况已经不同了，并将继续发展下去。这里并非想象力的精确度发生了问题。毋宁说，为了揭开不存在的具体形式而去预测遥远未来的这种尝试，一定会受困于推测能力的缺失。辩证法的对立要素不能用演绎推理的魔法（比方说，用启蒙这个普遍概念）把它给变没了。这种方法也消除了为辩证法提供驱动力的那些材料内容，那些外在于主体的要素和环节，它们并不已经是"精神的"，也不是昭然若揭的。无论采用的技术和物质手段如何先进完善，无论对乌托邦的详尽描绘从科学的角度看来多么正确，这一任务本身就是同一性哲学的退化，就是向唯心主义的倒退。因此，赫胥黎的推断所追求的那种讽刺性的"准确"无助于他的乌托邦。无论整个启蒙的概念如何不自觉地走向了其反面，即非理性，我们仍然不可能从这一概念中推断出这样的反转是否会发生，以及如果发生了之后会不会停在那里。即将到来的政治灾难几乎肯定会改变技术文明的出逃路线。《猿与本质》是改正错误的一次过于仓促的尝试，但错误并非来自原子物理学知识的匮乏，而是来自线性历史观，所以仅仅补充一些材料恐怕无济于事。凡是在《美丽新世界》的似乎可信的预言过于简略的地方，赫胥黎的第二本书里预言的未来都携带着"不大可能"的耻辱烙印（例如，对魔鬼的崇拜）。在一部哲学寓言体的现实主义风格小说中，出现这些特征几乎是不可原谅的。然而，观念的意识形态偏见在这些不可避免的错误中给自己报了仇。不经意间，赫胥黎类似于某些上层中产阶级的成员，他们郑重其事地宣称，他们之所以提倡继续发展利润经济，不是为了他们自己的利益，而是为了全人类的利益。人类还没有为社会主义做好准备，这是他们的理论。据说，如果人们再也不必工作，那么他们就会无所事事，不知如何度日。这些陈词滥调不仅违背了它们的习惯用法，而且毫无真理成分，因为它们不仅物化了一般的"人"，也把观察者本人绝对化为一个利益不相关的法官。但是，这一冷酷深嵌在赫胥黎的概念框架中。他虚情假意地关心一个实现了的乌托邦强加于人类的灾难，却拒绝留意现实的、更为紧迫的灾难——阻止那个乌托邦实现的灾难。为不再挨饿的人、消灭了贫困之后的人而痛心疾首，真是闲得慌。尽管这一文明的逻辑是世界臣服于饥馑和贫困的根源，赫胥黎却挑不出文明的任何毛病来批判，单单批判一块原则上无法抵达的乌有之乡里的无聊厌烦。不管他对世界的灾难状况多么愤怒，他的立场都奠基于一种不慌不忙的历史观上。它寄生于时间之中。小说把现在的罪责推给了未来的后代们。这反映在臭名昭著的"只得如此，勿作他想"之中，这是新教的基本配方（内省与压抑）的最终产物。由于沾染了原罪的人无法得到世界上更好的东西，所以改善世界（把世界变得更好）也被定为一种罪过。小说的生命并不来自未出生者的血液。尽管有许多不真实之处，然而其失败的原因在于一个根本的缺陷——空洞的图解。因为人的转变不能靠计算和预测得来，所以取而代之的是一幅古人和今人的漫画像，并添加了许多荒唐的讽刺。在战无不胜的现代之前，早就有了对未来的虚构，尚未存在之物因为它们与现已存在之物的相似之处而滑稽可笑，就像奥芬巴赫的轻歌剧里的众神那样。最遥远的形象被近在眼前的景象所取代，而且是用颠倒的望远镜看透的。把未来的事件描绘成似乎是已经发生了的事，这种形式的伎俩使得内容有了一种令人作呕的沆瀣一气。现在假设了当它遇到它自己在未来的投影时的古怪可笑之处，由此激发的笑声无异于博物学里的大头怪物激发的笑声，"不朽的人"这一可怜的观念退化为昨天的、今天的和明天的普通人，也就是说，变成一个较不人道的观念。小说的可诟病之处并不是它的沉思冥想方面，那是所有的哲学和再现都有的；毋宁说，小说的失败在于它未能深入思考一种打破"坏的连续体"的实践。人的选择并不仅限于个人主义和极权的世界国。如果大历史观要想超越只盯着控制不放的眼睛里的幻象，它就必须看到"社会究竟将决定自身还是将带来全球灾难"这个问题。

5. 电视开场白 [①]

　　电视的社会、技术方面和艺术方面是不能分开来谈的。它们在很大程度上彼此依赖，比方说，艺术的成分就取决于对为数众多的公众的考量（尽管这是被阻止的），只有极其幼稚的人才敢忽视公众。社会效果取决于技术结构，也取决于这一发明的新奇性——当电视刚刚在美国兴起的时候，它肯定是至关重要的。社会影响则有赖于电视节目传达给观众们的显白讯息和隐含讯息。不过，作为电影和广播之结合体的电视媒介本身陷入了文化工业的理解图式之中，并加深了文化工业从方方面面改造和欺骗公众意识的倾向。电视是实现以下目标的手段：用满足所有感官的复制品来再度占有整个感性世界，它是无梦的梦。与此同时，它很可能乘人不备偷偷往这一复制世界里塞进私货，即有利于现实世界的任何东西。只要文化工业还没有全面统治一切可见的维度，私人经验和文化工业之间就存在着裂缝，而现在，裂缝被填塞了。正如在工作时间之外几乎不可能不碰到文化工业的叫嚷，它利用的各种不同媒介之间的无缝接合也使得反思再也抓不住它们呼吸之间的空隙，从而认识到它们的世界并非世界。"在剧院里，由于视听的娱乐，反思被大幅度削弱了"——歌德的预言在这一总体的体系中第一次找到了它真正的对象：在其中，剧院早就成为精神化的博物馆，作为补偿，它无休止地用电影、广播、杂志、漫画和笑话书来刺激其消费者。只有这些技术、效果上有区别的不同过程的相互作用，只有它们

---

① 本文是阿多尔诺 1952 年在美国的研究成果。收录于《阿多尔诺全集》德文版第 10
　　卷，第 507-517 页。

的共同作用，才构成了文化工业的氛围。因此，社会学家很难说出电视到底对人做了些什么。尽管经验科学研究的高级技术能够把电视特有的"因素"隔离开来，然而这些因素只是在体系的总体之中才发挥其影响力的。人们不愿意改变，而更愿意焊接在不可避免的事物上。电视大概使他们再度成为他们已经成为的那种人，仅仅让他们更加那样。这倒也符合具有经济合理性的当今社会总趋势，也就是说，不再试图超越社会意识形式中反映的当前阶段——现状，反而无情地在现状面临威胁的一切地方巩固了现状，恢复了现状。人们的生活所承受的压力越来越重，如果不曾将他们先前好不容易才获得的岌岌可危的适应性向他们一而再再而三地展示，并且在他们内心反复出现，那么他们就无法忍受压力。弗洛伊德教导我们，对本能冲动的压抑从未彻底、一劳永逸地完成，所以个人会不停耗费其无意识的心理能量，以确保无意识中的一切不进入意识层面。今天，个人心理的驱力经济学中的这种西绪弗斯式的劳动似乎"被社会化了"，处在文化工业的规范的直接控制之下，而这既有利于文化工业也有利于它们掩盖的巨大利益。这样子的电视也做出了它的贡献。世界越是彻底地成为表象，表象就越是不动声色地成为意识形态。

　　和广播一样，新技术和电影的区别在于它让产品进入了消费者的家庭。视觉图像要比电影院里的图像小很多。小图像可能是美国观众呼吁加大屏幕尺寸的原因之一，然而值得怀疑的是，装满家具的私人公寓能否得到像银幕那么大的生活幻象。也许可以把图像投影在墙上。然而这一需求是明显的。以前，电视屏幕上小人书般的人物尺寸似乎阻止了惯常的认同和英雄化。那些在屏幕上说人话的是小矮人。很难把它们像电影里的人物那样认真对待。抽离了现象的真实大小，观看就不再是自然行为，而是审美行为，就需要升华的能力，而那恰恰是文化工业的受众不具备的、被文化工业本身弱化了的能力。飞进千家万户的小男人和小女人是无意识知觉的玩物。这就给观众以莫大的愉悦：事实上，它们是他的宠物，是受他支配的财产，他觉得比它们高出一头。在这方面，电视很像漫画，那些滑稽的冒险故事里的人物经年不变，出现在一集又一集里。就内容而言，许多电视系列片，尤其是闹剧，跟漫画有关。不过，和无意于现实主义的漫画不同，电视提供的自然声音与缩小了的人物之间的鸿沟不可忽视。这一鸿沟渗入了文化工业的所有产品，让人想起复制生活的谎言。偶然有人说道，就连有声电影也是无声的，因为二维的图像和真实的生活原音之间存在着矛盾。感性现实的要素越是被吸收进文化工业，上述矛盾就越巨大。和两类极权国家的类比暴露了它自己：统一于独裁意志下的不同要素越是被整合，解体就越展开，那些没有内在地融合而仅仅外在地组合在一起的东西就越是分散开去。无缝的图像世界被证明是碎片。表面上，公众并未受此影响。但肯定无意识地觉察到了。怀疑在滋长：提供的现实并非它所假装呈现的现实。然而，第一反应并非反抗，而是更坚决地、更狂热地去爱那些无法摆脱的、内心深处深恶痛绝的东西。

关于电视节目的物理维度的作用的上述看法，不能脱离电视的具体语境，即家庭观看的语境。这也强化了总体文化工业的倾向：缩短产品和观众之间的距离（无论是字面意义上的还是比喻意义上的）。这一倾向仍然是由经济原因预先决定的。文化工业提供的任何东西，由于美国公认的广告功能，都呈现为商品，作为一种用来消费的艺术，这也许是和工业本身的集中化、标准化在消费者身上施加的暴力成正比的。消费者被鼓励去做他已经倾向于做的事情，也就是说，不要把作品体验为一个需要凝神专注、努力理解的整体，而是当作一个好玩的东西，只要从中找到乐子就算是理解了。很久以前发生在交响乐那里的遭遇现在也降临到了图像头上：疲倦的办公室工人戴着袖套喝着汤，用分神的耳朵忍受着交响乐。据说，它们为他枯燥沉闷的日常生活增添了一丝亮色，哪怕它们在本质上与日常生活并无二致。所以，从一开始它们就是无效的。任何不同的东西都是不可忍受的，因为那将提醒他被剥夺了什么。一切都显得似乎属于他，因为他其实并不拥有他自己。他甚至不用费神去电影院了，而在美国，任何不要花钱的、不要费力的东西在他眼中就越来越没有价值。失去温暖的世界成了他所熟悉的世界，似乎是为他量身打造的世界：他感受到的轻蔑正是他对自己的轻蔑。距离的缺失，对团结友爱的拙劣模仿，都有助于新媒介的风靡世界。商业电视避免任何让人想起（哪怕是模模糊糊地暗示）艺术作品的仪式起源的东西，那就是说，艺术起源于特定场合的欢庆活动。据说，在黑暗中看电视对眼睛不好，所以人们以此为借口，晚上开着灯，白天不关百叶窗。观看环境应该和日常环境几乎没有区别。对主题内容的经验不受其影响是不可能的。对意识来说，现实和作品之间的界限模糊了。艺术作品被感知为现实的一部分，公寓的某个附件，和电视机一块儿买来的东西，而在儿童当中，对电视的迷恋本身已经是特权的象征了。不难设想，反过来，现实也是通过电视荧屏的滤镜来看的，荧屏上的日常生活给出的意义反射回到了日常生活本身。

商业电视使意识萎缩，但这并不是因为它的内容比电影或广播的内容更坏。人们经常听到好莱坞说，特别是电影人说，电视节目把水准又拉低了。然而，在这里，文化工业的较为古老的部门只不过是拿它们可怕的竞争对手（电视）当替罪羊。读一些电视的脚本（当然并不反映整个创作生产过程）就会得出结论，它们的价值并不低于电影剧本，而如今的电影剧本已经模式化、僵化了。此外，电视材料恐怕要比广播里流行的肥皂剧更有价值，在那些家庭小说的系列剧改编中，母亲的形象或者一位年长的绅士总是帮助骚动的年轻人走出他们难堪的困境。当然必须承认电视把事情弄得更糟糕，而没有变好，就像声轨的发明降低了电影的美学和社会品质。不过这样的声明并不意味着要求恢复默片或者废除今天的电视。责任在于"怎么做"，而不在于"是什么"。电视难堪的"亲密性"产生了一个所谓的社群，也就是说，家庭成员和亲朋好友呆坐在电视机周围，从而聚集在了一起，否则他们将无话可说。这样的社群不仅满足了一种让精神无立锥之地（除非精神变成财产）的渴望，也掩盖了人与人关系、人与物关系的现实异化。它成了真正的社会直接性的替代品，而现实中的人被排斥在那种直接性之外。它们混淆了经过重重中介的东西（为他们制作的节目中的虚假生活）和他们被无情剥夺了的社会团结。这就助长了退化：观看情境令人窒息，哪怕被观看的内容并不比灌输给消费者的一般饲料更愚蠢。他们在电视机前花费了比电影（因为电视更方便和便宜）或广播（因为电视除了听觉还有视觉）更多的时间，这一事实进一步加深了退化。上瘾本身就是退化。视觉产品的越来越多的传播在这一退化中扮演了关键角色。尽管听觉在很多方面比献给物质世界的视觉更"复古"，然而图像语言（摆脱了概念的中介）要比文字的语言更原始。因为电视，人们对语言的熟悉度变得比今天全世界的状况还要稀薄。影子可以在电视荧屏上讲话，但他们的谈话（比电影中更有可能）只不过是视觉的声音转译，仅仅是图像的附属品，而不是意向的表达、思想的表达，仅仅是对动作的说明、对图像的解释。同样，在滑稽漫画里，对白文字写在人物上方的气球框中，以确保事情的经过得到迅速的理解。

只有更为精细的研究才能最终查明观众对今天的电视的反应。既然电视材料试图作用于无意识，直接的问卷调查是无济于事的。前意识或无意识的效果是不能被讯问对象直接说出口的。他们要么将其合理化，要么就只会抽象地说电视"娱乐"了他们。实际上发生在他们身上的事情只能很费力地探测出来。例如，用没有文字的电视图像做投射测试，研究它们在被试那里唤起的联想。完整的信息大概只有通过精神分析对习惯观看电视者的无数个案研究才能获得。首先需要查明的是反应在多大程度上是具体的，而又在多大程度上观看电视的习惯只是为了消磨无意义的闲暇时间。接触上千万观众（尤其是青少年和儿童观众）的媒介往往会遮蔽其他所有应当考虑的利益，事实上，那是一种客观精神的声音，即使它再也不是从社会力量的角逐中自发产生的，而是工业计划的结果。在一定程度上，工业仍然考虑着它的消费者，只要它还在为每个节目的赞助商找到匹配的具体商品。然而，认为作为大众文化之顶峰的电视乃是集体无意识的真正表达，这一观念就搞错了重点，弄错了对象。大众文化确实充分挖掘了意识和无意识图式，它正确地假定了那是它的消费者普遍拥有的。这一资源基本上由大众被压抑的，即未满足的本能冲动构成，文化商品或直接或间接地容纳了它们。主要是间接的——如美国心理学家莱格曼所表明的那样，性被去性征的兽行和野蛮行为所替代。在电视上，甚至看起来无害的闹剧都能证明这一点。然而，经过这样或那样的修饰，主导的意志进入了图像语言，而图像语言很像假装它就是消费者的语言。电视以图像的形式唤起并表达沉睡在人们当中的前概念东西，它也向人们展示了他们应当如何行事。电影和电视的图像竭力唤起埋葬在观众心中的东西，事实上模仿着它们，但这一来，通过闪现和溜走，也就接近于书写的效果。它们得到了理解，但没有被思考。盯着荧幕的眼睛就像是在逐行读文本，在场景的切换中，一页翻了过去。作为图像，图像书写是一种退化的媒介，生产者和消费者在此相遇。作为书写，图像书写使得古代的图像走进了现代。它们是祛魅了的魅，不再表达任何神话的东西；毋宁说它们是行为模式，那些行为既符合总体系的引力，也符合控制者的愿望。关于相互作用的令人困惑之处，亦即误把显贵人物的精神当作时代本身的精神的错误信仰，在于以下事实：按照既有秩序的要求来调节公众行为的"操纵"总是诉诸消费者本人的意识和无意识生活的基本特征，因此对他们的谴责就具有了表面上的合法性。每个电视节目的最慰藉人的姿态都在传达的那些顺从主义行为的审查和教诲不仅计算了要被大众文化的图式（可追溯到 17 世纪末的英国小说，同时获得了一种高贵的面目）规训的那些人。相反，这些行为类型必须在用于意识形态操控之前的早期现代性阶段就建立起来，而现在被内化为第二自然。文化工业露齿笑——成为你所是，而其欺骗性主要在于——仅仅通过重复现存，便确认和巩固了人被世界变成的样子。文化工业愈加确信地断定它不是凶手，而是有罪的受害人：这只会有助于将人内心的东西曝光。

以电视为先锋队的文化工业向无意识致敬的方式不是把无意识提升为意识，以实现其欲望并平息其破坏力量，而是把人们还原为无意识的行为模式。在这方面，文化工业甚至比现存状况有过之而无不及：让看穿现实的人受苦，奖赏那些崇拜现实的人。石化不仅未能缓解，反而变本加厉。图像书写的语汇是由刻板形象组成的。技术的绝对命令维护着它们，比方说要在最短的时间内生产出大量的材料，或者要在 15 分钟到 30 分钟的报道里生动而准确地向观众呈现主人公的名字和特性。对这些实践的批评遭到了反驳，说艺术总是用刻板印象来操作的。但是，心理学的诡计计算出来的印模压铸的刻板印象和那些笨拙的、难堪的刻板印象之间，那些想要把人像大批量生产那样模式化的刻板印象和那些想要再次从寓言精神中显现出客观本质的刻板印象之间，存在着根本的区别。高度风格化的人物类型，比如意大利即兴喜剧里的那些，过于远离其公众的日常生活，以至于几乎没有人会用戴面具的小丑的模式来构想他们自己的经验。另一方面，电视里的刻板印象，包括音调和方言，都外在地形似于每个汤姆、迪克和哈里，他们宣讲着格言——比如"外国人都是可疑的""成功是生活的最高目标"之类，但他们也通过主人公的行为将这些格言表现得像是刻在石头上的永恒律法一样，而人们领会的寓意本来恰恰相反。和被文明损毁了的无意识的抗议有关的艺术不应当成为滥用无意识的借口，那样一来，文明可以更彻底地毁掉无意识。如果艺术要公正对待无意识和前个人的东西，那么为此目的，它就必须尽力使用意识和个体化；如果不这样做，反而机械地重复无意识，以取悦无意识，那么无意识就堕落为纯粹的意识形态，只为意识的目标效劳，而不管那些目标最终究竟有多么愚蠢。在审美鉴赏力和个体化已经增加了如此多的解放力量（例如在普鲁斯特的小说里）的时代，这样的个体化被宣布放弃了，以有利于一种拜物教的集体主义（它已经成了目的本身，成了许多牟利者的福祉），这一定会助长野蛮。在过去四十年里，有足够多的知识分子成了这一趋势的先驱，无论是因为受虐狂还是物质利益。他们一定认识到，社会上有效的东西和社会的东西并不一致，而今天，个人只不过是他人的对立面。"我们对公共事务的参与大多只是庸人习气"——歌德的话也适用于文化工业机构声称提供的公共服务。

无法预言电视将变成什么样子。电视的今天并不取决于这一发明，甚至不取决于其商业开发的各种具体形式，而是取决于嵌入了神奇的奇迹的那个总体性。现代技术是一切幻想的童话般实现，要让这一陈词滥调不再是陈词滥调，就必须让它也携带着童话的寓意：愿望的实现很少为许愿的人带来好处。想要正确的东西，这是最困难的艺术，自孩提时代我们就放弃了它。正如童话里可以许三个愿望的丈夫浪费了两个机会，只是让他的老婆鼻子上长出香肠以及让香肠消失，统治自然的天才可以拥有千里眼，却只看到他习惯看到的东西，新事物的幻象仅仅为存在增添了虚假、夸大的意义。他的无所不能之梦想是以完美的无能这一形式实现的。今天，乌托邦的梦想成真仅仅意味着乌托邦的观念已经从人类当中拔除了，意味着让人类宣誓效忠于现存秩序及其宿命。为了让电视兑现还回响在词语中的承诺，必须把它自身从一切让它（轻率的许愿）违背了它自身的原则，为百货商店的小利而出卖了幸福概念的东西那里解放出来。

6. 作为意识形态的电视 [①]

对处在文化工业内部的电视的形式特征的讨论，应该用具体的节目内容的更深入细致的考察来补充。无论如何，内容和呈现形式是同谋，会互相作证。抽离了形式，面对任何艺术作品都将是庸俗的；那相当于对一个无视审美自律，并且用功能和包装代替了形式的领域套用其自身的标准。一个可取的建议是对电视脚本进行内容分析，因为它们可以反复地阅读和研究，而电视表演转瞬即逝。至于有反对意见认为，短暂的现象几乎不可能产生脚本分析所界定的那些潜在效果，可以回答说，那些效果很大程度上都是针对无意识而精心设计的，一种机敏地避开意识自我的感知方式会让它们对观众的力量增大。此外，这里讨论的特征并不属于某个特殊的例子，而是属于普遍的程式。它们反复发生了无数次。与此同时，计划安排好的效果已经形成了积淀。

本研究的材料来自 34 个不同类型和品质的电视节目。为了获得对这种研究有统计效度的代表性样本，必然严格地按照随机调查来选择材料，但是在试研究阶段我们只能研究我们能拿到手的脚本。尽管如此，由于整个生产过程的标准化以及被评估的脚本的一致性，可以预见：一次符合美国的内容分析方法的研究会给那些已经发展出来，却还没有产生任何全新结果的范畴增添一些新的补充范畴——达拉斯·史密斯的研究已经让这一假设变得更为可信了。

---

① 　本文是阿多尔诺 1952 年在美国的研究成果。收录于《阿多尔诺全集》德文版第 10
　　卷，第 518–532 页。

我们在贝弗利山庄能拿到的材料大概是高于平均水平的。研究仅限于电视剧，它们在若干方面类似于电影。纯属偶然，电影构成了节目的相当大的一部分。主要的差异恰恰在于电视剧的简短，它们往往只有一刻钟或者半小时的长度。这也影响到了质量。电影里最普通的情节发展和人物都不可能了：一切都必须立刻建立起来。这一所谓的技术必然性——它本身是商业体系之强令——有利于产业（基于对青少年或儿童观众的考虑）一直在证实和维护的那些刻板印象和意识形态的僵化。把这些电视剧和电影相比，就像是把侦探故事和推理小说进行比较。在这两种情形中，形式的肤浅有助于思想的肤浅。除此之外，不应夸大电视生产对于意识形态作用的特殊性。电视和电影的相似性证明了文化工业的统一性：在文化工业经手之处，它几乎不制造任何差异。

电视剧占据了播出时间的很大一部分。1951 年 12 月版的《洛杉矶电视》（达拉斯·史密斯和安古斯·坎贝尔著，国家教育广播协会出版）表明了戏剧是最常见的节目类型。任意一周的四分之一以上节目都安排给了这些"供成年人观看"的戏剧。每个晚间时段，也就是说，黄金时间，上述数字增加到 34.5%。这还不包括给孩子们观看的电视剧片集。同时，纽约的电视剧的量攀升到全部制作的 47%。既然社会心理学的操纵最明显地体现在这些数量上最重要的节目中（其他节目有时也并不缺乏），因此将研究限定于他们是完全合理正当的。

为了表明这些节目如何影响它们的观众，必须回想一下审美作品非常熟悉的概念：多层结构。这意味着，任何艺术作品都不是毫无歧义地传播其实际内容的。毋宁说，它是多层的，不能一锤定音，而必须在历史过程中逐渐展开。与贝弗利山庄的分析无关，汉斯·魏格尔在维也纳独立地证明了电影这种商业计划的产品并不具有这种复杂性。电视亦然。然而，相信审美的复杂性被信息的单义性取代，就未免太乐观了。多层结构，或者说，其退化形式，还在为生产商的利益而工作。它们继承了审美复杂性的遗产，因为它们预先假定了观众的若干叠加的心理学层面，同时又为了追求一种同质的和（按照操控者自己用的概念）理性的目标而试图渗透到这些层面：目标就是强化观众的顺从态度和巩固现状。它们用显性的和隐性的"讯息"不停攻击观众。也许，隐性的讯息在节目安排中占优先地位，因为它们在心理学上更有效果。

一部电视系列喜剧的某集女主角是位青年教师，她从教师协会得了一个奖。她不但工资少得可怜，也经常因为学校的傲慢得离谱的集权主义原则而付出各色各样的罚款。所以她没钱，挨着饿。所谓的幽默在于她如何耍花招去蹭各种熟人的饭，结果全都失败了。顺便说句，文化工业似乎认为提到食品就已经滑稽可笑了。整部喜剧的雄心不超过这类幽默，以及对青年女教师的窘境加以嘲讽：小品不兜售任何观念。隐性的讯息在于脚本的人物观，它引诱观众去肯定同样的态度，却不知不觉。女主角一直保持着甜蜜的微笑和智力的优越感，似乎她的快乐天性是对她的悲惨命运的补偿：观众被怂恿去认同她。她说的每一个词都是笑话。喜剧对观众说：如果你有幽默感，如果你脾气好，够机灵，迷人，那么你不需要在乎你那吃不饱饭的工资，一如既往，你可以一直做你自己。

在这部剧的另一集中，一位古怪的老太婆为她的猫立了份遗嘱，并指定剧集中先前出场过的一对教师做她的继承人。继承遗嘱的念头让两位继承人假装认识立遗嘱人。后者的名字是凯西先生，继承人显然不清楚这件事涉及一只猫。没有人承认不是他的受益人。后来真相大白，遗产毫无价值，不过是猫的玩具。但是，最终发现老太婆在每个玩具里藏了一百美元的钞票，继承人不得不去翻垃圾堆去拿到他们的钱。故事的寓意，应该让观众捧腹大笑：首先是一条廉价而可疑的格言，如果觉得不会被发现，每个人都会是大骗子，而与此同时是不要屈服于这样的冲动的告诫，正如道德主义的意识形态有赖于其信徒在"人不知"的时刻总是做不到"己莫为"。然而，这底下掩盖的是对无所不在的"意外获得一大笔遗产"的白日梦的不屑一顾。人必须现实一点，维持了意识形态；任何沉迷于梦想的人都要被怀疑是懒骨头、一无是处和骗子。这一讯息并不像辩护者所言，是对喜剧的"别解"，这一点可以从类似的主题总是反复出现中看出来。例如，在一部西部片中，一个角色说，当大宗遗产有危险了，罪恶还会远吗？

此类合成的复杂性只在一种固定的参照框架内起作用。当一部电视短片名叫"但丁的地狱"，而且当第一个场景就发生在同名的夜总会里的时候，一个男人戴着帽子，坐在吧台边上，离他较远的地方有个女人眼睛深凹，化着浓妆，高跷着二郎腿，给她自己又点了杯双份鸡尾酒，那么经常看电视的观众就知道要看到谋杀了。如果他除了知道片名是"但丁的地狱"，别无所知，那他也许会惊讶，但是他看到这是"犯罪片"的程式，所以可以保证恐怖的暴力事件将发生。吧凳上的女人也许不是主犯，但是她会为了她的放荡不羁的生活方式付出代价；还没有出场的男主角，大英雄，将在一个所有人类理智都觉得毫无希望的情形中出来拯救。有经验的观众并不会把这样的节目直接转译为日常生活，但是他们被鼓励用同样僵化和机械的方式来解读他们自己的经验。他们学到了一点：犯罪是正常的。有助于这一点的还有另一件事实：被罪案遮蔽的可憎行为的便利店浪漫主义是和对现实生活的所有配件的亦步亦趋的模仿联系在一起的。如果某个角色仅仅拨了一个他在剧集中不常使用的电话号码，那么电视台就会收到愤怒的观众来信，他们正沾沾自喜地享受着"凶手潜伏在任何一个角落"的虚构故事。程式的伪现实主义给经验生活注入了一种虚假的意义，观众很少能看穿其二重性，因为夜总会看起来跟他所知道的真夜总会一模一样。这种伪现实主义达到了每一个细节，并玷污了它。就连看似未被程式触碰的机遇，也带上了程式的标记，因为它是按照抽象的范畴"日常生活的偶然性质"来设计的。当电视假装让人们按照他们平时的方式说话的时候，一切都假得不能再假了。

让我们随机选取几个运作于程式之内的刻板印象，并且从程式的力量中推导出它们的力量，但与此同时，它们也构成了那一力量。它们证实了总体的结构。一部反映法西斯独裁者的戏，他半是墨索里尼，半是庇隆，已经处在垮台的时刻。他的垮台是因为一场人民起义还是军事暴动，情节只字未提，就像形势的任何社会方面和政治方面一样。一切都是私人行为，独裁者不过是个愚蠢的恶棍，虐待他的秘书和他的妻子（后者是一个被美化的形象）；他的对手，一位将军，是妻子从前的恋人，尽管妻子仍然忠于她的丈夫。最终，独裁者的野蛮迫使她逃离，而将军救了她。恐怖故事的可怕瞬间发生在他的高贵优雅的妻子不再站在他这一边的时刻，守卫宫殿的卫兵就立即抛弃了他。独裁专制的客观动力学丝毫没有进入场景。人们得出的印象是，极权国家是野心政客的性格缺陷造成的，而他们覆灭的原因在于公众认同的人格的高贵。这里追求的是对政治的一种幼稚的人格化。剧院里的政治肯定只能在个人水平上进行。但这里有必要交代清楚极权制度对生活在其中的人民做了什么，而不是仅仅表现著名的好人坏人的烂俗心理学，观众被认为会尊重人物的权力和伟大，哪怕他们的行动得到的报应是垮台。

电视幽默最喜欢的一句格言是"漂亮女孩永远正确"。一部非常受欢迎的喜剧系列片的女主角属于格奥尔格·莱格曼说的那种"女主婊"，在德国恐怕要被贴上"禽兽"的标签。她对她的父亲极为粗鲁，惨无人道，她的行为当然立即被合理化为"有趣的恶作剧"。但是她没有任何报应，而按照操作的逻辑，主要人物的遭遇将被观众立刻接受为一种客观的判决。在剧集的另一集里，主题是提醒观众小心骗子，漂亮女孩是个罪犯。然而当观众在外景中被她迷住之后，并不会失望：她被判处长期监禁，立刻得到了原谅，并且有机会嫁给她的受害人，尤其是因为她千方百计保持了她的贞操。此类节目无疑有助于强化社会对寄生行为的认可，精神分析所说的口腔期得到了褒奖——这一阶段是依赖性和侵略性的结合。

精神分析对文化刻板印象的解释并不牵强：滑稽短剧本身就在和精神分析调情，以跟上市场的潮流。有时，精神分析推测的隐性动机浮出了表面。最广泛的是艺术家的刻板印象：一个变态的懦弱者，不适合生活，荒唐可笑，或是情感的跛子。今天过分强调的通俗艺术适合这一切：它赞美男子汉，它的行动者的形象，并暗示艺术家们其实是同性恋。一出闹剧里出现了一个年轻人，他不仅必须戴着流行的傻瓜面具，还被设定为一位诗人，害羞，并且（用行话说）是"内向的"。他爱上了一位万人迷的女孩，但羞于启齿应答她的主动。为了符合文化工业最爱的原则，性别角色被颠倒过来了，女孩是积极的一方，男人处于守势。本剧的女主角，当然是不同于万人迷的另一个女孩，告诉她的朋友，傻诗人被冲昏了头脑。"被什么冲昏了头脑？"对这一问题，她回答："当然是一个女孩子啦。"她的朋友回答说："你到底是什么意思？他上次爱上了一只乌龟，他的名字叫山姆。"只要文化工业一有机会拿它自己制造出来的知识分子形象开玩笑，它就立即忘记了自己的道德主义。透过无数次机会，电视的程式逢迎了反智主义的国际大气候。

但是，真理的颠倒，意识形态的操控，并不局限于不负责任的止痛药或犬儒的狡计等领域。病不在邪恶的个人身上，而是在体制身上。所以它也腐蚀了任何设定了更高目标或追求高尚的东西，假如这样的雄心壮志得到允许的话。一部意图严肃的脚本里有位女演员。情节试图表现这位著名的、成功的青年女性如何治愈了自恋，成为一个现实的人，去做她以前不能做的事情：爱。她之所以发生了这样的转变，多亏一位年轻的知识分子（剧本一度用同情的语气描绘他），一位爱她的剧作家。他写了一部戏，她演女主角，而她和角色的内在冲突被视为一种心理治疗，改变了她的个性，消除了他们之间的障碍。角色让她消除了明显的恶意，最终消除了隐藏在她心中的高贵冲动。当她成功地仿效了成功故事的榜样时，她和剧作家发生了冲突，后者有点像个业余精神分析师，类似于调解纠纷的业余侦探。冲突是由她的心理学"抵抗"引起的。首演之后发生了严重的冲突，女演员陶醉于她自己的成功，在她的朋友们面前展现了歇斯底里的、爱出风头的一幕。她把她的小女儿送至寄宿学校，因为假如被人知道她有个那么小的孩子，会毁了她的前程。小姑娘想要回到妈妈身边，却察觉到她不要她。女儿逃出了学校，划着小船冲进了暴雨的海洋。女主角和剧作家赶忙去救她。女演员再次表现出自我中心主义，一点儿也不考虑别人。剧作家驯服了她。小姑娘被英勇的水手救了回来，女演员崩溃了，放弃了她的抵抗，决心去爱。最终她接受了剧作家，并做了一番表白。

节目的伪现实主义并不是简单地往公众的意识里偷偷贩卖"犯罪是完全自然的"之类观念的私货。相反，伪现实主义的东西是情节的内在结构。披上视觉外衣的心理学过程是欺骗性的———一句话，假货（phony），因为德语里并没有这么一针见血的词。精神分析，或者任何涉及的心理疗法，都被还原、物化了，不仅表达了对这种实践的蔑视，也将其意义变成了其反面。把长篇累牍的心理动力学过程浓缩为半小时的剧集的戏剧必要性，被制作商用作一个借口，用来让一切和节目勤奋地栽培的意识形态歪曲过于和谐地相处。发生在个人身上以及一种以医生和病人的关系为原型的人际关系上的所谓深刻改变，被还原为理性主义的陈词滥调，用简单化的、无歧义的行动来图解说明。所有的人物特性都凭空而来，缺乏了曾经出现的关键之处：那些人物特性的无意识起源。女主角，"病人"，从一开始就有清楚的自我意识。这一表面的置换使得整个随后的心理学过程都太孩子气了。人们的根本转变似乎就是每个人只需要面对他们的"问题"并信任一位密友的更好的看法，一切就会好。在心理学常规和"心理戏剧"的内部，依然隐藏着古老的有害观念："驯悍"———一个多情的、强壮的男人征服了不成熟的女人的多变。深度心理学的姿态只不过让陈腐的父权制观念更容易被观众愉快接受，观众与此同时一定听到了某些"情结"之类的话。不是让女主角的心理学具体表述自身，而是让两位主人公互相闲聊着心理学。这完全违背了对心智的现代理解，而将心理学移植到意识的自我之中。没有什么东西指示着女演员的那种"阴茎特性"遇到的严重困难。因此电视节目给观众看的是一幅歪曲的心理学图景。等待着观众的将恰恰是心理学的意图的反面，对有效的自我反思的无所不在的敌意将得到进一步的巩固。

尤其是弗洛伊德的"移情"概念被颠倒了。业余分析师不得不成为女主角的恋人。他实践着距离，伪现实主义地仿效着分析师技术，将它同文化工业的粗鄙的刻板印象结合起来。按照那一刻板印象，男人应当抗拒女人的诱惑，并通过拒绝她们来征服她们。心理治疗师有点像催眠师，女主角则类似于被人说烂了的"分裂自我"。她有时是个高贵的、可爱的人，因为某些不愉快的经历，所以她压制着自己的感情；别的时候她是个轻佻的、矫揉造作的人，爱她自己，对于一开始不知道她内心的爱终将表现出来的人来说，她显得太过反复无常了。难怪在这些条件下，治愈的过程很快。女主角几乎还没有开始扮演自私女人的角色——据说她认同这一角色，找到了她的所谓更好的自我——她的朋友就已经认识到她发生了改变，和角色的关系使她改变了自己。任何复杂的童年记忆在这里都是肤浅的。节目多么像是灵魂解剖学的最新突破，它运用的是彻底僵硬的、静态的概念。人物还是他们自己，他们经历的改变不过是他们内心已经有的东西，是他们真正的"本性"。因此节目的隐性信息就和外显的讯息产生了矛盾。表面上，它使用了心理动力学的概念，实际上它宣扬的是老一套的黑白分明的心理学，按照这些概念，人格是一成不变的；它们像身体特征一样，无法修改，只能复原。

这并不只是一个科学错误的例子，它涉及节目的实质。因为所谓女主角的本性——当她在角色中意识到她自己的时候就应当出现——不过是她的良知。心理学把超我表述为一种压抑本我的冲动（性欲）的反应形式。然而，在这里，本我，女主角的身体冲动（在某个场景中加以粗糙地图解）成了附带现象，被压抑的是超我。在心理学上可知这样的表现确实存在：人物的本能方面和强制方面的二重性。但是在电视节目中没有任何二重性的问题。它坚持的是一种多愁善感的观念：人心本善，利己主义的盔甲下面隐藏的是她内心的脆弱。在高潮戏中，当女主角凝视着镜子的时候，她的两个自我相互斗争，她的无意识约等于常规的道德和对她的本能的压抑，而不是本能获得了解放。只有她的意识自我才想要打破这种平静。所以这里实践的是字面意义上的"反精神分析"：戏剧赞扬的是防卫机制，电视节目声称要证明的分析过程的目标是揭穿和显现这些机制。这就改变了讯息。观众似乎被上了一课，比方说，他应该去爱，而不用担心这是否教得会，又比如，他不应该唯物主义地思考问题，而自从冯塔纳的《燕妮·特赖贝尔女士》之后，毫不克制地谈论理想的人就是认为钱比其他一切都来得重要的那种人。但实际上灌输给观众的是和这些明显可疑的，却相对无害的陈腐说教完全不同的东西。短片相当于对个性和自主的诋毁。人应当"奉献"自己，但不是给爱，而是要尊重社会及其基本规则之期许。女主角被控诉的首要罪恶是她想要成为她自己；她亲口这么说了。那恰恰是不被允许的：她被教会了习俗，"心碎了"，就像一匹马被驯服了。在他对唯物主义的大肆攻击中，她的教育者扔给她的最强有力的论点是足够有说服力的"权力"概念。他向她赞颂"精神价值在物质世界中的必要性"，然而他找不到这些价值的更好表达，除了有一种力量"比我们和我们渺小的、自负的野心更大"。在短片表现的所有概念中，权力是唯一被具体化了的：作为野蛮的、身体的力量。当女主角想要跳上船去救她的孩子，她的精神供应者打了她一个耳光，完全符合艾森巴特传统：要治愈一个歇斯底里的女人，就要把理智敲进她脑子里，因为那一切都不过是她们的想象。最终，女主角顺从地宣布从现在开始她想要改善和信仰。这是她的转变的证明。

短剧中没有比以赤裸裸的权威的名义传教更令人作呕的了。女主角的治愈同时也将她从幻想的戏剧世界拉回到现实；也许写这出戏的女人偶然知道了某些宗教存在主义，知道克尔恺郭尔对审美界和伦理界的区分。不过这一切在她手里都变成了上层阶级的品质低劣的文化商品。她把道德家和艺术家之间的争论还原到这样一个水平，在那里，艺术家相当合理地提及她的职业，以及她"只是在扮演角色而并不真的是那个人"这一事实，于是她被打了一个可怜的低分。然而，神学家克尔恺郭尔在他论女演员的重要文章里恰恰证明了相反的东西：只有成熟的女性才能诠释年轻女孩的角色，因为她和她要扮演的东西并不相似。当节目以朝向天堂的虔诚凝视作结时，它把宗教本身拉进了顺从和循规蹈矩的圈子。女演员发现她的宗教情感的时刻是在她的女儿被救的时刻，这有点像老话说的，炮火连天中没有无神论者。短剧最终歪曲了它自身的讯息。它不仅粗糙地将半吊子心理学同赞美卑贱相结合，最终的劝人皈依也将这一卑贱转变为服务于心理学目的的手段。观众被鼓励去践行宗教，因为它有益于身心健康：一旦你信仰了"某物"，就不用自恋和歇斯底里来折磨自己了。其实，节目里作为宗教的代表的一个正面人物说了一些类似于布道的话，说什么当人不再追求自己的幸福时，就会变得"幸福"。世俗的幸福观成了超验的信仰的合法性证明。最好听听克尔恺郭尔对这种神学的反应。以健康的名义给宗教打广告，是亵渎神灵的。

这一类产品的所有粗鲁都表明了它们的劣质和虚假，尽管如此，也要研究它们，严肃对待它们，不管它们本身的意图如何。文化工业并不会被"它所制造的一切都不严肃""一切都只是商品和娱乐"之类的说法困扰。很久之前它就把那些观念当成自己的意识形态的一部分了。在我们所分析的脚本中，有些戏自觉地成为媚俗之作，它们对不太幼稚的观众抛媚眼，仿佛在说，不要当真，它们并没有那么蠢。它们让观众相信它们的方式是奉承其智力的虚荣心。但是，可耻的行为和这样的自暴自弃同样糟糕。人们一定会冒犯它亲自拒绝了的名誉，并对它亲口说过的话生气——陷入它的观众群里。这里不存在过度解读所选择样本的危险，因为每个样本都是五脏俱全的麻雀，不仅允许而且要求我们得出关于整个体制的结论。面对体制的无所不能，详尽的改良计划立刻就有了一种对它们的天真。意识形态很高兴地同特定机制的倾向结合，使得任何建议都可以用最合理的解释打发掉：被说成是幼稚，技术上无法证明，没有可行性。总体的愚蠢仅仅建立在健全的常识之上。不可高估通过良好的意愿来修补现状的可能性。文化工业和强大的利益有着根深蒂固的勾连，哪怕它的部门里最热诚的努力也走不了多远。文化工业带着取之不尽用之不竭的论据火药库，它能够证明或者反驳对任何人来说一目了然的事情。虚假和低劣对它们的辩护者有磁石般的吸引力，即使他们当中最差劲的人也比他们的思想水平给他们的更狡猾，能够找到他们内心深处一点儿也不相信的任何有利于他们的证据。意识形态建立起了它自身的意识形态、讨论和观点：这样一来，它就有很好的机会活下去。然而，我们不要陷入失败主义，不要被运转良好的对积极结果的要求所吓倒，它通常只想阻挠现状的任何改变。更重要的是，提升对现象的意识，比如对电视的意识形态特性的认识，不仅在生产方面，也在公众方面这么做。在德国，经济利益并不直接控制节目安排，那里恰恰有希望去提升意识。假如利用了众多没完没了重复的概念和把戏的"意识形态"拆掉一两个支柱，那么公众或许就会对自己被牵着鼻子走而心生憎恶，无论意识形态怎么迎合无数观众的倾向（它们是由社会总体性生产出来的）。那时就有可能设想一种给观众的疫苗，以防止电视及其相关媒介所传播的意识形态。当然，这种想法有待于更进一步的研究，那将识别、分解出电视生产中的社会心理学规范。不是像大多数自我审查机制那样删掉粗话脏话，生产商必须警惕地消除那些挑衅和刻板印象。根据负责任的和独立的社会学家、心理学家和教育家组成的委员会的判断，它们将导致公众的愚蠢、心理残疾和意识形态迷乱。对这些规范的研究并不像第一眼看起来的那样是个乌托邦，因为电视作为意识形态并不是邪恶意图的结果，甚至不是相关人员的水平不够造成的，而是恶魔般的客观精神强加的。通过无数的机制，它抓住了生产中的每一个人。他们当中相当多人有审美的感性（如果不是理论概念的话），他们认识到他们的产品有多烂，并且只因为经济压力才继续生产它们。一般说来，越接近作者、导演和演员，反感就越强烈，只有商人及其走狗才宣称他们是为了消费者。如果科学研究不想显得愚蠢，或者说，不满足于行政管理式的调查，而是从事于意识形态本身的研究，那么它将助那些艺术家一臂之力，让他们有更好的成算去反对他们的老板和审查官员。很显然，社会心理学规范不应该命令电视该怎么做。然而，和别的地方一样，否定来了，肯定就不会远了。

7. 阿诺尔德·勋伯格，1874—1951[①]

在今天的公众心目中，勋伯格是一位体系的革新者、改革者乃至发明者。人们勉强地、带着几分不情愿地承认他为别人铺平了道路，确切说，是一条他们毫无兴趣走的道路。然而这种妥协隐含的意思是他本人是失败的，并且已经过时了。以前的贱民被压抑、中和、吸收了。被贴上"瓦格纳式的"或"晚期浪漫主义"标签并被扔掉的，不仅是他的早期作品，也包括他的中期作品——那些作品在当时使他成为所有热爱文化的人的眼中钉。尽管，四十年来并没有什么人学会正确地演奏那些作品。他在第一次世界大战之后写的作品被赞誉为十二音技术的典范。近些年来，的确有无数年轻的作曲家又采用了这一技术，但他们更多的是在寻找一个可以藏身的避难所，而不是作为他们自身的经验的必然结果，从而他们完全不费心考虑十二音方法在勋伯格本人的作品中的作用。这种压抑和装扮是由勋伯格给听众造成的困难引起的，那些听众早已被文化工业揉捏成形了。如果人不理解某样东西，那么通常就会带着像马勒的傻瓜们一样高尚的理解，并且把自身的缺陷投射为对象的缺陷，宣称它是不可理解的。勋伯格的音乐从一开始就需要人们的凝神专注和积极参与，要求人们最敏锐地觉察到同时发生的多重复杂性，扔掉通常的聆听中总是知道将要听到什么的那根拐棍，还要有能力精确地理解各个特征（往往在最小的空间中变化）及其历史（没有任何重复）。勋伯格始终要求他的主题材料达到的纯度和自主性限制了他的影响力；恰恰是他的音乐的严肃、丰富和完整使其激起了愤

① 本文写于勋伯格逝世后，收录于《阿多尔诺全集》德文版第 10 卷，第 152-180 页。

慨。它给听众的越多，它提供给他们的就越少。它要求听众同时完成其内在运动，要求他不是仅仅沉思，而是实践。在这方面，勋伯格亵渎了人们怀有的期盼，即音乐将为舒适的观众提供一系列愉悦的兴奋感（尽管唯心主义保证的是其反面）。哪怕是德彪西学派也满足了这一期盼，尽管大家标榜的是为艺术而艺术。把青年德彪西和沙龙音乐区分开来的分界线是流动的，而成熟的作曲家的技术成就很快被商业的大众音乐吸收了。在勋伯格这里，和蔼可亲结束了。他宣告了顺从的终结，这种顺从曾使得音乐成为这个社会当中的"幼稚性"自然保护区，而这个社会早就知道，只要它允许它的囚徒们得到一份受控制的幼稚幸福，它就会得到容忍。勋伯格触犯了将生活分为工作和休闲的天条。他坚持一种要求人们在闲暇时进行的工作，从而轻易地让休闲成了问题。他的激情指向了一种不会让精神蒙羞的音乐，因此这种音乐会让主流的性情觉得无地自容。他的音乐努力在两个极端上均达到成熟：它释放了威胁着人的本能领域，否则音乐只能在本能被过滤、被和谐地伪装之后才能表现本能；它也要求更多的理智活动，要求自我的原则足够强大，而无须否定本能。康定斯基（他在其《青骑士》上发表了《心丛》）表述了"艺术中的精神"的纲领。勋伯格仍然为之奋斗，但不是走向抽象，而是通过让音乐本身的具体形式变得可理解。

由此产生了对勋伯格的最常见的反对意见——反对他的所谓"理智主义"。然而，这要么是把精神化的本能力量混淆于仍然外在于对象的反思，要么就武断地取消了音乐对精神化的要求，而精神化是一切审美媒介的义务，是防止文化变质为文化商品的矫正物。真相是，勋伯格是素朴天真的音乐家，尤其是在常常倒霉的精神化当中——他试图用精神化来证明他的作品的正当性。如果有什么人曾经被不自觉的音乐直觉所引领，那么就是他了。几乎是无师自通，音乐的语言对他来说是自明的。他极不情愿地将它降低到最基本的水平上。尽管他的音乐将他的自我的全部能量引向了其冲动的对象化，然而，对他的生命延续而言，他的音乐仍然是和他的自我无关的。他本人倾向于认同"抵抗其使命"的选择。他认为勇气是那些"完成了超出其信心的行动的人"的属性。这一表述的自相矛盾之处表明了他对权威的态度。它把审美的先锋派同一种保守的心智结合起来了。当他通过其作品对权威加以最致命的一击时，他却仿佛在某个看不见的权威面前为作品辩护，最终把作品本身变成了权威。在来自狭隘地方背景的维也纳作曲家的眼中，封闭的半封建社会的规范似乎是上帝的意志。但这个方面与一个相反的要素相关，尽管那一要素也同精神的要素格格不入。某些没有被整合的部分、没有完全文明化的（事实上是反文明的）部分使得他处于完全无批判的秩序之外。就像一个没有起源的人，从天上掉下来的人，一个音乐界的加斯帕·豪泽尔，他准确无误地击中了目标。没有任何东西能让人想起他所属的自然环境，结果就是他的未开化的天性变得越来越明显。他切断了所有联系，好让他独自为一切负责。恰恰由于那样的孤立，他能够赢得和音乐的集体性暗流的联系，并获得让他的每一部作品都能表现整个类型的至高权力。最令人惊讶的莫过于嘶哑的、烦躁的说话者歌唱了很多小节。他那温暖的、自由的、洪亮的声音并没有被腐蚀了文明人心智的对歌唱的恐惧所扰乱，那一恐惧使得职业歌手的假冷漠显得更令人苦恼。音乐接管了父母的角色；"在音乐上"，他生来就会音乐的语言，就像说某种方言的人。在这方面，可以跟理查·施特劳斯或斯拉夫的作曲家媲美。从最早的作品开始（在《升华之夜》中已经很明显了）从这一语言中流溢出一种特别的温暖，既是在音调上，又是在连续和同时的音乐形象的宝库里：无拘无束的创造性，其丰富性其实是东方的。足够还不够。勋伯格对所有过度的装饰成分的不宽容源自他的慷慨，他不愿意听众被矫饰夺走了真正的财富。他那慷慨的想象和艺术上的殷勤好客想要让每一位顾客都享受到最好的东西，对他来说，这要比广为人称道，实则可疑的"表现的需要"来得重要。不同于瓦格纳，他的音乐源自创造的热情而不是消费的欲望，不是贪得无厌，而是永不满足地给予。尽管他用来证明自己的所有艺术材料都是借来的财产，他也创造了他自己的材料以及对它的反抗，他对他自己创造出来的那些并非全新的东西的厌恶不停地驱动着他。自由自在的模仿创造的热情，从地下的遗产来到勋伯格这里，最终也耗尽了那一遗产。传统和崭新的开端交缠在他身上，分别作为他的革命方面和保守方面。

理智主义的指责和缺乏旋律有关。然而他是极其富有旋律的。不是用现成的套路，他常常创造出新的形式。他的旋律想象力从不满足于单一的旋律；相反，所有同时发生的音乐事件被认为是旋律，这就使它们更加难以理解。就连勋伯格的直觉反应模式也是有旋律的，在他那里，一切实际上都是"歌唱"，包括器乐的乐句。这就赋予其音乐一种言说性质，自由运动着，然而小到每一个音符都是结构严谨的。呼吸优先于抽象时间的节拍，这就使得勋伯格对立于斯特拉文斯基以及所有那些更适应当代生存的人——他们居然觉得自己比勋伯格更现代。物化意识对旋律的精心制作和完成太过敏了，它用驯顺地重复若干旋律的残肢碎片取而代之。无惧地跟着音乐的呼吸的能力就把勋伯格和他之前、瓦格纳之后的作曲家（如施特劳斯和沃尔夫）区分开来，在后者那里，音乐似乎无法按照其内在冲动展开其内容，而求援于文学和程式的支持，甚至是歌曲的支援。相反，勋伯格第一阶段的作品，包括交响诗《普莱雅斯和梅丽桑德》和《古雷之歌》在内，都已经完全是作曲的。瓦格纳的方法就像瓦格纳式的表现一样和勋伯格无关；到达其目标，而不是中断和重新开始音乐冲动，这就失去了狂热欲望的要素、迷恋入神的要素。勋伯格的原创的表现慷慨而欢乐（有意义的），让人想起贝多芬的人性表现。当然，它从一开始就打算变成对一个拒绝其礼物的世界的蔑视和反抗。嘲笑和暴力想要压制冷酷、反叛；未能接触人类的人的情感之所以变成这样，恰恰是因为和人类这样讲话的人变得恐惧。这就是勋伯格的完美概念的起源。他缩减了、建构了、武装了他的音乐；被拒绝接受的礼物变得如此完美，使得人非接受不可。通过反应，他的爱不得不变得强硬，就像叔本华之后所有那些不打算与现存世界凑合的人的精神一样。克劳斯的诗句"世界对我们做了什么？"是音乐家的真理。

勋伯格的不服从并非脾气秉性。他的音乐直觉的特性使得他别无选择，唯有连贯地作曲。他的统一性逼迫着他，他必须解决勃拉姆斯要素和瓦格纳要素之间的张力。他广阔的想象力让瓦格纳的材料蓬勃发展，而作曲连贯性的要求、与音乐内在倾向有关的责任使他走向了勃拉姆斯的方法。在这一语境之外，勃拉姆斯风格还是瓦格纳风格的问题跟勋伯格无关。瓦格纳风格有着作曲上的局限性，就像勃拉姆斯的学院派一样无法满足他。他先是在实践上然后在理论上坚决拒斥了风格概念，这里的风格是指存在于主题材料之前的某个范畴，以外在的共识为取向；反之，他谈及意念，意味着乐思的纯粹制作。在所有层面上，他首先关注的都是"什么"，而不是"如何"，即选择的原则和呈现的方式。因此，对他的作品的不同风格时期不应过分诠释。关键的转折点来得很早，肯定不晚于作品第6号的歌曲和作品第7号的d小调弦乐四重奏。这些作品是后来所有作品的钥匙。后来的全部革新，在当时引起了轩然大波，但其实不过是特定作品的个别音乐事件中固有的音乐语言的逻辑结果。成熟的勋伯格的两大明显特征，不协和音和大音程，其实是次要的东西，只不过是他的全部音乐的内在结构的衍生物。此外，大音程在他的青年时代就出现了。核心的问题是把握本质和表象之间的矛盾。丰富性成为本质，而不仅仅是装饰。反过来，本质似乎不再是音乐需要削足适履的僵硬框架，而在其最精妙的特征中成为具体的和明显的。他所说的"皮下组织"——个别音乐事件的构造，被理解为一个内在连贯的总体的不可避免的要素——突破了表面，成为可见的，并宣布它自己独立于一切刻板的形式。内向的维度成了外向的。排序的范畴被消除了：虽然它们减少了主动收听的困难，付出的代价却是作品的精心制作本身。所有从外部进入作品里的中介的这一缺席使得音乐的进程对"轻车熟路的幼稚听众"来说似乎是断断续续、突兀的，内在的组织程度越高，这一印象就越强烈。早期歌曲，作品第6号中的《引诱》，是十二音阶段之前不断反复出现的某个特征的原型。它的10小节的引子里并列着三个鲜明对立的组别，其节奏也不同。第一组包含着4小节，另外两组每组2小节。任何一组都没有明显地重复前一组的任何东西。然而，通过居间的变奏，它们全都联系在一起。各组也有句法上的联系：骚动的提问，坚持，半心半意、犹豫不决、已经变化了的回答。最小的空间里发生了无限多，而一切都完全成形，没有任何含混。例如，第二组，变奏了第一组，保留了减弱的二度音和增强的四度音程，同时把拍子从 3/8 拍减少到 2/8 拍，这样就产生了一般的动力特征。在激进的变化中，旋律的经济学占了主导。音乐结构的这种组织才是真正的勋伯格，而不是什么技术的特权使用。关键在于，不同的、鲜明对比的音型的变奏变换有着动机和主题关系的普遍统一性。它是非同一性中的同一性音乐。所有的展开都要比进餐收听的懒惰习惯可接受的更密集、更快；复调成了真正的一部分，而不是伪装的对位。个性特征被增强到极致：表述拒斥一切现成的图式，而在两极分化的情绪状态的压力下，19 世纪被"过渡"压制了的"对比"变成了形式的技术。技术上讲，所有成熟的音乐意味着对音乐之愚蠢的抗议。尽管勋伯格的音乐不是精神的，它要求着音乐的精神。其基本原则，用他自己的话说，是"展开式变奏"。一切都似乎追求逻辑的发展，渴望被强化然后又在平衡中获得解决。普遍的责任心和个性特质反对一切类似报刊语言的音乐特征。愚笨的修辞和言过其实的欺骗姿态都遭到了蔑视。勋伯格的音乐绝不向听众妥协半步，这就是他对听众的尊敬。

因此，它被指责为"实验性的"。这一批判的基础观念是，艺术中的技术进步构成了一股稳定的，因而是有机的流动。任何自行其是、不借助历史而发现新技术的人，都不仅被认为是背叛传统的罪人，也被认为是屈服于虚荣和无能的。然而，包括音乐在内的艺术作品都要求意识和自发性，这就不断打破了连续进步的表象。只要新音乐还有清醒的意识，继续反对那个被马勒斥为"庸俗感伤"的传统，只要它并不焦急地企图证明它的意图是良好的，它就会一直倡导"实验"概念。有一种拜物教把物化、僵化的，恰恰异化于自然的东西混同于自然本身；只有这种迷信才看不到艺术里的新东西都经过了实验。一如既往，艺术的极端主义要为此负责：不是服从其主题材料的逻辑，即客观性的逻辑，就是臣服于纯粹的异想天开或某个抽象的体系。新音乐的合法性来自它所否定的传统。黑格尔教导说，在新事物变得可见、直接、显著和可靠之前，都会先经历一段长期的形成过程，然后才破茧而出。只有那些依靠传统的鲜活血液滋养的东西，才有可能真正拥有反对传统的力量，否则就会成为靠它自身不足以克服的那一权力的绝望的牺牲品。然而，传统的纽带根本不等于历史中的事件序列。毋宁说，它是地下的。弗洛伊德在他的晚期作品《摩西和一神教》里说："仅仅在交流中建立起来的传统并不能产生宗教现象强制性。它只会像其他任何外在的讯息一样，左耳朵进右耳朵出，而决不会获得将人从逻辑思维的摆布中解放出来所必需的特权身份。在它发展壮大之前，它注定要经受压抑，即留存于无意识当中，然后才能够复归，发挥影响，强迫群众服从它的咒语。"美学传统和宗教传统一样，也是对被压抑的无意识东西的回忆。当它确实打开了某种"潜在的影响"之际，这并不是明显的、直接的连续性意识的结果，而是打破连续体的无意识记忆的结果。被指摘为"实验"的那些作品中包含的传统要远远多于竭力恪守传统的作品中的。现代法国绘画中的情形也同样适用于勋伯格及其维也纳乐派。古典主义和浪漫主义的外显的声音素材——调性的和弦，它们的规范关系，在三和弦与全音音程之间取得平衡的旋律线——总之，过去两百年里的音乐的全部外表面，都遭到了创造性的批判。然而，传统的伟大音乐里最要紧的地方并不是那些元素，而是在呈现特定的结构内容时设定的具体功能。在外表面之下，还有一个隐性的亚结构。后者在很多方面是被外表面决定的，但是它的疑问不断地产生自身并确证自身。理解传统音乐，始终意味着不仅要辨识外表面，也要辨识出和那个外表面有关联的内在结构。作为主体解放的结果，这一关联变得十分危险，最终导致两个结构彻底分裂。勋伯格的自发的创造力执行的是客观的历史的判决：他解放了隐性结构，扔掉了外显结构。这样一来，通过他的"实验作品"——通过他给予其音乐外表的不规则性，他恰恰成为传统的继承人。他注意到维也纳古典主义以及勃拉姆斯那里（目的论地）隐含着的规范，然后本着这一历史感，信守了他承诺的义务。到勃拉姆斯的时代，在"总体结构"的优先性支配下的对象化就失去了权威，因为它开始机械地运作，不再坚持抵抗的音乐素材，而是强行压制反叛的冲动。在勋伯格那里，每一个别的音乐要素，直至最初的"意念"，都无与伦比地蔚为可观。他忠实于精神发展的历史水平：他的总体是从个体开始的，而不是从一个计划或体系结构开始。他就像贝多芬曾经做过的那样，把浪漫主义的成分置于严整的结构之中。贝多芬筚路蓝缕，勃拉姆斯也继续探索在乐队形式中的抒情旋律。然而，结果是它被中和了，保持着与"作品"的某种动态平衡。这就是勃拉姆斯的形式的虚假性和顺从性的根源。该形式小心翼翼地缓和对立，而不是沉浸于对立之中。在勋伯格那里，主体冲动的对象化成为至关紧要的东西。他从勃拉姆斯那里学到了动机主题的变奏，但是，他对主体性的对象化中的刺激性来自复调音乐，那完完全全属于他自己。被埋葬了两百年的东西重见天日。这是因为贝多芬的"主旋律作品"，尤其是室内乐，引发了它未能满足（除了晚期贝多芬的少数例外）的复调的要求。威廉·费舍尔在他的研究《维也纳古典主义的风格发展》中得出了以下结论："总的说来，维也纳古典主义中的展开部是给那些被呈示部排除的旧古典主义风格的旋律技术提供舞台。"这不仅指的是详细展开旋律的"巴洛克"原则，也指向了范围更广的复调音乐，它们在展开部不断出现，却只是到处乱跑。勋伯格把古典主义未完成的承诺推向了其结论，这样一来，就打破了传统的外表面。他重新坚持了巴赫的挑战，而包括贝多芬在内的古典主义都避之唯恐不及；但他没有因此退化到古典主义之后。古典主义作曲家忽视巴赫，有其历史必然性。音乐主体优先考虑的自律性，批判地摈弃了传统的对象化形式，与此同时也造成了一种对象化的表象，似乎主体之间的不受限制的相互作用就是社会的最佳保障。只是到了今天，在主体性的直接性再也不被认为是最高范畴（因为它的实现有赖于社会总体）之后，就连贝多芬的解决方案的不足也一目了然了：它延伸主体，以覆盖总体。展开部，哪怕是作为贝多芬的扛鼎之作的《英雄交响曲》的展开部，也仍然是"戏剧性的"，而不完全是构成性的。勋伯格的复调改造了展开部。主体的旋律冲动被辩证地消解为意义不明的客体要素。这一组织法则（而不是任意的宽容）使得勋伯格的对位法区别于他同时代的所有其他人。它同时也克服了不堪重负的和声的强调。据说，他认为没有人想要和声具有真正好的对位。不仅巴赫如此，勋伯格也如此。在巴赫那里，严格的对位法分散了人们对通奏低音的注意，而复调的对位是在通奏低音中运作的。在勋伯格那里，复调的严格性最终使得一切和弦的设计、一切外表面都无足轻重。他的音乐有着精神的耳朵。

作为"展开式变奏"，"精神化"成为技术的一项原则。它克服了所有的纯粹的直接性，而接受并跟随其内在的动力学。勋伯格有一次很讽刺地提到，音乐理论总是只关心开头和结尾，而不关心中间，也就是说，不关心音乐本身。他的全部作品都是回答被理论忽视的这一问题的努力。主题和它的历史，即音乐的进程，有着同样的权重，事实上，两者之间的区别被清除了。这发生在若干作品中，大致是从《八首歌曲》（作品第 6 号）到《格奥尔格之歌》（作品第 15 号），其中包括了最初的两首四重奏、《第一室内交响曲》和《第二室内交响曲》的第一乐章。只有过度迷恋"风格"的人才会认为这些作品是"过渡性质"的；从作曲上讲，它们都是最成熟的。D 小调四重奏，直至其最后一个音符，将主题连贯的室内乐作曲提高到一个全新的水平。其形式是后来的十二音作品的形式，想要理解十二音序列的人最好研究这首弦乐四重奏，而不是去计算序列。每一个"意念"，从第一拍开始，都是对位的，从而自身包含着展开的可能性；每一个展开都保留了第一个意念的自发性。在第一首弦乐四重奏里成功地挥发出来的东西，在《室内交响曲》的限制和复调中被压缩为同时性。于是，在弦乐四重奏里仍然得到一定程度的容忍的外表面开始瓦解了。在勋伯格的最后一本书里，他描述和解释了在创作《室内交响曲》的过程中他如何跟随无意识的冲动（也就是说，隐性结构的迫切要求）牺牲了外在的主题的逻辑"连贯性"的常规，代之以主题的内在连贯性的序列。第一主题的两个表面上独立的主旋律其实是有关系的，这一关系就是后来的十二音技术的序列原则所讲的关系。在勋伯格的发展过程中，技术可以追溯到这么早；必须将它视为作曲手法的含义，而不是素材的含义。然而，"清除音乐中的一切先行观念"的强制要求不仅产生了著名的四和弦之类的新声音，也产生了新的表现维度，使得表现不只是描述人的情感。一位指挥家把大展开部结尾的解决比作冰河景色的愉悦。《室内交响曲》用一直（自通奏低音的时代以来）是音乐的基础层的东西完成了第一次突破，从再现风格，从音乐语言的调节，突破到人类语言的表意方面。勋伯格的温暖第一次转变为冷酷的极端，它通过一切表现的缺席来表现自身。后来他反对那些要求音乐的"动物的温暖"的人；他的格言，"音乐要说的东西只能通过音乐来说"，意味着一种不同于人类语言的语言概念。在《第一室内交响曲》中，辉煌的、动力学上有所保留，却依然带着刺的特质不断增强，成为 50 年之后的功能主义的先声，却不带任何前古典的姿态。音乐让纯粹的、不掺杂的表现来驱动自身，从而对任何有可能妨碍这一纯洁性的东西高度敏感，对任何取悦听众的倾向高度敏感，对听众用音乐取悦自己的倾向高度敏感，对一切认同和同情高度敏感。表现原则的逻辑后果中包含了否定它自身的要素，一如真理的否定形式把爱转化为不懈的抗议的力量。

　　一开始，以及在随后的许多年里，勋伯格并没有继续推进这一点。同时写成的《第二室内交响曲》的第一乐章完全是表现的、和声的。它大量使用了不同性质的、结构性的和弦音程，成了勋伯格在垂直维度上设想的"全面和声化"的顶峰范例。然而，后来在弗里茨·施蒂德里的鼓励下写于美国的第二乐章就把十二音技术的经验运用于晚期的调性，从而导致了即使是在勋伯格那里也独一无二的"表现与结构的混合"。乐曲嬉闹地开始，像一首小夜曲，但随即对位地凝结为悲剧，越来越紧，到结束时确证了第一乐章的忧郁音调——并与之汇合。在技术上更接近于《第二室内交响曲》的不是《第一室内交响曲》，而是升 F 小调四重奏（作品第 10 号）。这首曲子，如莱德利希所言，承前启后地成为勋伯格的整个发展过程的缩影。第一乐章及其极为丰富的音程和主题形象，用一只脚金鸡独立保持着平衡，耗尽了留下的一切调性，用它作为再现的手段。第二乐章《谐谑曲》则释放出耀眼的白色和斯特林堡的表现主义的黑色漫画，妖魔鬼怪糟蹋了调性。第三乐章，格奥尔格的《连祷诗》的抒情变奏，音乐以自身为中介。前两个乐章里最重要的动机成分依序并入了主题。整合的结构抑制住了悲哀的爆发。然而，最后一个乐章（仍然是歌曲）听起来仿佛来自另一个世界，来自自由王国；它是彻头彻尾的新音乐，尽管最终是升 F 小调，但它最初的未掺杂的显现中有着前所未有的乌托邦灵感。这一"撤退"的技术引进有着真理的声音，尽管音乐不受任何束缚地高翔在诗歌所召唤的另一个星球的无尽深渊之上。勋伯格和格奥尔格的诗歌的相遇，可谓是相反相成，是他和他的时代的非音乐生活的零星接触中为数不多的成功案例之一。只要他还反对格奥尔格，他就不会受到无价值的"元声音"的文学的诱惑。格奥尔格的格言，"最严格的标准也是最高的自由"，大概也是他自己的格言。当然，音乐的性质并不仅仅取决于诗歌的性质，然而真正成功的声乐作品一定要碰到真正的诗歌。《格奥尔格之歌》（作品第15 号）已经证明了风格的明显断裂，因此勋伯格在其初演时先用一份纲领性的宣言来介绍。但它实质上属于升 F 小调四重奏，尤其是那最后一个乐章。作曲技术在当时来讲是完全不同寻常的和挑衅性的，让人再一次想起杰出的声乐套曲的意念，让人想起《致远方的爱人》、《美丽的磨坊女》和《冬之旅》。在勋伯格那里，"第一次"总是"再一次"。每一首歌的简洁、含蓄和特色都与总体的结构相得益彰，在第 8 首歌的停顿之后，柔板的高潮在第 11 首歌，并节节高涨，直到终曲。钢琴节制地放弃了常规的共鸣，从而营造出浩瀚宇宙的沉默魅力。《告诉我在哪条小路上》的抒情的温暖，《如果我今天不能依偎你的身体》的无隐藏的赤裸，《我们坐在开满鲜花的大门后》的表现强度几乎不可忍受的高潮中的非常轻的律动乐段——这一切听起来都仿佛非他莫属，并将永远持续。结尾的黯然离别则余音绕梁，像之前的"而一颗爱着的心 / 已经触碰到让它神圣的东西"[1]中的欢愉那样。

随着《格奥尔格之歌》，"自由的无调性"阶段开始了。在《室内交响曲》和《第二弦乐四重奏》已经让勋伯格声名狼藉之后，这又为他带来了叛逆的罪名。当时看似是彻底决裂，今天看起来不过是准许了不可避免的东西。勋伯格颠覆了语汇，从单个的声音到大形式的结构，但是

---

① 贝多芬的声乐套曲《致远方的爱人》的第一首歌《我在山坡上遥望》的最后一句歌词。——中译者注

他继续说着惯用语，他所追求的音乐织体依然和被他弃之不用的手法之间存在着不可分割的联系：不仅仅有着共同的起源，而且意义相通。这一矛盾阻碍了勋伯格的后续发展，也成就了那些发展。他最先锋的作品也是传统的。他排除了自从 17 世纪初以来就为音乐结构提供基础的那些音乐语言的素材，却依然保留了结构这个范畴，他的音乐里的"皮下"要素的携带者实则原封未动。对他来说，惯用语是不言自明的，这跟舒伯特没有任何区别，而他的作品遭受的指控也有一部分原因在此。不过，人们熟悉的那些音乐结构的范畴，比如主题、阐述、张力、解决等等，再也不适合于被他解放了的素材。惯用语的一切先验含义都被清除了，从而被中性化了。实际上，每个瞬间和每个音符与中心的距离都是相等的，这就阻止了勋伯格对音乐的时间进程的组织，尽管这种组织是他的常规操作。偶尔，尤其是在像作品第 11 号的第三首钢琴曲那样无法无天的曲子中，他也根据素材来作曲；但大多数情况下，他的作曲都似乎仍然在使用预先安排好结构的素材。也许，十二音技术的内在意图就是要把那种预制性赋予素材本身。不然，素材的协调就似乎带有外在性、武断性乃至盲目性。这一点再也明显不过地体现在勋伯格和"乐剧"的关系上。勋伯格的"乐剧"是由瓦格纳的美学直接决定的，尽管最初两部戏是表现主义的杰作。直到《摩西和亚伦》，音乐和文本的关系都和瓦格纳晚期的歌剧没什么区别，哪怕不看"乐剧"的曲谱。在勋伯格那里，不同的历史要素相互碰撞了。就内在的音乐而言，作曲家领先其时代好几个光年，然而就其目的、功能而言，他依旧是 19 世纪的孩子。在这个意义上，斯特拉文斯基对勋伯格的批判就不仅仅是反动的了：它界定了勋伯格的幼稚所设立的界限。

　　这当然遭到了勋伯格本人的反艺术的、爆破的要素的反对。作品第 11 号《钢琴曲三首》是反装饰的，达到了破坏性的姿态。毫无装饰的、赤裸裸的表现和对艺术的敌意实现了统一。① 勋伯格那里的某些东西（也许是对作品 27 号的合唱曲的歌词引用的"不可雕刻偶像"这一戒律的恪守）试图根除音乐的描绘性这个审美特征，寻求无形象的艺术。与此同时，这一特征也是勋伯格的每一个意念所设想的惯用语的基本特征。终其一生，他都在这一矛盾下努力工作。甚至在十二音阶段，他也不断做出了遗忘掉、磨灭掉隐藏的音乐层级的壮举，可是音乐的惯用语始终保持着它的对立。因此，他的缩减之后总是复杂的、织体丰富的作品，其中的音乐语言恰恰产生于消灭这种语言的努力。因此，最初的无调性的钢琴曲后面就是作品第 16 号《管弦乐曲五首》，它没有牺牲掉素材的解放，却在它们的"散文"中间重新发展出了复调和主题作品。因此，在十二音技术之前很久，就产生了"基本音型"。《月光下的比埃罗》也有类似的要素，比如"月斑"，它之所以著名，是因为它展现了高超的技艺：赋格同时伴随着两个蟹钳一样的卡农。然而，除此之外，赋格的主题和木管的卡农的主题严格地来自同一个序列，弦乐的卡农则形成了一个"伴奏体系"，实际上成为十二音技术的规则。正如自由的无调性是从调性的大型室内乐发展而来，十二音的手法源自自由的无调性作曲法。管弦乐曲发现了序列原则，却不曾把它僵化为一个体系，这个事实使它们跻身于勋伯格最成功的作品之列。其中有些曲子（第二首的晦涩抒情诗，具有无与伦比的穿透力的最后一首）足以和伟大的调性室内乐作品以及《格奥尔格之歌》相媲美。就作曲而论，舞台作品《期待》和《幸运的手》并不更糟。但是勋伯格的反

---

① 姿态，在听众的耳朵面前，追溯着勋伯格的发展方向——皮下组织的揭示，有点类似于当代的立体主义绘画，也是把隐性结构翻转为直接可见的表象。类比最贴切之处莫过于绘画中对传统透视法的消除和音乐中对调性的（"空间的"）和声的消除。两者都来自反装饰的冲动。艺术的透视，不无道理地被称作"错视"，包含了欺骗的成分；调性的和声中也出现了一种难以描述的欺骗，造成了空间深度的幻觉。作品第 11 号的钢琴曲恰恰要消灭这一幻觉。和声中的虚幻要素变得不可容忍，而对它的反应坚决地将内在的维度外在化。然而，虚幻的要素和勋伯格退避三舍的"再现风格"有着深刻的联系。艺术是模仿，就此而言，艺术总是包含着幻象。但是，音乐和绘画一样，并不仅仅消灭空间，相反，它用扩张的、音乐特有的空间取代了空间的幻象。

艺术倾向在其中成了非艺术，所以动摇了艺术概念。真的，他的作曲几乎没有比《期待》更自由的了。不但呈现的方式解放了自身，句法也放飞了自我。在勋伯格的首次出版的作品集中，韦伯恩写道，曲谱是"前所未闻的事件，是和一切传统结构的决裂，总是有新东西冒出来，彻底改变了表现"，他丝毫没有夸大其词。每个要素都沉湎于自发的冲动，而客体（对悲惨的再现）保持了勋伯格的历史神经元，它和 1914 年以前的表现主义中的最深刻的要素有关。然而，勋伯格在选择文本时并不能挑三拣四。马利·帕彭海姆的独角戏是二手的表现主义，语言和结构都是半吊子，这也连累了音乐。无论勋伯格如何巧妙地把整部戏分为三段，探索、爆发和悲叹，音乐的内在形式还是来自文本，而音乐在适应文本的过程中，被迫不断重复着同样的姿态和构象。于是它违背了不断革新的要求。在《幸运的手》里，毫不逊色的表现主义态度通过作曲转化为客观的交响形式，设计了厚涂的形式外表。可是，在这里，这一客观性绝望地屈从于愚蠢而自恋的主题内容。用勋伯格的作品集合而成的交响曲从未写出来。

作品第 22 号《为人声和管弦乐队而作的四首歌曲》用下面一句话作为结语，"而我独自在大风暴中"。当时，勋伯格一定体会到他的力量之高。他的音乐像一个巨人伸展开来，尽管调性的"大风暴"将从自我忘却的主体性中出现——"独自"。这些年属于《月光下的比埃罗》，勋伯格放弃调性之后的所有作品中最有名的一部。客观主义的、扩展的倾向愉快地被主体能够填满的东西抵消了。创造出了一个由一切可设想的音乐和表现性构成的世界，但这个世界反映在孤独的内在性之镜中，反映在灵魂的温室中——就像前不久的《梅特林克之歌》（作品第 20 号）那样；这个世界既是幻想的，又是荒诞的。复辟的要素（帕萨卡里亚、赋格、卡农、圆舞曲、小夜曲和歌咏）反讽地进入了人工天堂，似乎被变性了，而格言警句般简练的主题听起来像是文学主题的遥远回声。这种不连续性和不合时宜的题材不无关系。阿尔贝·吉洛的诗（译者是哈特莱本）从表现主义倒退回商业艺术、图样装饰和风格化的水平。主体面对的形式和内容保留着它的无意识投射。勋伯格的杰作悖谬地近似于媚俗艺术，从而危及了作品里一切精致细腻的东西，这并不仅仅是题材惹的祸，毋宁说，由于音乐倾向于孤独的流动和浮华的尖端，它牺牲了勋伯格从《期待》开始已经实现的某些东西。尽管所有技艺精湛的灵性还在，尽管里面包含着勋伯格最复杂的若干作曲，《月光下的比埃罗》的音乐设计（表面联系的生产）偷偷地从他最进步的位置上往后退了。这不能归结为作曲力量的衰退。最能体现勋伯格在运用技术时的自主权的，莫过于阿拉伯式的华丽装饰风格，它愉快地克服了一切音乐的重力。但是他跟历史的必然性发生了冲突——和同时代的其他作曲家相比，勋伯格更多地体现了那一历史必然性。他陷入了虚假过渡的两难境地。自黑格尔以来，任何精神的东西都逃脱不了这一命运，也许是因为自满自足的精神王国再也不能（假如它的确曾经能够的话）达到无矛盾了。和哲学的主体一样，审美主体已经完全发展了自身并控制了自身，再也不能停留于自身及其"表现"那里了。它必须追求客观的权威，成为勋伯格的赐予姿态从一开始就想要的东西。然而，这一权威不可能来自纯粹的主体性（哪怕它从整个的社会动力学中汲取了养分），除非权威已经出现在社会中，但恰恰因为社会中缺乏那样的实体内容，所以今天的审美主体必须对权威敬而远之。在勋伯格那里，尼采的"新桌子"的命运又重蹈覆辙，就像在格奥尔格那里一样。格奥尔格发明了一个新神，以保障诗歌崇拜的可能性。勋伯格觉得他被那两位吸引，并非偶然。在《月光下的比埃罗》和《管弦乐歌曲》之后，他开始为一部清唱剧作曲。发表的音乐片段再一次显示了勋伯格获得极致效果的能力，就像《幸运的手》里的锤击一样。但是文本揭示了这一努力中的绝望。文学的缺陷揭露了对象本身的不可能性，亦即宗教合唱作品在晚期资本主义社会中的格格不入，总体性的审美形象的不协调性。作为肯定的实体，总体不能凭借个人的意志和权力而从异化的、碎裂的现实中抽取出来并成为反题。如果不想沦为欺骗和意识形态，总体就必须采取否定的形式。杰作并未完成，勋伯格承认了失败，承认它"和万物一样也是碎片"，这恐怕要比任何成功都说出了更多的勋伯格。无疑他可以勉力完成他头脑里的东西，但是他一定感觉到了计划本身的虚假。杰作的概念在今天已经扭曲为杰作的类型。自我的实体性与社会存在的总体结构之间的鸿沟不仅否定了自我的外在支撑，也否定了自我的必要前提，鸿沟如此之深，它不允许艺术作品成为综合。主体知道自己成了客体，被消除了"纯粹的存在"的偶然性。但是，这一正确的认识同时也是不正确的。主体固有的客体性无法同（否定了那一客体的内容的）现实和解，因为对完全和解的追求恰恰否定了那一客体的内容，然而，如果要把客体性从无能的"自为的存在"中拯救出来的话，就必须生成那种客体性。艺术家越伟大，这一怪念头的诱惑就越大。和认识一样，艺术也不能等待，然而一旦它屈服于不耐烦，它立刻就瘫痪了。在这方面，勋伯格不仅像尼采和格奥尔格，也像瓦格纳。加诸他和他的小圈子的"宗派"的污名其实是虚假过渡的一种症候。他的极权主义性质如此根深蒂固，结果随后的音乐逻辑让他自己成为一切音乐的法则，他不得不把那一法则戴在他自己头上，并服从法则。自由的概念在他的音乐中被封锁了，封锁它的是服从异质性的权威的迫切需要——因为超越纯粹的个体性并达到客体性的努力徒劳无功，所以产生了这一绝望的需要。音乐对象化其自身的内在不可能性，就显示在审美外表的强制性特征中。音乐并不能真正超出它自身，因此必须拔高它自己的任性的意志，将这一未能获得客体性的意志提升为音乐本身要服从的权威。毁坏神像的人成了拜物教者。音乐的法则同它的实现分离了，既是理性透明的，又包含着主体的音乐法则就成为抽象的，成了一个僵硬的、不容置疑的戒律。

勋伯格在创作中的漫长间歇期，并不能仅仅用他个人在战争和通货膨胀中的遭遇来解释。在致命打击后，他重整旗鼓。在他创立的"私人演奏音乐会"的那些日子里，他坚强地埋葬了他自己。他对音乐诠释的意义怎么估计也不过分。作曲家勋伯格把皮下的东西变成外面的，发现并教授了一种使皮下结构可见的呈现方式，使演奏成为音乐结构的综合实现。诠释的理想和作曲的理想合二为一。在作曲家放弃了《雅各天梯》的终曲之后，音乐的客体－主体的梦想将自身具体化为技术。他不再指望着超个人的概念和形式会通往审美的权威，而是承认：只有通过主题材料在逻辑连贯的作曲形式中的内在运动，才有可能获得这一权威。因此他显得出淤泥而不染，高于表现主义之后的音乐中的一切僭越倾向和复辟倾向的诌媚，哪怕他有时也沾染了他蔑视的新古典主义音乐。然而，后来的勋伯格对方法的愚忠，将方法作为全面的总体性的保证，只不过是拖延了困境。在高度独创性的十二音技术的支配下，他的音乐发生了几乎无法察觉的变化。

诚然，从作曲过程中必然地、令人信服地积淀下来的那些经验和规则得到了理解、归纳和总结。但是这一行动并没有让那些经验的真理内容不受影响。它们再也得不到辩证的校正了。勋伯格遭到了康定斯基的复仇威胁，在写于 1912 年的一篇献给勋伯格的文章中，康定斯基说："艺术家以为他'终于找到了他的形式'，就可以继续平静地创作艺术作品了。不幸的是，就连他自己也往往没有注意到，从这一（平静的）时刻起，他马上就开始失去了这一最终找到的形式。"其原因在于，每一件艺术作品都是一个力场，正如思想的行动不能和逻辑判断的真理内容分开，艺术作品也只有在超越了它们的物质前提的意义上才是真实的。幻觉的要素是技术的美学和认识的体系共有的，是两者的表意能力的保证。它们成了模型。一旦否定了它们的自我反思，使它们成为静止的，它们就快要死了，当初产生了体系的那种冲动就被弄残了。非此即彼，没有中间道路可走。忽视了那些进入体系的个别见解，就等于无能地坚持已经被废弃的东西。然而，体系本身成了固定的概念和万灵的药方。错的不是方法本身（耳朵不被十二音技术吸引的人并非再也无法作曲了），而是对方法的奉若神明和对其他一切的拒斥，即拒斥一切没有被分析地吸收的东西。音乐不应该把它的方法（主体理性的一部分）等同于客观的主题材料。然而，当审美主体越来越不能面对那些跟它既疏远又和谐的东西时，这样去做的压力确实增强了——魔法的套路取代了妨碍自身的综合作品。忠诚于勋伯格，是对所有十二音技术的乐派的告诫。这些乐派既缺乏实验又过于谨慎，它们不再冒险，从而为一种次级的顺从效劳。手段成了目的。勋伯格本人从他和音乐语言的传统的联系中获益匪浅，通过十二音的手法，他可以把高度复杂而又需要这种支持的音乐给组织起来。而在步他后尘的作曲家那里，方法逐渐丧失了它的功能，仅仅被滥用为调性的替代品。它仅仅是把非常简单的音乐现象黏结起来，这样的绞尽脑汁几乎毫无价值。对于事态的这种反转，勋伯格并非完全没有责任。有时他写十二音的吉格舞曲和回旋曲，在这些形式中，十二音技术流于表面化，和那些以调性音乐为前提的音乐类型格格不入。一开始，他明显暴露了过于连贯的音乐的不连贯性：它太依赖这种借用。直至多年以后，他才设法纠正了这一点。

今天，十二音技术的潜能依旧开放。事实上，它允许一种完全自由而又完全严格的方法的综合。既然主题作品完全统治着素材，那么作曲本身能够成为真正的无主旋律的"散文"，并且不屈从于进程中的偶然性。但是，方法的物化在勋伯格宣布十二音序列（只不过是对素材的预处理）具有创建大形式的能力的时候就臭名昭著了。调性一度能够通过调节的比例来获得的东西并不能被这样一种技术重复——该技术的意义恰恰在于它不向外面显露。当十二音的行列和关系像调性关系那样明显地出现在大形式中的时候，形式就机械地发出了咔嗒咔嗒的声音。十二音的行列并不描绘一个让作品展开的音乐空间和预先决定直觉的音乐空间。相反，它们是让完整的总体结构能够包含最色彩斑驳的关系的最小单位。如果它们是外显的，总体就沦为了构成它的原子。因此，不言而喻的是，勋伯格的变奏想象把行列隐藏在真实的音乐进程的背后。然而，这一隐藏，它们就不能达到他预期的结构效果了。隐性的组织结构和外显的音乐之间的矛盾在更高的阶段上再生产了自身。

勋伯格招来了传统的形式手段，只是为了驱赶它。由于他给十二音技术背上了客体性的负担：成为一种普遍的、概念的秩序，使它不堪重负，他被迫引入一些与素材无关的外来范畴，以便产生那样的秩序。对有组织的音乐范畴的信仰是他从未丧失的。许多十二音的大作品，尤其是在美国写的那些作品，无疑都十分成功。然而，最好的作品既不依靠十二音行列，也不依靠传统的类型。它们的特征在于自由运用真正的作曲技术，比如说，堆积主题的表面，在若干不同的、离散的模型之上像叠罗汉那样堆放主题。结构的逻辑被重新强化了，例如，《小提琴协奏曲》第一乐章的基本主题要比十二音技术引进之前的任何结构都更丰富。勋伯格的作曲能力愈挫愈奋，被这些阻力提高了。然而，对学徒们来说，技术又被认为是"自然的"，像音乐的皇历一样；在这个意义上，它是调性的坏继承人——它本身并不是自然的，而是理性化的产物。勋伯格的追随者们的成功只不过在于展示了他们自身的缺陷，展现了他们的无能对安全的渴望。十二音技术和八度音的关系彻底证明了这一点。技术默认了八度音的身份，否则，最重要的十二音原则之一"每个音符可以和八度音互换"是无法设想的。然而，与此同时，八度音仍然保留着某些"调性"，从而破坏了十二个半音的动态平衡。当八度音被复制时，总是让人联想到三和弦。矛盾在勋伯格的起起伏伏的实践中越发明显。起初，基本上从自由无调性作品中开始，八度音是避免使用的。然后，勋伯格写八度音，可能是要阐明低音部分和主要的主题部分；第一次出现在一部运用了调性的作品中，《拿破仑颂》（这里和《钢琴协奏曲》一样）中不可能听不出某些强制的、不纯粹的特性。在技术的早期，伪自然完全泄露了自己，倾向于伪造的、虚假的和荒谬的东西。有时，音乐是按照套路建构起来的，基本上毫无意义，似乎要拆除一切升华物，退化回到原材料。占星术把星体的运动和人的命运行程联系起来，但两者并不受到这一认识活动的影响，仍旧是偶然的；与此类似，由各个音符决定的十二音序列也包含着生活经验的偶然性的遗迹。似乎是要嘲笑自由和必然的潜在综合，成为绝对的必然性揭穿了自己是偶然的。

大作曲家再次战胜了发明家，勋伯格的晚年一心一意致力于消除十二音技术中的虚伪成分。第一批作品不是严格的十二音，还没有消除这一成分。在作品第 23 号的头四首曲子里，表现主义阶段的爆破力震颤地回荡着。它们几乎没有任何斧凿的部分。比方说，第二首，在勋伯格手上成了谐谑曲的继承人，只不过是完全用作曲构成的、具有最高原初性的"渐弱"；爆发很快消失，留下了夜一般寂静的、令人安慰的尾声。情绪饱满的第四首要比其他任何作品更接近于无主旋律的十二音作曲的概念。作品第 25 号《钢琴组曲》和第 26 号《木管五重奏》是彻底的十二音。它们带来了得到格外强调的限制性要素，一种包豪斯音乐，金属的构成主义：其力量恰恰来源于缺乏最基本的表现。即使在表现性出现的地方，它们也是"完全结构化的"。五重奏恐怕是勋伯格写的作品里最难听的了，唐突地推动着升华物一条道走到黑——它对音色宣战了。反对一切幼稚之物、反对音乐之愚蠢的基本冲动控制了媒介，媒介似乎是精神活动的调味的、纯感性的刺激的这一面。在勋伯格整合音乐手段的所有成就中，最重要的成就之一是他坚决地将音色和装饰分开，将音色提升到它应有的位置，即作曲的一个要素。它变成了阐明音乐之联系的一种手段。音色就这样被纳入作曲进程，于是也被谴责。在《风格和意念》一书中，勋伯格公开拒绝了它。结构越是坦露自身，就越少得到音色的帮助。勋伯格可谓是搬起石头砸自己的脚，足以和晚期的贝多芬相提并论。在晚期贝多芬那里，所有的感性直接性都缩减为纯粹的前景、寓言。很容易设想勋伯格的禁欲主义的晚期形式，否定所有的外表面将延伸到否定一切音乐的维度。成熟的音乐开始怀疑这样的真实声音，类似地，随着"皮下组织"的实现，对音乐的诠释也就日薄西山了。对音乐沉默的、想象的解读使得实际的演奏成为肤浅的东西，就好比书面材料使得口语成为肤浅的东西。这一实践同时也把音乐从今天的每次演奏都要对作曲内容施加的折磨中解救出来。沉默的趋势（韦伯恩的抒情诗里的每一个音符的灵韵皆拜它所赐）和源自勋伯格的趋势有关。然而，其最终结果只能是：艺术的成熟和精神化不仅消除了感性的表象，随之也消灭了艺术本身。在勋伯格的晚期作品里，艺术的精神化断然地走向了艺术的瓦解，从而彻底和反艺术的、野蛮的趋势同流合污了。因此，布雷和各国的更年轻的十二音作曲家们努力实现的"全面抽象"根本不是"年少轻狂"的错，而是勋伯格的某个意图的延续和发展。但他自己从不完全成为他自己的意图的奴隶，也不成为客观趋势的奴隶。够荒唐的是，被迫组织和协调其素材的作曲家随着年老而越来越严格，却在很多方面突破了他发出的逻辑的体系限制。他的作曲从来不假装"作曲和技术手法的根本统一"。此时此地，没有任何音乐的主体-客体能够建构自身：这一经验在他身上并没有白费。一方面，它拯救了他的主体的运动自由；另一方面，它让作曲机器这个妖魔远离了客体的形式。当他在十二音中能够像使用一门熟悉的"语言"那样得心应手时，他重获了自由。《室内乐组曲》（作品第 29 号）无忧无虑、充满欢乐，《管弦乐队变奏曲》（作品第 31 号）近乎说教，莱博维奇从中提炼出了新技术的简明提要。他和文本、和喜剧歌剧《从今天到明天》的锋芒（无论多么绵里藏针）的密切接触，把音乐惯用语的全部灵活性都还给了他。他完全记得那些惯用语，于是他带着对无限生命的谜一般的信仰（而将他对"不应该雕刻偶像"的绝望隐藏在信仰的背后），再次撕掉了一部杰作，再度推迟了结局的作曲。他的力量实际上再次达到了 20 世纪 30 年代初期的高点，这是《金牛犊之舞》1951 年夏天在达姆施塔特的令人难忘的初演带来的。没过几天，勋伯格就去世了。舍尔兴的演唱得到了狂热的欢迎，标志着十二音首次得到了认可——其创造者比其他任何人都蔑视而又需要的认可。表现的强度、音色的安排和结构的力量排除了一切障碍。从片段的文本判断，作为完成了的歌剧，《摩西和亚伦》是失败的，它的未完成则使它跻身于伟大的音乐片段。

　　勋伯格抵抗了音乐领域的所有常规，却接受了社会分工指派给他的角色，局限在音乐领域之内。他做画家和诗人来超越分工的冲动遭到了挫败，分工并不能通过"全面的天才"这一称号来消灭。因此他的位置还是在伟大的作曲家之中，似乎这一概念是永恒的。对巴赫之后的大师们的任何一点点轻微的批判都令他无法容忍。他不仅拒不承认每个人的作品内部的定性差异，也一有机会就否认不同类型的作品之间存在着风格差异，甚至是毫无疑问的差异，比如贝多芬的交响曲和他的室内乐之间的差异。对他来说，"受历史变化影响的大作曲家"这个类别是不存在的，正如他毫不怀疑他自己的作品必将成为经典一样。和他的意愿相反，他的作品中凝结的东西代表了对立于这种幼稚的社会观念的内在音乐。他的晚期风格中对感性表象的不耐烦，跟艺术的阉割是一致的：艺术面对着它的允诺在现实中实现的可能性；然而，它也跟恐怖相一致，也就是说，为了压制上述可能性，粉碎了一切有可能生成形象的准则。他的音乐，处在专业化的盲目性之中，突然看到了审美领域之外闪耀的光。他未玷污的正直曾经在希特勒独裁的前几个月里头获得过这一意识，他毫不畏惧地说生存比艺术更重要。如果说，他的晚期作品幸免于第二次世界大战以来的所有艺术（除了毕加索的艺术是例外）的命运，那么，这是因为艺术的这一相对化——勋伯格的反文化要素升华了自身。也许，只有他的说教特征才充分揭示了这一点。瓦莱里曾经说过，大艺术家的作品有种指法练习的性质，是对从未创作出来的作品的研究，他说这话的时候大概想到的是勋伯格的例子。艺术的乌托邦超越了个别作品。此外，正是这一媒介才产生了音乐家之间的广泛共识：生产和再生产之间的区别无关紧要。音乐家觉得他们是在对音乐劳动，而不是在对作品劳动，即使这些劳动只是通过作品才发展进步的。晚期勋伯格不是在给作品作曲，而是为一种可能的音乐典范作曲。作品越是不坚持它们的表象，音乐本身的概念就变得越透明。它们开始获得了碎片的特性，而勋伯格终其一生都在追随碎片的影子。他最后的作品给人留下了碎片的印象，不仅是因为它们很简短，而且在于它们枯萎的措辞。伟大作品的尊严化为齑粉。清唱剧和圣经歌剧在《华沙幸存者》的短短几分钟的讲述面前黯然失色。在这一作品里，勋伯格扮演了他自己，通过艺术无法企及的经验记忆，悬置了审美领域。恐惧，勋伯格的表现的内核，相当于处在死亡的痛苦中、处在全面统治下的人的恐惧。《期待》的声音、《电影配乐》的震颤、"大祸临头"的震颤，最终遇到了它们一直预言的灾难和恐怖。在受害者的代表身上，个人灵魂的软弱无力和无能似乎表现出强加给人类总体的恐怖。恐怖从未真正在音乐中响起，而通过叙述恐怖，音乐通过否定重新获得了它的救赎力量。《华沙幸存者》结尾的犹太人歌曲是这样一种音乐：音乐成为人类对神话的抗议。

8. 地上的星星：次级迷信研究 ①

导言

对《洛杉矶时报》的星座专栏的内容分析属于这样一类研究，它们设定的目标是研究若干大规模社会现象的性质和动机，这些社会现象均以一种特殊的方式与非理性要素相关——融合了可以叫作伪理性的东西。在遍布世界各地的不同群众运动中，人们似乎在反对他们自己的自我保存和"追求幸福"的合理利益，这些运动已经旷日持久了。然而，说这些大众现象完全是"非理性的"，认为它们同个体自我和集体自我的目标完全脱节，将是一个错误。事实上，大部分运动都是以这些自我目标的夸大和扭曲为基础的，而不是无视这些目标。它们起着作用，尽管自我维持的身体政治的合理性已经变成了恶性的，因而威胁着要毁灭有机体。然而，恶意只有在验尸之后才能得到证实。明显合乎理性的考虑却经常导致最致命的事件，最近的例子是希特勒的精明的、一时大获全胜的国家扩张政策，按照其自身的逻辑，最终不可避免地导致了他的灭亡和世界的灾难。其实，即使全国一致肯定"现实政治"的谋利者的角色，这种合理性也只是部分的、可疑的。一旦自我利益的计算走向极端，对各要素的总体的观点，尤其是对这一政策作用于总体的效应的观点，就很奇怪地被剥夺了。过于精明地专注于自我利益，导致对自我利益的狭隘眼界之外的东西视而不见，

---

① 本文是阿多尔诺 1952—1953 年在美国的研究。收录于《阿多尔诺全集》德文版第 9 卷（下册），苏尔坎普出版社，1975 年版，第 9-120 页。

这一能力的缺失最终不利于自身。非理性并不一定是在理性的范围之外运作的力量：它可能是理性的自我保存过程"恣意妄为"的结果。

现代群众运动中的这种理性力量和非理性力量的相互作用模式，正是我们的研究要说明的。这里的危险根本不像布里克纳的《德国不可救药吗？》①之类理论所说的那样是一种特殊的德国病，是特定民族的集体妄想症，而是根源于更为普遍的社会和文化状况。精神病学和精神分析取向的社会学在这方面能够做出的最重要的贡献之一就是揭示某些既不能理解为理智，也不能理解为错乱的机制。其研究指出了某些主观倾向的特定基础，尽管这些倾向并不能完全用心理学来解释。在心理学的"易感受性"假设看来，可以认为它们并不仅仅表现在政治领域（至少，从表面上看，政治领域是现实主义的；在其他社会领域中同样可以研究它们，甚至更好），哪怕在颇为其非理性感到自豪的时髦中也几乎不会缺乏现实的因素。这种方法将有可能更少地受到理性化的妨碍，而在政治领域，很难认为理性化不重要。首先，有可能在小试管的规模上分析这些运动的内在结构，而那时它们还没有显得那么针锋相对和有威胁，所以就给客观、冷静的研究留下了时间。因此，事后诸葛亮式的理论也是要防止的危险之一。

本着这一精神，我们选取了占星术来研究，并不是因为我们高估了它，把它当作一种真正的社会现象，哪怕它的确很坏、很糟糕。与此相应，我们的研究的特殊性质不是对神秘现象的直接的精神分析，亦即弗洛伊德的著名文章《神秘》②所创立的方法。该方法带来了无数的科学探索，现在的集大成著作是德弗罗博士的《精神分析和神秘》③。我们并不想把神秘体验或个人的迷信确定为无意识的表达。其实，这样的神秘在体制内仅仅起着边缘的作用，比如系统化的占星术。其范围太小了，就像看到或听到鬼魂或者会心灵感应的通灵者的范围一样小。类似于社会学对初级群体

① R. M. 布里克纳，《德国不可救药了吗？》，纽约，1943 年。
② 《弗洛伊德文集》，琼·里维耶译，伦敦 1949 年版，第 4 卷，第 368-407 页。
③ 德弗罗编，《精神分析和神秘》，纽约：国际大学出版社，1953 年版，重印本，伦敦：苏维尼尔出版社，1974 年。

和次级群体^① 的划分，我们可以把我们感兴趣的领域叫作"次级迷信"之一。我们的意思是说，个人自身的神秘体验是初级的，无论其心理学意义和根源或其效度如何，都很少（如果有的话）进入我们所研究的社会现象中。这里，神秘显得非常制度化、对象化，在很大程度上是社会化的。正如在次级群体中，人们不再"共同生活"，互相并不直接认识，而是通过中介的、对象化的社会过程（例如商品交换）发生关系，所以我们这里研究的这类人对刺激的反应似乎"异于"他们做决定时作为基础的那些经验。由于职业星相师的面对面建议太花钱了，他们大多是通过杂志和报纸的中介来参与的，并常常把这些信息当作可靠的建议来源，而不去假装他们的信仰有什么人际交往的基础。我们关注的这类人把占星术视为天经地义的事，就像精神病学、交响音乐会或政党那般理所当然。他们之所以接受它，只是因为它存在，而没有更多的反思，只要他们自己的心理学需求和供应大致相符。他们对证明体系的合理性毫无兴趣。就本书研究的报纸专栏而言，占星术体系的机理从不泄露，给读者的只是占星术推导出来的所谓结论，读者并不参与这个推论的过程。

远离经验的这一异化，封缄了整个商业化的神秘领域的这种抽象，可以同不信任和怀疑的底层相融合——那是对虚假的怀疑，它与现代的甚嚣尘上的非理性有着深刻的联系。这当然有其历史原因。现代的神秘活动，包括占星术在内，多多少少都是旧的、过时的迷信的改头换面。特定的社会状况和心理状况使得对它们的感受性苏醒了，然而，复苏了的信条和当今普遍的启蒙状态是不一致的。这些现象缺乏根本的"严肃性"，反而使得它们的社会意义一点儿也不缺乏严肃性——于是，"严肃性"的缺失就和次级神秘主义本身的出现一样，成为我们时代的意义。

也许有人会反对说，组织化的算命自古以来就具有"次级迷信"的特征。由于分工，它和初级经验已经分离了几千年了，结果只有祭司可以进

---

① 查尔斯·库利，《社会组织》，纽约，1909 年版，第 3 章。另参见罗伯特·帕克、欧内斯特·伯吉斯，《社会学科学导论》，芝加哥大学出版社，1921 年版，第 50 页，56-57 页，282-287 页。

人玄奥的神秘，因而它总是带着虚假的成分。如古老的拉丁格言所说，占卜师看到另一位占卜师就会笑。一如往常，为了贬低对现象的现代性特质的兴趣，就会强调太阳底下并无新事。这种反对意见既正确又错误。它是对的，因为迷信的制度化根本不是什么新事物；说它错，是因为通过大批量生产，这种制度化已经从量变达到了质变，导致了全新的态度和行为，在其中，迷信系统和一般的心智之间的鸿沟已经拓得极宽了。我们在这里指的仅仅是前面提到的大多数信仰群体和迷信的"工作"之间的疏离，以及他们只对结果本身感兴趣，而对所谓的超自然力量不感兴趣。他们并不亲眼看到巫师的工作，也无法听到巫师的掐诀念咒。他们只是"拿到药"。此外要强调的是，从前的迷信总是试图解决那些（至少对群众来说）找不到更好的、更合理的办法的问题，无论它们看起来多么愚蠢。炼金术和化学、占星术和天文学之间的尖锐对立是后来的事。然而，时至今日，自然科学的进步（如天体物理学）和占星术信仰之间的水火不容是明摆着的。将两者结合起来的那些人被迫走向了精神退化，从前却根本不需要这样。通过科普读物和科幻小说，小学生都知道存在着数以亿计的星系，地球在宇宙中极为渺小，知道星系运动的机械定律，在这种情况下，伴随着占星术的地心说和人类中心论是完全的时代错乱。可以断定，让人们继续（毋宁说，重新）接受占星术的只可能是非常强烈的本能需求。在目前的情形下，占星术体系只能够作为"次级迷信"来运作，基本上脱离了个人的批判审查，并由权威发布。

有必要强调这一"次级迷信"的特征，因为它是理解我们所研究的材料中的一个奇特因素的关键。这个因素是伪理性，它在极权主义的社会运动中同样扮演着引人注目的角色，也就是精于计算的适应现实的需要（然而是虚假的适应）。这一特质自古以来就属于算命术。人们总是想从神秘的征兆中知道将发生什么，该做什么；其实，迷信基本上是万物有灵论的巫术实践的残余，古代的人类用这种巫术去影响和控制事件的进程。然而，我们的研究材料的清醒（哦，不，高度现实主义，亦即没有丝毫超自然的痕迹）似乎是它最矛盾、难解的特征。高度现实主义本身在很多方面是非理性的，也就是说，如前所述，是过于精明的、聪明反被聪明误的自我利益。此外，我们的研究还将证明占星术的非理性基本上可以还原为一种纯形式的特征：抽象的权威。

我们对次级迷信的兴趣当然要求我们关注的焦点不是对个人的神秘倾向的心理学解释，而是易于接受这些几乎无所不在的刺激物的这类人的总体的个性构成。为了进入问题，精神病学和社会心理学的方法将得到运用。考虑到理性要素和非理性要素的交织，我们的主要兴趣点是材料传达给它的消费者的或直接或间接的"讯息"：这些讯息是非理性和理性的结合，非理性在于它们以盲目的接受为目标，并假定了消费者的无意识的焦虑，理性则在于它们处理的多多少少是日常生活的问题，它们假装提供了最有帮助的解答。占星术看似仅仅披着权威主义的外衣，然而事物本身让人强烈地联想起一种心理健康专栏，是为贩卖有限的自我意识和父亲的支持而写的。专栏试图满足那种人的渴望：他们完全相信别人（或某些未知的机构）比他们更了解他们自己，更知道他们应当做什么，而不相信他们应当自己为自己做决定。占星术的这一"世俗"方面尤其需要社会的和心理学的解释。事实上，许多讯息都直接是社会性的或心理性的。然而，它们并没有充分地（如果有的话）表现社会现实或心理现实，而是操纵读者对这些事情的观念转向特定的方向。因此，不要只看它们的面值，而是要做更深层的探索。

本研究的性质是内容分析。阐释的是卡罗尔·赖特在《洛杉矶时报》上的每日专栏"星座预报"，为期约 3 个月，从 1952 年 11 月到 1953 年 1 月。作为其推论，也对若干占星杂志进行了评论。我们想要描绘的是作用于占星术爱好者的具体刺激物的图景，而我们假设这些爱好者能够代表追求"次级神秘主义"的整个群体，并且代表了这些刺激物的假定效果。我们认为这些出版物塑造了其读者的某些思维方式，然而它们假装自己为了"卖"而适应了读者的需要、需求、要求和愿望。我们认为这一内容分析有助于对更大的、有着相似精神结构的群体的心理研究。

选择这一材料的理由有好几条。研究条件的限制使得实地调查是不可能的，于是我们不得不专注于印刷材料，而不是一手的反应。这样的材料似乎在占星术中俯拾皆是，因而唾手可得。众多流行的神秘主义派别中，占星术的拥趸或许是最多的。它肯定不是最极端的神秘主义行当，然而戴着伪理性的面具，使得它要比唯灵论之流更容易信奉。没有幽灵显现，预报似乎来自天文学的事实。于是占星术不会清晰地呈现出精神病的机理，不会像沉迷于迷信的疯狂边缘的那些人。这就阻碍了我们的研究对新神秘主义的深层无意识的理解。不过，这一潜在的不利因素在一定程度上得到了弥补，由于占星术被大部分人接受，因此局限于自我层面和社会决定因素的研究结果是具有较大的普遍意义的。此外，它只是"伪理性"，是理性和无意识冲动之间的拂晓地带，而我们尤其感兴趣的是社会心理学方面。

目前，我们的研究仅仅是定性研究。它试图从读者反应的角度去理解占星读物的意义，包括显性的意义和深层的含义。尽管这一分析是以精神分析的概念为指导的，然而从一开始就应当指出：我们的研究广泛涉及的社会态度和行为，基本上只考察其意识或半意识方面。当刺激物本身是有意识计算的和制度化的，以至于它们直接作用于无意识的力量并非绝对的，当自我利益的公开谈论不断进入我们的视野，这时再仅仅用无意识来思考问题就很不合适了。通常，表面上的目标是和无意识的替代满足融合在一起的。

事实上，对心理学决定因素与社会态度的接壤地带的任何研究，都不能教条般地假设无意识的概念。在整个大众传播领域，"隐藏的意义"并不真的是无意识的，而是代表了一个层级，它既不是被认可的，也不是被压抑的，而是影射的部分，是眨眨眼和"你懂的"。人们往往在某些禁忌的维持中遇到一种无意识的"模仿"，而这些禁忌并不是完全有效的。这一有些晦暗的心理学地带还没有得到说明，我们的研究就是理解它的一种努力。毋庸置疑，这一地带的最终基础要到真正的无意识中去探求，然而，以为无数大众的反应（晦暗的黎明）就是本能的直接显现，那就大错特错了。

就作用于实际的读者心理的效果而言，我们的研究结果还只能是尝试性的。它们提供了若干表述，其效度可以，也只能通过读者研究来核实。我们希望我们所研究的材料的作者们知道他们在干什么，知道他们在和谁谈话，尽管他们是从对他们的读者的直觉或（无法用事实来证明的）刻板印象开始的。此外，毋庸置疑的是，任何现代大众传播都人为地养成了"必须迎合特定群体的品位"的观念，使得传播内容的塑造切合了对生产或产品设计负责的那些人的心理。把责任从操纵者甩给被操纵者，是一种普遍的意识形态伎俩。因此我们要警惕，不要武断地把我们的材料当成读者心理的镜像。

反过来，我们的推论也不是来自对那些为考察材料负责的人（尤其是作者）的心理分析。我们并不认为那样的研究大有裨益。即使是在艺术领域，投射概念也被高估了。作者的动机当然进入了作品，但它们并不像通常认为的那样决定一切。一旦艺术家把他自己设定为他的问题，就对其本身造成了某些影响，大多数情况下，当他把他的初级感知转译为艺术现实的时候，他要满足的是他的作品的客观要求，而不是他自己的表现冲动。可以肯定，这些客观的要求在大众传媒中并不起决定作用，大众传媒更强调对消费者的效果，而不是什么艺术或思想的问题。然而，这里的总体结构倾向于完全限制投射的机会。生产材料的人遵守着无数的要求、规矩、常规套路和控制机制，必然使得任何类型的自我表现都降低到最小限度。

作者的动机不过是来源之一，他们不得不遵守的规矩和套路才是更重要的东西。像《洛杉矶时报》专栏这样的产品很难追溯到单一的来源，它是整合好的，看起来讲着一种它自己的语言，哪怕我们不知道造成这种语言表述、给它灌输意义的过程，也能阅读和理解这种语言。应该强调的是，理解这样一种语言并不是仅仅理解其词素，而是要始终意识到总的结构，在其中，各个词素多多少少是被机械地编织起来的。我们的材料里出现了某些特殊的手法，例如经常提到出生在某个日子的人的家庭背景，如果孤立地看，这些手法似乎是无关紧要和无害的。然而，在总体的功能统一性中，它们获得了一种并非像第一眼看起来那么无害的、令人舒服的意义。

专栏的基本情况

卡罗尔·赖特的专栏"星座预报"刊登在《洛杉矶时报》上，这是一家保守派报纸，倾向共和党右翼。赖特先生在电影圈里很有名，被认为是某个著名的电影"明星"的私人占星顾问。当他干这一行当时，也在电视上做了大量的宣传。然而，他的专栏一点儿也没有好莱坞式的煽情主义或者南加州的赶时髦。专栏给人的印象是"温和的"。明显的迷信或公开的非理性特征只有极个别的例子。毋宁说，非理性只留在背景中，定义着整个方法的基础：不同的预测和相应的建议都来自星辰，这一点被视为理所当然。占星术的细节和占星术的隐语都消失不见了，只剩下众所周知的黄道十二宫的名称。占星术中的不吉利的一面，诸如灾难和厄运，几乎都感觉不到了。一切听起来都很端庄、宁静、通情达理。这样的占星术被认为是卓有成效的，得到了社会的承认，是我们的文化的一个无可争议的成员，尽管它由于自身的阴云而有点害羞。实用的忠告并不建议读者逾越任何讨论人际关系和大众心理学的专栏所设定的界限。唯一的区别在于作者依靠的是他那神奇的、非理性的权威，这跟他提供的常识性的内容显得格格不入。这一区别不是偶然的。常识性的建议本身包含着许多虚假的"伪理性"的成分，呼唤着某些对极权主义的支持。下文将会揭示这一点。与此同时，读者并不愿意像专栏倡导的那样"理智"，由此导致的反应就只有通过召唤某些绝对权力的形象才能克服。这一极权主义的因素也体现在与该专栏有很多相似之处的大众心理学专栏中：它们的权威是由专家行使的，而不是"星相师"，尽管星相师也被迫用专家的口气说话。

不过，专栏隐含的非理性（它声称其灵感来自星辰）并不能够轻易打发掉。这一非理性为专栏的效果奠定了基础，并且在处理专栏的诉求对象的焦虑和困难时起着举足轻重的作用。尽管占星术有时候会对神学假装友好，但是它基本上不同于宗教。来源的非理性不仅被敬而远之，也被认为是非人格的、物体状的：其哲学基础可以叫作自然主义的超自然主义。对超验来源的这一无情的"去人格化"，和占星术的潜在威胁息息相关。来源依旧是完全抽象的、匿名的，不得其门而入。这也反映了我们的生活的总体秩序对大多数个人表现出来的那种非理性：晦暗不明、晦涩难解。幼稚的人看不穿一个高度组织化、制度化的社会的复杂性，就连聪明人也不能用逻辑连贯性和理性来理解它，而是面对着矛盾和荒谬，最露骨的例子就是技术：人类为了改善生活而促进了技术的发展，但就是这个技术带来了对人类的威胁。想要在当前条件下生存的人宁可"接受"这种荒谬，比如星辰的预言，也不愿意用思想看透它们，因为那将给他们带来诸多不安。在这方面，占星术确实和普遍存在的趋势是一致的。对大多数人来说，社会制度是不以他们的意志和利益为转移的"命运"，这一命运投射到星辰上，从而获得了更高程度的尊严和合法性，个人则希望能够分享这种尊严和合法性。与此同时，"只要读解正确，星辰就给出了建议"，这一观念所缓解的恐惧正是观星者亲自建立的社会过程的不可避免性造成的恐惧。占星术自身的二重性特征被专栏的"理性"方面利用了。无情的星辰给出的帮助和慰藉仅仅意味着，只有理性行事的人，亦即完全控制着内在生命和外在生活的人，才有机会正确应对生存提出的不合理的、矛盾的要求——也就是说，适者生存。因此，专栏的理性方面和非理性方面的差异是社会现实本身固有的张力的表现。"理性一点"意味着不要质疑不合理的状况，而是要从个人利益出发，充分利用它们。

值得一提的是，真正的无意识方面，原始的方面，可能是决定性的方面，在专栏中却从不显眼。沉迷于占星术，为那些爱好者提供了性快感的消极替代品。它首先意味着屈从于绝对权力的不羁力量。然而，这一最终来源于父亲形象的力量和权力在占星术中被彻底去人格化了。和星辰的交往取代了和无所不能的父亲形象的禁忌关系，它变得几乎不可察觉，从而得到容忍。人们获准享受与绝对力量的交往，因为那一力量被认为不再是人。很有可能，出现在极端占星读物上，而不见于《洛杉矶时报》的那些对世界毁灭和最终宿命的幻想是跟上述的性内容有关的，因为它们是个人的负罪感的表现的最后遗迹，负罪感与其力比多来源都变得不可辨认了。除此之外，星辰都意味着没有威胁的性。它们被描绘为无所不能的，但它们太遥远了，甚至比弗洛伊德的《群体心理学和自我分析》中描述的自恋的领袖形象更为遥远。①

专栏和占星杂志

在这里，有必要谈谈专栏和占星杂志之间的差别。占星杂志包括《预报》《占星指南》《美国占星》《世界占星》《真占星》《每日占星》以及其他一些"低俗"类的出版物。既然目前还不能对这一材料做系统的研究，那么将它和《洛杉矶时报》专栏进行比较，就足以帮助我们理解后者的背景了。杂志材料呈现出梯度的变化，从无害的，尽管非常原始的读物（如《世界占星》）到较疯狂的读物（如《真占星》或《每日占星》）再到妄想狂的读物（如《美国占星》）。次级神秘主义一点儿也没有被忘掉。仅仅大略浏览一番，就会看到我们的论点对所有这些杂志都适用。

不用说，这些杂志针对的是占星迷的核心群体，而不是大众，所以包含着更多"技术性的"占星术材料，并试图让读者既接受"玄奥的"知识又获得"科学的"精密。"宫""刑""冲"等术语一直反复出现。占星术没有被视为理所当然的东西，而是在刺刀见红地捍卫其"地位"。因此，在我们选择的这一期刊物上，出现了和某些科学博士的论战，那些博士批判占星术是迷信，将它比作用动物内脏和鸟的飞行来占卜②。杂志似乎对这

---

① 《弗洛伊德全集》英文标准版，詹姆斯·斯特雷奇主编，伦敦：霍加特出版社，1953—1974年，第18卷。

② 应当指出，杂志对它认为的过时迷信的低级残余采取了粗暴的反对态度，然而这并不妨碍它和我们时代的伪科学沆瀣一气。它提倡所有专注于玄秘知识的同道团结友爱。比方说，严肃地提到了"我们的命理学的朋友们"。

样的类比格外敏感。博士的指控被否认了，但只是不断同语反复，说占星术从来不用内脏和鸟。它假装自己要比秘传智慧的所谓更原始的形式更高级一些，却没有进入论据本身：天文学观察和有关个人（或国家）命运的推论之间的联系依然晦暗不明。

更聪明的星相师所能指出的他们和看水晶球的部落之间的唯一区别，是他们厌恶草率的预言——这种态度源于小心谨慎。他们不断重申，他们不是决定论者。在这里，他们和现代的大众文化是一致的，大众文化越是狂热地反对个人主义和意志自由的原则，实际的行动自由就越消失。占星术企图消除粗糙、不受欢迎的宿命论，它的做法是建立一些影响个人做决定的外部力量（包括影响个人的性格），然后把最终选择权留给了个人。这具有深刻的社会心理学含义。占星术不断鼓励人们做决定，无论这些决定多么无足轻重。它实际上针对的是行动，尽管有那么多关于宇宙奥秘的高谈阔论和深奥思考。因此，占星术的姿态，它的基本假设，是每个人时时刻刻都要下决心，这跟下面的占星建议的具体内容是一致的：它倾向于外向性。此外，个人的自由不过是尽力去做特定的星相允许做的事，这一观念也和前面指出的占星术特征之一的"适应"概念相吻合。按照这一观念，自由就是个人自愿承担不可避免的事情。自由的空壳被体贴地原封未动。如果个人按照给定的星相来做事，一切都会顺利，否则一切都会不顺。有时也把话说得很直截了当，认为个人应该去适应某些星相。可以说，在占星术中有一套隐性的适应形而上学，隐藏在适应日常生活的谆谆教诲的背后。因此，杂志的玄学所表达的哲学实际上为我们提供了理解《洛杉矶时报》专栏的世俗话语的某些背景。

再说一次，半瓶子醋的博学氛围是占星术的温床，因为在这里，原初的幼稚，亦即对现存的无反思的接受，已经荡然无存，然而与此同时，无论是思维的能力还是实证的知识都没有充分发展起来。半瓶子醋似乎想要理解，却是由自恋的愿望驱动的，也就是说，想证明自己比常人高出一筹，但是他并不处在一个能够进行复杂的、冷静客观的思维操作的位置。对他来说，占星术就像其他的非理性信条（如种族主义）一样，提供了化繁为简的套路和捷径，同时让他获得愉快的满足：尽管他觉得自己被排除在教育特权之外，却仍然属于少数"知道内情的人"。与这种满足相一致的是，整个氛围要比《洛杉矶时报》专栏更为大言不惭地自吹自擂，夸夸其谈的预言也更为极端。可以预料的是，经常出现对灾难的暗示，比如新时代的开端总是以大的世界灾难为先声的，从而预示着美国和苏联在1953年要开战，然而它并不保证这一点。

不过，遍布于《洛杉矶时报》专栏中的小心谨慎，也在一定程度上表现在这样粗俗的出版物上。在一篇文章中，以令人惊讶的坦率说，星相师们对天上的符号的基本解释并没有统一性，这也许是避免别人抨击不同占星预报的不一致。事实上，同一期杂志的不同文章之间存在着明显的矛盾。出版商和编辑写了一篇主打文章，调子是大难临头，并预言了可怕的战争，获胜的将是美国的"多数派"——这个概念听起来是民主主义的，其实有种族主义味道。然而，接下来的另一篇文章宣告新的一年大吉大利，会消除无数人的烦恼和忧愁。显然，这是为了迎合读者的不同层次的需求，有深度的人盼望着诸神黄昏的景象，另一层次的人只盼着加工资。

在杂志的政治鼓噪中可以发现一条位于现实主义和偏执妄想之间的中间道路。有几个地方，尽管是含糊其词的，杂志控诉了造成破坏和混乱的少数族裔，难免让人对号入座。有些意象让人联想起法西斯主义的反犹宣传用过的那些伪宗教意象。洛杉矶的一位"广播神父"在20世纪30年代掀起了很大的骚乱，而在他的讲话中，启示录的末日大战扮演着重要的角色。然而，这些意象有可能和政治煽动者的黑话无关，其力量源自宗教复兴运动的传统。不过，渲染"大难临头"的重头戏绝不是偶然的。它怂恿着听众的破坏冲动，滋养了他们对文明的不满，与此同时也掀起了一种好战的情绪。

话说回来，总的说来，美国的文化氛围的起码要求是一种常识和现实主义的外饰。这就导致了杂志的真正出人意料的特征，它恰好是刚刚提到的那些离奇古怪的对立面。除了美国的常识和现实主义，那里还有其他的弦外之音。在杂志上，可以找到完全不同的区域，井水不犯河水。一方面是关于相合、相冲、宫位等等的一般占星推论。它们运用于全人类，至少运用于全体美国人。另一方面，对每个星座的人每天会发生什么事情，有着详细的预测。《洛杉矶时报》专栏和占星杂志的主要差别在于，专栏只有后一方面的内容，亦即出生在某些日子的孩子们的星相预报，而略去了杂志上有的"玄学"内容和世界历史的材料。不过，如果比较一下专栏和杂志所做的预报，就会发现，除了作者的个人风格和偏好以外，几乎完全相似。①

《预报》杂志1953年冬季号，给处女座的日常建议，第59页

星期一（2月16日）：不要试图把你对别人的看法告诉他们，也别批评他们。放聪明一点，要知道，在今天，沉默是最大的勇气。把精力放在必须做的工作上。

星期二（2月17日）：你周围的气氛有些紧张；你要注意，别火上浇油；放轻松；读本好书，或者做一些要动手动脑的事。早点儿退休。

星期三（2月18日）：所有建设性的努力，无论是私事还是公事，都会带来好的结果，对你有益。宜约会、面谈或面试。

星期四（2月19日）：早点儿开始你的个人计划；旅行，写作，寻求帮助或建议，见律师、顾问或咨询师、医生、护士、代理商或修理工、朋友或老师。

星期五（2月20日）：不要去做不可能的事；完成常规的工作，等待更好的时机开始新的或重要的计划。晚上和朋友们在一起开心，或观看表演。

星期六（2月21日）：今天有点困难，除非你愿意合作，适应现状。不要太挑剔；表现出幽默感。

星期天（2月22日）：无论你今天想做什么，只要能帮助别人，

---

① 尽管材料之间的一致性肯定有其心理学维度或者说是心理学计算的方面，却可以用如下事实来解释：杂志是由很多集权的机构出版的。

就去做吧。分享工作或快乐将是令人愉悦的，也是大有裨益的。

星期一（2月23日）：你要小心所有的同事，避免争论或争吵，那会破坏你在某些大人物心中的印象。

星期二（2月24日）：是时候估量你的财产，看看能做什么理财或投资了。宜见官员，订合同或约会，打电话，拜访或写信。

星期三（2月25日）：如果今天你期望某些进展，就必须格外努力工作。注意所有工作、家庭事务和相关信件要今日事，今日毕。

星期四（2月26日）：早上是参加重要活动或者一个新开始的良机。然后要小心处理法律事务、国外信件和财务。

星期五（2月27日）：不要为新闻或周遭的混乱所扰。把注意力集中在值得做的活动上，和你的家庭、工作场所有关的活动上。保持镇静，放轻松，准备好和所有人合作。

星期六（2月28日）：悠着点，别让脾气或冲动主宰了你的良好判断。忽略你不喜欢的事情和陈述，用建设性的观点看待事物。

卡罗尔·赖特的"星座预报"专栏，1953年1月31日（星期六）

白羊座：首先让你的外表更有魅力。然后，和同事们联系，制订更有效的计划，安排好未来的日常杂活。

金牛座：先注意基本的家庭责任。然后勇敢地出发，美容、理发、节食会让你更有魅力。下午找点乐子，开心点。

双子座：先联系大家，完成工作和通信。然后加紧工作，齐心协力，让家庭和财产状况更令人满意。

巨蟹座：先检查你的财务状况，然后出去参加必要的公务活动。和理解你的愿望的同事商议；寻求他们的帮助。

狮子座：先决定你想要什么，然后研究你的收入和支出；然后看看有什么增收节支的新方法；争取盈余。

处女座：先和密友商议，并计划满足双方的愿望。确保你明了你在计划中的角色。留意一切能够帮助你进步的人。

天秤座：好朋友指出了你的心想事成之路，心怀感激，听从建议；悄悄努力，不要喧哗，因为这一次，保密是最好的。

天蝎座：先确定大人物对你的期望是什么；然后联系一位好朋友，他能帮助你；保持合作，成功将至。

射手座：上午有一种预感，你会遇见一位贵人，他能给你成功的灵感。整天都要细心一些。

摩羯座：先做一个增加年收入的工作计划。然后去结交一些新朋友，你能够利用他们的专家知识来确保计划成功。

水瓶座：上午先和你的对头和解，并和伙伴们聚会。然后列出有效的工作安排的具体提纲，一切都会顺利的。

双鱼座：早餐时做完你的事，然后用一天的闲暇和伙伴们一起享受。不要冒险；讨论所有攸关的问题。

两类出版物的私人预言之间有着惊人的相似，它们都"切实可行"，并且几乎完全没有提及事关全人类命运的严肃思考。仿佛私人领域和"世界"或者宇宙完全分开了。"例行公事"这句话成了一种形而上学的格言。

明显的矛盾是，给人提出了小建议，那些人同时被塞满了无所不在的冲突的白热化景象。这一分歧有待于解释。应当提一下恩斯特·齐美尔的理论，像极权主义的反犹主义谎言总是既在个体的"孤立"中，同时又是集体化的，从而阻止了个人真的成了精神病人。[①] 这种二元对立就反映在这里讨论的分歧中。占星术在想象的层面上满足了侵略性的冲动，然而并不允许和现实的个人的"正常"操作发生明显的冲突。它不是去削弱现实对个人的考验，反倒装模作样地去增强个人的能力。

在这方面，出现了某些和梦的功能相似的东西。自从弗洛伊德以来，众所周知的是，梦是睡眠的保护者，它用幻觉实现了清醒的生活里无法满足的那些有意识的和无意识的愿望。就其功能而言，梦的内容经常被比作

---

① 恩斯特·齐美尔，《反犹主义和群众的精神病理学》，收录于齐美尔编《反犹主义：社会病》，纽约：国际大学出版社，1946 年版。

精神病的妄想。自我似乎要防止自己受到本能材料的攻击，便将它转译为梦。这就相对无害了，因为它通常仅限于观念的领域。只有在个别的情形中，比如在梦游中，梦才控制了运动器官。因此可以说，梦不仅保护了睡眠，差不多像"正常人的夜间精神病"的清醒状态也防止了个人在现实中的精神病行为。占星术带来的分裂与此相似，一边是梦的非理性，另一边是清醒状态的合理性。相似之处不是幻觉，而是让个人保持"正常"（无论它是什么）的功能，也就是把个人的某些更有危险性的本我冲动疏导开去，并在一定程度上消解了它们。当然，类比总是蹩脚的。对个人来说，占星术的信仰并不是他的精神生活的自发表达，不像梦的内容那样是"他自己的"，而是别人嚼过的馍，是现成的、精心制作的、简化的非理性。因此，适用于电影的"梦工厂"一词也适用于占星术。占星术的这种简化特征造成了"它是正常的、是得到社会认可的"这一表象，并倾向于抹掉理性与非理性之间的界线——而在梦和醒那里，这一界线是清晰的。像文化工业一样，占星术也倾向于消除事实和虚构之间的区别：其内容往往是高度现实主义的，但其暗示的态度却完全建立在非理性来源的基础之上，比如某些日子要忍住不做商业投资。尽管占星术看上去并不像梦或者妄想那么疯狂，但它这种虚构的理智使得虚幻的冲动侵入了现实生活，却并不和自我的控制产生公开的冲突。非理性被小心翼翼地遮盖起来。大多数要处理的原材料和占星术给出的建议都是极为世俗的。然而两者的结合，亦即适用于"现实主义的情境"的理性态度所依据的相关法则，则是任意武断的，是完全不透明的。这就确切地描述了理性和非理性在占星术中的构成，这实际上是本研究的对象。很有可能的是，这些要素的混淆正好定义了占星术这一大众现象所表征的潜在危险。

至于信星座的人是否像齐美尔认定的那样具有精神病的倾向，"精神病的性格"是否特别容易沉迷于占星术，是没有意义的问题。它适用于正常人的精神病成分，而不需要特殊的心理感受性，比如所谓的自我弱点。事实上，好多星座迷似乎享受着相当强大的自我，在现实中如鱼得水。占星术并没有明显虚假错乱的内容，也获得了集体的支持，这就使得"正常人"较为容易地信奉伪经。值得注意的是，很多占星术的信徒在接受它的时候内心有某些保留，有一种不当真的戏谑，大度地承认其非理性和他们自己的误入歧途。然而，人们"选择"了占星术（这对他们来说并不自然，并不像宗教对传统中长大的人来说那般自然，而是需要专家方面采取主动）就说明了缺乏精神的融合。其部分原因在于，今天的社会世界的不透明性呼唤着思想的捷径，另一部分原因在于，半瓶子醋的博学日益蔓延。

然而，我们不要因为占星术现成的"异化"特征就过分简化它，视之为完全和自我相异化的东西。作为个人采用的一种心理学手段，占星术在某些方面让人想起某些恐惧症的症候，也就是把他的自由漂浮的焦虑导向和集中在现实的对象上。然而，在恐惧症中，无论其结构多么僵化，这种导向都必然是暂时的、波动的。恐惧症患者用现存的对象来满足个人自身的心理需求。商业占星术的现实主义对象是专门构想出来的，以满足读者的心理需求（星相师认为存在于他们的读者身上的那些需求）。这两种情形中，心理的收获都是极为可疑的，因为它似乎掩盖了实际情况，妨碍了真正的认知和矫正。对占星术的兴趣像恐惧症的症候一样，会吸收其他的焦虑对象，最终会成为对受困扰的个人或群体的迷恋。

心理学基础

和杂志相比，卡罗尔·赖特之类的星座专栏作家面临的受众群体更为模糊，被专栏吸引并寻求建议的人更多，并有着不尽相同的利益和焦虑。专栏不得不具有这样一种性质，它对读者给出了一些应人之邀的援助，却不能指望读者真的得到了专栏作家的帮助。他既不知道他的言说对象是谁，也不知道他们中的任何一个人的愿望和抱怨的特殊性。[1] 然而，他的

---

[1] 在很多方面，他的地位类似于政治鼓动家，不得不对所有人做出承诺，不得不计算出他的绝大部分受众最有可能担忧的事情。

权威地位迫使他假装知道，假装天上的星相给了他令人满意的、完善的、无可争辩的答案。他既不能说他无法保证正确，从而让他的读者失望，他也不能提供明显错误的答案，那样就会损害他的商业价值所依赖的神奇权威性。他不得不面对化圆为方问题。他说的话必须听起来像是胸有成竹，对他某个星座的每一个潜在拥趸在某个时刻会遇到的问题有着具体的认识。然而，他必须始终不明确表态，这样才不会被轻易拆穿。

他一方面不得不冒险，另一方面也尽可能把危险降到最低。这就解释了风格为什么是僵硬刻板的。例如，他不断重复一些说法，像"听从你那直觉""表现出你那聪明头脑"。"那"字似乎表明，精通占星术的专栏作家完全知道阅读专栏的某个读者在某个时刻是什么样的。然而这种看似是特殊的指称永远是普遍性的，可以适用于任何时刻：任何人都在任何一天里有种预感或念头，或者在事后回忆的时候往自己脸上贴金，认为自己有；每个人，尤其是半瓶子醋，都乐意被人说有个聪明头脑。因此，伪个性化的权宜之计就解决了专栏的内在矛盾。①

但这些小把戏并不足以消除专栏作家的根本难题。他通常不得不仰仗他关于现代生活制度中最频繁出现的问题的知识，以及他经常面对的性格学类型的知识。他构想了若干典型的情境，他的大部分拥趸随时会碰到这些问题。他尤其要注意发现那些读者不能靠自己的力量解决、被迫寻求外在帮助的问题，特别是不能回避那些无法靠理性来解决，只能寻求非理性的咨询的问题，因为恰恰在这些情境中的人们才会寻求专栏的帮助。这就相当逻辑地指向了一个事实，星相师的建议反映了许多现阶段无法解决的情境，这些困境威胁着每个人，并促使个人祈求上苍的帮助。然而，即使在普遍存在的问题框架内，仍然要保持话语的一定范围，使得最不现实主义的预言和建议依然能够和读者的生活情境结合起来，而不至于被抛弃。在这方面，星相师靠的是严肃的精神病学家和大众心理学家很熟悉的一

---

① 我们说的伪个性化，指的是文化的大众生产戴着自由选择或公开市场的光环，但其实它是以标准化为基础的。参见阿多尔诺《论流行音乐》，《哲学和社会科学研究杂志》第 9 卷，1941 年，第 25 页。

种习惯。亲近神秘主义的人通常对他们渴望的信息做出同化反应，不惜一切代价也要让信息适合他们自身的体系。因此，星相师可以让他自己接触事实层面而不受惩罚，只要他充分解决了他的读者的那些特殊需要和愿望——这些愿望如此强烈，不大可能因为和现实相抵触而回头：只要这样的碰壁确实仅仅是理论上的，并没有让读者真的在实际生活中撞了南墙。事实上，专栏作家格外小心地避免这一点，仅仅在想象的王国中挥霍着满足。

为了完成上述任务，专栏作家确实不得不成为一位俚语说的"民哲"。也许正是这一要求造成了星座专栏和心理学专栏的惊人相似。在这门特殊的大众心理学中，尽管它主要使用吸引大众的语言，对该现象的知识往往是相干的，描述是适当的，但是对其动力学的解释要么阙如，要么伪造：大多数时候，粗鄙的、弗洛伊德之前的自我心理学披上了"社会工作者的精神分析语言"（特奥多·莱克语）的伪装①。这种大众心理学著作的态度并不仅仅是学养不够造成的。即使专栏作家有了足够充分的弗洛伊德的知识，他也没有办法对他的任何一个言说对象进行精神分析治疗，他仍然必须隔靴搔痒，停留在个性的外在领域。真正把专栏之类的"谙熟世故"的组织形式同真正的心理学区别开来的，并不是他们的观点，甚至可能不是专栏作家对观点的解释，而是他移动和操纵其读者的心理学时的取向。他不断地强化着防御，而不是打破防御。他利用着无意识，而不是努力让对无意识的解释超越最浅薄的术语学。

首先，他迎合了自恋，这是最强烈、最容易取得的一种防御。他经常提及他的读者的无与伦比的特质和机遇，看起来好傻，简直无法想象有人会相信。然而专栏作家很清楚，虚荣心是强大的本能力量养育出来的，千穿万穿，马屁不穿。

专栏不仅以自恋的满足为目标，与之互补的是它对焦虑的暗示。读者面临着危险，这个观念是一定要坚持的，因为只有遭到适度的恐慌，他才

---

① 特奥多·莱克，《用第三只耳朵听》，纽约：田园城市图书，1949年，第458—463页。莱克用这个短语来表述半职业的行话。这些行话已经家喻户晓了。

会寻求帮助——就像除体臭的药品广告那样。危险和解救是交缠在一起的，许多不同的精神错乱都见证了这一交缠。专栏所仰仗的大众心理学认为"大多数人感到危险"是天经地义的事，要么是现实的危险，要么是心理的感受，因此只有把专栏建立成身处威胁之中的读者的情报站，才能够接触到读者。当然，威胁必须适度，否则把读者吓坏了，就会放弃这个只引起不适的专栏了。因此，最广为人知的现实威胁之一，被解雇的威胁，只是以委婉的形式出现，例如，和上司冲突，"被责备"，以及类似的不快。一次也没有用"解雇"这个词。

然而，受青睐的威胁是交通事故。这里，不同的方法是混起来用的：交通事故在拥堵的洛杉矶大区是家常便饭。但是把它挑出来说，显得背后有某些特殊的未卜先知的知识。这一声称很难驳斥，因为威胁本身的确无所不在。与此同时，交通事故之类的威胁不会伤及读者的自恋，因为威胁完全是外在的。它几乎没有羞辱人的意味，舆论也不会把交通肇事者当成罪犯。最终，提及这一威胁，体现了专栏的最突出的特征之一：非理性的、巫术的预感被转译为请理智一些的忠告。对星辰的召唤只是为了支撑一个有益无害却陈腐琐碎的告诫："谨慎驾驶！"

只有罕见的例子里才出现了更为不祥的威胁，比方说，某一天某个人应该万事小心，除非他想要孤注一掷。

> "摆脱生活中认识的小人，会得到更多的钱财。"（1952 年 11 月
> 19 日，天蝎座）

在这样的时刻，权威主义的鞭子高高举了起来。但它只不过是个提醒，以确保读者一直陷入困境，它从来不会真打下来，不然读者就无法从专栏得到满足了，读了专栏就反而比现在还要糟糕了。说到底，摆脱一个小人，既不是多大的牺牲，也不是多么艰巨的任务。

读者在这一方面得到的收获，除了威胁本身可能带来的对深层的破坏冲动的满足，主要是超人的代理机构所允诺的帮助和缓解。主体不得不紧跟着这一代理机构说的话，但他并不真的必须像一个自主的人那样代表他

自己行动，而是满足于听从命运的安排。他不得不躲避些什么，而不是去做些什么。他有点儿不负责任。

这就指出了专栏最重要的建构——（感到自己）有依赖性的读者，发现自己不断处于无能为力的情境中的读者，被心理学上的所谓自我弱点所困扰（其实不过是现实中的弱势的表现）的读者。专栏作家很合理地推断出，只有具有上述特征的人才有可能坚定不移地依赖他，于是他字斟句酌，以迎合依赖者的特殊需求——包括那些自恋的辩护词，有助于补偿他们的软弱感。这又跟喜欢用"自卑情结"这个词的大众心理学不谋而合了。专栏作家很熟悉在读者当中会碰到的某些反应形式，但他很小心地不去解释它们，也就犯不着改变它们，反而利用它们，以便把读者固定在"讯息"上，让读者迷恋专栏这一组织。他有系统地实施这一程式，从而倾向于宣扬依赖者的模式，并把越来越多的人转化为依赖者。在他们身上，他成功地确立了一种可称为"次级移情"的情境。

这里，某些精神疾病的特征和现实的关系问题涉及重大的方法论问题，只能简单提一下。有些修正主义者（如弗洛姆，尤其是霍尼）过分简化了问题，把精神病的特征（比如这里考察的依赖性）还原为社会现实（"我们现代的竞争社会"）。既然性格类型的建立有可能早于儿童对高度分化的社会体制的任何特殊经验，那么这些作者推断的病因学就是可疑的，似乎退化为弗洛伊德之前的理性主义心理学。然而，与此同时，同样可疑的是把心理动力学和它的"社会舞台"彻底切割开来。这里只要说一句就够了，神经症候群和各种非理性的易感受性会随时出现在很多人身上，但是他们中的某些人只是在某个时期特别受影响，现代大众传媒尤其倾向于强化那些伴随着实际的社会依赖的反应形式和防御。专栏的强制性和作为其基础的主体依赖性概念之间的联系，是利用强制机关来反对"现实主义的"依赖，却不涉及任何会改变基本的依赖性状况的行为。

值得一提的是，专栏的"威胁—帮助"模式和当代大众文化的一般手法是密切相关的。赫塔·海尔佐格指出，在她的研究《借来的经验》[1]中，

① 《哲学和社会科学研究杂志》，1941 年。

妇女的日间剧或肥皂剧往往遵循着"陷入麻烦又走出麻烦"的套路，这个套路似乎对爵士乐也成立，爵士乐经常玩弄某些"困境"。这一套路完全适用于占星术专栏。一方面不停提及冲突和不快，另一方面暗示你只要留意这些情况就会没事。

整个专栏的基调是安慰：它不断地向读者保证"一切都会好的"，通过对否极泰来的神奇信念来克服读者的忧惧。

> ……只要志存高远，你的目标就会清晰地出现在你面前；于是一切顺利。（11 月 21 日，双鱼座）
>
> 余下的日子从各方面说实际上都很好。（12 月 6 日，狮子座）
>
> ……除非你意识到，一切紧张到下午就会化为快乐的心情。（12 月 31 日，白羊座）

虽然都在这种大团圆结局的一般模式之中，但专栏和其他的大众传媒存在着功能上的差异。肥皂剧、电视节目和电影都是以英雄为特征的，主人公积极地或被动地解决他们自己的问题。他们是观众的代理行动者。观众认同英雄，他认为自己也分有了权力——现实中，那一权力否定了他，他认为自己是弱小、依赖他人的。尽管专栏也利用认同作用，但是组织的方式不一样。专栏里没有英雄人物，只是概略地提及有魅力的人格，比如有神奇的创造性和力量的人会突然出现，助读者逢凶化吉。基本上，人们还待在原地。说真的，他们的社会地位在专栏的代理中被提升了（后面会证明这一点），但是他们的问题并没有被"坚强"或"不可阻挡"的幻象遮蔽。就此而言，和所谓艺术的大众传媒比起来，专栏似乎要现实主义得多。

对专栏来说，代替英雄的要么是天国的符号，要么就是无所不知的专栏作家本人。既然事件的进程都早已注定，人们就不会拥有英雄崇拜中的那种感觉，也就是说，通过认同英雄，觉得自己也成了英雄。他们的问题不是自动解决的，就是靠别人帮忙解决的，尤其是那些神奇的朋友们，他们的形象在专栏上反复出现——只要你相信星座，心诚则灵。非人格的力量取代了英雄的人格化力量，并且有了更强有力的优势。专栏认同其读者在心理和现实方面的依赖状况，似乎要以此来弥补星座教条的非现实主义成分。对一直施加于人们的压力，专栏执迷于对压力的象征性表达和心理学防御。他们只是对现状有信心。命运被提升为一种形而上的力量，实际上它代表的是匿名的社会力量的相互依赖性，通过它，专栏的言说对象就会"蒙混过关"。"一切都会好的"，这种半理性有着事实基础：现代美国社会虽然有冲突和困难，却成功地再生产着它包含的那些人的生活。有种朦朦胧胧的意识，觉得"被遗忘的人"这一概念过时了。专栏靠这种意识过活，教导其读者不要害怕自己的脆弱。读者得到了保证，他们的一切问题都会解决，哪怕他们觉得自己根本无力解决问题。他们被迫——以直截了当的方式——去理解：那威胁着他们的力量，亦即匿名的社会过程的总体性，也正是呵护他们的力量。于是他们学会了抽象地认同现实存在，而不是认同英雄人物，学会了承认自己的无能，从而（作为补偿）被允许继续活着，不用太担心。这一允诺当然取决于他们做个"好孩子"，也就是说，按照既定的标准行事，并出于治疗的理由，给他们的快乐限定范围，以免在现实的要求面前或者在他们自己的本能冲动的冲击下崩塌。

毋庸置疑，这一治疗最终就像电影提供的治疗一样成问题，尽管它看起来没那么假。实际上，生活并不自动地呵护人们。但是它在一定程度上关怀着人们，而在它不这么做的地方，不安全和威胁就使得人们容易接受无根据的承诺。它们不仅在个人的心理之家中起作用，也履行着一种保守主义意识形态的功能，即证明现状的合理性。如果一种存在秩序允诺要呵护每一个人，这一定是好的秩序了。于是专栏全面深化了社会的服从，而不仅仅是诱发了一个又一个的服从行为。它建立了社会满足的氛围。

这就解释了专栏给个人的建议的一个突出特征。它暗示，所有因客观状况（比如，首先是经济困难）而起的问题都可以通过私人的个别行为来解决，或者用心理学的洞见来解决（主要是对自己的洞察，也包括对别人的）。

这表明了今天的大众心理学的一个日益增长的功能。真正的心理学是洞察自身和自我批判的工具，当然也伴随着对他人的洞察和批判，然而它也能成为社会毒药。客观的困难总是包含着主观的方面，一部分原因在主体自身，结果却被说得好像全是个人的责任。[①]这就消解了批判的态度，甚至是自我批判，因为个人得到了自恋的满足，他是最重要的，同时却在控制之下。世界没有那么坏，他必须理解的是，问题仅仅来自他自己的行为和活动。似乎找到了对待自己的正确方法，就足以排除万难了，这也在一定程度上补偿了作为这一方法的出发点的软弱感。"谋事在人，成事在天"的俗套话可不只是半真半假，而是真的遮蔽了人们头上的一切现实事物。

专栏包含着所有的现实要素，有点把握住了实际情况，却建构了扭曲的图景。一方面，处在个人心理学和个人行为的范围之外的客观力量是不受批判的，因为它们被赋予了形而上学的高贵尊严。另一方面，人们无须害怕它们，只要通过一定的适应过程，按照客观的星相行事。因此，危险似乎只存在于无能为力的个人的力量之中，个人的超我不断地诉诸这一力量。

> 斥责官员的冲动会疏远良师益友，所以恼怒时请保持冷静；后来将会有物质回报，使得合作的交易更顺畅。（11月10日，白羊座）
>
> 对行政主管的令人失望的行为生气，只会让你更为不利。（11月10日，天蝎座）
>
> 摆脱那些似乎没有结论的关切。（11月10日，射手座）
>
> 你自己的烦躁和缺乏远虑，让上午很不爽。（11月11日，天秤座）

专栏往往挑个人的错，而不是责怪现有状况，这是对现代深层心理学的一个要素的微妙修正——应予以强烈反对的修正；然而这只是专栏推销的"社会顺从"理念的冰山一角，这一理念体现在一条隐含的、无处不在的规则中：人应该不断调整自己，以服从特定时刻的星辰的命令。当个人

---

① 与此密切相关的观察可参看论文《精神病学理论和制度背景》，阿尔弗雷德·斯坦顿博士在美国精神病学学会第109届年会上宣读了这篇论文，1953年5月7日，洛杉矶。

的问题被专栏指认，无论多么简略和微弱，那里的一切都不好了，专栏宣扬的官方乐观主义遇到了困难，而对这些问题的描述乃至后续的建议都履行着重建现有秩序、强化顺从、确保现有秩序安全的功能。我们指出了主宰一切的命运的非理性和给出建议的星辰的非理性，其实那不过是社会的伪装，社会既威胁着个人，又让个人生活得到非理性来源的讯息的支持。它们实际上不过是来自社会现状的讯息——来自专栏设想的社会现状。专栏的总规则是强化社会对每个人的要求，这样它才能"起作用"。要求越不合理，就越需要非理性的证明。专栏用社会常规调解了那些由社会关系和社会矛盾造成的问题，在这一目标中，威胁和帮助是一体两面。专栏不停地叫人"理智一些"。如果"不理智"亦即本能冲动得到了准许，那也只是出于理智的缘故，也就是说，让个人更好地按照顺从的规则行事。

在占星杂志的讨论中已经指出，其根本的非理性并不导致抛弃正常的、理性的日常行为模式。在杂志中，这一态度是和疯狂的幻想互补的，而在专栏中，它是独一无二的。它敲击出无可争辩的常识态度，强调着公认的价值观，认为"这是一个竞争世界"（不论今天这是什么意思）以及"唯一重要的是成功"都是不言而喻的事。任何不负责任的态度都要避免提及，绝不容许暗示古怪行为。在这里，专栏依旧和文化工业的总体保持一致。电影工业的代表人物经常说的"造梦工厂"，只包含着一半的真理——它只属于公开的"梦的内容"。然而，动画片和电视传递的"梦的讯息"、隐性的"梦的观念"，和实际的梦的讯息是相反的。它诉求的是心理控制的机构，而不是试图解放无意识。成功的、顺从的、很适应社会的"普通"公民这一观念甚至潜藏在最异想天开的彩色童话故事背后。占星术也不是那一规则的例外。它并不教它的爱好者去做他们的日常经验不习惯的任何事情，它只是巩固他们已经有意识地或无意识地学会了的东西。星辰似乎完全同意现有的生活方式，完全同意我们的时代规定的习惯和规范。"做你自己"的格言有了讽刺的意味。社会操纵的刺激始终是以再生产心理结构为目标的，而那一心理结构恰恰是现状本身产生的。如果只从理性主义的视角看问题，那么这一态度似乎只是"多此一举"，但是它实际上同心理学的发现结果相一致。弗洛伊德反复重申，心理防御的效果永远不会稳定。如果本能冲动得不到满足或者被延迟满足，那么它们很少得到有效的控制，而是一有机会便会突破。问题多多的理性增强了这一突破的倾向。理性建议人们为了以后的永恒、彻底的满足而推迟即刻的愿望满足。人们学会了为了未来而放弃当下的快乐，然而未来并不能弥补他放弃的快乐。于是理性并不像它自称的那样合理。于是，人们头脑中已经形成的却从未彻底信服的那些观念遭到了一次又一次的冲击。因此，他们倾向于接受非理性的万灵药——在这个世界上，人们已经失去了对自己的理性的信任，失去了对总体建构的合理性的信任。

言说对象的形象

长时间地浏览专栏，就能描绘出专栏作家对其读者的想象——这是他运用的技术的基础。总的规则是，这一形象应当是逢迎、奉承的，在给出实际建议之前就让读者满足，而与此同时，读者仍然能够把他和他的小烦恼同提供给他的自我形象等同起来。

我们并不掌握星座迷的性别构成的数据，不过可以合理地推断：大多数星座迷是女性，或女性至少占一半。专栏作家很可能知道这个情况。然而，奇怪的是，秘而不宣的言说对象的形象主要是男性。读者被描绘为一位有权威、必须做决定的职业人士。他被描绘为一个讲求实际的人，有技术头脑的人，能够搞定事情的人。所有特征里最重要的，就是在触及性爱方面时，言说对象一定会看到一位"有吸引力的伴侣"。作为大众心理学家，专栏作家似乎要比许多所谓严肃作家更了解女性在现代社会中的低人一等（即使妇女得到了所谓解放），了解她们在职场中的参与，以及她们中的某些人身上集聚的魅力。他似乎觉得，在不涉及女性的特殊领域及女性的常规特质时（专栏的情况正是如此），把女人当作男人，对女人来说是一种恭维；让每个家庭主妇都觉得自己就是专栏作家描述的那种重要人物，哪怕是在跟女性受众讲阴茎嫉羡[1]之类的精神分析知识时，也要像是跟男性讲话一样。

言说对象的男性化，还得到了一个附加因素的帮助。既然专栏一直在提建议，想要人们行动，并采取"切合实际"的总态度，所以专栏就必须对真正行动的人、做决定的人讲话——那就是男人。女性在现实中越具有依赖性（在更深层的意义上），对她们来说，"她们被当成决定一切的人"这件事就越重要，尽管事实上专栏对待她们的态度只会增加她们的依赖性。

标准的形象是一位年轻人，或者三十出头的人，雄心勃勃地追求着事业，热衷于强烈的快乐，却不得不有所克制，热爱浪漫——这对于屡屡受挫的读者来说是一种微妙的满足，他们很可能认同了这位跟自己同一个星座的言说对象，并把他身上的虚构特质转移到自己身上。

言说对象属于某个教会，尽管并未明确提到这一点，也没有提及任何教义。但不言而喻的是，他像"普通"人一样在星期天参加某些活动，并且为假日预备了一种庄严的半宗教的口吻。宗教的形象是彻底常规化的。宗教活动被限制在闲暇时间，读者被鼓励参加某些"好的布道"，就像选择看一场表演似的。

> 宜娱乐，体育活动，消遣，浪漫。做礼拜，让宗教活着。（1952年12月14日，巨蟹座）
>
> 日常工作似乎沉闷乏味。忘了它。去教堂，你会找到更好的宗教观念来支撑你的负担。（1952年12月28日，摩羯座）

言说对象有时被描绘为一位车主。对于洛杉矶大区的无数私家车车主来说，这似乎是现实主义的，然而专栏的热心读者里头有很多人并没有小汽车，却依然被当成有车族来对待。

还要说的是，言说对象的教育背景从未提及。当概括他的个性特征时，要么跟他的学习经历彻底分开，只强调魅力、"吸引力"等等"天赋"，

---

[1] 《性别的解剖区别的若干心理学后果》，《弗洛伊德全集》英文标准版，第19卷；《精神分析引论新编》，第23讲"女性气质"，《弗洛伊德全集》第22卷。

要么就含糊地归于其家庭背景。然而，言说对象究竟是上过大学、高中还是只读过小学，其实是无关紧要的。这就表明了一个事实：专栏作家对言说对象的真正想象完全不同于他表达出来的形象。他一边说读者是个出色的人，一边又避免具体描述这一出色，以免跟读者的实际状况出入太大，让读者意识到他并不是那个出色的人。

言说对象的最重要特征是他的社会经济地位。这方面的形象可以略带夸张地称之为"副总"。言说对象被描绘为在生活中占据高位，从而被迫时时刻刻做决定。很多人依赖他们，依赖他们的理智，他们下定决心的能力。用词十分谨慎，避免把他们说成是无能的或不重要的小人物。可以想一想《财富》杂志的众所周知的写作技术，似乎他们的无数读者中的每一个都是大公司的大人物。于是提供了代理性的满足，成功商人的美国理想转移到了一点儿也不成功的人身上，通过这一转移实现的强烈诉求是显而易见的。不过——这也是专栏对副总说话而不是对总裁说话的原因——现实的情形并未被忽略。显赫和自主的幻象虽然没有被戳穿，事实也不能忘记，言说对象并不享有那些令人垂涎的财产。因此，他被描绘为一个虽然已经在商业等级制中身居高位，却基本上仍然依赖于更高层的人。既然连现实中的副总也是如此，屈辱感就多少减轻了一些。给出了适合下属的建议，却没有拆穿他们其实只是下属，尽管在心灵深处他完全清楚他其实无话可说。言说对象的自我理想和他对自己在生活中的实际位置的现实体验结合在了一起。与此同时，在身不由己的[①]下中产阶级当中常见的等级制思维方式变得不彻底了。

将言说对象设定为等级制中的重要一环，表明了专栏的结构对言说对象的一种基本的心理学建构。尽管他被说成是相当现实主义的，基本上是弱小的、依赖他人的（无论是就他在社会结构中的实际功能而言，还是就其心理学特征而言），然而，他不可能承认自己的弱小和依赖性。他们越需要依赖他人，就越需要这种防御。于是，依赖者对自身的反应图式得到

① 《强迫行为和宗教实践》，《弗洛伊德全集》英文标准版，第9卷；《论力比多的类型》，《弗洛伊德全集》第21卷。

了强化。这里，首先属于超行动的领域。建议不断要求人们行动，像个成功的精明强干的人那样行事。这里强调的并不是言说对象的现实自我的能力，而是他对某些社会化的自我理想的心理认同。他必须这样解释他的行动：似乎他是强大的，似乎他的行动是重要的。这一观念的虚假性体现在专栏鼓励的大部分行动的虚假性上。"伪行动"[①]，我们社会中非常广泛的一种行为模式，在专栏中、在作为专栏之基础的心理学计算中体现得非常清晰。

然而，仅仅把言说对象的心理学形象还原为依赖、自我弱点、婴儿滞留等等口腔期[②]的范畴，是片面的。专栏作家根本不使用这些范畴，尤其是自我弱点这个范畴，对大众心理学家来说也不适用。言说对象的心理学的基本概念是更为多样化的。专栏作家从一般的假设开始，认为他的读者是退化、扭曲的人，于是，思想和性格的大多数缺陷中都包含的所有退化的维度都得到了关照和迎合。为了理解这一原理，首先就要把专栏作家反映出来的"言说对象的形象"和专栏作家对其读者的现实估量区分开来，后者是前者的基础。专栏作家为言说对象建立了"大人物有小烦恼"的形象，但他考虑的是普通的下中产阶级。在整个精神分析中，直至它如今的普及化，下中产阶级的心智和某些婴儿滞留之间的密切关系是公认的。就连今天的大众心理学家恐怕也听说过小资产阶级很可能是一种肛门期性格。专栏忽略了很多对肛门期[③]的影射，比如施虐和吝啬（与它提倡的那一虚伪的自我理想不相容），然而更普遍的肛门期类型（也是最常见的退化人格）越发得到了强调：强迫行为。

这是内在于占星模式之中的：某人相信自己必须服从某个高度组织化系统化的秩序，尽管系统和他自己并没有明显的内在联系。在占星术中，

---

① 埃里希·弗洛姆，《论无能的感觉》，《社会研究杂志》第 6 卷，1937 年；阿多尔诺，《论流行音乐》，前引。

② 口腔期，可参看弗洛伊德《精神分析引论新编》第 32 讲"焦虑和本能生活"，《弗洛伊德全集》第 22 卷。

③ 肛门期，可参看弗洛伊德《精神分析引论新编》第 32 讲"焦虑和本能生活"，《弗洛伊德全集》第 22 卷；《性格和肛门性欲》，《弗洛伊德全集》第 19 卷。

也像强迫行为那样，人必须非常非常严格地遵守规则、命令或建议，而不能问为什么。这种服从的"盲目性"似乎和命令的压倒一切的、可怕的权力合而为一了。占星术中，星辰构成了可以做和禁止做的事情的一个复杂难懂的体系，这一体系似乎是一个强制系统的投射。

来自星辰的建议增强了非理性的权威依赖和服从，提及深不可测的、不可避免的规律（人应当用自己的有规律的作息来模仿它）增强了言说对象的强迫性格的可能性。专栏的无数推荐使得努力完成那些实际上毫无意义、毫无实际影响的要求和任务成了一种得到鼓励的强迫行为。这样的例子俯拾即是：

> 下午，更有魅力的环境会带来想要的平静。（1952 年 11 月 11 日，射手座）
>
> 你自己的日子，去做美容，理发，做任何能提高你的个人魅力和幸福感的事。（1952 年 11 月 13 日，天秤座）
>
> 下午打扫卫生，洗衣服，穿衣打扮，减肥。（同上，处女座）

这有力地证明了，专栏作家并不利用心理学观点来得到他对读者的心理学知识，而是相反，心理学观点用来维持读者的防御，并将读者滞留在非理性类型中，从而使读者更加听从专栏作家，这位自告奋勇的社会规范代言人。强迫行为这个基础概念（如果他履行了这个或那个令人不快的职责，就会把他从内疚中解放出来，让他得到某些补偿）直接反映在专栏的逻辑上。然而，要强调的是，即使是这里，也不缺乏现实主义的要素。专栏作家之所以能够利用言说对象对心理依赖性的易感受性，是因为言说对象在社会现实中的依赖地位，同理，专栏设计的强迫特征也往往是有可能相信专栏的启示的那些人的特征。过高估计完成机械的杂活的重要性，是强迫症的一个症状，但是，没有机会从事"创造性"或自发性活动的小人物只能做官僚机器中的一个齿轮，他必须认真负责、小心翼翼地做他的杂活，不能少干，也不能多干。事实上，如果他试着去做更多的事，他就会被怀疑为"拍马屁"或者有想法，会被认为不称职并且被解雇。在专栏中，这种现实主义的考量掺入了心理学知识。

然而，专栏的建议谨小慎微地对待的这种言说对象的"现实主义"，其实一点儿也不是现实主义的。专栏内容对现实主义的过分强调也是精心计算的，为的是让言说对象忘掉整个体制的不合理性，人不应当老是想着体制的不合理性，可是，几乎完全没有提及这些建议的来源和依据，这就反映了对强迫本能的严厉压抑。在强迫行为这一领域中，现实主义与其对立面是最难区分的。

两阶段的方法

前面提到，专栏的目标是推销常规、顺从和满足的态度，并控制对现实的任何负面看法，控制手段则是让一切都取决于个人，而不是客观条件。个人得到了解决一切问题的保证，条件是他满足一些要求，并避免若干负面的刻板形象。他被禁止承认真正的困难，而正是那些困难把他推向了占星术。专栏太清楚现实问题的严重性了，也很明白心理学问题完全取决于其自身的意识形态的有效性。它面对的人们总是不断从生活经验中发现一切都不像专栏说的那样，一切都不顺利，事情并不会自己变好。他们不断面临着他们自己的心理学经济或社会现实提出的各种不可调和、互相矛盾的要求：专栏把它的言说对象建构成了"沮丧的失败者"。专栏不能只是否认那些要求的存在或者只是安慰失意的人，如果它真想要让读者服膺它的权威的话，就应该直面那些矛盾。它要完成的任务是不可能仅仅通过推广"积极的"意识形态来解决的，也不能通过一些会被日常的事实轻易驳倒的材料，而是要通过巧妙地利用它的形式结构，从而在读者心中维持着互相矛盾的要求之间的稳定平衡。

这里运用的基本形式手段，也是整个专栏最有效的伎俩，来自它的主要中介，即时间要素。占星术假装星辰决定未来，或者用更入时的方法说，星辰决定了某一天或某个时刻适合做什么，不适合做什么。因此，由于某一天的星相，某种情绪可能持续一天，从而影响到所有读者，无论他们是什么星座。下面是1952年11月20日（星期天）的"星座预报"：

白羊座（3月21日—4月19日）：上午，把很多问题公开化，以考验你的自控力，观点要在日常的任务中实践；下午，注意解决它们，找到发展的新道路，极佳的扩展。

金牛座（4月20日—5月20日）：上午你有很好的机会去深入思考不同寻常的推进方法。下午，活跃的官员给了你提高收入的机会；给出建议，以示感激。

双子座（5月21日—6月21日）：上午，发现你能够平静地解决生活方式中的谜题；和善解人意的人讨论。下午，建立新的目标是极好的。

巨蟹座（6月22日—7月21日）：早上感到安宁，是一天的良好开端；参加礼拜，是你选择的增进幸福之道；下午，娱乐活动让伙伴们开心。

狮子座（7月22日—8月21日）：早上，寻找那些提振你的精神、给你带来安慰的人；忘掉单调乏味的事，享受些别的事；和朋友们、伙伴们在一起，娱乐，浪漫，体育活动。

处女座（8月22日—9月22日）：仔细聆听朋友们和下属们的建议，改善家里的状况，和家人在一起；下午，规划日程表，好好安排下一周。

天秤座（9月23日—10月22日）：小心不要伤害家人或你的生活的其他重要人物，上午，听他们诉说他们的苦恼；下午，和邻居、亲戚、好友们共度好时光；保持魅力。

天蝎座（10月23日—11月21日）：你有机会把更高的理想和日常生活协调一致，上午认真研究一下；下午，更多的活动公开，改善财务安全计划。

射手座（11月22日—12月21日）：有规律地做事，避免昂贵的承诺；上午带来安宁和满足；下午利用那些心理能量来改进你所有的事。

摩羯座（12 月 22 日—1 月 20 日）：不要让烦躁不安的同事打搅了你的平静，这对上午很有帮助；下午平静地留意目前的实际利益；计划下周的改善。

水瓶座（1 月 21 日—2 月 19 日）：把那些让你要爆炸的任务放到一边，上午联络好朋友，和他们在一起；下午，用那些活力来安排达到目标的新计划。

双鱼座（2 月 20 日—3 月 20 日）：早上适宜去见好朋友和爱侣，计划共度好时光；下午，秘密的安排，把你的才能带给能帮助的人，是最好的。

这就建立了时间的优先性，但是还没有照顾到互相冲突的要求。然而，这一重大的任务也就交给了时间。它必须完成最终决策者的作用。

如何驱散对生活的各种互相矛盾的要求？这个问题的解决方法只是一个建议：把这些要求分配到同一天的不同时段中去。既然无法同时支持两个互相矛盾的愿望，既然不能既吃掉蛋糕又拥有蛋糕，那么这些不可调和的活动就只能根据老天的安排，在不同的时间段里进行。这依然是以现实主义为根源的：日常生活的秩序要照顾到生存中的诸多对立，比如工作和休闲的对立，公事和私事的对立。这些对立被专栏利用了，实体化了，把它们当成自然秩序的二元对立，而不是社会决定的模式。没说出口的规矩是：只要选对了时间，就万事大吉；反之，如果失败了，那只是因为没有正确理解宇宙的节奏。这确实达到了一种平衡和满足，而如果直面矛盾，也就是说，不同的心理机制或外部机构同时发出了同样强大的要求，是无论如何都无法获得这样的满足的。矛盾被替换为更为抽象的，却没那么咄咄逼人的时间概念。因此，一日之计在于晨，上午往往被当成现实原则和自我原则的代表，专栏建议人们在上午要更理智一些：

税务问题，和他人的金钱来往，宜早上处理。（1952 年 11 月 15 日，

星期六，金牛座）

尽早直面目前的责任、义务和限制，看到简单有效地解决问题的正确途径。（11 月 16 日，射手座）

上午虽然诸事不顺，也要对选定的工作微笑。平静地想出一个聪明的办法。（1952 年 12 月 2 日，狮子座）

上午是摆平官员、行政主管、职业生涯、贷款的良机。（1952 年 12 月 15 日，金牛座）

上午有很多小事情，是你应该尽早完成的，做完了今天就有空做开心的事了。（1953 年 1 月 1 日，处女座）

太贪图享乐会造成资金缺口，所以省俭一些吧。（1953 年 1 月 2 日，白羊座）

上午发现你的愿望和家人的愿望相冲突。不要争吵，合作一些，避免怨恨。（1953 年 1 月 2 日，金牛座）

相反，下午一般都包括了一些休闲时间，似乎是本能冲动和快乐原则的代表[①]。人们得到的建议是找乐子，尤其是"简单的生活乐趣"，要胜过其他大众媒介在下午和晚上提供的满足。

下午寻找身边的乐趣：尽情享受；下午放轻松。（1952 年 11 月 16 日，处女座）

下午从当前专注的事情中走出来；娱乐；体育活动，浪漫。（11 月 17 日，狮子座）

下午需要和家庭成员在一起，消除当下的烦恼；稍后是好的影响，你会享受到娱乐、浪漫、美食。（1952 年 11 月 19 日，处女座）

下午，享受体育活动、浪漫、娱乐、美食。（1952 年 11 月 21 日，天秤座）

下午享受快乐、美食、爱情。（1952 年 11 月 23 日，狮子座）

---

① 西格蒙特·弗洛伊德，《精神分析引论》第 22 讲 "发展和退化"，《弗洛伊德全集》第 16 卷；《超越快乐原则》，《弗洛伊德全集》第 18 卷。

通过这种二分法，困难获得了虚假解决：非此即彼的关系变成了首先和然后的关系。快乐成了对工作的报偿，工作成了对快乐的赎罪。

专栏的这一形式结构源自其媒介，并反映了大多数人屈从的时间日程表，然而它却和障碍人格中经常碰到的心理倾向相吻合。这里首先想到的，仍然是自我弱点这个几乎烂大街的概念。埃里希·弗洛姆曾经在他的研究《论无能的感觉》中指证过，下面摘录其中的一段话：

> 对时间的信念中缺乏了突变的感觉。取而代之的是一种期许，"时候一到"，一切都会顺利。个人觉得自己无法解决的冲突将由时间来解决，人不必冒险做决定。对时间的信念最常见于个人自身的成就方面。人们不仅原谅了自己未完成的业绩，甚至也原谅了自己还没有着手去做，他们劝自己说，时间还有的是，不用着急。这一机制的一个例子是一位才华横溢的作家，他想要写一本书，按照他自己的说法，这本书将是世界文学史上最重要的作品之一。然而他所做的只不过是一系列构思，沉浸在对他的划时代的作品的幻想中，并告诉他的朋友，书快写完了。实际上，尽管他为这本书"工作"了七年，他连一行字也没写出来。当这些人老了，他们会更顽固地幻想着时间将搞定一切。许多人到了一定的年纪，往往是四十出头的年纪，要么就冷静下来，抛弃了幻想，努力发挥他们自身的能力，要么就精神崩溃，因为缺少了时间这个安慰的幻象，生活变得无法忍受。[1]

可以对弗洛姆的观点再补充一句，他描述的倾向似乎来自一种幼稚的态度，也许和儿童对他"长大成人"之后的幻想有关。儿童知道他们将长大，知道他们既没有充分开发他们的潜能，也没有做决定的自主性。这种态度在某个阶段上是现实主义的，然而到了成年人的生活中，就成了精神病。自我较弱的人，或者说，客观上无力把握自身命运的人，倾向于把他们自己的责任转嫁给抽象的时间要素，从而为他们自己的失败开脱，并且

---

[1]　埃里希·弗洛姆，《论无能的感觉》，《社会研究杂志》第 6 卷，1937 年，第 103-104 页。

给了他们希望——随着时间的推移，大部分痛苦都将被忘记，这仿佛就是一切都会变好的迹象（记忆力强确实和强大的自我有关）。这一心理倾向被专栏强化了、利用了，专栏增强了人们对时间的信念，赋予时间一种神秘的含义：时间表达的是星辰的证言。

此外，对时间的二分法解释或许要用深层心理学的术语来理解。对这一方法的一种有效的解释是强迫症当中经常遇到的两阶段症候。菲尼契尔描述这一机理如下：

> 在反应的形成过程中，采取了一种和原先的态度相矛盾的态度；在取消先前的行动时，又向前进了一步。做了积极的反应，然而在实际上或想象中，它和之前所做的（实际上做的或是想象中做的）相反。这一机理在某些强迫症中非常明显，其症候包含两种行动，第二种行动与第一种行动正好相反。比方说，病人一定要先打开煤气阀，再把它关上。所有代表着弥补的症候都属于这一范畴，因为弥补的本质就是要取消先前的行为。弥补概念本身不过表现了对"神奇的取消"之可能性的信念。[①]

这一机理和强迫有关：

> 某些强迫症候是被意识到的本能要求的扭曲表现，另外一些强迫症候则是超我之威胁的表现，还有一些强迫症候则明显地体现了两方面的斗争。大多数着了魔的怀疑症候都可以表达为以下公式："我可以淘气吗？还是我必须表现好？"有时，一个症候由两阶段构成，其中一个代表了可疑的冲动，另外一个代表了对它的防御。例如，弗洛伊德的"鼠人"强迫自己从路上搬开石头，以免伤及路人，然后又强迫自己把它搬回去。[②]

如果"弥补和取消"着了魔，被规范化了，其结果就是：

---

① 奥托·菲尼契尔，《神经症的精神分析理论》，纽约，1945 年版，第 153 页以下。
② 同上注，第 270 页。

　　两阶段的行为。病人交替地成为一个淘气鬼和一个受惩罚的严守纪律的人。由于着了魔，一个病人无法给自己刷牙。在没有刷牙之后不久，他就会自打耳光，叱骂自己。另一个病人总是带着笔记本，里面打满了对勾和叉叉，标注着他的行为应当得到表扬还是责备。[1]

这种防御和行为模式实际上是精神病，专栏里却将它体制化了，说它是正常的、健全的。事实上，这一组织原则已经渗透得如此之深广，以至于现在分析的各种特殊手段都可以纳入两阶段的方法框架。

工作和快乐

　　当德国的儿童学英语的时候，他们教的第一首儿歌是这样的："工作的时候工作，玩的时候玩。这样才能高兴和快乐。"基本观念是把工作和快乐严格分开，两个独立的活动范围都是有益的：不要让本能的越轨行为干扰了严肃的理性行为，严肃和责任也不要干涉乐趣。显然，这样的忠告来自将个人生活一分为二的社会组织形式，在其中一个领域，他是生产者，在另一个领域，他是消费者。社会经济生活过程的二分法似乎投射到个人身上了。在心理学上，这一强制的基础是一种几乎无法忽视的新教观点——不仅和整个生活的两阶段模式有关，也和洁净之类的观念有关：两个领域应当井水不犯河水，不要互相污染。忠告或许对经济的理性化有益，然而其内在价值是可疑的。工作完全和游戏要素切分开来，变得单调乏味，这一趋势随着工业劳动的彻底定量化而登峰造极。快乐同样和生活的"严肃"内容隔绝开来，成了愚蠢的、无意义的纯"娱乐"，最终只不过是劳动力再生产的手段，而真正的非功利活动的本质在于它面对现实问题，并升华现实问题：真正的欢乐是件很严肃的事情。

---

① 　奥托·菲尼契尔，《神经症的精神分析理论》，纽约，1945 年版，第 291 页。

工作和游戏的截然分开，这种总体个性的态度模式可称之为分化过程，它是对功利主义操作的整合过程的畸形补充，引进二分法恰恰是为了整合。

专栏并不为这些问题烦恼，而是紧紧抓住已经得到确认的"工作的时候工作，玩的时候玩"这句忠告。因此它和当代大众文化高度重合，大众文化重复着中产阶级早期教育的许多格言，像金科玉律一般，尽管其技术基础和社会基础均不复存在。

专栏作家很清楚，在等级制和官僚制结构中，大多数下属的工作都是苦差事，他也明白，被迫干不想干的活（是任何人都能干的简单重复劳动，无法认为它们有意义）的那些人身上滋生出多大的反抗。于是不断告诫他们，专心于这种工作吧，这才符合一天的秩序。这个借口太不可信了。

然而，在这一意识形态中，对"工作的时候工作"的古老态度有某些微妙的重大修正。人们在上午应该做的事情不再是以独立的企业家为榜样的自主活动，相反，他们被鼓励在组织机构中从事微不足道的固定工作。因此，工作的忠告，不要让本能冲动分了心的良言相劝，往往叫人去干那些"杂活"。

> 上午投入常规的杂活，忘掉忧郁。（1952 年 11 月 21 日，狮子座）
> 专注地投入杂活……（12 月 19 日，射手座）
> 坚持干杂活……（12 月 27 日，射手座）

按照这些忠告，大多数时候，杂活应该立刻干掉。偶尔——这是专栏的马赛克技术的一个特征，把相同的基本范畴变成不同的构型——推迟到适当的时间再去做。

> 今天早上不必匆匆忙忙地去做日常的杂活。（1952 年 11 月 10 日，金牛座）

"杂活"这个词把接受的小任务变成了高高在上的法律，不仅看到了它们的内在必要性，也是因为害怕受到惩罚才去做它们。专栏设法消除对无意义的日常工作的抵抗，它施行了强制的力比多化，其程度与杂活的重要性成反比。

这一心理倾向得到了更多的利用，小责任的概念被引入了私人生活领域。洗车、修家用电器等等活动固然低级，却仍然和主体自身的利益范围紧密相关，而不是和商业的日常活动相关，因为这些活动属于他，被认为是他的"自我"的一部分，而他经常感到他在商业活动中做的事情最终只是为他人服务。这一观点和专栏作家的心理学知识结合了：今天，"机器的设计发明"在很多人的心理学家族中起着惊人的、确定无疑的非理性作用。节省劳动的设备，起初是劳动力不足等客观条件的必然要求，现已披上了自身的光环。这可能表明人们停留在了某个青少年活动的阶段，在那个阶段，人们为了适应现代技术，把技术变成了技术自身的原因。在这方面，值得一提的是，小发明的心理动力学基本上并未开发，他们的研究是完全适时的，为的是看到当代条件的客观结构和生活在这些条件下的个人之间的情感纽带。这种退化似乎是不再觉得他们自己是自身命运的主人的那些人的显著特征，与之相伴的则是他们对将他们非人化的当代条件的拜物教态度。他们越是被物化，就越是把人性的光环赋予物。与此同时，小玩意儿的力比多化是间接的自恋，它依赖于自我对自然的控制：小玩意儿让主体回忆起了早期的无所不能的感觉。既然这种全神贯注从目的变成了手段，被当成了事物本身，那么就能看到一种近似于具体主义的态度了。这从专栏中偶然出现的相当奇怪的陈述中泄露出来，比方说，"买有趣的小玩意儿"。

> 用更多有趣的小玩意儿让那里（你的家）更幸福……（1952年12月3日，水瓶座）

至于快乐，按照两阶段的方法，主要留给了下午和节假日。搞得天国的启示和通行的历法之间存在着先验的协议似的。为了变化，为了不让二阶段方法的一统天下过于明显，规则总是有例外的。

然而，如果认为工作和快乐的两阶段划分将两者等量齐观，那就错了。方法本身，亦即为了提高劳动生产率的分工，而把生活"分为"不同的功能，是在心理学的理性化的协助下做出的选择，也就是说，"理性先于放纵"（说白了，自我高于本我）是要严格维护的。专栏的主要信条之一，也许最重要的（没有之一）信条就是：快乐只有在它最终有助于成功和自我实现的长远目标时，才是得到允许的。对这一原则的明显强调，有双重的原因。一方面，占统治地位的顺从观念（做别人期望自己做的事）和假装帮助人们掌控他们的日常冲突（冲突往往源自人们对日常工作的抵抗）都要求强化传统的工作伦理——这也许是因为现在这个时代的技术越进步，单调乏味的工作就越显得多余，所以只要它还存在，对它的怨恨就与日俱增。专栏不得不考虑今天逐渐显露出来的这种特殊的社会不合理性。另一方面，专栏作家知道快乐经常导致内疚感。缓解之道是让读者认识到某些快乐是允许的，只要它是一种"释放"，否则，正如现在的大众心理学教导的那样，如果他不让自己获得一些满足，他就会成为精神病患者。首先，许多快乐的满足立刻就直接实现了某些经济上获利的目的。既然这种"为尽责任而快乐"的概念是自相矛盾的，所以出现了某些怪诞之处，揭穿了整个专栏。

一条最千篇一律的忠告是"要快乐"（参见：1952 年 11 月 27 日，天蝎座；1952 年 11 月 28 日，射手座；1952 年 12 月 15 日，射手座；1952 年 12 月 16 日，狮子座；1952 年 12 月 23 日，射手座）。显然，它旨在鼓励读者克服大众心理学所讲的"抑制"。然而，这种鼓励是自相矛盾的，因为和理性利益的统治相反的本能需要似乎是受理性利益控制的。即使是自发、自愿的东西，也是武断和控制的一部分。这似乎是对弗洛伊德的格言"本我的东西将变成自我"的某种嘲讽。本我似乎被良知打开了，整理了。人被迫玩得开心，为的是更好地调整自己，适应环境，起码在别人眼里显得如此：这是因为只有完全适应环境的人才被认可为正常人，才有可能获得成功。这里要记得的是，心理学实验已经表明，人们喜欢一张快乐的脸，讨厌看起来不开心的人，这是有高度相关性的。这种普遍的外向化近似于沃尔芬斯坦和莱特斯所说的"快乐伦理"："你必须玩得开心"（无论你愿不愿意）[①]。本能的要求摆脱了威胁，它们自己反倒成了要履行的义务——精神分析的概念"快乐的能力"当中已经包含了这一致命的含义。与此同时，审查扩展了。性欲本身成了"开心"，从而被"去性欲化"了，这是一种卫生学。它不仅失去了更有威胁的、异于自我的冲击力，也失去了强度，失去了它的"风味"。专栏清晰地表现出来的这种趋势，在阿道斯·赫胥黎的《美丽新世界》就已经指出来了，寻欢作乐退化为社会的职能；他的反乌托邦的居民们最常说的警句就是"现在每个人都是快乐的"。

欲擒故纵地将快乐整合到僵硬的生活模式中去，是靠不断重复的许诺实现的：快乐的旅行、嬉戏、聚会等活动将带来实际的好处。如果一个人走出职业的圈子，就可以结交新朋友，建立对职业生涯有帮助的"关系"。关系会越来越好，间接地暗示着你的地位将越来越巩固，待遇越来越好。有时甚至会暗示说，如果你拿出浪漫的情调，将从你爱的女人的可靠的商业直觉中获利。

> ……同严肃的同事一起享受趣味相投的娱乐，将为成功的关系扫清道路。（1952年11月19日，巨蟹座）
>
> ……款待炙手可热的熟人。（1952年11月24日，处女座）
>
> ……女同事夸赞你，并把你介绍给能促进你发展的有权势的朋友。（1952年11月26日，巨蟹座）
>
> 和官员或同事多谈话，尤其是在社交场合或体育比赛中，展露你的才能，很快就会得到鼎力支持。（1953年1月3日，双子座）
>
> 今天是你玩得开心的日子；和活跃的同事联系，带他们去娱乐场所，在这些环境中讨论实际的目标，会取得好结果。（1953年1月9日，巨蟹座）

在这些方面，有权势的决策者的形象多多少少会被推销员的现实所

---

① 沃尔芬斯坦和莱特斯，《电影：一项精神分析的研究》（加拿大，格伦科：自由出版社，1950年版），第21页。

取代。

大可怀疑的是，专栏作家和他的读者们在内心深处都知道，规定的快乐就不再是快乐了，而是他们被理性化之后的义务，理性化比所谓无意识的愿望包含着更多的真理。换言之，闲暇时间的活动越来越正式地为开心或放松的目的效劳，实际上就落入了理性的自我利益的手掌心，参加这些活动不是因为大家真的喜欢它，而是因为这是取得成功或维持个人身份地位的必然要求。例如，专栏会建议读者"接受所有邀请"（参见：1952 年 11 月 17 日，天秤座；1953 年 1 月 27 日，双鱼座），显然根本不管他喜不喜欢。这一倾向的顶点是极权国家里有义务参加的、官方的"闲暇活动"。

快乐本身被专栏分为两类，简单的快乐和不寻常的快乐。不用多说，赞同的是简单的快乐，但有时也会鼓励那些不寻常的快乐，或许这只是为了变化和"调色"，也可能是准许读者的那些非主流的，至少会花更多钱的欲望的一种手段。不寻常的快乐是什么，从来没有任何暗示，而是让读者自己去想象，是外国的饭店还是性的新花样。

> 享受不寻常的娱乐和消遣。（1952 年 11 月 10 日，巨蟹座）

简单的快乐仍然被整合进了主流模式，其特征在于花钱不多。读者经常得到提醒，尽管玩得开心、恢复平衡是完全正确的，却不能打破精心计划好的预算。专栏作家青睐的快乐不仅简单，也"见效"（1953 年 1 月 29 日，白羊座和双子座），并且被指定为广播电视（1953 年 1 月 25 日，天蝎座）。满足是可容忍的，只要它认同社会，只要它是大众传媒引导和灌输的，也就是说，只要它在进入主体的经验之前已经通过了事先审查。因此，即使在人们"尽情消遣"的地方，也在促进着调整和适应。如果快乐得到了批准，那么它就不得不是预先简化处理过的，多多少少是被阉割的。专栏似乎十分通情达理，给了读者一些"消遣"的管道，然而这些消遣基本上是虚假的，否则不会得到专栏作家的祝福。就连读者获准摆脱他的生活常规的时候，也必须确保他的偏离最终让他重复了某些永远相同的常规——而那正是他想要摆脱的。

调整和个性

两阶段方法的核心是维护工作和快乐的二元对立，将后者置于前者的统治之下。然而，两阶段的强制似乎拓展到了其他类似于官僚制结构的领域，如马克斯·韦伯指出的那样，这些结构内在地具有扩张的趋势。这一扩张尤其涉及专栏对快乐的讨论所指向的调整问题。个人与其环境之间的关系，快乐与义务之间的冲突，两者始终相互作用，然而个人和世界的对立并不能完全还原为本能的动力学，而是有着客观的社会维度。两阶段方法也运用了这一维度，正如常见的建议模式运用了心理学。有时候，鼓励读者成为强大的、坚强的个体，还有的时候，劝他们调整自己，别那么固执，而是要服从外界的要求。古典自由主义的概念，如不受限制的个体活动、自由和坚强，是同现在的发展阶段格格不入的。现在，个人越来越需要服从社会制造出来的那些严厉的组织的要求。同一个人，不可能既是完全适应社会的，又是强大的个人主义者。然而，越是强烈地维持个人主义的意识形态，它就越不适合成为实际情况。由此引发的冲突是专栏必须考虑的。它把个人分成了适应和自主的两部分（如现实那样），从而暗中确认了备受推崇的"整合"的现实不可能性。

然而，为了获得正确的观点，不要过分简化基本矛盾。其实，两种要求不仅互相矛盾，也是互相纠缠着的。因此，即使今天的成功取决于个性特征（尽管和过去的特征迥然不同了），也根本不是仅仅由通常强调的"自我弱点"[1]来界定的，而是同时要求足够的强硬，也就是说，为了自我保存而自我牺牲的能力。调整需要个性。反之，在今天，个性特征是先验地用潜在的成功来衡量的。一个"有原创性的想法"被理所当然地认为是能够"大卖"的东西，能够在市场上证明它自己的东西。

事实上，心理学的状况是相当悖谬的。想要调整自己、适应社会竞争

---

[1] 参见赫尔曼·农伯格，《自我强点和自我弱点》，《国际精神分析杂志》，第24卷，1939年。

或社会等级制的人，不得不相当无情地追求自己的特殊的个人利益，以获得承认——可以说，他必须通过不适应来适应，通过毫不动摇地强调他的有限的个人利益及其伴生的心理限制来适应社会。反过来，自发的个性发展必然意味着一定程度的适应。亨利·柏格森在他的《笑》①中指出，使个人有了审美意义上的喜剧性的"心理钙化"标志着他的不成熟，以及他不能应对变化着的社会环境，以至于"性格"（不为生活经验所改变的一种固定的个性模式）这个概念本身也是喜剧性的了。因此，抽象地强调个性，强调它和外部世界的隔绝，导致了个性的不适应环境和失调。它引发了强迫行为，但我们往往只把强迫行为归咎于对立面，即异化、常规化的现实的压力。在调整概念已经变成了拜物教的这一社会结构中，如果把个性概念和调整概念隔绝开来，让两者非辩证地互相对立，这种做法虽然很容易理解，却是相当危险的。这一复杂的结构使得专栏有机会为相互矛盾的要求寻找公分母：一方面要有个性，另一方面，用专栏的委婉说法——要"合作"。相互矛盾的要求之一往往会不自觉地满足另一要求，这个事实被熟练地利用了。

鼓励读者直接面对外部力量做出调整，这种鼓励依然利用了大众心理学，往往采取了赞美外向、贬低内向的形式②。看起来，专栏真的不指望社会规范与个性能够整合，而是宁愿要言说对象服从外部的要求：事情总是要做的，然而与此同时，一旦逃脱了，就必须无情地回到一种无政府主义的强硬——这种严格服从缺乏真正内化的规范，本身是某种错乱的症候。人们一直被提醒说，他们不应该沉思，而应该把握行动的机会，他们应该对别人"高兴"，避免争吵并保持"理智"。

> ……要体谅家人，你若焦虑不安，气氛就会紧张。（1952 年 11 月 19 日，金牛座）

---

① 亨利·柏格森，《笑：论滑稽的意义》，巴黎：阿尔康出版社，1924 年版。
② 这种二分法可追溯到古斯塔夫·荣格阐述的性格类型学（《心理类型》，苏黎世，1921 年版，第 473 页以下）。应当强调的是，恰恰是这种声称要become为浅陋的精神分析概念赋予形而上学深度的类型学，格外受到商业的普及化、通俗化的青睐。

……控制你发出讽刺性评论的欲望。（1952年11月21日，摩羯座）

别再仔细考虑麻烦事，试试新的兴趣。（1952年12月9日，双鱼座）

要严厉阻止与合作者的争吵。（1952年12月9日，巨蟹座）

为他人着想。在合作模式下解决所有问题。（1952年12月13日，天蝎座）

上午，把许多问题公开，考验你的自控力。（1952年11月30日，白羊座）

早上你莫名地烦躁，这是行星在考验你的自控力。保持冷静。（1952年12月31日，巨蟹座）

……更合群一些。（1952年11月12日，处女座）

走出你自己；建立一切可能的新联系。（1952年11月13日，水瓶座）

保持开心快乐的个性，你就会很快乐。（1952年12月14日，巨蟹座）

现在你接受邀请，快乐就很容易。（1953年1月12日，狮子座）

依附于你周围的重要人物、活跃人物和能够让你迅速进步的人。（1953年1月13日，处女座）

……走到世界中去，会见所有能够向你展示更现代的方式的那些人。（1953年1月20日，天蝎座）

你渴望执行那些计划。好的。不要浪费时间了；接触所有能帮忙的朋友；全方位地扩展新的出路。（1953年1月3日，射手座）

接触所有可能的人，用有魅力的方式强有力地表述你想达到的目标。和讲求实际的朋友讨论未来。行动吧！（1953年1月9日，双鱼座）

行动！（1953年1月18日，天蝎座）

这些建议大多表现出了对读者遇到的困难的了解。在占星术的受众群中占了相当比例的是强迫、孤立的年老女性，她们往往害怕任何新的联系，假如不是害怕一切联系的话。专栏多多少少是来帮助她们的。"精神病人格"，尽管有着高度现实主义的防御，并成功地隔离于她们的幻想中，却仍然面临着"丧失了同现实的任何联系"的威胁，专栏的目标之一，它想要给出的"帮助"，就是维持某种表面上的联系。这方面的其他建议也是以类似的经验为支撑的。"要快乐"指向了下中产阶级的脾气暴躁的女性经常发生的小争吵，"不要沉思"指向着了魔的强迫人格"反复思考"的心理习惯。专栏一方面强化了他们的某些精神病态度，另一方面又试图引导它们，将它们同日常的工作隔开，消除那些会阻碍读者的效率提升的外显症候。

促进外向的"调整"的一条特殊建议是抨击"膨胀的自我"。考虑到读者的自恋 ① 的敏感性，专栏作家小心翼翼地不去责备他们的这种变态，而是把这些描述指向了他们的上司和高管。然而，可以得出结论，基本的想法是要警告读者本人，不要对他自己的人格抱有这种不切实际的想法。

> 你觉得动力十足，决心不惜一切代价也要实现你的计划。然而，放聪明些，不要疏远了那些有强大自我的人，他们憎恨别人的成功。（1952 年 12 月 14 日，天蝎座）

> 有着膨胀的自我的一位行政主管或政府官员有可能打破你的计划。（1953 年 1 月 29 日，狮子座）

就上级而言，提及"膨胀的自我"的建议试图缓和等级制关系造成的令人不快的影响。显得精神失常的是上级，而不是小人物。上级显示力量，被说成是他的内在弱点的症候，这是为了让下级更容易服从（暗示下级才是真正的强者）。这里利用了一种庸俗的心理学观点，认为自命不凡往往是普遍的自卑情结的一种反应形式而已，这是为了让读者更容易应对他自己的社会依赖性。得到推崇的外向性格并不过分维护自己，而是接受

---

① 西格蒙德·弗洛伊德，《精神分析引论》第 26 讲"力比多理论和自恋"，《弗洛伊德全集》第 16 卷。

了世界对他的看法，作为他的最终衡量标准。诋毁"膨胀的自我"，在流行的心理学著作中非常普遍，包括霍尼小姐的最新著作《我们时代的精神病人格》或《精神分析新法》[①]。通过对古老的精神病学概念"自大幻想"的回忆，这一刻板印象便近乎俗称的"咖啡馆妄想狂"：内向性格的人，腼腆、不爱交际的人，被毫无根据地说成是傲慢自大的，而他从日常生活的无聊和野蛮中的撤退其实只是一种缺陷，是对现实的歪曲。这些观点中包含的真理因素被滥用于顺从的目的。世界是对的，局外人是错的。因此，这就像与此密切相关的反智主义那样，进一步加深了普遍的匀质化。按照这一意识形态，任何人都不应该相信他自己和他的内在品质，而应该像别人那样，在既定的结构中起作用，以证明他的品质。

然而，按照两阶段的技术，读者有时候也被鼓励"有个性"。不过在这里也能看到某些类似于对待快乐的东西，多多少少会让人怀疑：个性本身是一种奢侈，只是某些人在某些时候买得起的一种"文化商品"，但是它绝不能够影响社会机器的平滑运转。

更仔细地考察一下专栏倡导的个性特征，我们就会发现它从不提及反抗外部压力的那种成熟老练的性格，从不提及一种特殊的、发展得很强大的自我。相反，所谓积极的个性是跟自我的发展切割开来的孤立特性——事实上，恰好是自我的反面，也就是具有神奇一击的非理性天赋。对那些自我很弱的人强调他们身上的个性，这一难题的破解之道是用未充分发展的古代特性取代个性，认为那些特性是独立于自我形成过程的个体的"所有物"。这些特性和自我及其理性无关，却被当成绝对是"独特的"和个体化的。当专栏诉诸言说对象的个性时，它几乎一成不变地提及"魅力""个人的吸引力"等等好事。

> ……坚持用你的内在能力打动你的上司。（1952年11月10日，水瓶座）

> ……改进你的表现机会和个人魅力，收到奇效。（1952年11月

[①] 卡伦·霍尼，《精神分析新法》（纽约：诺顿，1940年）；《神经症和人的发展》（纽约，1950年）。

12 日，金牛座）

保持快乐、洋溢的吸引力。（1952 年 11 月 14 日，水瓶座）

用适合的物品来增强你自己的个人魅力。（1952 年 11 月 13 日，天秤座）

……增进个人魅力。（1952 年 11 月 17 日，射手座）

……你的每一分吸引力都更明显了。（1952 年 11 月 18 日，狮子座）

……拿出你迷人的魅力。（1952 年 11 月 19 日，白羊座）

散发出吸引力。（1952 年 11 月 21 日，天秤座）

散发魅力。（1952 年 11 月 17 日，白羊座）

甚至，他们"自己的直觉"：

……灵感闪现的光辉昭示了改进合作事业的方法。（1952 年 11 月 10 日，射手座）

上午，用良好的心智，到你所有的事务部门中建立更可行的计划。（1952 年 11 月 16 日，处女座）

然后，直觉会在下午给你正确答案。（1952 年 11 月 16 日，天蝎座）

早上让你聪明的脑袋瓜忙起来，规划这个以讨论来解决问题的大日子……（1952 年 11 月 20 日，天蝎座）

强调非理性的直觉，反对理性的思考，这种做法在理性化的世界①中是非常流行的。这里涉及的个人主义范畴似乎被当成了经济学当中的"自然垄断"。于是，它们被叫作"资源"，拿成功和实用性的标尺来测量它们，正如快乐被当成劳动的函数。如果个人达到了专栏的期许，那么他就发展、强调并卖弄着这些特质——他独有的，别人没有的特质，"物以稀为贵"，可以卖个好价钱。这样一来，与众不同也被整合进了普遍的同

---

① 可以附带提一下，直觉概念的历史起源是和 17 世纪最大的理性主义体系同时发生的。对斯宾诺莎来说，直觉是认识的最高类型，尽管他对直觉这个词的用法不同于如今的用法。在莱布尼茨那里，通过对潜意识知识的数学反思，在"小知觉"名义下引入了无意识概念。直觉主义的历史是偶然发生的理性主义的阴暗面。

一性之中，成了待价而沽的对象。个性本身被目的转化为手段的过程吞没了。读者一直被鼓励用他的个性打动别人，也就是说，利用那些看似令人垂涎的"资源"，让所有人都乐意为他效劳——只要他肯给机会。

这并不是专栏信口开河的非现实主义建构，而是反映了很久以来就一直存在的东西。赫胥黎在他的一部早期小说中曾经描述了一个人可以将他的魅力打开和关上。这似乎并不是独一无二的体验。在竞争的世界中，人们看到某些原本不自觉的、非理性的表现（例如一个微笑或某种口音）感染了人，受人喜爱，他们就学会把这些有表现力的特质变为"资源"，一有合适的机会就展现"那著名的开口笑"。

注重实用的忠告与现实主义的观念相符，在很多方面完全等于现实主义，然而其基础是强迫的非理性机制——这体现在培养出来的实用精神的某些特征上，这种实用精神本身是非理性的，可谓是比例失调的，有时表现出严重的心理畸形。这些畸形通常符合用目的替代手段的普遍模式。它所强调的实用，有时肯定了"过度观念"（由于心理因素，某个观念在人的意识流中起着比例不相称的作用）的重量。从现实的角度看，得到强调的那些行动和态度实际上只有极其有限的效果和重要性。

因此，"注重外表"这一无害的却也无关痛痒的建议在专栏中扮演着惊人的重要角色。

> 也要改善个人的外表。（1952 年 11 月 12 日，处女座）
>
> 此外，让你个人的外表和健康处于更佳状态。（1952 年 12 月 12 日，水瓶座）
>
> 让自己更有魅力，升级小汽车等等，尽量使用一些"更有面子"的方法。（1952 年 11 月 13 日，双子座）
>
> 你自己的一天，美容，理发，做任何能够增进个人魅力和幸福感的事情。（1952 年 11 月 13 日，天秤座）
>
> ……改进个人仪表，给你带来迷人的魅力。（1952 年 11 月 19 日，白羊座）

……你的个人仪表必须完美无瑕。（1952 年 11 月 22 日，金牛座）

不断强调整洁和健康，甚至提升到理想的高度，众所周知，这是肛门期症候群的特征。与这里相关的还有另一种精神病症候，即病人极度关注自己的身体，似乎身体和"他自己"是分离的。有怪癖的人容易对占星术信以为真，正如他们容易为健康饮食运动、自然疗法等类似的灵丹妙药而倾倒。整洁的社会学价值同清教的文化遗产结合在了一起，这是性纯洁的理想和身体洁净的理想的融合——健全的精神来自健全的身体。支持这一融合的是对嗅觉的压抑。

所有这些非理性的倾向都得到了专栏的伪理性的外向模式的支持。重要的是一个人看起来怎么样，而不是他是什么；"手段即目标"的观念彻底消除了任何"自为存在"的最后遗迹。

与此密切相关的是常见的建议"处理财产事宜或和家庭成员讨论财务状况"。它们首先表明了对看得见摸得着的财产的肛门期迷恋，就其向读者描述的而言，主要是指私人生活领域的财产，因为只有极少数读者才有资产。除了这些众所周知的心理学特征，图景里还有一些社会学的考量。对今天的大多数人来说，获得钱财的可能性，哪怕是开始赚钱的机会，都是极为有限的，而不像古代自由主义的鼎盛时期所假设的（无论假设是对是错）那样。然而，霍拉旭·阿尔杰的神话被认为是促使人们努力的最重要的刺激物之一。这里，专栏再一次找到了出路。如果人们不能像从前那样获得财产，那么就会暗示说，通过巧妙地处置个人拥有的东西，通过一种很吸引强迫人群的计划和行程，就可以获得连现在广大的工商企业都无法获得的那种成功。图表、时间表、进度表等等形式呆板的风险投资成了实际上挣到钱的替代品。正因为如此，预算、规划以及类似的"非现实主义的现实主义"症候得到了专栏的支持。似乎这位幻想中的副总（因为他根本不是副总）至少应该玩游戏一般地完成副总的功能。顺便说一下，这一手段有时也运用于职场培训中，办公室男孩有一天不得不扮演经理的角色。

你有想象力，你能够精确表达的观点——看看其他人是怎么投资增收的；然后运用到你自己的责任中去；付账单。（1952年11月13日，双鱼座）

找到增加收入的新方法，节省不必要的开销；和严肃的同事打成一团，为你目前的责任带来新的方向。（1952年11月18日，天蝎座）

……谋划赚钱的新途径。（1952年11月19日，天蝎座）

……安排提高收入的更好的方法，通过合作获得幸福。（1952年11月20日，双子座）

竭尽全力，会让你多赚钱，多添家私，生活中有更多好事。（1952年11月22日，摩羯座）

然而，"不受拘束的贪得无厌"这一旧观念深深扎根于商业文化中，虚假的伪活动无法丢弃它或彻底压制它，即使专栏作家清楚得很，它已经不再适用于今天的经济。这里，专栏作家找到了一条相当巧妙的出路，也就是诉诸占星术本来被掩盖得好好的迷信基础。多次提到了物质所得，却很少说成是读者自己的劳动所得或商业利润，反而几乎总是难以置信的、非理性的命运之垂青。

意想不到的帮助来自不知名的贵人，使得财产问题更容易解决。（1952年11月23日，白羊座）

远方来客、来信、来电带来好运，确保愿望达成。（1952年11月26日，白羊座）

中午发现始料未及的帮助偷偷给了你。（1952年12月6日，处女座）

意想不到的好处是可能的，你强迫自己做的事情将会自食其果。（1953年1月20日，白羊座）

专栏回归到占卜者的技术，并抛弃了专栏通常的存货，让读者确信，如果他是某个星座的，那么财神爷将在某些特殊的时刻降临到他身上，或

者用神秘的"朋友"作为代理人，给他极大的福祉。既不指望他相信他
能够赚到钱，也不期望他相信自己会穷一辈子。他被当成了孩子，对他许
下了空口诺言。显然，专栏作家料到读者在这方面的愿望非常强烈，他的
这些空口承诺会逃脱惩罚，哪怕读者内心深处知道专栏的承诺永远无法兑
现，也得到了瞬间的满足。专栏在这里利用的读者心理就是赌徒的心理，
驱使人们去赌马、买彩票等等挣快钱的心理。对非理性的物质所得的倾向
似乎和创业挣大钱的机会越来越渺茫有关，也就是说，靠理性的计算已经
挣不到钱了。

有时候，专栏的胡乱承诺采取的形式是提及读者的"最渴望的"希望
或者"最深切的"愿望。

和亲戚讨论你最渴望的希望。（1953 年 1 月 27 日，金牛座）

这些说法是专栏的每一位专家都能够填写的"空格"，他们很可能
会根据自己特殊的情感需要来填空。正因为事关他"最渴望的希望"，
他暂时接受了不可能的承诺。看起来只是专栏的语言风格问题，实际
上是这一语境中抓住读者的聪明手法。相当抽象的格式语言"你最渴
望的希望"只是读者的那些现实的、未经审查的本能冲动获得专栏作
家许可的诸多方式之一，这些许可空口说白话，专栏作家无须为这些
话负责。

专栏培养了在通常的商业活动之外获得可观财产的希望，"鸿运当头"，
然而专栏并不完全满足于非理性的承诺。有时候会——尽管是小心翼翼
地、间接地——鼓励读者不要依靠运气，而是要"修正命运"（借用莱辛
笔下的法国投机商人利科的话①）。这一观念出现的形式是使用"幕后活
动"之类的说法，并取其褒义。

和金融顾问私底下商议，给出增加你的资产的方案。（1952 年 11
月 17 日，射手座）

---

① 利科是莱辛的喜剧《明娜·冯·巴尔赫姆》里的一个法国"冒险家"。

上午发现需要和家庭成员私下密谈，以消除当下的烦恼。（1952年11月19日，处女座）

……秘密地谋划未来。（1952年11月21日，摩羯座）

……悄悄地安排。（1952年11月21日，水瓶座）

这是你在幕后操纵事情的一天，运筹帷幄，增进幸福。（1953年1月3日，狮子座）

更多幕后的讨论能带来提高你的收入的聪明法子。（1953年1月9日，水瓶座）

通过幕后活动来设计一个更好地完成恼人的杂活的一揽子方案，会让你在家里更舒服。（1953年1月13日，水瓶座）

除了常规的"讨价还价"、"增进财产"和"排好日程"等建议，专栏作家还培养了一种观念：读者只有骗自己、利用私人关系和狡猾的外交手段，才能在商业等级制中往上爬，而不能指望勤奋的工作。这是相当邪恶的暗示。在现代的大众幻象中，阴谋论始终存在——这一观念无疑起着保护作用。鼓励"幕后"活动，是唤起这些倾向的一种不显眼的形式，这些倾向通常投射到外围集团之中。总是责备别人搞阴谋的那些人本身也有参与阴谋的强烈倾向，专栏利用了这一倾向，再生产了这一倾向。就这样的建议的风险而论，两阶段的方法对专栏有着特别的价值。欺骗的建议和无所不在的"遵纪守法""始终在允许的范围内行动"等谆谆教导相矛盾，是精神分析意义上的取消行为。这样的建议嘲笑着专栏明显的总态度——循规蹈矩和服从。

严格遵守法律的精神，一如严格遵守法律的条文，会让烦恼的上司极为开心。（1952年11月14日，摩羯座）

就连道德也外向化了：人必须考虑对别人的行动，要"知彼"，了解上司，而不是考虑对自己的行动。与此同时，会计往往被描绘为一种威胁，而不是职场的常规义务。言说对象得到的建议是，如果会计来了，他就会遭到大雷雨，言外之意是，他记账要么一板一眼，要么就灵活些，风暴都会平息。

> 最谨慎地处理涉及他人的资金。（1952 年 11 月 10 日，双子座）
>
> ……留神世俗事务的每一项，就会让批评远离你。（1952 年 11 月 17 日，双鱼座）
>
> 贷款利息需要格外的关注，防止意想不到的差错让上司藐视你的能力；下午对相关事宜进行通盘考虑。（1952 年 11 月 18 日，双鱼座）
>
> ……确认你正确地报账，承担银行、税务和财产责任。（1952 年 11 月 22 日，白羊座）
>
> ……准确安排联合基金。（1952 年 12 月 6 日，金牛座）
>
> 你没有兴趣利用目前的关系网，使之更有利可图，这就必然要求你更谨慎地对待上级，他会突然发火的，除非你给出准确的图景。（1953 年 1 月 3 日，双鱼座）
>
> 不要拿信誉和职业生涯冒险！当别人要你对当前的债务负责时，你要开心，并详细解释。（1953 年 1 月 8 日，摩羯座）
>
> 如果你冒险，上级将找你算账。（1953 年 1 月 14 日，摩羯座）
>
> 上午要求你在所有和上级有关的事情上做到精确。（1953 年 1 月 15 日，白羊座）
>
> 你的金融问题需要通盘筹划和智慧。（1953 年 1 月 21 日，双鱼座）

尽管专栏似乎默认了流传甚广的非官方意识形态——只要没被逮到，什么都是可以做的，它会定期地提醒读者在法律的范围内活动，这也说明专栏作家认定他的读者们有着强烈的违法倾向和无政府主义倾向，与公开宣扬的社会整合和严格服从背道而驰。始终存在的破坏冲动总是要打破控制机制——正是控制机制诱发了破坏冲动。

> 仔细复核你的账目、陈述和连带债务。（1953 年 1 月 21 日，双

子座）

　　最谨慎地处理涉及他人的资金；推迟昂贵的快乐，找个更合适的时间；结清当前的债务会让你更安全。（1952 年 11 月 10 日，双子座）

还可以提一下，专栏的"注重实际"的观念最终表现出了非理性的特征。最终，"你的家庭背景"将提示读者怎么做是对的。

　　你继承的背景给了你面对上司质疑时的正确态度。（1952 年 11 月 23 日，摩羯座）

　　上午，遗传下来的家庭原则对你有利。（1952 年 12 月 7 日，巨蟹座）

　　你的家庭背景告诉了你此刻最深切的需要。（1952 年 12 月 14 日，天秤座）

　　你的家庭背景给出了你上午老惦记的事情、你的忧郁的正确答案。（1952 年 12 月 21 日，摩羯座）

　　你的背景的坚定原则同你的冒险、寻欢作乐的愿望相矛盾；坚持你证明过了的那些发泄手段。（1953 年 1 月 11 日，天蝎座）

　　上午，你的家庭背景指出了你全面进步的方法。（1953 年 1 月 18 日，白羊座）

　　今天的你专注于实际问题，以及来自你的家庭背景的那些得到验证的原则，获得心灵的安宁。（1953 年 1 月 25 日，处女座）

这一观念同样近似于本研究讨论过的其他观念，比如把个人特质当成一种自然垄断，又如现代和保守的两阶段方法，家庭背景当然属于保守的方面。

　　然而，这一手法仍然试图用来对付自由竞争活动濒临灭绝的威胁。"归属群体"里的那些人在社会上起着越来越重要的作用，这一观念和"封闭社会"相关，在极权国家里尤其明显。召唤"家庭背景"，也许会吸引土生土长的、白种的、非犹太教、非摩门教的美国人和住在美国很久的那些家庭，他们幻想自己是"对的人"，享有某些特权。"家庭背景"既起到自恋的重拾信心作用，又起着现实主义的作用，因为这一背景的人可能更容易被有权势的人接纳。在家庭背景的背后，潜藏着"人数有限制"的观念。但是，这一手法的范围并不局限于幸福的少数人，大多数人都被当作特权群体，这是为了抵消原子化的感觉和个人的不安全感——正如曼海姆在其著作《人与社会》[1]中指出的，这是现代的大众操控技术的一部分。

在 12 月 21 日的专栏中，那些属于摩羯座的人确信他们的背景提供了"你老惦记的事情、你的忧郁的正确答案"。表面上，这意味着他们可以利用他们的传统来解决他们的问题——这肯定不是一个令人信服的承诺。毋宁说，真正的心理学讯息是"想想你来自多么非凡的家庭吧，你就会兴高采烈，觉得你要比你所依赖的那些人、可能让你恼火的人更优秀"。顺便提一下，在《权威主义人格》[2]研究中，一位带着高度偏见的被试评论道："我的所有朋友都来自非凡的家庭。"

经常会提到想象力丰富。然而，这里出现的陈述反映了微妙的心理学变化，而不是重大的社会变化。旧的观点仍然得到认可，比如说，只有通过原创的新点子才能赚钱，市场的成功不是仅取决于满足需求，而是靠创造新的需求或者提供了比现有商品更好、更便宜的商品。但是专栏肯定知道，对今天的大多数人来说，创新和创意的实施机会极为有限。因此，再次巧妙地利用强迫模式，对想象力的强调在商业管理和商业组织中最频繁地出现。当然，在这一层面的重大变革的机会微乎其微，它们似乎和无所不在的职业生活组织（人们觉得自己是这些组织的瓮中之鳖）更为一致，而不是和更强调个人主义计划的发明创造相一致。因此，言说对象被鼓励在现有组织框架内做出改变，我们可以得出结论，他们的影响力有限，资料有限，做出的改变恐怕对事情的实际进程毫无影响。

---

① 卡尔·曼海姆，《人与社会》，劳特里奇，1940 年版。

② 特·维·阿多尔诺、埃尔斯·弗伦克尔-布伦斯维克、丹尼尔·莱文森、内维特·桑福德，《权威主义人格》，纽约：哈珀和罗，1950 年版。

原创性这个概念似乎萎缩为一种理想：每个人都要成为他自己的有限范围内的高效专家。

> ……你可以转而采纳没有想到过的、没有试过的新计划。思想要开通一些。（1952 年 11 月 10 日，天蝎座）

> 你有想象力，你能够精确表达的观点——看看其他人是怎么投资增收的；然后运用到你自己的责任中去；付账单。（1952 年 11 月 13 日，双鱼座）

> ……你的创意是好的，也要注意投资。（1952 年 11 月 15 日，双子座）

> 创造性的表达异常吸引人，所以利用你的简洁风格和艺术细胞获得更多的成功。（1952 年 11 月 22 日，天秤座）

对原创性概念的修正，以及诸如此类的修正，表明掌控着专栏的世俗智慧并不仅限于大众心理学，也包括经济学，可以认为该方法运用的领域把心理学动机和理性动机合二为一。某些"摊开的"相互矛盾的建议见证了经久不衰的经济问题。这里首先属于要"现代"一些和"保守"一些的替代选择，它类似于但不等同于"想象力"和"理智一些"的选择。两个词最频繁地出现在商业的方法、技巧和改善方面。个性也被提到。只有独立思考并提供新东西的人才能做好。另一方面，传统观念认为，敢于创新却囊中羞涩的那些人很可能被大商业利益吃掉，哪怕他们的想法真的很新奇：挨饿的发明家形象是家喻户晓的。在现有状况下，"要现代一些"的口号几乎退化为骗局。真正的技术进步留给了技术专家，他们远离了商业的运筹，而想要在大商业组织中发展的人一般说来都是"保守的"，这倒不是因为害怕破产，作为雇员，他们害怕的是，如果一直搞创新和推广创新，就会被科层制当作不务正业的怪人。专栏似乎想要打破这个僵局，它有时要求读者"保守"，有时要求他们"现代"，从而逃避了真正的难题。两方面的建议只在生产领域有充足的意义，转移到消费领域之后仍然给个人一种自由选择的幻象：至少可以在广告所宣传的令人兴奋的现代和温暖舒适、古色古香的老式之间自由选择。保守这个词更多用于引申的意义上，即追求一种"保守的"财务政策，也就是说，避免不必要的开销：专栏的夸大其词实际上只不过是节俭的建议。当专栏建议读者要现代一些，也几乎总是在说他应该买现代的家用电器和家具——这个建议和"小发明、小玩意儿"有关。建议他保守，则是要他控制开支。现代和保守的对立被放逐到消费领域，然而却指出了一种自相矛盾的情形。现在市场上充斥着巨多的商品，号召着打算购买一切新品的有现代思想的人，由此建构起来的消费者心理却反而摧毁、威胁着那些有购买强迫症的人，人们经常说，这将削弱购买力，从而危及整个经济结构。为了让每个人——真正的顺从者——觉得正确，专栏不得不一边促销一边反促销。这一徒劳的任务只能继续把不同的建议分配给不同的时段：

> 需要重新激活你自己的观念，跟上当今的潮流；好好研究现代的体系；一位进步的伙伴会大大地帮助你，请求他的帮助吧。（1952 年 11 月 16 日，摩羯座）
>
> 你的同事们都好像乱七八糟，一切都不对劲。坚持已经得到考验和验证的原则，于是诸事顺遂。（1952 年 12 月 4 日，白羊座）
>
> 没有什么事情是容易的，你找不到正确的货物、食物或其他物品。宁可保守一些。你就不会犯别人会犯的错——他们不知道今天是个困难的日子。（1952 年 12 月 4 日，狮子座）
>
> 采纳更入时的态度，是对你的保护。（1952 年 12 月 9 日，天蝎座）
>
> ……更加留意财产事项和合伙投资；你的直觉不灵了。（1953 年 1 月 6 日，双鱼座）

专栏使用的"现代"一词往往等于"科学的"：

> 忘掉过去的、过时的体系和兴趣；留心对你的需要很重要的现代教育和科学潮流。（1953 年 1 月 5 日，摩羯座）

开始用今天的科学态度来研究基本事实，改善你的表现，个人魅力极为奏效。（1952 年 11 月 12 日，金牛座）

今天是你走出保守的、因循守旧的表现的日子，看看世界上别的人是怎么生活的吧，采用现代方法来提高你的效率。（1952 年 11 月 12 日，摩羯座）

我们长久以来坚持的某些观念需要更新了，才能在今天可行。（1952 年 11 月 16 日，白羊座）

采纳更现代的思想原则、教育原则和科学原理，带来更多快乐和成功获利。（1952 年 11 月 23 日，双子座）

这涉及引进新方法来省钱（而不要冒险）的观念。与此同时，"讲科学"的告诫表达了专栏的特殊关切。如前所述，在理性化的商业文化中的占星术（乃至一般的神秘主义）有着克服巫术实践之迷信的强烈冲动，科学使神秘主义的良心不安，它的存在根据越是非理性，它就越要强调自己并非假货。专栏回避了对占星术的价值的论战，总是用心理学的理由来证明其不言而喻的权威性，从而间接地追随着上述冲动，努力地向科学鞠躬致敬。①

从精神分析的观点看，要解释占星术为了减轻良心不安而把伪经崇拜说成科学的野心，用不着太深奥的理论。看起来，这里涉及安全的理念和焦虑的克服。存在着对犯错误的强迫性恐惧，而作为矫正，存在着做到

---

① 科幻小说很值得研究。这种极度狂热的时髦能够风靡一时，是因为它巧妙解决了非理性和常识之间的冲突。科幻小说的读者无须为自己的迷信和受骗而感到羞耻。他自己的幻想，无论多么非理性，也无论其内容当中有多少个人的或集体的投射，都不再跟现实不可调和。于是，曾经具有形而上学含义的"另一个世界"，在这里被贬低到天文学层面上，获得了经验的指环。鬼怪和恐怖的威胁往往是令人厌恶的古代怪物的复活，被认为是来自另一个星球乃至另一个星系的自然物体和科学物体。尽管在今天的生物学知识看来，"收敛法则"恐怕会使得哪怕最遥远的星球上的发展也类似于地球上的进化，而不是像科幻迷们享受的世俗化版的鬼神学那样。在非常流行的机器人文学里，人类自身的物化和机械化被投射回到现实中去。顺便说句，科幻小说是美国文学的一个悠久传统的顶峰：处理非理性的事物，同时否定其非理性。爱伦·坡在很多方面都是科幻小说的鼻祖，正如他也是侦探小说的鼻祖。

"绝对正确"的心满意足，哪怕只是做琐碎、无意义的事情获得的无可指摘——这种哲学让人想起肛门期性格的迂腐。渴望得到的陈述越可疑，对这种保护的需求就越强烈。在早期滞留的顶端，这一态度在俄狄浦斯期[①]又因为对父亲的恐惧而被强化：父亲阻止了孩子的性好奇，告诉孩子你还小，不懂事，要听话，别探险。这一态度也反映在专栏中，它总是提及固定不变的必需品，从不越雷池一步。专栏的读者总是要按照规定行事。退出了性渴望之后似乎什么都没有发生的感觉（这种感觉和去势恐惧[②]有关）取代了原本渴望的享乐：安全本身成为性欲的替代品。这一替代的非理性也暴露了出来。这准确地体现在虽然占星术被视为科学，承诺了绝对的、不可变更的安全（主要是因为无法验证），然而这一安全（威胁）的最终来源是隐藏的、说不清的。迫在眉睫的危险是受到严格审查的去势恐惧的最后一丝遗迹。在专栏的真正无意识的讯息中，最有效的讯息之一是"安全第一"，尽管这个口号有着理性的价值，但它本身应该被认作心理学的象形文字。

坚强和依赖

　　与调整和个性之间的矛盾密切相关的，是依赖和坚强之间的矛盾。从心理学上看，社会结构中的个人的实际弱点是和极度自恋的丧失相伴而生的，专栏多多少少补偿了这一丧失。为此，专栏利用了某些现实的现象。心理上的依赖感似乎在不断增加。然而，放弃一个人的个性同样需要力比多的努力和消耗，正如发展个性需要力比多那样。换言之，放弃个性同样需要坚强。因此专栏的任务是双重的，如果情形需要服从，它就要确保其

① 俄狄浦斯期，参见西格蒙德·弗洛伊德，《精神分析引论》第13讲"梦的古代特征和婴儿特征"，《弗洛伊德全集》第15卷；第21讲"力比多和性器官的发展"，《弗洛伊德全集》第16卷。

② 去势恐惧，参见弗洛伊德《精神分析引论》第22讲"症候形成的路径"，《弗洛伊德全集》第16卷；《焦虑问题》，《弗洛伊德全集》第20卷；《精神分析引论新编》第32讲"焦虑和本能生活"，《弗洛伊德全集》第22卷。

读者依然是坚强的个人，如果情形要求真正的坚强，它就不得不减轻他们的无能感。说到"侵略性"，显然和讲求实用的理想有关；说到服从，似乎和良知有关，并且和怯懦、内向的个性结构有关。需要找到两种类型的公分母。

很容易看到，这里考察的维度根本不符合前面提到的那些维度。我们的研究分析的三个对子之间没有任何机制上的并列关系。既然专栏的总方法（现在已经水落石出了）是一套明确的模式，一个结构单元，任何事都和别的任何事相连，那么将不同的因素分离出来加以分析，总是多多少少有点儿武断。然而，我们进行的分离操作是由材料的性质决定的。专栏的坚强模式和它别的地方强调的那些非理性的个人特质毫无共同之处，它提倡的"服从意识"也跟快乐外向的销售员性格差着十万八千里。这里讨论的矛盾往往体现在它习惯于建议人们坚定不移，有时候却建议人们三思而后行。"不要犹豫"的告诫①也许来自时间的压力，大部分人的工作都受到广为流传的、受文化制约的"安乐椅思维"这一禁忌的影响。然而，今天谁要是按照他自己的反应去行动，实际上会很危险。做了所谓错误决定的人很少是独立地采取这些措施的，他们并不是想把事情变好，或是采取与先前的行动相连贯的后续行动，而是严格审查这一决定是否符合上级制定的政策。这一结构变化涉及现代社会的官僚化，与之对应的专栏建议是不要匆忙行事或固执己见，尤其是不要把冲动变成行动，而是要在行动之前仔细考虑，和别人讨论问题：

……和那些熟悉真实情况的人充分讨论，运用原则。（1952年11月25日，巨蟹座）

你看到了你面临的问题的两方面。你能够说服所有同事站在你这边。（1952年11月25日，摩羯座）

你觉得动力十足，决心不惜一切代价实现你的计划。然而要放聪

① 参看阿多尔诺，《如何看待电视》，《电影广播电视季刊》第8卷，第3期，第213页以下。

明一点，不要疏远了那些有着强大自我、嫉妒别人成功的人。（1952
年12月14日，天蝎座）

　　小心，匆匆忙忙干杂活时、去教堂时或旅行时不要弄坏了衣物。
下午和同事联系，讨论新的大投资。（1953年1月4日，天秤座）

　　你投资和休闲的决心可嘉，但不是现在；等待更好的时机——注
意这些建议。（1953年1月7日，双子座）

与此相伴的是专栏的一般倾向，希望其读者作为"团队"的一员行
动。它似乎信奉一条金科玉律：开个会，做出决定，少数服从多数，就能
解决一切问题了。这种意识形态是民主的漫画像。与此同时，不断地鼓励
和别人讨论事情，诉诸的是前面提到的一种许多人都有的信念：别人比他
们更了解他们自己和他们的困难——一种到处都有的自我异化感。在这一
语境中，"体谅"这个概念突然出现在专栏上。社会学上，强调被理解和
被体谅，就像强调体谅他人一样，反映了社会的原子化，是集体化的反面
和伴生物（参加大卫·里斯曼在其《孤独的人群》中的研究[1]）。专栏正确
地估计到，屈从于冷酷的、非人化的、僵硬的、异化的社会关系的任何人
都觉得没人理解他，体谅他。客观的疏远是无所不在的"个人利益"偷偷
拼凑而成的。于是不断建议人们寻求别人的理解，并要求他们体谅别人。

　　确保你是心烦意乱的家庭成员中最体谅人的。（1952年11月22日，
天蝎座）

　　特别小心所有权力高层。体谅他们有难处。（1952年12月18日，
白羊座）

　　夸夸其谈的同事、敌人让人际关系不得安宁，你也变得消沉。要
体谅，不要陷入这种情绪低落。（1952年12月30日，摩羯座）

　　你的私怨让你的愿望——想得到的好处——无法实现。所以微笑
吧，看看别人的观点，对领导友善一些，于是下午会给你带来很多欢
乐。（1953年1月23日，摩羯座）

---

[1]　大卫·里斯曼，《孤独的人群》，耶鲁大学出版社，1950年版。

后面的建议有时基于如下观点：人只要认同比自己更糟的那些人，就能克服自己的困难。因此，就连慈悲心也只被当成了手段，而不是作为目的。通过操纵"主动的"和"被动的"这两种不同形式的理解，内在自我最终将被外向化的领域吞并。内向性被整合到了大机器之中。

把客观问题变成主观问题和心理问题的倾向，是对此整合的一种解释，然而这也意味着人们应该屈从于所谓更高的智慧——那些无论如何都不得不服从的人的所谓智慧。心理学上的自我反思变成了进一步调整适应的工具。向更有权势的人卑躬屈膝，似乎要比所谓自尊带来的伤害更小，据说，这是更深入地理解了自己、理解了那些服从者之后的结果。

行为模式上的两阶段的告诫也屡见不鲜。作为成功的商人，言说对象有时必须"有活力"，有时则不得不"屈服"。然而，要强硬和坚韧的建议似乎是相当不情愿地给出的。尽管捍卫了言说对象的独立性外表，但他大多数时候得到的强硬建议只是针对更弱的人，至少是跟他平起平坐的人，尤其是他的家庭，偶尔才是对"朋友"（在专栏中，朋友的功能是模棱两可的）。总体上，专栏对"坚强"概念的态度不像对待其反面那么认真。

"屈服"这个概念总是披着伪装，来自外部的所有令人不快的要求都被描述为来自他人的善意建议。这里，更强大的状况所要求的调整再次被轻描淡写地说成是深思熟虑的成果。弱音踏板大多是个人化的手法带来的。现实的要求一直被还原为提要求或下命令的人物。一直在描述的是这些人物，而不是要求本身。通常，他们是善意、有经验、友好的，但与此同时，他们是强有力、有点权力的人，有时，规定有助于减轻和他们在一起时的负面体验。

这些负面的描述往往让人同情强者，而不是厌恶强者。如果专栏预见到言说对象被某人伤害，那么就必须让他明白，他不应当反击，而是要装出一种姿态，表现出他自身的内在优越性，并且屈服。著名的"认同欺凌者"[1]的精神病学模式似乎是专栏对人际关系的实证观念。最清楚地体现这一模式的地方，莫过于专栏（乃至与其相关的大众心理学）加强了防

---

[1] 参见安娜·弗洛伊德，《自我和防御机制》（纽约，1946 年），第 117 页以下。

御，而不是解除防御。用集权主义的方式看待人际关系，认为人际关系是按照强弱分明的等级制原则组织起来的，相应地，人际关系几乎完全处于坚强对依赖的水平上。

人际关系的范畴

我们对专栏的基本概念和常见技术的分析就要结束了，最后我们要讲的是专栏设想的若干最重要的人际关系的范畴。

家庭和邻居

专栏对家庭的态度基本上是常规、官方的乐观主义，言说对象的最亲密的群体容不得半点儿差错。当然会有矛盾，但基本上都是爱与和谐。可以认为，真正的家庭问题都是否定地提出的，亦即几乎彻底忽略家庭生活的内化的、情感的部分。这里，一切都被外向化了，家庭要么被视为帮助和温馨的港湾

> ……支持来自家庭成员，减轻了当前的负担。（1952 年 11 月 10 日，狮子座）

要么就是抱怨和要求的源泉——为了让生活可以忍受，人就不得不满足一下那些要求。由此得出的画面就是冷酷的，因为缺乏对别人的同情之类的因素。家庭被放逐到闲暇时间，在专栏的两阶段组织方法中，家庭几乎总是在下午提到，在这段时间内，读者得到的建议是要么待在家里，要么出去玩。

在某些情形中，读者得到的建议是服从家庭。典型的假设是他入不敷出，很可能是因为酗酒或赌博。既然妻子是最终做预算的人，读者就要和她好好谈谈财务问题，尽管很少提到她，而是用更抽象的名词"家庭"指代，也许是为了不让他觉得惧内。在这一模式下，家庭成为社会对读者的本能冲动的控制的代理机构。同样，妻子要谈谈生意上的事情，以防她的

丈夫背叛了他的职业生涯，搞砸了饭碗。这些常识从来都不多说，而是寥寥几个字，让人发挥想象，做出不同解释。因此，和家庭讨论财务问题也可能用于相反的目的，即管好妻子的钱包，防止她挥霍无度。这里的妻子作为"消费者"，被认为没有作为"养家者"的丈夫那般理性。这种明显的歧义表明了现实生活状况的复杂性。无论如何，主导的观念是：家庭仍然是唯一由强大的共同利益结合而成的"团队"，所以人可以毫无保留地互相依赖，可以做出一些共同的计划来应付这个荆棘密布、危险丛生的世界。家庭被建构为一种防护组织，仅仅建立在给予和索取的原则基础上，而不是共同生活的自发形式。这就反映出现代家庭的某些结构变化。[①]

因此，读者要仔细"计算"他和他的家庭之间的关系。他必须为他期望得到的帮助和团结买单。始终面临着唠叨的威胁，这里，专栏强调的是"服从"，亦即小心翼翼的低调行为，并不断考虑什么会引发家庭的愤怒。在这方面，家庭总是像一个威胁着人的原始部族，其判决压倒了独立的主体。在唠叨的概念背后，是正确的估计：生产领域和消费领域、工作和闲暇之间的龃龉绝不会消失。生活本身越来越成为商业的附庸，尽管商业本来是为生活的需要服务的，这一荒谬使得适应得再好的人也不能消除冲突。妻子的唠叨其实是对经常恶化的情势的一种抗议，虽然她自己并不知道这一点。男人不得不在工作时间控制他自己，压制他的侵略性，而到了那些和他亲近却不如他有权力的人身边，他就放任不管了。专栏的处世智慧非常清楚这一情势，也知道在这样的冲突中，女性往往比男性更幼稚，所以诉诸男性的"理智"可能有助于缓和不可避免的冲突。

> 家里的局势紧张，除非你早早用微笑解决，影响和所有人的关系；忘掉伤人的情绪；工作增加储蓄。（1952 年 11 月 14 日，巨蟹座）
> ……在家要慎重，如果你显得紧张，就会加剧紧张气氛。（1952 年 11 月 19 日，金牛座）

---

① 参见马克斯·霍克海默，《权威主义和今日家庭》，收录于《家庭：其功能及命运》，安申（Anshen）编，纽约：哈珀和罗，1949 年版。

用快乐的情绪感染你爱的人，让他们满意。（1952 年 11 月 19 日，狮子座）

早上平息家里的一切争论；然后把住宅打理得更有魅力；接下来，讨论家庭财务、财产事宜，得到更多的理解。（1952 年 11 月 20 日，天秤座）

不满意的家庭、财产状况给了你大显身手的机会，你能谨慎处理好人际关系。下午安排预算。（1952 年 11 月 21 日，巨蟹座）

确保你是心烦意乱的家庭成员中最体谅人的。（1952 年 11 月 22 日，天蝎座）

冲突的不可避免性（我们业已指出了其社会原因）被归咎于抽象的时间要素，似乎有几个特别的下午或晚上，麻烦在家里酝酿，而读者为了避免大吵大闹就不得不格外控制自己。这当然也反映了因为鸡毛蒜皮的家庭小事而大发雷霆的那些动机的不合理性。

除了这种绥靖政策，言说对象得到的鼓励是"携家外出"或者邀请朋友来共度"美妙时光"；建议往往在假日提出，反正言说对象本来就很可能做这些事。建议让人想起制度化的快乐和人类亲密关系的替代尝试，其模板是情人节、母亲节和父亲节。无论是对是错，人们察觉到了家庭的温暖和亲切在衰落，然而出于现实的原因和意识形态的原因，家庭仍然保留着，因此温暖和团结一心等情感要素就被理性地促进着，这就好比说，当共同的"人生乐趣"的现实基础已经消失之后，仍然要把事情顺利做下去，并保持不散伙。为了做某些自然的事情，人们不得不被推到了一块儿，情势就这么奇怪——某人之所以不得不送花给妻子，不是因为他想这么做，而是担心如果忘记了花，造成的后果不堪设想。专栏推动的家庭活动空洞而无意义，就是这种想法的反映。他似乎完全接受了"共度美妙时光"的想法，要么一起去看电影，要么一起去夜店。

有人或许会问，专栏的家庭政策是否符合我们的基本假设——专栏真正的言说对象是中老年妇女。回答是：专栏起初建构的是男性的言说对象，所以就只好坚持这一观念，拒绝改变。很可惜，没有比这更令人满意的解释了。

专栏中，和家庭有关的是邻居的作用。他们在中产阶级人群的生活中所起的作用肯定要大于在虚构的成功人士的生活中的作用。不要忘了，专栏出现在超大城市里，像邻居这种初级群体（每个人认识每个人的群体）的角色是极不常见的。邻居的观念可能是从算命先生的旧时光遗留下来的，它同时实现了召唤旧景象的功能：乡村模样的传统、非商业的利益攸关乃至《圣经》上的友邻记忆，都有助于社会、心理上孤独的人同他们的命运达成和解。同时，不能完全排除的是：作为大洛杉矶区的半农村部分的拓荒时代的遗产，邻居依然存在，美国西部仍然存在着邻居团结友爱、互相帮助的优良传统。

朋友、专家、上司

比邻居重要得多的一个范畴，实际上也是专栏中最频繁提及的主题，是"朋友"。不停地召唤"朋友"，是显而易见的，有待于解释，即使"朋友"这个字眼被稀释了，往往指的是熟人。

专栏中的朋友角色首先是水晶球占卜者的遗留。占星术最基本的关系是"友"和"敌"，让人想起那些权力的信使。然而问题是，为何屡次提及朋友，而几乎绝口不提敌人？这里也许是迷信的最重要的一个方面，直接的威胁（令人恐惧的未知危险，从而使人们盲从）很少出现在所选的材料中。给人的感觉是，敌友二分法本身固然很适合两阶段的方法和妄想狂思维，却遭受了严格的审查，只剩下朋友还能幸存。

专栏中的朋友的最重要功能类似于塔罗牌算命术中的一种形象：意料不到的人物出现了，发挥了最大的影响。朋友从天而降，也许是因为专栏作家的基本建构：他在表述言说对象和家庭的不自觉的对抗时，往往流露出不可救药的乐观主义。他们突然出现，给言说对象好处，要么给他一些靠谱的建议来增加他的收入：

> 重要的朋友高兴地告诉你如何扩大与有限的伙伴的联合投资，所

以会产生更好的结果，互惠互利；对这些建议表示感谢。(1952年11月12日，双鱼座)

接触乐观的朋友，能帮助你前进。(1952年11月22日，白羊座)

要么就慷慨解囊:

……好朋友带来独享的利益。(1952年11月10日，处女座)

在公开工作中，和伙伴制定明确的、具体的计划，以得到有影响力的朋友的支持，成功唾手可得。(1952年11月20日，巨蟹座)

要么就得到重要职位的任命:

有意义的朋友急于看到你成功，给你机会实现心中的目标。(1952年11月17日，摩羯座)

忠诚的朋友给你好处，找到方法解决你目前的困扰，而你的烦恼来自你现在的雄心壮志。(1952年11月18日，水瓶座)

……和严肃的朋友共享适宜的娱乐，为成功的关系扫清障碍。(1952年11月19日，巨蟹座)

……和有魅力的朋友相处，他们急于帮助你前进。(1952年11月19日，双鱼座)

共同的假设是对依赖性需要的极端表达：言说对象总是被告诫说，要听朋友的话，要明白朋友们比他强，比他懂得更多，却愿意照顾他。

最近，非常活跃的朋友信任你，告诉你的伙伴如何把你的才华用在更高的、更有建设性和更有效的地方。(1952年11月26日，双子座)

细心、审慎的朋友和有能力的伙伴结合起来，让你的生活更为成功。让他们给你帮助，不要干预他们明智的行动路线。(1952年12月8日，天蝎座)

慷慨的伙伴，热心助你，向好朋友打听实现你的科学、教育和思想的目标的新方法。(1953年1月3日，水瓶座)

其他人有能力让你的生活成功或者失败，这取决于你如何行事，如何用你的务实的财务能力打动他们。（1953 年 1 月 7 日，水瓶座）

与此同时，和依赖性有关的潜在焦虑和敌意都消除了：言说对象所依赖的那些人物形象毫无疑问是正面的。他们越是局外人，就越容易以正面形象出现：更不了解他们的底细和缺点。依赖性的寄生特征非常明显，因为反复提及期望从他们那里得到的好处。专栏试图把自恋的丧失转化为不劳而获，亦即无须自主责任之重负的获得，有可能也加入了某些受虐狂的满足。

从这一角度看，提及朋友很接近于"认同侵凌者"。其实可以说，朋友不过是披着外衣的"上司"，正如家庭是妻子的"掩护"一样。商业关系的理性摇身一变为爱的关系，还是你害怕的那些人，却成了最好的人，因此是你不得不爱的那些人：这一移情显然来自俄狄浦斯的情境。从社会学上讲，它靠的是可替代性的意识，也就是说，在经济过程中，没有谁是不可替代的。言说对象应该觉得，他能够执行其社会功能，是永远爱他的父亲给不肖子的开恩。他的上级对下级的指令被解释为帮助下级克服其缺点，避免其失败——这是对物化关系的人格化，相当幼稚。

……和有影响力的朋友讨论你的进步。（1952 年 11 月 22 日，巨蟹座）

……有影响力的朋友给出了实现愿望、目标的指南。（1952 年 12 月 1 日，巨蟹座）

有能力的朋友真的把你大大推向前，向你说明了他的成功之道，这也适合你最渴望的愿望。务必留意。（1952 年 12 月 8 日，巨蟹座）

有能力的朋友私下里联手，帮助你实现切合实际的宏伟蓝图。（1952 年 12 月 26 日，双子座）

显赫的朋友了解你的才华，展现你的能力，让他们注意到所有让你成功的机会。请合作。（1952 年 12 月 26 日，巨蟹座）

和领导或同事多多交谈，尤其是在社交场合或体育赛事中，展现

你的才能，你很快就会得到实际的支持。（1953 年 1 月 3 日，双子座）

　　行政主管或者负责的上司如果和你联系，就会指出增加和扩张现有销售渠道的方法。（1953 年 1 月 3 日，摩羯座）

　　有影响力的同事，想要改善你的基本需要，告诉你如何充分利用一天的每一个小时。（1953 年 1 月 5 日，巨蟹座）

　　一位显赫的人物，比你更讲求实际，愿意给你建议，所以好好听着，执行这一改进的行动计划。（1953 年 1 月 10 日，白羊座）

　　有能力的人愿意给你指条明路，如果你有明显的兴趣的话。认真照着做，以示感激。（1953 年 1 月 10 日，金牛座）

　　这里，专栏又倾向于强化内疚感、强迫行为模式和其他各种无意识的动机，而不是反对它们。它试图将社会依赖性变本加厉为心理依赖性。然而这还不算完，专栏的朋友概念的含义还不止这些。这一用词的含糊使得它的心理学用法有了诸多不同的方向。其中一个用法是社会的人格化。专栏始终关注言说对象对社会规范的服从。社会规范的冲击力是可以减轻的，只要它们不出现在客观层面上，而是出现在人际层面上，这有点像以前的喜剧中的说教者角色。因此，利益无关的朋友们告诉言说对象必须做什么、怎么做对他最好。他们和他相似，也许涉及他在无意识水平上对自己的想象和对兄弟姐妹的想象。在专栏的隐性意识形态中，朋友的这种功能很可能和权威主义模式的变化有关，权威主义不再利用有权威的父亲形象，而是用集体取而代之。朋友的形象召唤了一种集体的权威，集体由那些和他自己相似的人组成，但是他们知道得更多，因为他们没有被同样的烦恼所困扰——旁观者清。星座专栏的朋友概念有点儿像极权国家的终极权威"老大哥"（奥威尔的小说《1984》）。埃里克·埃里克森用心理学术语发展了"老大哥"概念。①

　　朋友们不强迫任何事，但他们向言说对象表明，尽管他孤军奋战，却仍是他们当中的一员，他并不是一个人在战斗，他们给他的不合常理的恩

① 埃里克·埃里克森，《希特勒的幻想和德国青年》，收录于克拉克霍恩、莫里编，《自然、社会和文化中的人格》，纽约：诺普夫，1948 年。

惠是社会过程本身给予他的。这一幅社会信使的图画当然很容易和上司的形象结合起来，上司讲的是责任和义务，他始终是超我的要求的代言人。

　　……有影响力的人指明了日常生活要采纳的正确方法。（1952 年11 月 23 日，白羊座）

　　朋友是言说对象本人的投射，在许多例子中，朋友们用化学的形式表达了他心知肚明的自我利益。这似乎是他同他自己的对话，对话是这样投射冲突的：他自己可以像孩子那样讲话，他的"成年人"部分、他的自我对他"说着"安慰的话，而不是像朋友那样咄咄逼人——因为朋友代表了理性，和暂时的享乐冲动相对立。然而，与此同时，朋友们也为他的本我讲话，假装实现了他不敢实现的欲望。他们仿佛在跟他说："孩子，如果你照我们说的做，只要你是个好孩子，我们就会给你想要的一切。"

　　在这方面，"朋友"有两大特征。第一，他们经常（虽然并不总是）以复数形式出现，这可以解释为"朋友们"不是代表着兄弟姐妹就是社会本身。这里显然缺乏个性化，"每个人可以取代其他任何人"的观念非常明显。第二，朋友的形象有时被陌生人或"有趣的外国人"的形象所取代，尤其是涉及非理性的允诺和意想不到的横财时。在更公开的层面上，这可能反映了常规的日常生活的烦闷，以及言说对象所了解的小圈子的怨恨，然而，影响力很强的陌生人形象可以起到神奇的作用，可以打消人们对非理性的允诺的怀疑——这下好了，允诺的来源也和允诺本身一样是非理性的。顺便说一句，专栏只强调陌生人的积极方面，其消极方面则像所有凶兆那样避而不谈。在深度心理学的推论中，可以专栏的言说对象非常"群体性"，不允许他自己有任何"不合群"的愿望。神秘的陌生人关心的是这些被压抑的冲动。不过，值得注意的是，占星杂志上很常见的"恐外症"在专栏上完全不见踪影。这可以用专栏的"中庸之道"来解释。只有提及家庭背景的手法才显露出这种倾向的痕迹。最后，作为朋友的陌生人可能代表了如下事实：一个异化、疏远、陌生的社会在对读者说话。

　　所有这些含义使得人们对朋友的期望模棱两可。专栏对朋友的表达相当微妙。它不停区分"老朋友"和"新朋友",令人惊讶的是,它往往更青睐新朋友。

> 你真的想要斥责、驳斥一个能够夺走你现在的特权的人;不要这样做,而要跟杰出的同事商量,找到和解的最佳途径。(1952 年 11 月 10 日,摩羯座)

> 在沮丧中,好朋友找你,给出解决当前问题的方法;结交新朋友,让你走出低谷,给你的才华找到惊喜的出口。(1952 年 11 月 10 日,双鱼座)

> ……今晚结交新朋友。(1952 年 11 月 18 日,射手座)

> ……结交新朋友;倾听并理解他们的成功之道。(1952 年 11 月 19 日,金牛座)

> 早点儿走出去,到大千世界中去,结识那些背景不同的新朋友。(1952 年 11 月 19 日,射手座)

> ……接触最近认识的人,充分利用他们。(1952 年 11 月 20 日,金牛座)

> 你富有创造性的表达令新交的朋友很开心,他们会给你提高收入的机会,始料未及。(1952 年 11 月 20 日,处女座)

还不太熟悉的人,有点儿像陌生人和外国人——专栏有时会直接认同后者。至少他们令人兴奋,能够带来欢乐;在标准化和可怕的同一化背景中,"非同寻常"这个概念本身就得到了人们的积极注意。然而,他们置于现在之内。相反,老朋友(至少有时候)被描述为一种负担,是要求过高的人或者开空头支票的人,朋友这种关系实际上已经是明日黄花了。

> 忘掉和亲密伙伴在工作上的不愉快;走到外面的世界中去。(1952 年 11 月 13 日,摩羯座)

> 旧欲望,旧朋友,此时此刻看来已经不能令人满意。(1952 年 11

月 14 日，射手座）

和不好的朋友断绝来往，会得到更多的财产。（1952 年 11 月 19 日，天蝎座）

讨厌的朋友试图把你拉到他们的水平上；雄心似乎渐行渐远。（1952 年 11 月 20 日，射手座）

在良辰吉日，他们是可以忍受的"伙伴"，然而读者不要太拿他们当回事，不应当和他们卷得太深，有时要提防他们。这里我们看到了专栏的强烈诉求，也看到了它表现的那种氛围：拒斥过去。任何不再"在那儿"的事物，不再是事实的东西，都被当作绝对的不存在，用摩菲斯特菲勒斯的话说，"就像它从未存在过那般美好"。和过去的关联仅仅意味着被逐出了今天的任务。忠诚这个概念基本上被专栏排除了，尽管它具有道德和正派的一般含义：此时此地没有用的东西就得扔掉。将这一方法运用到"老朋友"上，和朋友反目成仇的阶段就被合理化了，被引导到专栏的流水线式调整适应的总模式之中了。好的是能帮助你的朋友，起码是为了某些积极的目标而和你在一起的一群人；其他人则是昨日的遗迹，属于不复有效的情境，因此在道德上要受到惩罚，随他们去吧。这些特征表明了专栏所宣扬的圆滑的意识形态底下的冰冷暗流。[1]

专栏有时向言说对象提及"专家"的建议。"专家"是介于"上司"（或社会本身）和亲密朋友之间的角色。用他的客观优点评价他，他是懂诀窍的人，而他同时又被描述为超脱于既定利益的人，他的动机仅仅是他对事情本身的客观知识，因此他的建议包着糖衣。专家这个概念本身渐渐获得了一种准巫术的含义，专栏也很清楚这一点。通过普遍的分工和精密的专业化，专家不仅是具有很多专业知识的人，也具有很多其他人（非专家）无法掌握的知识，因此是值得信任的人：他的专家地位仅仅是以理性的过程为基础的。于是专家渐渐变成了理性世界的巫师，他的权威得到了毋庸

---

[1] 应当注意众所周知的反犹主义甄别，亦即把犹太人分为"好的"和"坏的"。参见《权威主义人格》，前引，第 622 页以下。

置疑的认可，没有人会违反盲目的权威设下的禁忌。既然专栏不得不一直处理非理性的集权主义要求和理性主义的文化伪装之间的冲突，那么专家形象就很好地解决了它的问题。

> 不必独自挑起所有重担；和专家商议，他的经验比你丰富。（1952年11月12日，双子座）
>
> 和金融顾问私底下商议，给出增加你的资产的方案。（1952年11月17日，射手座）
>
> 结交专家，他能给出处理好家庭关系的最佳方案，需要新方法。（1952年11月20日，水瓶座）
>
> ……节约开销，和税务专家合作。（1952年11月22日，天秤座）

在专栏眼中，一切人际关系的关键人物是上司，是老板——无论是就他们在商海中的能力而论，还是从他们作为父亲替代者的心理角色而论。我们有把握认为，专栏里提到的人，尽管用我们讨论过的其他范畴来掩盖，实际上十有八九指的是上司。从11月10日到11月22日，专栏提到的人物类别的分类统计如下表所示：

类别	提到的次数
陌生人	1
邻居	2
专家	5
家庭	35
朋友（和上司有交叉重复）	53
上司（和朋友有交叉重复）	48

当然，他们比朋友更为模棱两可，更多地运用了两阶段的方法。一方面，他们始终是威胁，因为他们想要"算账"，读者对他们的责任往往超出了读者自身的能力，却不得不服从他们。但是他们在个人层面上也被谴责为自负的、装腔作势的草包。然而，这两种威胁都得到了缓解：要么提到上司的道德正确，要么提到上司的深谋远虑，以冲淡真正的上司形象；

另外，说上司也有他们自己的烦恼和苦衷，也需要人理解，或者干脆直接说他们荒唐可笑（因其浮夸和膨胀的个性），则暗示了上司的反复无常和非理性。于是，冲突就显得并没有那么严重了：

……讨厌的上司需要你的毅力来完成艰巨的任务。（1952 年 11 月14 日，摩羯座）

帮助担忧的同事解决更困难的问题，苦差事带来的烦恼随之得到缓解。（1952 年 11 月 16 日，双子座）

经常用朋友的权力作为调停的中介，让上司服软或者消除关系中的紧张：

……勤勉的朋友与同事通力合作，实现你的愿望。（1952 年 11 月11 日，天蝎座）

……好朋友愿意指条明路，你的雄心壮志确保能够实现。（1952年 11 月 17 日，水瓶座）

向言说对象推荐的"对待上司的态度"，毫无例外地是屈服和尊重等级秩序的态度。最常用的建议之一是安抚上司，就像孩子在父母"生气"时做的那样。重点不在于完成任务本身，而在于一种能精明的、能屈能伸的态度。上司是要小心"伺候"的，如果你还想要得到他们的恩宠的话。专栏用真正的等级制的风格，把关系描述成这样：宫廷里最受喜欢的人是能讨好小王子的人，而不是做好本职工作的人。

……注重用你内在的才华逐步打动你的上司。（1952 年 11 月 10 日，水瓶座）

……帮助领导、行政主管的职业更成功，会增加你的特权。（1952年 11 月 13 日，水瓶座）

有时，对上级的任劳任怨的态度自相矛盾地采取了贿赂的形式。弱者要邀请强者，请他出去玩，以获得（说得委婉些）令人满意的人际关系①。

> ……邀请有权势的人到你家来。（1952 年 12 月 13 日，狮子座）
>
> ……坦露你对上司的感激之情。（1952 年 12 月 24 日，金牛座）
>
> 参加高层聚会或集会；如果时间允许，招待有影响力的人物。（1953 年 1 月 13 日，摩羯座）
>
> 邀请有影响力的上司来聚会，表现出你的能力。（1953 年 1 月 18 日，天秤座）

潜伏在专栏思维背后的，简直就是新的封建制观念，农奴们集体向地主交租子：无论在社会学上还是在心理学上，这一观念都是退化。当然，理性化始终是平等主义的，上司和言说对象在社会地位上是平等的，所以能够毫不犹豫地邀请老板。专栏几乎总是暗示这样的款待将得到赞赏。

这一观念符合与上司打交道的另一对两阶段方法。如果说，朋友往往只是上级的委婉说法，那么把上司描述为朋友就让人想到一位严父，他的专制暴政也有间隙，以便让孩子们相信他是孩子们最好的朋友，他压迫他们是为他们好。随之而来的是对上司形象的赞颂，他的成功是他的内在品质的结果：官越高，越聪明。专栏中反映的等级关系是辩解性质的，是拜物教的关系。

> 朋友、伙伴、对手会理智地倾听你提交的合理计划，因为他们思想开通，愿意集思广益，而不是一意孤行。（1952 年 12 月 2 日，白羊座）
>
> 行政主管、领导对每一个细节都很精确，厌倦你的好高骛远，这

---

① 可以附带提一下，专栏的语言总体上是委婉的，生活中的所有负面都换成了中性的乃至快乐的表述，所以分析时要格外小心，才能找到其现实基础。目前为止分析的例子绝大多数也是委婉语的例证。这一手法的迷信成分，亦即不能提妖魔的名字，否则会把它招来，是家喻户晓的，并且被专栏利用了。在外显的层面上，冒犯别人的恐惧扮演着重要角色。专栏不想冒犯读者，不会直截了当地指出他们的缺陷和弱点，读者也不想冒犯上司，哪怕是想一想都不敢。

也给你指出了赢得世俗荣耀、受人欢迎、得到赞扬的正确途径。（1952年12月3日，狮子座）

一丝不苟的行政主管、上司表明了可以如何巧妙改进日常工作。（1952年12月8日，射手座）

被行政主管、领导或政府官员"修理了一顿"是好事，你现在知道该如何精打细算了。（1953年1月10日，水瓶座）

经常使用"重要的个性"之类有特权的词汇，给上司的更高职位加上了光环。

……有影响力的行政主管。（1952年11月10日，天蝎座）

……有影响力的行政主管。（1952年11月26日，白羊座）

……显赫的人物。（1952年12月22日，天秤座）

……显赫的人物。（1952年11月10日，摩羯座）

……强势的重要人物。（1953年1月22日，双子座）

从对待上司的依赖、逢迎态度中得出的更为一般的态度是全面和解的态度，尤其是要安抚对手，"鼓吹"他们。专栏作家预料到每个人都多多少少未能尽职尽责，会遭到贪得无厌的上级或唠叨的妻子的责骂。当读者遇到这类困境时，按照专栏的建议，他应当不要让事情一发不可收拾，而是要设法用和解的态度来息事宁人，用友好的方式交谈，化干戈为玉帛，化敌为友。在这里，交谈这个概念始终扮演着重要角色。这有力地证实了口腔期性格在专栏的心理学观念中的分量。言说对象被鼓励交谈，交谈本身成了消极被动的屈服态度和"对着某人咆哮"的侵略性态度的混合体。这一建议是很有市场的，因为被压抑者真的想要说出心里话，却不得不压抑这一愿望。专栏试图让这一冲动为现实主义和顺从态度服务。

专栏推动的实践的最终结果是，要么就彻底避免冲突，要么就卑躬屈膝化解冲突——这种行为乃是妾妇之道。相反，一点儿也没有提到自主的、独立的行为。

结论

鉴于所研究的材料极为有限和特殊，所以在严格意义上的"普遍化"是不可能的。然而，材料确实表明了具有更广泛性质的某些观点。虽然它们是从特殊现象的解释中推论而来的，却也为整个研究提供了背景，特别是，让我们更加理解为什么要完成这一研究。

尽管我们的兴趣并不在占星术本身，然而占星术之类的时髦实在是太流行了，影响太大，值得好好研究。显然，占星术时尚的增长是无法"证实"的，因为无法得到过去的统计数字，也就无从比较，但事实很可能如此。所以在德国的报纸上，征婚广告里经常提及求友者属于什么星座。如果仅仅把这种增长归结为迷信倾向被利用了，占星报刊发行量上升了，那么似乎并不足以解释人群对占星材料的易感受度。更值得关注的不是占星术本身，而是这一易感受度。我们试图把我们的占星术研究当作一把钥匙，能够解析更广泛的社会倾向和心理倾向。换言之，我们分析占星术，为的是找到我们社会的某些趋势的"症候"，以及这个社会包含的典型心理趋势的"症候"。

在这方面，第一个相关概念是社会的和心理的依赖。我们对《洛杉矶时报》专栏的分析指出，受众的依赖需求是如何成为前提的，又是如何被反复培养和反复利用的。然而，就当代占星术的具体性而言，这个依赖概念似乎太抽象了，无法让我们更进一步。在组织化社会的整个历史中，大多数人都是依赖的，在某些历史时期，依赖恐怕比今天还要严重。然而这一点不是绝对的。无论今天的个人是否在很多方面比从前"更自由"，生活的社会化都肯定加深了，也就是说，个人越来越被组织的无数途径所"捕捉"。要证明这一点，只要看看传统的工作和闲暇二分法日渐式微，社会控制的"休闲活动"越来越侵占了个人的闲暇时间。个人对社会有机体的基本依赖以一种高度非理性的形式蔓延，而且这一依赖在古典自由主义时代对许多人来说是"戴着面纱的"，人们习惯于把自己设想为自给自立的单子。现在，这一面纱被撕掉了，人们比八十年前更加直接面对他们自身的依赖。这大概是因为社会控制过程不再是匿名的市场过程，即供求关系决定个人的经济命运。社会控制和个人之间的中介过程逐渐消失，个人再次必须服从掌控着社会的那些集团的直接判决。依赖变得公开了，而不是增加了，这才使人们感到自己的依赖并倾向于占星术乃至极权主义教条。悖谬的是，看得更明白了，反而导致盛行于现代资本主义兴起之前的态度又死灰复燃。这是因为人们虽然承认其依赖，甚至大胆说出他们不过是棋子、小卒子，然而要他们直接面对这种依赖，却无比困难。社会是由它容纳的那些人组成的。如果后者承认他们对人为造成的状况的依赖，他们就不得不责备自己，不得不承认自己的无能，也不得不担负起今天无法担负的责任。这大概就是他们很喜欢把自己的依赖投射到别的事情上的原因之一吧，无论那是华尔街银行家的阴谋还是星相。让人们投入形形色色的"欺骗的先知"之怀抱的，不仅仅是他们感到的依赖，以及把这依赖赋予某种"更高"、更公正的发源地的愿望，也是巩固他们自身的依赖的愿望，不想自己掌握自己命运的愿望——归根结底，这一愿望其实来自他们生活中的压力。可以说，星座专家一而再再而三地操弄大众的依赖：这个假设也完全符合对许多星座迷的观察结果，他们似乎并不很相信，而是对自己的信仰采取一种放纵、半讽刺的态度。换言之，占星术并不能简单解释为依赖的表达，而是要视作依赖的意识形态，是强化令人痛苦的状况并证明其合理性的努力：似乎肯定了这一状况，它就变得没那么不可忍受了。无论如何，对今天的大多数人来说，世界比以往更像一个"体系"，笼罩在无所不包的组织网络之下；面对这个由等级制商业结构统治的社会（非常接近我们说的"行政管理的世界"）的无尽要求和考验，个人找不到可以"藏身"的透气孔。

这一现状同妄想狂的思维体系有诸多类似之处，妄想狂招致了很多思想行为模式和强迫的态度。社会体系和妄想狂体系之间的相似点不仅在于封闭的、中心化的结构，也在于大多数人觉得行之有效的"体系"本身在他们眼中也有着不合理的一面。他们觉得事物是普遍联系的，他们无处可逃，然而整个机制如此复杂，使得他们根本不理解其存在根据，也不怀疑这个封闭的、体系化的社会组织并不真的为他们的需要和愿望服务，而是带有拜物教的、自我永恒化的"非理性"的性质，并且和它建构起来的生活相异化。因此，就连所谓"正常人"也乐意接受幻象的体系，因为实在难以把这些体系同他们实际上生活于其中的体系区分开来了——两者同样不可阻挡，同样不透明。这既反映在占星术上，也反映在两大极权主义国家中：两者都声称有解释一切事情的答案，化复杂性为简单机械的推论，消除了一切奇怪的、未知的东西，同时却又什么都没有解释。

由此得出的体系（"行政管理的世界"）带着威胁的维度。为了理解占星术满足了人们的什么需要，就要理解社会一直威胁着人们的阴影。大多数人觉得自己被"逮住了"，无法想象他们有可能是自己的命运的主人，这种意识不过是威胁的一个方面。另一个方面，无论是心理学还是社会学上都更深层的方面，是我们的社会体系似乎正走向自我毁灭，哪怕它严丝合缝，技术的运行机制极为精巧。从一战以来，对潜伏着大危机的感觉从未消失，大多数人认识到（至少隐隐约约认识到），社会过程的连续性乃至他们再生产自己生活的能力本身都不再是所谓"正常的"经济过程的结果，而是全面军备等因素的结果，这些因素看似是长续发展的唯一手段，却埋下了毁灭的种子。威胁的感觉如此真实，像原子弹和氢弹之类的表现形式已经超过了最错乱的精神病恐惧和毁灭幻想。人们越是声称接受官方的乐观主义，他们内心深处就越是受到在劫难逃的情绪的影响——无论这种看法是对是错，当前的状况已经走向了总爆发，个人对此却无能为力。大难临头的感觉在今天有了格外的不祥之兆：事实上，当下的社会存在形式似乎在覆灭，却看不到任何新的、更高级的社会组织形式的端倪。"未来的浪潮"似乎将现状造成的恐惧推向了顶点。占星术注意到这一情绪，将其转译为一种伪理性的形式，从而将漂浮不定的焦虑固着在某些确定的符号上，但它也带来了朦朦胧胧、普惠众生的安慰：因为它给无意义带来了某些隐藏的、宏大的意义，同时又证实了这一意义既无法在人类世界中获得，也不是人能够理解的。现实主义和非理性在占星术中的结合，最终可以这么解释：它同时带来了威胁和拯救，正如某些精神病人点了火又熄灭了火。

尽管带来了安慰，占星术恰恰反映了经验世界的不透明性，并且没有暗示任何超验的信仰。它本身如此不透明，故而容易被心存疑虑、幻灭的民众接受。它表现出来的思想态度是找不到方向的不可知论态度。上帝崇拜被事实崇拜取代，一如占星术的宿命实体（星星）本身被视为事实，是服从机械规律的物。如果只是简单地认为占星术是向旧形而上学的倒退，那就没有理解占星术的特殊性及其代表的整个思维框架：它的特征是把事物的世界转变为准形而上学的权力。奥古斯特·孔德的结论，实证主义将成为一种宗教，得到了反讽的实现：科学被实体化为终极的绝对真理。我们在对占星杂志的简短考察中曾经指出，星相师急于把它表述为一门科学。顺便说一下，正如哲学的经验论的支持者要比思辨的思想家更容易接受组织化的二级迷信，极端的经验论（要求理智绝对服从既定的数据、"事实"）并没有像理性概念那样的原则来区分可能性和不可能性，因此启蒙的步子迈得太大了，造成了一种再也不能抵挡神话之诱惑的心理状态。还可以提一下，现代科学已经越来越取代了曾经用于解释事件之意义的那些范畴，从而提高了不透明性，至少对缺乏知识的人来说，无法将科学区别于同样晦涩、不透明的论点——比方说，星相决定个人的命运。占星术的思维方式表明了一个"幻灭了的"世界，但是它迫使人的概念向盲目的自然彻底投降，又增强了幻灭。

但是，占星术不仅仅是这个不透明的物化世界的放大复制品。人们受到制约，无法思考或设想任何不同于现存事物的东西，然而与此同时，他们绝望地想要逃脱现存状况。乏味的商品社会不允许任何自为的存在，而是将万物夷平为普遍的交换功能，这样的社会似乎不堪忍受，所以病急乱投医，许诺给它镀金的任何狗皮膏药都受到热烈欢迎。不是通过复杂的、艰苦的思想活动来理解世界为何如此乏味，以克服乏味感，而是绝望地走了一条捷径，得到了对世界的虚假理解，并飞跃到所谓更高的王国。就此而言，占星术像极了电影之类的大众传媒：其信息似乎具有形而上学意义，似乎恢复了生活的自发性，似乎诉诸"绝对"就消除了物化的状况。但实际上它只反映了物化的状况。占星术和宗教神秘主义的类比在很多方面都很可疑，尤其可疑的是，占星术欢庆的神秘是空洞的——据说能解释一切的星体运动实际上什么也解释不了，就算整个假说是真的，也必须解释星体为何能够决定，又如何决定人的生活，占星术从未试图做出这样的解释。对不可证实的论点的盲目接受，对事实的虚假赞美，被占星术镀上了科学理性的伪饰。

然而，占星术的这种奇特的结构有着重要的意义，因为它可以还原为最重要的世俗结构：分工，整个社会过程的最基本的结构。人们可以承认占星术的每个单独的要素是理性的。一方面，星体及其运动规律是天文学的科学探索，星相师在谈及天上的事情时似乎刻意地保留了天文学的陈述，严格遵循天文学所描述的实际发生的运动。另一方面是人的经验生活，尤其是和社会情境和心理冲突有关的那些生活，正如我们的分析所示，星相师对生活有着敏锐的观察和明智的洞见，他们的话语从经验出发，没有任何欺骗的痕迹。换言之，占星术的"神秘"，其非理性成分，也是它吸引大众的唯一原因，正是把这两个"不相干的"领域互相联系起来。除了认为这两个理性知识的领域之间存在着联系的核心观点，占星术没有任何非理性之处。没有任何证据能证明这一联系。不过，这种神秘并不仅仅是"迷信"。它是劳动的组织形式的否定性表达，更是科学的组织形式的否定性表达。只有一个世界，而它分成了不相干的各个领域，这并非因为存在本身如此，而是由于人类关于存在的知识的组织形式。这种组织形式是"任意的"，尽管从历史发展的角度看，比方说，天文学和心理学的彻底分离是不可避免的。这种任意性在知识上面留下了疤痕，两门科学之间有了断裂，连续性终结了，因为将科学统一起来的所有实际目标和系统尝试都是外在的、形式主义的。占星术反映了对鸿沟的意识。一方面，它试图抄捷径，弥合鸿沟，想一下子把不相干的东西、人们最终觉得必须联系在一起的东西联系起来。另一方面，两个领域确实是不相干的，之间有个空场，一种无人地带，就让一种观念有机可乘，在那里栖居，并做出了毫无根据的承诺。天文学和心理学的毫不相干，两者关系中的非理性（因为两者没有公约数，没有"基本原理"）给占星术披上了合理性的外衣，因为它假装自己是神秘、非理性的知识。占星术的不透明性不过是横亘在不同科学领域之间的不透明性，这些科学领域无法有机地结合为一个整体。因此，可以认为非理性本身是理性化原则的自然结果，理性化的演进则是为了分工和更高的效率。斯宾格勒说的现代穴居人就住在组织化的科学之间的洞穴里，科学并不能够覆盖存在的全体。[1]

　　根本的骗局，亦即不相干之物的任意连接，当然是现在的科学知识很容易理解的。然而，情况的严重性在于，这一认识实际上是"神秘难解"的，因为很少有人能够得出这样的结果，相反，占星术之类自封的神秘知识却变得极度流行。前文曾经指出，占星术就像种族主义及其他思想宗派一样，是以半瓶子醋的博学为前提的。然而，将占星术评价为博学衰落的症候时，要当心不要陷入肤浅的文化悲观主义的论调。把这一衰落普遍化、定量化，是不负责任的，这不仅是因为无法和以前的状况做历史比较，也因为博学很可能在很多方面都要比过去更普及，也就是说，从前没有机会获取文化知识的人口阶层现在也能通过现代的大众传播工具来接触艺术和科学。可叫作半瓶子醋的心理状态似乎反映了结构的变化，而不是文化资质的分布。真正发生的是，随着对"事实"的信念越来越强烈，信息逐渐取代了精神的洞察力和反思。古典哲学意义上的"综合"环节似乎越来越缺乏了。一方面是材料和知识的极大丰富，但另一方面，它们之间的联系是形式上的排序和分类，而不是用解释和理解来开启所谓顽固的事实。在今天的大哲学派别中，僵硬的二元对立仍然存在：一边是逻辑的形式主义，一边是经验论，认为所有理论只不过是有待后续数据填充的期望值。这种二分法是前述心理状况的症候。占星术也反映了这种状况，可以说，占星术为重搜集事实、轻解释思维的心理状况结了账。一方面，存在着星体运动和心理反应这两类"事实"，但另一方面，两者之间缺乏真正

---

[1]　斯宾格勒的《西方的没落》认为，在历史周期的结尾，人类的生活类似于史前史的"动物学"状况。他说，后历史的人住在城市里就像石器时代的人住在岩洞里一样。

的综合，甚至连尝试的企图都没有，没有建立任何有意义的联系——也许是因为两个领域分歧太大，无法建立联系。占星术并没有试图建立一种完全外在的归类，亦即把人间的事件归于天文学规律之下，相反，外向化成了占星术在各个方面的基本面相。半瓶子醋这个要素表现在，思维未能识别出谬误不在于这样联系起来的材料，而在于这一联系本身的虚假。缺乏"理解"，在复杂的同时也是致命的社会结构中迷失了方向，可能还有对自然科学的当前发展（特别是用能量的概念取代了物质的概念，而能量概念产生了失控的结构）的误解造成的困惑——这一切造成了这种把不相干之物联系起来的倾向。顺便说一下，这种倾向是精神病学非常熟悉的思维模式。按照这一看法，最好把占星术定义为"参照概念"的一种组织化的体系。

纯朴的人把发生的事情视为理所当然，很少会问占星术假装回答的那些问题，真正受教育的、思想成熟的人则看穿了占星术的谬误，而对于那些开始反思的人，对生存的伪饰感到不满并且在寻找"答案"的人，占星术是理想的刺激物，因为那些人同时缺乏从事艰苦的理论思维的能力和批判思维的训练，而没有批判就不可能理解发生的事情。今天高涨的恰恰是这一类型，既怀疑，又思想准备不足，不能将被分工撕裂的各个不同的思想功能整合起来。因此，占星术不仅在客观上表达了脑力劳动的分工陷入的僵局，按照其内在结构，它也是该僵局的主观表达，直接针对那些被分工制约和扭曲的人。占星术热基本上可以解释为商业对这一心理结构的利用，它既假设了退化的倾向，又证实了退化的倾向。就此而言，它是无所不包的文化工业的一个子系统。其实，《洛杉矶时报》之类出版物推广的意识形态和电影、电视上出现的意识形态大同小异，尽管各自的目标受众群不尽相同。不同的大众传媒之间也存在着某些"分工"，这取决于每种媒介想要捕捉的消费者的类型不同。首先，由于已经列出的客观因素和主观特征，占星术出版物"大卖"。从商业成功的角度看，占星术被更有经济实力的机构控制，从而走出了占卜算命的原生环境（就像大制片公司让电影告别了路边摊的娱乐），清除了它原有的疯狂特征，变得更"体面"，适合于大规模的商业开发。当然，这只有在占星术固有的意识形态和投资方要推广的意识形态相一致的条件下，才是可能的。至于顺从和服从是不是占星术与生俱来的，抑或我们对《洛杉矶时报》专栏的分析所揭示的意识形态是不是占星术被整合到更大的意识形态框架之中的结果，这个问题一点儿也不重要。

一般说来，占星术的意识形态在它的各个主要方面都酷似"权威主义人格"量表的"得高分者"。事实上，正是这种酷似促使我们从事本研究。除了我们的分析所揭示的特征，还可以提一下出现在专栏上的其他"高分特征"。首先是占星术推销的外向化：一切不好的东西都只来自外部环境，主要是物质环境，否则就"万事大吉"，强调正常的理智。这一切都表明，对本能冲动的心理防御固若金汤。然而，占星术所表达的、它的建议所宣传的心理症候群只是达到"宣扬社会意识形态"这个目的的手段。它为遮蔽痛苦的深层次原因大开方便之门，从而鼓吹着接受现实。此外，通过强化宿命意识、依赖和服从意识，它麻痹了各种各样的改变客观状况的意志，把所有烦恼都驱赶到私人的层面上，强调服从将治愈一切，这也阻止了现状的改变。很容易看出，这完全符合今天的文化工业的主流意识形态追求的目标，亦即在人们的头脑中复制现状。

不要小看了占星术，在大众文化的意识形态的总体格局中，它代表了一道"特色菜"。其教义的主旨与其拥趸的内心均表现出很多宗派的特性。正是这种宗派性，即声称某种特殊的、秘传伪经的东西是放之四海而皆准的唯一，指示着最为不祥的社会征兆：从被阉割的自由意识形态走向极权主义意识形态。正如那些看看所谓星相就自以为洞悉一切的人，极权主义政党的追随者也自以为他们的万灵药是普遍有效的，接受其普遍统治是合理正当的。一党国家的悖论在于，党（party）是从"部分"（part）衍生而来的概念，顾名思义应当是复数，然而党国概念不过是占星术专家的固执己见、难以接近的态度所预示的那一趋势的顶峰。占星术专家东绕西绕，为他的信条辩解，却从来不给出真正的证据，他有很多辅助性的假说，以便在他的论点明显错误的时候还能狡辩，最终他是一个无法对话的人，完全无法接近，只是住在他那自恋的小岛上。

这一点最终证实了我们的研究强调的精神病学方面，占星术不得不动用精神病学，我们的很多解释也带有精神病学的性质。这里仍然要注意，不要过分简化了占星术和精神病之间的关系。这一关系的某些复杂性已经在文本当中写着了。应当强调的是，并没有占星术精神病专家这回事，尽管如前所述，占星术履行着预防精神病的功能；也不能得出结论说，占星术表明人们越来越疯狂，或者说妄想狂越来越多。不过可以大胆假设：不同的历史条件和社会背景有助于不同的精神病症候群，把人类一直存在的各种特定的可能性"显露出来"并加以强调。因此，19世纪自由主义的观念是省吃俭用、精打细算积累财富的小企业主，独立的企业家，从而导致了肛门期人格的形成；而不是像18世纪那样，自我的理想更多是封建主义性格学的想象所决定的，用弗洛伊德的话说，是"生殖器的"人格[①]——尽管更深入的研究可能会表明，这种贵族的自我理想其实并不以浪漫的欲望为基础。无论如何，在社会制度衰落的时代，随着不安和焦虑的扩散，人们的妄想狂倾向显露出来，并且被某些组织控制，偏离了客观的理性。因此，组织化的自我鞭笞和群众当中的启示录幻想构成了封建制度没落的第一个阶段的特征，反宗教改革时期的追捕女巫则是企图人为地重建当时已经过时了的社会秩序。与之相似，当今世界为每个人的受迫害意识奠定了强大的现实基础，也召唤着妄想狂性格。希特勒肯定是精神病学意义上的变态者，然而恰恰是这种变态造就了让他在德国群众中大获成功的魔咒。也可以说，恰恰是疯狂这个要素麻痹和吸引了各种各样的群众运动的追随者。这一结构的推论就是，人们永远没有完全信服他们假装相信的东西，他们倾向于一接到通知就立刻把它变成暴力行动。"道德重整"运动绝不会因为它的人道主义总目标而建立丰碑，张扬的公开忏悔仪式和它对"性"的敌意（很难不让人想起其他大众媒介上泛滥的道德壁垒）简直是在诲淫。这种忏悔的功能，类似于铁幕背后的苏联及东欧国家所谓叛

---

① 西格蒙德·弗洛伊德，《精神分析引论新编》第32讲"焦虑和本能生活"，《弗洛伊德全集》第22卷。

徒的公开忏悔，后者不仅没有让自由世界中的信徒彻底幻灭，反而让他们彻底相信了共产主义。占星术是妄想狂倾向的社会培养的一个小模型。就此而言，它是社会总体的退化的一个症候，使得我们看清疾病本身。它代表着无意识的反复出现，对这种无意识的操纵是为社会控制的目标服务的——社会控制最终成了一个非理性的目标。

也许是一个象征吧，在这个似乎走到了尽头的时代的开端，宽宏大量、性情温和（他有时署名帕西迪乌斯，即和平女神）的哲学家莱布尼茨（他也是第一个引进了无意识概念的人）说过，他唯一深恶痛绝的是以欺骗为目的的那些思想活动，并且点了占星术的名。

9.《本雅明文集》导言 [①]

出版瓦尔特·本雅明著作的这个篇幅更大、收录更多的版本，是为了对得起它们重要的客观价值。其目的既不仅仅是把一位哲学家或一位学者毕生的著作收集起来，也不是要让一位死于纳粹迫害的牺牲者重见天日——1933 年之后的德国，他的名字就被排除在公众的意识之外。"毕生的著作"这个概念属于 19 世纪，并不适用于本雅明。说真的，今天到底还有没有谁配得上"毕生的著作"，是要打个问号的：它要求的是萌芽、开花、结果的一生，要求的是没有中断的连续性。然而，本雅明所处的时代的历史性灾难使得他的著作不可能是已完成的统一体，并且指控他的全部哲学（不仅仅是他末年孤注一掷的宏伟计划）都是碎片。正是出于这个原因，防止本雅明被人遗忘的保护措施是相当合理的。诸如论歌德的《亲和力》、论德国悲剧的起源等等文本的声望，早就被某个小圈子所熟悉，这一理由也足以让二三十年来湮没无闻的著作再次面世。但是，在思想复原的这一尝试中将有一个重要的因素，没有谁比本雅明更为克己自制地承认这个要素：他勇敢地否定了对思想作品的历史永恒性和不变性的幼稚信仰。与之相反，促使我们决定出版这位宁可躲在"大理石地窖"中的作者的作品（它们等着自己有朝一日被发掘出来）的是一项承诺，作为作者的本雅明和作为人的本雅明发出了这项承诺，鉴于今天的经验现实的至高权力似乎要阻止一切与此类似之物出现，牢记这一承诺就成为当务之急；它

[①] 本文是阿多尔诺夫妇 1955 年编辑出版的《本雅明文集》的导言，收录于《阿多尔诺全集》德文版第 11 卷，苏尔坎普出版社，1974 年，第 567—582 页。

是一种特殊的迷恋。这种迷恋不仅仅源自精神、丰富性、原创力和深度。本雅明的概念闪耀着光彩，那是很少出现在概念的光谱内的颜色，那是意识为了不让自己厌倦于熟知世界及其目的故而往往视而不见的一种秩序的色彩。本雅明所说的、所写的，听上去就像是来自神秘的深处。它从它的自明性中获得了力量。它没有神秘主义的故弄玄虚，而是通过启发来传授。本雅明从不玩弄"有特权的思想"。肯定很容易把他设想为戴着尖顶高帽的魔法师，他向朋友们表述的概念有时也确实像是易碎的、有价值的魔法物品。然而，就连其中最古怪、最奇特的念头也总是默默伴随着某种提示，提醒意识能够获得那样的知识：只要意识足够警觉。他的表述并不诉诸天启，而是诉诸一种经验，这种经验和日常经验的区别在于它并不尊重现存的意识通常会服从的清规戒律。在本雅明说过的话里，他从来不承认19世纪的所有思想认为理所当然的那些限制，比如康德对越出"可知世界"的禁令，又如黑格尔对"青楼楚馆"的怒发冲冠。传统的工作伦理将感官的快乐列为禁忌，本雅明的思想则反其道而行之，拒不承认对立于那种幸福快乐的精神指向了绝对。因为形而上学（超越了自然的东西）是跟自然的圆满实现密不可分的。因此本雅明不是从概念中引出与绝对的关系，而是通过同物质的亲密接触来寻求它。本雅明的冲动让经验得到了经验的规范通常横眉冷对的一切：规范将经验归并到抽象的普遍性的框架中，它似乎只坚持它自身的标准，而不是融于万物之中的具体性，亦即它的不朽的部分。因此本雅明就和整个现代哲学针锋相对了，或许只有黑格尔是个例外，因为他知道设置限定同时也意味着超越限定；本雅明很容易让批驳他的概念的严格性的那些人斥其为灵机一动，说它们不过是主观的、审美的或形而上学的世界观。他和这些标准的关系是间接的，因此他甚至不会像柏格森那样为其有效性辩解，他也不声称直觉是认识的来源之一。他的执迷基于以下事实：对他的经验的显而易见的真理（虽然并不总是按部就班地推导出来，却往往一鸣惊人）的那些常见的反对意见都带有一种愚蠢、笨拙的特征，一种辩护的特征，一种"是的，但是"的腔调。它们听起来不过是常规的意识在不可辩驳的东西面前企图负隅顽抗，企图反对能够照亮与现状结盟的理性之阴影的强光。本雅明的哲学不容辩驳地指控了理性的纯粹存在本身是愚蠢的。他无视哲学传统和公认的科学逻辑的规则，不是出于无知或不羁的幻想，而是因为他怀疑它们是贫瘠的、无效的、过时的，是因为他心中的未遭蹂躏、未经加工处理的现实具有如此强大的力量，以至于他不会被思想控制的高高举起的食指所吓倒。

本雅明的哲学引起了一种误解，将它混同于偶然的机遇所导致的一连串的零星的苦恼。他的见解，哪怕是关于最世俗的事物的见解，都带着深刻的睿智，而和软体动物式的反射截然相反，这就足以消除上述误解。更何况，每一见解都在不同寻常的哲学意识的统一性中占有一席之地。但是，这个统一性的本质在于它的向外运动，在于它通过消失于多样性之中来找到它自己。经验支撑着本雅明写下的每一个句子，检验经验的标准是它从中心走向边缘的能力，而不是哲学家的实践和传统理论的实践所要求的那种从中心发展出边缘的能力。如果说，本雅明的思想确实不尊重"有条件的"和"无条件的"之间的界限，那么它也并不自称是一个封闭的总体：当思想标出它自身的范围、主体性的领域时，常常可以听到思想的这种要求，为的是划疆而治，独享主权。看似悖谬的是，本雅明的思辨方法和经验的方法合流了。在他给论德国悲剧的书所作的序言中，本雅明保证了一种唯名论的形而上学救赎：他不是自上而下地推导出结论，而是以一种奇特的方式，"归纳地"得出了结论。在他看来，哲学的想象是"添加最微小之物"的能力。在他看来，所思考的现实的一个细胞都要重于整个世界的其余部分（这也是他的原话）。体系的傲慢自负，就像安于有限性的退却一样，跟本雅明格格不入。事实上，对他来说，两者是一码事。体系勾勒出一种真理的表象，而那本来是神学特有的；本雅明追求的则是将神学真理忠实、彻底地转译为世俗真理。与他的自制力相对应的，是隐藏在表面底下的阡陌交通的街区。本雅明深深地不信任表面的分类组织：他怕它像童话故事里警告的那样，会导致"忘掉了最好的东西"。他的博士论文写的是早期德国浪漫主义的一个中心论题，而在某个方面，他终生都受益于弗里德里希·施莱格尔和诺瓦利斯——他以碎片为哲学形式的观

念：正因为是碎片的、不完整的，所以保留了普遍性的力量，反之，在任
何全面的综合图式中，这种力量都会消失。本雅明作品的碎片化特征不能
只归咎于他的命运不济，毋宁说，这是他的思想结构、他的基础概念固有
的，是他骨子里的东西。就连他篇幅最大的书，即《德国悲剧的起源》，
也是这样建构的。不论如何绞尽脑汁地构成了总体，每个紧密编织起来的
连贯部分都有它自己的呼吸，都重新开始，而不是按照思想连续性的要求
走向下一个部分。这种文学的构成法则只是想把本雅明的真理概念本身给
表现出来。对本雅明来说，也像在黑格尔那里一样，这并不是思想与其对
象的适当关系（本雅明一点儿也不遵守这一法则）相反，它是诸多概念的
一个星丛，诸概念一齐构成了神圣的名字，而在各个场合，这些概念均凝
结于细节中，那是它们的力场。

　　本雅明属于千方百计地打破唯心主义和体系的那一代哲学家，他和这
种努力的老一辈代表人物之间有着千丝万缕的联系。将他和现象学联系起
来的，尤其是在他的青年时代，是一种语言学取向的方法，亦即通过对
客观意义的分析来定义本质，而不是任意的定义术语。他的"暴力批判"
是该方法的典范。本雅明总是有一种老派的严格定义的能力，无论是他
把"命运"定义为"生活的罪恶联系"还是后来定义的"灵韵"。让人联
想起格奥尔格学派的（他受益于格奥尔格学派的地方要多于他的著作表面
上看上去的程度）是一种引人入胜的哲学姿态，它将其充满活力的主题材
料拦停在路上，是瞬间的不朽性，它构成了他的思想形式中的确定的张力
之一。他和反体系的齐美尔相似，都试图把哲学带出"抽象的冰川荒漠"，
把概念投入具体的历史图像之中。在他的同辈人当中，他和弗朗茨·罗森
茨威格的联系在于将思辨变成神学教义的倾向。他和写《乌托邦精神》的
恩斯特·布洛赫的共同之处是"理论弥赛亚主义"的观念，不关心康德为
哲学划的界线，意在将世俗的经验阐释为先验经验的图形。但是，本雅明
看似最赞成的哲学概念恰恰是他最刻意保持距离的概念。他宁可像打疫苗
那样，去整合让他感到陌生、威胁的那些思想中的要素，也不愿意把他自
己托付给与他相似的东西（他正确地指出，其中包含着与官方现状的同

谋），哪怕是在人们的行动仿佛宣示着新时代已经来临、一切都要从头来过的地方。本雅明过去常说他不理解胡塞尔，为什么他的思辨的胆量总是奇怪地伴随着训练有素的新康德主义和真正的学究气的残余。他和朔勒姆对舍勒的蔑视是犹太神学传统对市场上重建的形而上学的蔑视。然而，把他和他的时代里的一切相似事物区别开来的，是具体性在他的哲学中的特殊分量。他绝不把具体性贬谪为概念的一个例子，甚至不把它降格为布洛赫的"象征意向"：堕落的自然世界中的弥赛亚踪迹。相反，他对待具体性的概念（这就同时使具体性堕落为意识形态和蒙昧主义）是当真的，真的把它当成了具体性，从而使得具体性的概念再也不适合于打着"使命"和"相遇"的旗号，借助"挂念"、"本真性"和"纯正性"的名义的各种操控。他对打着保护具体性的名义却偷偷贩卖私货的那种诱惑极其敏感，那就是说，偷梁换柱地把具体性表达为预先设定的概念的一个例证，从而给概念一种实体的、忠实于经验的假象。在思想力所能及的范围内，他总是把具体性的节点选择为他的对象，在那些节点上，具体性所处的联系使它真的无法分解出来。他的哲学向其对象投诚，从而就不屈不挠地让硬核磕掉了大牙。就此而言，他和黑格尔也有了秘密的联系：他俩都不断地运用概念，而一点儿也不信任只是遮盖了对象的分类法的自动机制。与当代的现象学截然相反，当本雅明不（像他论巴洛克悲剧的著作那样）公开研讨寓言之类的意向性时，他并不想去追踪思想中的意向性（目的性），而是将它们砸开来，放到无目的性之中，甚至可以说是用某种西西弗斯式的劳动去破译无目的性本身。本雅明对思辨的概念的要求越高，人们就几乎可以闭着眼睛说，这一思想就越是毫无保留地屈从于它的材料。他曾经说过（不是卖弄，而是一本正经说的）他需要一定剂量的愚蠢，才能够去思考一种体面的思想。

　　然而，本雅明投身于其中的材料是历史和文学。当他还年轻时，在20 世纪 20 年代初，他写下了格言：永远不要光用脑袋想（用他自己的话说，"业余地"思考），而要始终仅仅思考现有的文本。本雅明懂得唯心主义形而上学的欺骗性在于将存在等同于意义。与此同时，对意义、先验性的任何无中介的断言都是为历史所禁止的。这就赋予他的哲学一种寓言的性质。它追求绝对，却是以一种不连续的、中介的方式。对本雅明而言，创造的总体是一个有待破译的文本，然而其符码是未知的。他沉浸于现实中，仿佛沉浸于原有文字已经擦去的羊皮纸当中。阐释、翻译、批评——这些是这一思想的要领。他敲击的文字之墙为他的无家可归的思想提供了权威性和保证；偶尔，他提到他的方法是对语文学方法的戏仿。这里千万不要忘了神学的模型：犹太教的传统，尤其是神秘的《圣经》解释学。为了救赎，给世俗神学打造的操作之一就是把世俗的文本视为神圣的文本。这里就是本雅明和卡尔·克劳斯的亲和性了。但是，他的哲学对精神已经形成的客体对象的禁欲令，对"文化"（哪怕是在他用野蛮这个概念挑战文化概念的时候）、对精神所产生的东西的这一限制，与存在的直接性和所谓"源始性"（任何形式的）有关的这一哲学的放弃，也就意味着恰恰是这个人类创造的、以社会为中介的世界——占据了他的哲学地平线的这个世界——横亘于自然面前。因此，在本雅明那里，历史本身看起来就像是自然。有理由认为"自然历史"概念位于他对巴洛克艺术的解释的中心。这里，也和其他许多地方一样，本雅明从外来的材料中蒸馏出了他自己的本质。对他来说，历史的具体性成了"图像"——自然的原始图像，作为超越了自然的东西的图像；反过来，自然成了某种历史的东西的图形。他在《单向街》中写道："骷髅头的无与伦比的语汇：彻底缺乏表现——眼洞的黑暗——同最疯狂的表现——两排奸笑的牙齿——结合了起来。"本雅明思想的独特的图像性特征——如果你愿意，亦可谓一种神秘化的倾向——恰恰源自如下事实：在他的忧郁的目光下，历史由于其自身的易碎性而变成了自然，一切自然的东西变成了创造史的一部分。本雅明不知疲倦地围绕着这一关系；他似乎想要探测这个谜，船舱和吉卜赛大篷车带来的孩子般的惊讶，就像在波德莱尔那里，万物都在其眼前变为寓言。这种沉浸只有在无目的性那里才会发现其界限，只有在那里，概念才会被平息、被消灭。正因为如此，本雅明将思想图像提升为目标。正如他并不追求一种非理性主义的哲学（因为只有思想定义的要素才能集合起来形成这样的图像），所以本雅明的图像实际上远离了神话图像，比方说，荣格的心理学所描述的那些神话图像。它们并不代表着从历史中抽取出来的不变的原型；相反，恰恰是通过历史的力量，它们才得以成形。本雅明的显微学的凝视，他的那种具体性的明显色彩，代表了对历史的一种态度，一种迥异于"永恒哲学"的取向。他的哲学对非历史的东西根本不感兴趣，而是面向了有时间规定的、不可挽回的东西。这就是《单向街》的标题的由来。与本雅明的图像相关的自然，不是自我同一的本体论的要素，而是以死亡的名义、暂时性的名义成为自然存在的最高范畴。本雅明的思想朝着这一范畴前进。其中永恒的东西只有暂时性。他正确地称呼其哲学的图像为"辩证的"：同样，他写巴黎拱廊街的著作计划想象着辩证图像及其理论的全貌。辩证图像的概念是客观所需，而不是心理所求。将现代性再现为新事物和过去的事物，亦即永恒不变之物，这一再现既是哲学的中心议题，也是中心的辩证图像。

本雅明给读者造成的不同寻常的困难并非表达上的困难，尽管他的文本（起码是早期文本）中的教条腔调，一种以权威自居的语言，对读者提出了很高的要求：主要是因为名称，而大多数名称没有说明和论证——这一点很像现象学。更多的困难来自哲学内容。后者要求受过哲学训练的读者将他通常读文本时的期待弃置一旁。本雅明的反体系冲动决定了他的方法要比一般的方法更激进，甚至比反体系的思想家还要激进。他对经验的信念（这很难用普遍的话语来定义，只有通过对本雅明思想的熟悉才能理解）禁止阐述所谓基本概念并从中推导出其余一切。很难说"基本概念"这一观念究竟如何被本雅明彻底否定，而他的著作又在多大程度上受到他对这些基本概念三缄其口的倾向的引导，这一倾向是为了让基本概念在隐蔽的位置上更有力地开展工作，从而让它们的光照亮现象——那强光是任何人都无法直视的。无论如何，本雅明在青年时代要比后来更喜欢"把牌摊开"（用他自己的话说）。他本人总是高度评价短文《命运和性格》，认为它是他设想的一种理论模型。任何想要进入本雅明思想的人最好从深入研究那一文本开始。从中他将看到本雅明和康德的深刻的、古玩鉴赏的关系，尤其是和康德对自然与超自然的严格区分的关系；他也将看到这些概念在本雅明的忧郁目光下所经历的不自觉的重构和异化。本雅明将性格和命运这两个概念从道德秩序中分离出来，而恰恰是性格这种"可知的特性"（康德把它定义为自律的）成为道德自由的决定性基础；当然，本雅明还有一个论点，认为人类（作为超越了自然的存在）在性格中避开了神秘的无定形物，这也让我们联想到上述观点。鉴于本雅明在这一相对早期的作品写出来之后很久又试图阐释康德的本体论，那么现在可以指出，在本雅明的美杜莎式的目光（将对象变成石头的目光）下，康德的完全能起作用的思想、以活动为目的的思想从一开始就冻结为一种本体论。在本雅明那里，现象和本体这些概念成了神权政治秩序的不同领域，而在康德那里，它们即使对立也相互决定，并通过理性的统一性相互联系。然而，那就是本雅明重构他遇到的一切文化要素的那种精神，仿佛他的思想组织形式以及他的"忧郁"——他用来构想超自然的概念、和解的概念的那一天性——必定会让他触碰到的万物都发出死一般的摇曳微光。就连辩证法的概念，他后来的唯物主义阶段所倾心的概念，也具有了上述特征。有理由认为他的辩证法不是进步和连续的辩证法，而是图像的辩证法，是"静止的辩证法"（他偶然发现了这个名称，并不知晓克尔恺郭尔的忧郁早就设想出了它）。他用他的显微学方法，通过对最细小之物的凝神专注，回避了永恒和历史的二元对立。在最细小之物那里，历史的运动停止了，成为图像中的沉积物。只有察觉到本雅明的每个句子背后都把极其活跃的事物翻转为静止物（事实上，运动这个概念本身是静止的），才算正确地理解了他。这一翻转也赋予他的语言一种特殊的品格。在《历史哲学论纲》中，本雅明最终坦率地说出了他的哲学观念，因此也用他无与伦比的经验（堪比摄影中的抓拍快照）超越了"进步"之类的动力学概念。这个文本很关键，属于巴黎拱廊街计划的著作群。假如要在本雅明早期的小册子和论纲之外寻找其他的关键著作，那么这是一个最有可能的选择。（那些早期著作无疑写于危急存亡之秋，在"暴力批判"中，神话与和解的两极对立格外强烈。）一方面是分崩离析为无形式、无内容之物，另一方面是正义脱离了一切自然秩序，就这样，通常构成了人类的中介世界的万事万物——作为运动、发展和自由的一切事物——在本雅明那里解体了。由于这一解体，本雅明的哲学实际上是"非人的"：人不过是它的场所和舞台，而不是自在、自为的存在。人们在本雅明的文本的这一方面觉察到的恐怖，才是文本造成的最大困难。理解的困难几乎不来自可读性的缺失，而是震惊的产物。读者感到他熟悉的自我意识面临着致命的危险，所以他不肯屈从于那些危险的概念，于是对本雅明望而却步。读本雅明会是获益匪浅的和快乐的，只要直面那一危险，而不是顽固地想要立刻和这种"存在的去自然化"划清界限。在本雅明那里，救赎的特征确实只出现在危险处。

本雅明的文章的内在构成也让人感到不适，尤其是概念的连接方式，任何不想误入歧途的人一定会在这里清除掉虚假的期待。因为本雅明的概念——就其严格形式而论——不仅排除了基本的主题，也排除了主题的展开和阐发，排除了前提、论点和证据等一整套机制，排除了论题和结论的套路。现代音乐的最坚决的、毫不妥协的代表人物不再容忍任何阐发，不再容忍主题和展开之间的任何区分，而是让每个音乐意念乃至每一个音符都等距离地站在中心周围；无独有偶，本雅明的哲学也是"无主题的"。它在另一重意义上也是"静止的"辩证法，它不给内在的展开安排时间，而是通过个别陈述构成的星丛来获取其形式。因此它亲近于格言。然而，与此同时，本雅明的理论要素总是要求着概念之间的深远联系。本雅明将他的形式比作一种纺织，而它彻底的完备性也是由那一点决定的：各个主题彼此调和，相互交织，根本不考虑顺序是否产生了一系列思想的图景，是否"传播"了什么或者是否说服了读者——"劝说是没有结果的"[1]。在本雅明的哲学里翻来覆去寻找的人注定会失望，它只会满足那些沉思它的人，直到他最终发现了内在于其中的东西："某个夜晚，作品活了。"就像施特凡·格奥尔格的《生命的挂毯》里那样。后来，在唯物主义的灌输下，本雅明试图清除非传播的要素，而在其早期作品中，那些要素是毫不

---

[1] 这句话在德文中的字面意思是"多产是不育的"。

留情的，并且在意义重大的作品《翻译者的任务》中获得了最有力的表达。《技术复制时代的艺术作品》不仅描述了消解掉那些要素的历史哲学语境，也包含了本雅明本人的著述的秘密纲领，接下来的《论波德莱尔的几个主题》和《历史哲学论纲》便试图遵循这一纲领。本雅明设想的是，不可传播的东西通过简洁优雅的表现而得到传播。语言使用中的某些简单化是显而易见的。但是，正如哲学史上常见的情形，简单化就是欺骗。在本雅明的精神光学中，什么都没有改变；最怪异的观点被表达得像是常识一般，这一事实反而仅仅提高了它们的陌生感，最本雅明的方式莫过于要他举出可靠的常识的一个例子时的回答："夜越深，客人越美。"他的语言学姿态又像青年时代那样表现出权威的口吻。像是某种虚构的谚语，也许这是为了用更清晰的传播来平衡他的思想经验。辩证唯物主义吸引本雅明的地方并不是其理论内容，而是一种得到授权的、有了集体合法性的话语形式的新希望。他不再像青年时代那样信仰他从神秘的神学中得出的东西，却没有牺牲掉教条的概念。这里，救赎神学的主题也得到了表达——通过牺牲它，通过无情地将它世俗化。不相容之物的构象（同时，和他一向拒绝的东西的对立也无法调和）使得本雅明的晚期哲学有了一种脆弱得要命的深度。

在集体合法性的意义上讲的对权威的需要，对本雅明来说并不陌生：只要想想他的思想构成就行了，那让他远离一切共谋。相反，他的思想的不可测度的一方面，亦即它已经个性化到了最痛苦的孤独的地步，从寻求外在化的尝试的一开始就被吸收到秩序和社群里头了。本雅明是最早注意到以下矛盾的那些人之一：资产阶级的个人，思维的主体，已经金玉其外，败絮其中，其核心是可疑的，缺失了任何超个人的生存维度的实体存在——个人本来可以在那一维度中得到精神上的扬弃，并且不被压迫。本雅明这样表达该状况：他说他自己是一个离开了他的阶级，却不属于另一个阶级的人。他在青年运动（当时的青年运动完全不同于它后来的表现）中的角色——他是其机关刊物《开端》的主要负责人之一，他和古斯塔夫·维内肯保持着友谊，直到后者为第一次世界大战辩护——乃至他对神权政治观的喜爱，和他的马克思主义版本是从同一块布上剪裁下来的。（他想要用他自己的马克思主义版本来取代正统的马克思主义，他认为那是教条主义，因为没有暗示出他自己想要投入行动的那种创造性误读。）不难看穿所有这些寻求突破的尝试是徒劳无功的，是让自己与统治权力相似的无能企图，人们会比本雅明更恐惧地躲避那种权力。"我好像在任何情况下都不愿意结盟，哪怕是和我的亲妈妈"，他在《柏林童年》中写道。他知道他的同化是不可能的，却不否认他对它的渴望。这一矛盾并不仅仅指向了离群者的软弱，相反，其中也包含着真理：洞察到了私人的反思的缺陷——它脱离了客观趋势，脱离了实践。即使个人使他自己成为当前趋势的测震仪，就像本雅明取得的非凡成就那样，也仍然受到那一缺陷的折磨。本雅明在某个地方说过，他同意把他的特征概括为"碎片中的思想"，但他没有怯于迈出最极端的一步：他将致命的外来要素吸收进他自身，并且放弃了他可以采用的和谐连贯的形式——无窗的单子，却依然"象征"着世界。因为他知道，对前定和谐的任何诉求都不复有效了，假如它曾经有效的话。人们不仅仅能够从他想要完成的杰作中学到东西，也能从他承担的技艺中学到东西，而不会对成功的可能性抱有过多的幻想。当他为自己的一篇文章取了《驳一篇杰作》的标题时，他也是在反驳他自己，而这一反驳能力是和他的创造力不可分的。

本雅明的忧郁（他的"性格"[在他自己给这个词赋予的意义上]）的基础，要在这一矛盾中搜求。悲哀（不是指悲伤的情绪状态）是他的天性的决定性特征，表现为一种意识到威胁和灾难的永恒存在的犹太意识。正如复古的趋势给当代施了魔咒，将它变成了远古之物，本雅明纵有无穷无尽的洞察力、充满了概念、富有创造性、在他活着的每个清醒时刻都掌握着精神并完全受精神的辖制，却一点儿也没有俗话说的那种"自发性"；正如他说的每句话都像是准备好付印的，他关于"老年歌德是辖制他自己的内心的官员"的妙语也适用于他本人。精神在他身上的主导地位使得他远离了他的物理存在乃至心理存在。勋伯格曾经说过韦伯恩（韦伯恩的手迹让人觉得像是本雅明的）把动物的温暖列为禁忌，这话也适用于本雅明。朋友们很难得到他的允许，可以把手放在他的肩膀上。就连他的死亡也和他在波港的最后一天离开了身边的人有关，大家留给了他一间单人房，这才让他有机会无人觉察地吞下事先准备好以防万一的吗啡。尽管如此，他的灵韵是暖的，而不是冷的。他有能力让别人开心，远远超过了这种自发的能力：没有限制地赠送礼物的能力。查拉图斯特拉赞颂的最高美德，赠予的美德，是本雅明的美德，其他一切则相形见绌、黯然失色。"最高尚的美德是罕见的，而不是无用的；它闪烁着柔和的光芒。"当他说他所选定的徽记（克雷的《新天使》）是一个只取不予的天使时，他也兑现了尼采的观念："这种赠予之爱像盗贼一般接近了所有价值"，因为"大地将成为康复之场所，现在就有新的芳香萦绕着大地，带来了救赎——以及新的希望！"本雅明的语言，他那沉默、无形、童话般的微笑，以及他的沉默，都见证了这一希望。每次和他在一起，某样否则便会不可挽回地失去的东西就恢复了——欢庆。在他身旁，人就会变得像是平安夜的小孩：通向放礼物的房间的门开了一条缝，当孩子应邀走进房间时，强光让眼睛充盈着泪水，比任何光明都更感人、确实地问候了他。集聚在本雅明身上的思想的全部力量创造出了这样的瞬间，神学的教义曾经许诺过的东西仅仅是变成了它们。

10. 异化的杰作:《庄严弥撒》[①]

　　文化的中性化，这一短语带有哲学概念的味道。它是对如下事实的概括性（也具有一定的普遍性）反思：思想的建构物丧失了它们的内在意义，因为它们业已失去了与社会实践的一切可能的联系，并成为美学回过头来要求它们成为的东西——纯粹的直观对象，仅供沉思冥想的对象。作为这样的对象，它们最终丧失了它们自身的美学意义；随着它们丧失了对现实的张力，它们也失去了审美的真理内容。它们变成了文化商品，展览于一座世俗的万神殿里；而在这座神殿里，矛盾（原本不共戴天的作品之间）找到了一个貌似和平的共存地带，例如：康德与尼采、俾斯麦与马克思、克莱门斯·布伦塔诺与毕希纳。最终，在每座博物馆里无数乏人问津的画作那儿，在惨遭束之高阁的经典著作那儿，这座伟人蜡像馆泄露了它的凄凄惨惨戚戚。然而，无论上面所有这些同时形成的认识如何广为人知，要从总体上把握这一现象还是极其困难的——哪怕暂不考虑那种为每个王后、每个微生物捕手都留一个神龛的树碑立传之风潮。鲁本斯的画再差，都不会找不到行家来赞赏其画工；科塔出版社（Cotta）的诗库中，没有哪首献赋十年犹未遇的诗歌不在期待着卷土重来。但是，无论何时，我们都有可能指认某件作品表现出了文化的中性化的明显痕迹；事实上，有可能找到一部非常著名的作品，在演出曲目里的地位无可争议，却依然像谜一般地难以理解；无论这一作品中隐藏着怎样的大秘密，都无法证明它

① 本文写于 1957 年 12 月，发表于 1959 年 1 月。收录于《阿多尔诺全集》德文版第 17 卷，苏尔坎普出版社，1982 年，第 145-161 页。

为何被人推崇备至、赞不绝口。贝多芬的《庄严弥撒》就是这样一部作品。严肃探讨这一作品的唯一正确方式乃是布莱希特所说的"间离"法:打破历来围绕着这一作品那些不相干的崇拜的灵晕,或许因此就能获得对该作品的真实经验,亦即摆脱了文化圈的那些麻痹人的颂扬之后的经验。这一努力必然要拿批判作为中介。为了认识《庄严弥撒》的内涵(迄今为止,这一认识仍付阙如),传统意识不假思索地指派给该作品的各种性质都必须逐一审核。这一努力不是要拆穿或推翻什么,不是为了一逞"为翻案而翻案"之快而去推翻公认的伟大。尽管我们的打破幻象之举是要把作品拉下马,但是这一举动本身恰恰说明了它对作品内容的尊敬。其实,对这样一部深受欣赏的作品进行批判,乃至对贝多芬的全部作品进行批判,只不过是达到更深刻的理解的一种手段而已。这是在履行对这部作品的一项义务,而不是为了能够幸灾乐祸地觉得"哈哈!世界上又少了一部伟大作品"。指出这一点是很有必要的,因为在中性化的文化里,非但作者的名字是碰不得的禁忌,就连对作品本身的认识也不是从它们原有的内容出发的,而是将其视为得到社会认可的作品来消费。一旦对作品的反思有损于作者的权威,公愤就会自动涌现。

假如我们要对一位享有至尊无上权威的作曲家说三道四,恐怕就一定会出现上述的情形。要知道,这位作曲家的权威性无与伦比,相当于黑格尔在哲学界的权威地位,而在其作品的历史前提已经无可奈何花落去的时代里,他的力量却仍然丝毫不减。可是,贝多芬的力量之源恰恰是人性和祛除神话,这一力量本身恰恰要求我们摧毁神话的禁忌。在音乐家当中,对弥撒曲的批判和保留当然是一个秘而不宣的传统。正如他们早就知道亨德尔远比不上巴赫,知道格鲁克的作曲品质颇成问题。只是由于害怕公众舆论,他们才三缄其口。他们也知道《庄严弥撒》颇有些稀奇古怪之处。指出这一点的文章却是凤毛麟角。大部分文章仅仅语焉不详地表达了对这部不朽的杰作的敬仰。倘若问这些文章的作者,这部杰作到底杰在何处,他们一定会困窘无对。这样的批评状况便折射出《庄严弥撒》已经中性化为一件文化产品,而没有克服文化的中性化。最早表达对这一作品的崇高敬意的是赫尔曼·克雷茨施马尔（Hermann Kretzschmar），他那一代的音乐史学家还不曾丢弃 19 世纪的经验。根据他的著述，这部作品最早阶段的演出，亦即在其正式配享入祀英灵殿之前，并未给人留下什么深刻的印象。虽然他看出了《荣耀经》和《信经》这两个乐章的主要困难，但他的解释是，众多简短的音乐意象要求听众将它们连贯为一个整体。这样一来，克雷茨施马尔至少指出了《庄严弥撒》所表现出的两个疏离症状中的一个。然而，另一方面，他忽视了这一症状和整部作品的本质相关，从而误以为只要听众在这两个漫长的乐章中"挟主题以令片段"便足以克服一切难题。这无异于要求听众采用聆听贝多芬那些伟大的交响曲乐章时的原则，在听《庄严弥撒》的每个瞬间都要以浓缩的形式将前面听过的部分呈现于脑海，以便理解这部作品。据说，只有这样，听众才能从多样性中创造出统一性。这部作品的统一性完全不同于《英雄交响曲》及《第九交响曲》的那种创造性的想象力。如果我们怀疑这种统一性是无法直接理解的，并不算触犯天条。

其实，这部作品的历史命运也颇为曲折离奇。在贝多芬生前，它只上演过两次。一次是 1824 年在维也纳，但没有演奏全作（只演奏了三段），而且是与《第九交响曲》同台演奏。第二次是同年在圣彼得堡，这回演奏了全作。直到 19 世纪 60 年代初期，这部作品都只是偶尔才登上舞台。要到作曲家去世三十多年之后，它才获致今天这种地位。解释上的诸多困难——首先是声部的处理上，而不是局部的音乐复杂性——并不是它"大器晚成"的原因。在很多方面，贝多芬的最后几首弦乐四重奏要比《庄严弥撒》更复杂，对听众的要求更高，却从一开始就获得了广泛的欣赏（而不是传说中的曲高和寡）。此外，贝多芬一反他的惯常做法，亲自动用他的威望来推广《庄严弥撒》。他在征求订购的时候，指认该作是他"最优秀的作品"，并且在《慈悲经》抬头题写了"发自内心——愿它深入人心"的字样，你在所有其他的贝多芬出版作品中都绝对找不到与此类似的告白。我们既不要低估贝多芬对他自己作品的这一态度，也不要盲目地轻信它。贝多芬的这些话就像在掐诀念咒、装神弄鬼一般，仿佛他察觉到了

《庄严弥撒》带有不可理解的、无法捉摸的、谜一样的特质，从而试图凭借他的意志的力量，由外而内地推动那本身动力不足的作品（而在正常状况下，这种意志的力量在他的音乐内容上打下了风格的印记）。如果这部作品里并不包含什么大秘密，使得贝多芬确信他这样干涉这部作品的历史是合理正当的，我们是想不通他为什么要这么做的。等到这部作品果真确立了历史地位，作曲家此时已不可撼动的声望一定也厥功至伟。他这部宗教音乐大作被世人誉为《第九交响曲》的姊妹篇，然而，就像《国王的新衣》的童话故事里那样，因为害怕人们嘲笑质疑者的肤浅，谁都不敢对此提出疑问。

假使《庄严弥撒》以其困难惊吓观众（就像瓦格纳的《特里斯坦》那样），那么它恐怕无法获得这种无人质疑的地位。事实上也并非如此。如果我们忽略对演唱者的嗓音的那些极其不同寻常的要求，亦即和《第九交响曲》相同的那些要求，那么这部作品基本上没有超出传统音乐语言范畴的成分。作品的大部分都只用单声部，就连赋格和赋格段也毫无摩擦地融入了通奏低音模式。和声间奏的行进以及与此相关的表面联系，也几乎不构成任何难题。与最后几首弦乐四重奏和变奏曲、最后五首钢琴奏鸣曲及最后的小品套曲相比，《庄严弥撒》的作曲违背主流传统的地方要少得多。《庄严弥撒》的与众不同之处在于和声的若干古典要素——教会的声调，而不在于像《大赋格》那样大胆使用前卫的技巧。贝多芬不但始终严格地维持音乐类型之间的区分，而且还在那些类型上体现出他全部作品的各个不同时期。如果说他的交响曲在很多方面反而比他的室内乐作品更单纯（尽管［毋宁说，正因为］交响曲的管弦乐队有着更丰富的资源），那么《第九交响曲》则完全不同，它回归了古典交响乐时期的贝多芬，而毫无最后几首弦乐四重奏的尖锐棱角。在作曲家的晚期，他并不像一般人臆测的那样盲目追随他的内在耳朵的指令，也没有强迫他自己远离作品取悦感官的层面，而是炉火纯青地运用着随着他的作曲历程发展起来的所有可能性。抽去感官层面，只不过是诸多可能性之一而已。和最后几首弦乐四重奏一样，《庄严弥撒》偶尔也有突兀的时刻，亦即缺乏过渡段；但除此之外，它们就没什么相同点了。总的说来，这部作品表现出来的感性特质是和精神化的晚期风格完全相反的，表现出了追求雄伟壮丽的倾向，亦即在晚期风格中通常并不存在的一种倾向。在技术上，这一感性特质体现于某些《第九交响曲》只有在表现狂喜的时刻才会使用的做法：用铜管来造势，尤其是用引领旋律的法国号。而那些频繁出现的、强有力的八度，并伴之以和声的低音效果，也和这一感性特质有关。其典型段落是著名的"诸天赞美永恒荣耀"，而在《第九交响曲》的那句"你们跪下"中表现得更为明确，后来它在布鲁克纳那里变得十分重要。这些诉诸感官的高潮部分、对震撼音效的偏好显然有助于树立《庄严弥撒》的权威性，并且使听众能够暂时忘却自己的浑然不解。

《庄严弥撒》的真正难解之处，是在比这更高的层面上。那是内容的难解，音乐意义的难解。表达这一难解性的最好方法或许是试问一下，除了若干个别段落，毫不知情的听众能不能听出它是贝多芬的作品。如果在从未听过该作品任何片段的听众面前演奏这部作品，请他们猜猜作曲者是谁，我们大概会得到好多意外的答案。虽然所谓作曲家的"笔迹"并不是判断的核心标准，但是，作品里根本找不到作曲家的笔迹，就说明事情肯定有点蹊跷。我们如果继续追踪贝多芬的其他宗教音乐作品，就会发现仍然找不到他的笔迹。更要紧的是，今天几乎很难找到一份《基督在橄榄山上》或根本不算早期作品的《C大调弥撒》（作品86号）的抄本。《C大调弥撒》和《庄严弥撒》不一样的是，哪怕就个别段落或乐句而论，它也很难归于贝多芬名下。冷静得无法形容的《慈悲经》顶多让人联想到软弱的门德尔松，而贯穿于整个《C大调弥撒》的诸多特征均重现于体大思精、晦涩难解的《庄严弥撒》。这些特征包括：作品分解成若干通常很简短的、完全没有以交响曲手法统合的细节部分；缺乏贝多芬其他所有作品都体现得十分明显的那种主题"契机"；缺乏动力学的展开。《C大调弥撒》读起来就像是贝多芬扭扭捏捏地进入了他并不熟悉的音乐样式。似乎他的人文主义正在反抗传统礼拜经文的他律性，又好似他把经文的作曲工作交给陈规俗套去做，而摒弃了他的全部天赋才华。为了解答《庄严弥撒》之谜，就必须牢牢记住贝多芬先前的宗教音乐的这一要素。而《庄严弥撒》中，这一要素的确成为让他竭力挣扎的难题，不过它有助于识别《庄严弥撒》带有的某些装神弄鬼的性质。这一性质是和"贝多芬居然写了弥撒曲"这个悖论交缠在一起的。如果我们理解了他为什么写《庄严弥撒》，八成就能理解这部作品。

司空见惯的观点认为，这部作品远远超越了传统的弥撒曲形式，它充满了世俗的作曲法。就连最近由鲁道夫·斯特凡编辑的《费舍尔辞典·音乐卷》也称赞此作"炉火纯青的主题处理"，尽管该词条清除了很多约定俗成之见。如果这样的评语可以用在《庄严弥撒》上，那就是说它用了贝多芬罕用的一种手法：将内容像万花筒般摇晃抖动，然后重新拼贴组合。主题并没有在作品的动力学展开中发生任何变化（事实上根本没有动力学展开），而是在不断变换的灯光里反复重新出现，尽管主题本身始终如一。"崩解形式"的概念完全适用于外在层次，而贝多芬无疑也在思考这部作品的音乐会演出形式时考虑过这一概念。但《庄严弥撒》根本没有用任何主体的动力学去突破样式的前定客体性，也没有本着交响曲的精神，从它自身中（精确地说，从主题中）产生出总体性。相反，《庄严弥撒》放弃了凡此种种，于是它就和贝多芬的所有其他作品（除了上文提及的他的宗教音乐）脱离了直接的关联。这部音乐作品的内在构造、它的经纬都完全不同于一切带有贝多芬风格印记的东西。它本身是拟古、复古的。它构成形式的方式不是基本主题的演进变化，而是将诸多彼此模仿的段落累加起来——有点像 15 世纪中叶的荷兰作曲家的做法，但我们并不知道贝多芬是否熟悉他们的作品。整部作品的形式组织不是一个靠着自身的动力展开的过程，不是辩证的，而是通过各个段落、各个乐章的平衡来实现，最终是从对位法的引入中产生的。从这一角度看，这部作品的一切疏离难解的特征便可豁然开朗。贝多芬在《庄严弥撒》里不使用贝多芬式的主题——他的任何一首交响曲或《费德里奥》都有可以摘出来哼唱的片段，但是谁能哼一小段《庄严弥撒》？——对这个事实的解释就是：组织原则排除了主题。只有在一个呈现了的主题逐渐展开，并且在展开中仍然能辨识出这个主题的时候，作品才需要一个造型般的形式。造型形式的概念和《庄严弥撒》格格不入，正如它和中世纪音乐形同陌路。只要比较一下巴赫的《慈悲经》和贝多芬的《慈悲经》，便一目了然。在巴赫的赋格里，有一个非常容易铭记的旋律，象征着背负着千斤重担、佝偻蹒跚前进的人类行列。在贝多芬的作品里，只有各种几乎没有任何旋律面貌的组合，它们勾勒出和声，并以一种宏大壮丽的姿态来回避任何表现。上述比较产生了一个真正的悖论。根据一种尽管可疑却很流行的说法，虽然巴赫并没有发明赋格这一音乐形式，然而他在重述客观上封闭的中世纪音乐世界的时候，将赋格带向其纯粹的、真正的形式。赋格是巴赫的产物，一如巴赫是赋格精神的产物。他跟赋格有直接的关系。因此巴赫所写的赋格（也许只有思辨性的晚期作品是例外）的很多主题都具备一种清新与自发性，只有后来的主体作曲家的"如歌"契机才能与之媲美。在贝多芬作曲的历史时刻，曾经被巴赫认为是作曲的先验基础的那种音乐组织形式已成明日黄花。随之而来的就是音乐主题与音乐形式之间的和谐也消失了，而这一和谐将产生席勒意义上的那种"素朴"。在贝多芬的《庄严弥撒》所采用的音乐形式中，音乐形式的客观性是经过中介的、颇成问题的——它是反思的对象。《慈悲经》的第一部分采用了贝多芬本人的主体和谐的存在观，但是这个观点立刻被置于神圣的客体性的视域之中，随后就呈现出一种经过中介的、脱离了作曲自发性的面貌：它合乎了因袭的风格，也就是说，它被风格化了。这样一来，《庄严弥撒》开头的平滑和声乐段还不如巴赫那学究气十足的对位法来得亲切生动。《庄严弥撒》的赋格与赋格乐段就更是如此。它们有一种类似于引文的特质，似乎它们是同一个模子里做出来的。如果类比于古代流行的一种文学习惯，可以说存在着一种作曲上的"典型"，亦即按照潜藏的模式来处理音乐要素，从而强化了对作品的客观要求。"典型"这一创作手法很可能就是这些赋格主题不可理解的原因，典型使这些主题无法成形，遑论展开。《庄严弥撒》的第一个赋格乐段，B小调的"基督，发发慈悲吧"，既是典型手法的例证，也是作品的拟古腔调的例证。

事实上，这部作品既远离一切主体动力学，也远离任何表现。尽管《信经》用引人注目的节奏标示出"十字架受难"，却匆匆掠过了它——而在巴赫那里，这可是重点的表现部分。只是到"下葬"，也就是受难本身结束，才似乎因为想到人的脆弱（而不是想到基督受难）所以来了一段表现。但是，紧接下来的"复活"部分却没有（像巴赫的对应乐段那样）将上述悲情上升到极致。只有一小段是例外，也是整部作品最出名的段落之一，这就是"迎主曲"（Benedictus），其主旋律中止了风格化。这一段的前奏曲是具有深度的和声对比，唯有《狄亚贝里变奏曲》的《第二十变奏》堪与之媲美。但是，被赞誉为"充满灵感"的"迎主曲"的旋律本身却更近似于《降 E 大调四重奏》（作品 127 号）的变奏主题。整个"迎主曲"令人想起中世纪晚期的某些艺术家的一种习俗，他们将自己的肖像画留在圣柜某处，以免他们身没名灭，被世人遗忘。然而，就连"迎主曲"也忠实于整部作品的色彩。它和其他部分一样，被起始短句的吟咏（intonation）分为若干段，而复调总是阐发着和弦。而这又是作曲手法故意打散主题所导致的结果。该手法允许作品对主题进行模仿式的处理，但和声却又构思了主题（以符合贝多芬及其时代的基本的单声部意识）。拟古的手法也要尊重贝多芬的音乐经验的限定。这方面的一大例外是《信经》中的"来世的生命"，保罗·贝克正确地从中发现了整部作品的核心。这是一段充分展开了的复调赋格，在某些细节上，尤其是在和声的变换上，它和《槌子键琴奏鸣曲》的终曲有关，并走向了宏大的展开。因此，它的旋律十分浅显，强度和力量也提升到极致。这一段可能是整部作品里唯一可以取名为"爆发"的段落，就复杂程度和演奏而言也是整部作品里最困难的部分。不过，由于它的效果很直接，所以它和"迎主曲"是理解起来最简单、最容易的部分。

《庄严弥撒》的超验要素没有指向化质（Transsubstantiation）的神话内容，而涉及人类永生的希望，并不是一个偶然。《庄严弥撒》之谜是拟古的手法与人性的音调之间的张力：拟古的手法无情地牺牲掉贝多芬取得的一切技巧成就，人性的音调却似乎恰恰在嘲弄这一古调。人性的理念与神秘的羞于启齿之间的这一结合，这一个谜，也许有一种解译的方法：我们不妨假设，影响和决定了《庄严弥撒》之接受反应的那一禁忌——亦即对生存的否定，它是贝多芬充满绝望的、殊死的求生意志能推导出的唯一结论——已经存在于作品本身之中了。凡是《庄严弥撒》诉说救赎乃至直接祈求救赎的地方，都充满了表现。而在弥撒经文提到邪恶与死亡的地方，表现就被取消了；正是通过这种压抑，亦即不愿让否定性开口，这首弥撒曲显示和证实了渐渐逼近的"否定性"的压倒力量；绝望和因绝望而来的恐惧是十分明显的。在一定意义上，"赐给我们平安"确证了"十字架受难"的重负。相应地，表现的可能性被阻止了。不协和音的部分完全不带有表现的成分。例如，《圣哉经》里，以"诸天"（pleni sunt coeli）句开头的快板之前的部分。携有表现的往往是拟古的部分，是古教会音乐特有的梯级排列，是对过往的敬畏战栗，仿佛要把苦难扔回到转瞬即逝的过去。《庄严弥撒》里的表现并非现代的，而是古代的。这部作品对人性观念的确证就像晚年歌德的作品那样，仅仅通过拼命、神秘地否定那个神秘的深渊。它求助于实证宗教，因为孤独的主体再也不相信它自己——纯粹人类的力量——能够平息随着人类征服自然、反抗自然而日益澎湃的混乱。仅仅用贝多芬主观上的虔诚，并不足以解释为什么极为自由解放的、极其自立自强的作曲家会被传统的形式吸引。反过来，同样不足为训的是与之对立的学术圈观点，说在这部出于礼拜仪式的目的而热诚地克制自己的作品里，贝多芬的宗教学已经超越了教义，达到了一种普遍宗教，因此，这是一部为唯一神格论而作的弥撒曲，云云。然而，在这部作品里，和基督论有关的主观虔诚的忏悔或告白是被压制下去的。按照施托伊尔曼的令人吃惊的评论，在礼拜经文坚定不移地发出"我信"之命令的段落，贝多芬却流露出了这一确定性的反面：他让赋格的主题里不断重复"我信"（credo）这个字，似乎这个孤独的人只能靠这样的不断重复来保证自己和他人相信他真的信。《庄严弥撒》的宗教学（如果我们可以用这个词的话）既不是某个在信仰里怡然自得的人的宗教学，也不是一种唯心主义得甚至不要求你为信仰付出任何努力的世界宗教。借用更为现代的术语来说,贝多芬的问题是:本体论(客观的、精神的存在秩序)到底是否仍然可能?问题在于用音乐把本体论从主观主义那里拯救出来,而贝多芬诉诸礼拜仪式来达成此一音乐之救赎,宛如康德乞灵于上帝、自由与不朽等理念。这部作品在其审美形式中问的是,在歌唱绝对时,该唱些什么、怎样唱才不是欺骗?由此便产生了使该作疏离、近乎完全不可理解的那种简括凝练。或许因为它问自己的这个问题拒斥一切解答,哪怕是音乐的解答。在主体的有限性里,主体依旧是被放逐的。已经再也不能把客观的宇宙设想为一个有约束力的结构。于是,《庄严弥撒》竭力在一个无差异的点上维持平衡,而这个点接近于虚无。

这部作品的人文主义方面设定于《慈悲经》里丰富的和声,并延伸到结尾曲《羔羊经》的建构。《羔羊经》以"赐给我们平安"(Dona nobis pacem)的设计为基础——贝多芬在乐谱上写下的小标题是与这句拉丁文对应的德语:祈求内心的和外在的安宁。当定音鼓和小号所象征的战争威胁结束后,乐段再度充满表现力地爆发了。事实上,从"成为人"(Et homo factus est)那一句开始,音乐就已经像被吹了一口气似的暖和了起来。不过,这些都只是例外。尽管这部作品是风格化的,然而在大部分时间里,其风格和音调都在向某个既无表现也未界定之境撤退。这个方面,作为作品内的互相矛盾的力量冲突而成的结果,可能是理解作品的最大障碍。虽然《庄严弥撒》被构思为一个扁平的、没有动力学展开的结构,却没有按照古典主义以前的"平台"方式来布局,而是不断地模糊轮廓,擦去哪怕最细小的轮廓。简短的插入段往往既不融入整体,也不孑然独立,相反,它们依赖于与其他部分的比例关系。这种风格与奏鸣曲的精神相反,尽管如此,在这种从记忆里拼凑起来的、初级的教会语言里,教会传统的成分并不如世俗的成分那么多。作品和这一教会语言的关系,就像它和贝多芬自己风格的关系一样混乱。打个比方,有点类似于海顿和莫扎特的《第八交响曲》的地位。就连那些赋格部分(除了"来世的生命"赋格)也并非纯正的复调,但也完全不是19世纪的那种单声旋律。一般说来,在贝多芬作品中始终成为主导因素的总体性范畴是个别部分的内在展开的结果，而在《庄严弥撒》里，只有付出了将一切夷平的代价，才得以维持总体性。无所不在的风格化原则不再容忍任何真正独特的东西，将这部作品的特性削平磨光到墨守成规的平面。这些动机和主题拒绝成为动机与主题。辩证的对比不见踪影，取而代之的是封闭的诸片段（有时它们就削弱了总体性）之间的单纯对立。这一点在各乐章的结束段落中最为明显。由于没有指明什么方向，也不曾克服什么艰难险阻，任意性的痕迹便转移到整部作品身上，而那些乐段也由于不再能够达到任何对特殊性的追求所规定的目标，常常筋疲力尽、无精打采地收场。它们戛然而止，却没有保证任何结果。凡此种种，给人一种外强中干的印象。尽管作品显示了宏伟壮丽，却引发了一种隔靴搔痒的感觉，这种感觉既远离礼拜仪式的约束，又远离作曲发挥的想象。毋宁说，它产生了一种谜样的特质，有时甚至近乎荒谬，例如《羔羊经》里的简短快板和急板经过句。

到此为止，《庄严弥撒》种种奇特之处俱经刻画，这一作品似乎是可理解的了。不过，单单感觉到作品的黑暗，而不做进一步的分析，黑暗就始终是黑暗，而不会成为光明。知道自己并不理解，是走向理解的第一步，却不是理解本身。上文指出的那些特征都可以通过聆听作品来获得印证，留意那些特征则可以预防误入歧途的欣赏。可是这样仍不足以使耳朵从《庄严弥撒》中自发地感知到某种音乐的主旨或意义。如果该作品真有什么意义的话，那么它恰恰存在于对这种自发性的抵制和否定之中。至少，我们可以确定的是，仅仅断言"作曲家对自律的想象使得他选择了一种跟他的意愿和想象背道而驰的他律形式，因此他的音乐的具体展开被阻止了"，这一令人宽慰的配方并不能消除他这部作品的诸多疏离特征。显然，贝多芬并不打算用《庄严弥撒》来确立他在某个他并不熟悉的音乐样式中的地位，就像在他的"真正的"作品里所确立的那样。在音乐史上，以前有过这样的尝试。但是在贝多芬的情形中，他并不试图让陌生的样式背负过于沉重的负担。相反，正如这部作品无比漫长（在贝多芬那里是非同寻常的）的作曲过程那样，作品的每一拍、每一小节都表明了作曲家矢志不渝的锲而不舍。只不过这一锲而不舍的目标并不是他的其他作品所追求的"主观意图的实现",反而是"主观意图的排除"。《庄严弥撒》是这样一部排除之作,永远弃绝之作。它试图做的已经是之后的资产阶级精神试图做的了,也就是说,后来的资产阶级精神不再希望用任何具象的方式(亦即通过特殊性)来想象和描绘普遍人性,而是企图用抽象,用去除偶然性的方式(亦即通过紧紧抓住一种未能与特殊性达成和解的、误入歧途的普遍性)来实现这一目的。在这部作品里,形而上学的真理变成了残渣,一如"我思"的那种无内容的纯粹性在康德哲学里变成了残渣。真理的这种残渣性质,它拒绝深入特殊性的这种特征,不仅让《庄严弥撒》成为一个谜,也为它打上了最高意义上的"无能"的烙印。这不仅仅是这位万能的作曲家的无能,也是精神的一种历史状态的无能:精神再也不能(或者,还不敢)说出它敢于写在这里的任何话。

不过,究竟是什么使得贝多芬这位深不可测的作曲家(他的主体创造力之高,足以让人类像创世主一样自负)走向了上述这一切的反面,走向了自我设限?当然不是他的个人心理。在贝多芬写《庄严弥撒》的同时,他写的其他作品正在探索与之完全对立的极限。使他自我设限的,是事物本身里的一种压力。他对这一压力负隅顽抗,最终却彻底缴械投降。这里,我们发现了《庄严弥撒》和最后几首四重奏在精神构造上共有的一个特征:它们全都在规避。晚期贝多芬的音乐经验一定非常不相信主体性与客体性的统一,不相信交响曲的功成圆满,不相信从各个部分的运动中生成的总体性:一句话,怀疑一切赋予他的中期作品真实性的东西。他看穿了古典音乐就是经典化。他拒绝古典交响曲的理念里固有的这种肯定性,他要反抗对现实存在的这种毫无批判的接受。他拒斥格奥吉亚德斯(Georgiades)在其论《朱庇特交响曲》终乐章的文章中说的那种"庆典性"。贝多芬必定觉得,古典音乐的最高追求是虚假的:假就假在它肯定了各个部分的矛盾运动的本质才是真正的实定性、肯定性,而在这一矛盾运动中,各个部分最终消失于本质之中。到了这一步,他就超越了以他自己的音乐作品为最高代表的那种资产阶级精神。他本人的天才里有样东西(大概是他的天才里最深刻的东西)拒绝用单一的形象来调和现实里无法调和的事物。它在音乐上的具体表现就是他越来越反感错彩镂金与展开原则。这一点又跟德国已有的一种成熟的文学意识有关，也就是对戏剧里的错综复杂和阴谋诡计的反感。一种崇高的平民主义的反感，对宫廷世界的反感。正是通过贝多芬，这种反感第一次进入了德国音乐。剧场里的阴谋诡计总是有点儿愚蠢可笑。戏剧行动似乎是自上而下，由作者及其观念推动的，却从来不是自下而上，由人物推动的。在贝多芬的内在耳朵听来，主题化的音乐作品里的那些行动大概就像是席勒戏剧里那些廷臣的权谋算计，那些乔装改扮的妻子、强行打开的珠宝盒和被偷窃的信件。在贝多芬那里有一种现实主义（真正意义上的现实主义），它不满意那些明显硬编出来的冲突，不满意所有古典主义都在创造的那种人为操纵的对立。据说，那种对立所产生的总体性超越了特殊性，但实际上不过是武断地把总体性强加于特殊性。甚至在《第九交响曲》展开部的关键段落里，还能察见这种任意武断的痕迹。晚期贝多芬对真理的追求使得他拒斥主体与客体的这种虚假同一性，而这种同一性实际上和古典主义的理念几乎是一回事。拒斥的结果是两极分化。同一性被超越，上升为碎片性。在最后几首四重奏里，实现这一超越的手法是浅白的格言式动机与复调组合的一种生硬突兀的、无中介的并置。两者之间的裂隙袒露无疑，于是将美学和谐的不可能性变成了作品的美学内容，将最高意义上的失败变成了衡量成功的标准。就连《庄严弥撒》也以它自己的方式牺牲了综合的概念。其做法是，拒绝让主体（听众）进入或接近音乐，而是让主体既不能继续安顿于形式的对象性之中，也不能从其主体自身完整地生成这一形式。现在，音乐不惜付出让个体灵魂沉默乃至屈服的代价，以换取它的人类普遍性。也许这才是解释《庄严弥撒》的钥匙，而不是认为贝多芬向教会传统让步或是希望取悦他的学生鲁道夫大公。自律的主体从自由退却到他律，否则主体就不能获知它自身的客体性。假装变形为一种疏离的异化形式，与异化本身的表现相呼应的形式，是要完成一项舍此不能完成的任务。作曲家用僵硬的风格做实验，是因为资产阶级的形式自由不足以作为风格化的原则。作曲法坚持不懈地打压着处于这种外部强加的风格化原则之下的主体有可能要填补的一切。不但所有违反这条原则的情感冲动都受到了严厉的批判，就连（使它堕落为浪漫主义虚构的）客体性本身的每个更具体的体现也受到了严厉的批判。无论是真实可感的骨架还是具体，在虚构中统统消失了。这种双重批判，这种持续不断的筛选，把疏离的风格强加于《庄严弥撒》。尽管整部作品充满了响声，疏离的特征却使该作品与其感性愉悦的外表针锋相对，一如禁欲主义的最后几首四重奏。虽然《庄严弥撒》在表面上是闭合的，但它在美学上的碎片性、它对清晰结构的拒斥（有助于追问一个严厉的问题——究竟还有什么是可能的？）其实已经与最后几首四重奏公开显露出来的缝隙遥相呼应了。但是，拟古、复古的倾向并非《庄严弥撒》所独有的，而是几乎所有伟大的作曲家（从巴赫到勋伯格）的晚期风格共有的。作为资产阶级精神的代表，他们全部抵达了资产阶级精神的极限。但是，在资产阶级的世界中，他们仅仅依靠自身是无法超越那界限的。现在的痛苦迫使他们都不得不发掘过去，作为献给未来的祭礼。至于这祭礼在贝多芬那里到底有没有结出果实，被排斥的本质究竟是不是圆满实现了的宇宙的一个密码，而《庄严弥撒》本身是不是像后来的重建客体性的尝试那样失败了，都只有等到对作品结构的历史哲学反思探明其最内在构造的细胞之后，才能做结论。今天，当音乐的展开原理已经走完其历史道路，在它盖棺定论、失去意义之后，作曲便不得不拆散分段，一块一块地呈现，却完全不用考虑《庄严弥撒》的方法。这一事实促使我们得出结论：贝多芬恳求人们将《庄严弥撒》列入他"最优秀的作品"，并不仅仅是一种恳求。

11. 抒情诗与社会 [①]

　　以"抒情诗和社会"为题的讲座通告大概让你们大多数人不舒服了吧。你们会以为这是一次社会学研究，是那种想研究什么就研究什么的社会学——就像五十年前我们遇到的心理学、三十年前的现象学一样，涵盖一切可设想的对象。你们担心的是，讨论艺术作品的形成条件及其后果，会鹊巢鸠占，占用本属于艺术作品的经验的地方；担心社会学的排序和联系会压制一切对客体对象本身的真伪的洞察。你们会怀疑一位知识分子很可能犯了被黑格尔称为"形式的指导者"的错误：居高临下地俯瞰他所谈论的特殊存在，其实并没有看到它们，而仅仅是给它们贴标签。倘若将这种方法运用到抒情诗上，会是最令人沮丧的。最纤巧、最易碎的形式一定会接触社会的奔忙，哪怕我们传统的诗学观念的理想试图阻止这一接触。表现领域的本质恰恰就在于对社会组织的权力的否定——要么通过视若无睹来否认它，要么就像波德莱尔或尼采那样通过漠然视之来克服它——这种否定必然会被社会学家傲慢地变成它本想要成为的东西的反面。你们会问，难道一个市侩庸人也能谈论抒情诗和社会吗？

　　显然，要消除上述怀疑，就不能把抒情诗当成用于证明社会论点的对象，相反，它们和社会事实的关系揭示了它们的某些本质特征，亦即它们具有诗学价值的某些原因。这一关系不应该让我们离开作品，而会让我们更加深入到作品中去。这真的是可以期待的事，稍微一想就能明白：因为诗歌的意义不仅仅是个体经验和情绪激动的表现。毋宁说，这些东西只有

① 本文写于 1957 年，收录于《阿多尔诺全集》德文版第 11 卷，第 48–68 页。

在它们由于一定的审美形式而分有了事物的普遍性的时候才成了有艺术性的。当然，抒情诗表现的并不一定是每个人体验到的东西。其普遍性并非"众意"，不是写出"人人心中有、别人笔下无"的东西的能力所产生的普遍性。相反，下降到个别性，就把抒情诗提升到普遍性的王国，因为它照亮了未被扭曲、未被理解的事物，尚未被分类的事物。这样一来，诗歌就以抽象的方式期盼了一种状况，在其中，没有任何单纯的普遍性（即极端的特殊性）能够强迫和束缚人性的东西。从不受约束的个性化的状况出发，抒情作品为普遍性的王国而奋斗，期盼着普遍性的王国。然而，抒情诗特有的危险在于它自身的个性化原则并不能够保证创造出令人信服的真实性。它无力阻止它自身陷入赤裸裸的、孤立的存在之偶然性。尽管如此，抒情诗的内容的普遍性在本质上是社会的。只有在诗歌的孤独中察觉到人类的声音的那些人，才真正理解了诗歌说的东西。其实，抒情诗表现的孤独本身就隐藏在我们的个人主义的（最终是原子式的）社会中，反过来，普遍的约束力来源于社会的个体化的密度。因此，对艺术作品的彻底思考要求我们具体考察其社会内容；任何真正的理解都不会满足于对普遍性和包容性的模糊感觉。这种精确的具体思考并不与艺术相冲突，也不是从外部妄加评论——实际上，它是一切语言创造都要求的东西。诗歌固有的材料，它的样式和概念，是不可以用静态的沉思抽干的。为了得到审美的思考，诗歌要求对它们进行彻底的思考，而思想一旦被诗歌推动，就不能被诗歌的命令中断。

不过，这种思想（相当于抒情诗的社会阐释，实际上是对所有艺术作品的社会阐释）不能直接走向作品代表的（或作者持有的）所谓"社会的观点"或社会利益。相反，它们的主要任务是发现一个社会的整体（作为包含着诸多矛盾的总体）是如何出现在作品中的；在哪些方面，作品忠实于它的社会，在哪些方面，作品超越了那个社会。用哲学家的话说，这种解释方法一定是内在的。不应该把社会概念从外部加诸作品，而应该通过对作品本身出现的事物的完整系统的考察得出社会概念。歌德的《格言与思考》中有句话，你并不占有你不理解的东西，这句话不仅适用于我们对艺术作品本身的审美态度，也适用于美学理论：除了作品中的东西，除了属于作品本身的特有形式的东西，没有任何东西能够为查明作品内容（被提升进入到诗歌之中的东西）所代表的社会意义提供一个正当的基础。这种判断要求的是从作品内部获得的知识，当然，也要求对外部社会的知识。但是知识的威信只有在它彻底服从手头的材料并重新发现自身时才能确立。我们要特别警惕当前的一种令人无法忍受的倾向，即抓住一切机会来拓展意识形态的概念。因为意识形态是不真实的——虚假的意识，是谎言。它显现于艺术作品的失败中，在它们内在的虚假性中，并且可以通过批评揭露出来。然而，说到伟大的艺术作品，也就是将现实存在凝固在特定形式中，从而将其矛盾引向有目的的和解的那些作品——说这类作品是意识形态的，就不仅抹杀了它们包含的真理，也搞错了意识形态这个概念。意识形态这个概念，并不是说所有艺术和哲学的意义就等于某些人把特殊利益当成了普遍利益。意识形态概念试图揭露虚假思想，但同时也理解其历史必然性。伟大的艺术作品之所以伟大，仅仅在于它们有能力让意识形态所掩盖的那些东西重新发出声音。无论是有意还是无意，它们的成功就超越了虚假意识。

请允许我回到你们的疑虑那里。你们对抒情诗的反应是把它当成了跟社会对立的东西，某种纯个人的东西。你们强烈地觉得应该如此——从物质材料的沉重中释放出来的抒情表现应当唤起一种摆脱了日常世界之强制、有用性之强制、自我保存的沉闷驱力之强制的生活图景。然而，对未开垦的处女地的这一要求本身就是社会性的。它意味着对某种社会状况的抗议，身在其中的每个人都感到社会是敌对、疏远、冷酷的和压迫的；而这一社会状况以否定的方式被压缩进诗歌之中：社会状况的压力越重，诗歌的反抗就越冷酷无情，拒绝屈服于任何他律，并完全按照自身的特殊法则来构成自身。它对赤裸裸的存在的漠然成了衡量世界的虚假和贫乏的尺度。诗歌通过对这些状况的抗议宣告了对一个完全不同的世界的梦想。诗性思维的奇特性，对立于物质世界的无法忍受的强权，是反对世界的物化、反对交换的商品对人的统治的一种反应形式。（从现代的一开始，商品对人的统治就扩散开来，自工业革命以来，它将自身确立为生活的统治力量。）就连里尔克的"对物的崇拜"也属于这一形式的奇特性，它试图把异化的对象带入主体的纯粹表现，并在那里消解它们——给它们的异化以形而上学的赞誉。对物的这种崇拜、这一隐晦的姿态、宗教和装饰手工艺的混合物的美学缺陷同时也背叛了真正的物化权力，该权力再也不能用抒情的灵韵画出来，也不再能够被理解。

只有把注意力转向对抒情诗的社会性质的上述观点的意义，才能说它的本质特征（作为某种对我们来说是直接的东西，尤其是第二自然）是完全现代的。无独有偶，风景画及其"自然"概念也仅仅是在现代才独立发展出来的。我知道我这么说有点夸大其词了，你们可以给我举出好多反例。最有说服力的是萨福（Sappho）。中国、日本和阿拉伯世界的诗歌我没法谈，因为我读不了任何一种的原文，而且我怀疑翻译的削足适履使得理解不可能准确。但是古希腊的所谓抒情诗只是昙花一现，正如较古老的绘画的背景有时预示着风景画的概念。它们并不构成那样的形式。按照文学的观念，早期古代的伟大作家被算作抒情诗人的（品达，算一个，还有阿卡伊奥斯，以及瓦尔特·冯·德·沃格尔韦德的大部分作品）都和我们现在对抒情诗的主流观念相去甚远。他们缺少一种亲密的性质，一种非物质性：无论是否公允，我们把那一性质作为抒情话语的标准，只有经过努力的研究我们才能克服这些观念。

不过，我们说的抒情诗（在我们阐述其历史意义或者用它来批判个人主义的力量之前）在其内部、在其"最纯粹的"形式之中有一种断裂或破裂的性质。在抒情诗中发出声音的主观存在把它自身定义、表现为某种对立于集体和客观性王国的东西。虽然它的表现姿态是直接指向自然的，但它和自然并没有亲密关系。可以说，它失去了自然，并试图通过拟人化、通过下降到主观存在之中来重建自然。只有在转变为人的形式之后，自然才重新获得了人对自然的统治夺走她的东西。即使是没有触及常规的物质存在、物质对象的天然世界的那些抒情诗作品，其高价值也来自其中包含的主观存在的力量，在于克服其异化，召唤自然世界的图景。它们的纯主观性看起来天衣无缝，毫无瑕疵，完美和谐，实际上见证了相反的东西，见证了外在于主体的存在所引起的痛苦，一如它表明了主体对那一存在的爱。其实，这些作品的和谐不过是这样的痛苦和这样的爱的相反相成。就连"等着罢，俄顷你也要安静"也有一种安慰的姿态；它那妙不可言的美和它在沉默中避而不谈的东西密不可分：拒绝了和平安静的世界图景。仅仅是因为诗歌的语调和这一未明说的景象产生了共鸣，它才坚持说那里终将有安宁。人们几乎想把同题的另一首诗里的"唉，我已经倦于浮生！"拿来做这首《漫游者的夜歌》（简称《夜歌》）的注脚。可以肯定，第一首诗的伟大之所以感动了我们，是因为它没有提到和人疏远的或令人不安的事物——诗中没有任何焦虑不安的对象跟言说主体相对立；相反，焦虑被感受为余悸。允诺了第二种直接性和总体性：人的要素，语言本身，似乎又成了天地万物，超出诗歌范围的一切却渐渐消失在心灵的回声中。然而，排外的世界并不只是表象，它上升为完全的真理，因为通过对温柔的厌倦的直接表现，渴望的阴影就徘徊在安慰的上空，甚至是死亡的阴影。由于"等着罢，俄顷"，于是在神秘、悲哀的微笑中，人的一生都变成了入睡前的短暂时刻。安宁的语调证明了宁静本身是无法得到的，除非梦碎了。阴影并没有凌驾于回归自身的生活之上的权力，然而作为对它的损毁的最终回忆，它把一种沉重的深度借给了梦，该深度居于无重量的歌的底下。看到安静的自然，在那里，人的形式的最后一丝痕迹也被擦去了，言说主体开始意识到他自己的虚无。不知不觉地，静悄悄地，反讽轻轻触及了这首诗给人的安慰。睡眠的崇高幸福之前的时刻，其实就是把短暂一生同死亡隔开的时刻。在歌德之后，这一升华的反讽堕落为恨意，然而其性质始终是资产阶级的。自由主体的升华总是伴随着阴影：把主体贬低为市场上的一件东西，贬低为纯粹的为他的存在——我们会问"好吧现在你做什么？"的那种身份。然而，《夜歌》有着它的真实性；分化解体的背景把它从鸡毛蒜皮中解救出来，与此同时，对于诗歌之安慰的软弱无力的力量，解体的力量却又无能为力。常言道，完美的抒情诗一定拥有总体性或普遍性，一定在其自身的范围内理解了总体，在其有限性中揭示了无限。

如果这并非将一切都归类到象征主义名下的那种美学的老生常谈，那么它指的是：在任何一首抒情诗中，主观精神内部的主体对客体、个人对社会的历史性关系都被迫依靠它自身的来源——这一历史性关系一定沉积在诗歌里。诗歌越是避免把自我与社会的关系当作外在的主题，越是让这一关系不知不觉地凝结在诗歌之中，这一沉积就越完美。

既然我已经说出了这一判断，你们可能会指责我升华了抒情诗和社会的关系（出于对社会学的粗鲁的恐惧），以至于这一关系里什么也没留下。恰恰是诗歌里的那些非社会的东西成为诗歌的社会维度。你们会让我回想起古斯塔夫·多雷的漫画，描绘了一位极其反动的政客声嘶力竭地赞美着旧制度："我亲爱的先生们，要不是路易十四，我们就得感谢 1789 年的革命了！"你们可以把这话套用到我对诗歌和社会的观点上来：社会扮演的是被杀头的国王的角色，抒情诗扮演的是反对国王的那些人。你们当然可以反对说，不能用社会来解释诗歌，正如不能把革命解释为被革命推翻的君主制度的功绩一样——要是没有旧制度的荒唐，当时恐怕就不会发生革命。至于多雷笔下的政客是不是和嘲讽他的漫画家一样，只是一个愚蠢的、犬儒主义的宣传家，这个问题无关紧要——甚至，政客的无意造成的幽默是否比常识所以为的更接近真理（黑格尔的《历史哲学》对这位政客的辩护做出了很多贡献），也无关紧要。

这一类比中照样存在着某种错误。抒情诗不能从社会中推导出来，其社会内容恰恰是其自发性，它并不遵循要素的条件。但是哲学（还是黑格尔的哲学）知道思辨的命题：个人是通过普遍性表现出来的，反之亦然。在这里，它仅仅意味着对社会压迫的反抗并不是绝对个人的东西。相反，通过个人及其自发性，客观的历史力量在诗歌中唤醒了自身，这些力量推动着一个受限制的、束缚人的社会状况超越它自身，走向一种更人道的社会状况。因此，这些力量一定属于某个包罗万象的结构，而绝不仅仅属于纯粹的个体性，盲目地反对社会的那种个体性。现在我们假设抒情诗的内容（由于它本身的主观性）实际上具有这样的客观内容（说真的，要是没有这个假设，我们几乎只能说，使抒情诗成为一个类型的最基本的特征，亦即它对人们的效果，就是诗人自言自语的独白）——因此，只要它的撤退到自身之中和离开社会表面是由社会力量推动的，而不是作者的异想天开，它就一定具有上述客观性。这伴随着语言的手段。抒情诗特有的悖论（这一主观的、个人的要素转变为客观的要素）受制于诗歌服从语言形式的特殊重要性，而语言在所有文学形式（散文也一样）中的首要地位来自那一重要性。这是因为语言本身有二重性。通过它的形态，它屈从于一切可能的情感激动，以至于人们几乎可以说是语言首先产生了情感。另一方面，语言仍然是概念和观念的中介，并且建立了我们和普遍性（乃至我们与社会现实）的不可或缺的关系。因此，最崇高的抒情作品是这样的：主体毫无其物质存在的痕迹，他用语言吟诵着，直到语言自己的声音可以听见。主体的忘我，他沉浸在语言之中就像把他自己完全奉献给一个对象，这同他的表现的直接亲密性和自发性是一码事。于是语言产生并参与了诗歌和社会的最内在的性质。因此，在抒情诗没有重复社会所说的话的那些时刻，当它不传达公报的时候，当言说主体（继续他的表现）完全符合语言本身（即符合语言的内在倾向所寻求的东西）的时候，抒情诗表明了它自身已经被完全纳入了社会。

另一方面，并不能像某些流行的存在论的语言学理论那样，把语言拔高到"存在的绝对声音"的位置。如果要听到历史性存在的声音的话，主体的个人表现（区别于纯粹的表意或客观内容的报道）是必要的，这一主体并不仅仅修饰语言的内容，他并不外在于那一内容。主体沉浸在语言之中的忘我要素并不是将他自己献祭给存在。它不是一个强制的或强迫的要素，甚至不是反对言说主体的力量，而是和解的要素，在语言本身首度发声的时刻，它不再作为外在于主体的东西说话，而是作为他自己的声音说话。当言说主体，抒情主人公"我"，完全忘记了他自己的时刻，他仍然完全在场；否则，语言（作为神圣化了的咒语）将屈从于物化过程，并像它在日常言谈中那样解体。

然而，这就把我们带回到个人与社会的现实关系中来。这样子的个人是由社会形成的，他的思想和感情在本质上也是社会的，不仅如此，从另一方面看，社会也只是由于组成它的个人才存在的，社会体现了个人的本质。如果说，过去的大哲学家说出了真理（当然，被我们现代的逻辑实证主义者拒斥了）——主体和客体并非僵硬的、隔绝的两极，而仅仅在相互作用的过程中才统一起来，那么，抒情诗就是对上述命题的实验检验。在抒情诗里，主体既否定了他的纯粹的、孤立的存在与社会的对立，也否定了他在理性组织化社会中的机能本身。

但是，随着组织化的社会对个人的统治逐渐加深，抒情诗艺术的处境变得越来越危险。波德莱尔的作品是最先记录这一点的，表现在它拒绝停留在个人的痛苦上。相反（作为欧洲的厌世的极端后果），它超出了个人的痛苦，而控诉整个现代的时代本身是反抒情的，而且通过一种英雄风格的语言，它从这一控诉中击打出真正的诗歌的火花。在波德莱尔那里，绝望的记载首次出现了，并巧妙地平衡于它自身的悖谬点上。随着诗歌和交际语言的矛盾走向极致，所有抒情诗都成了一种危险的和绝望的游戏。这并不像鼠目寸光的庸俗观点所认为的那样，是因为诗歌变得不可理解，相反，这是因为——通过创造性的艺术语言对语言本身的自我意识，通过它获得绝对的客观性的努力，即不考虑传播一种狭隘的、纯历史的、有意识形态局限的客观性——诗歌使自身脱离了客观精神，即生活的语言，而用复古的语言、一种诗性创造的替代品取而代之。后来较差的诗歌里的那种拔高的、诗歌化的、主观上野蛮的方面则是为此不得不付出的代价，其意图本来是让诗歌保持客观上的活力，让它不扭曲变形，不被玷污。虚假的闪光是它所逃脱出来的那个去神话化的世界的反面。

这一切当然都需要加以限定，以免误解。我同样主张，抒情诗总是对社会矛盾的主观表达。然而，既然产生了诗歌的客观世界本身是矛盾的，那么抒情诗的本质就不能完全解释为语言为客观性提供的"主观性的表现"。抒情主体（它越充分地表达自身，就越有说服力）并不仅仅体现了总体。相反，它离开了总体，有别于总体，因为其存在有赖于一项特权：鉴于生活的必然性的压力，只有极少数个人才能够在忘我的专注中把握普遍真理或事物的形态——真的，极少极少数人能够有机会成长为独立的个体，掌控着他们自身的主体性的自由表现。至于其他人，不仅像陌生人那样站在局促不安的诗人面前，似乎他们只不过是客体——事实上，他们已经被还原为字面意义上的客体，即历史过程的牺牲品——其他人也有权利，甚至更有权利去探寻嫁给了痛苦和梦想的那些声音。这一不可转让的权利再三坚持着自身，无论以多么不纯粹的、扭曲的、破碎的、断断续续的方式——必须背负重荷的那些人唯一可能的方式。

任何个人的抒情诗都建立在集体的基础层面上。如果诗歌其实召唤的是总体，而不只是仅仅属于有资格敏感的那些人的奢华、精致和优雅的部分，那么，即使是个人的诗歌的内容也在很大程度上来自它们对集体层面的参与。无论如何，是这一层面首次使语言成为中介，在这样的语言中介中，主体不再仅仅是主体。浪漫主义对民歌的关注只是这方面最惊人的一个例子而已，而且肯定不是最有力的例证。因为浪漫主义的纲领是把集体灌输给个人——结果，个人的诗歌越发纵情于普遍性的技术幻象，而不是占有这种普遍性，从诗歌本身产生的普遍性。不同于这一灌输，另一些诗人蔑视一切借自交际语言的手段，他们常常能够通过他们的历史经验来参与集体层面。我说的是波德莱尔，他的诗给了"中庸之道"当面一耳光，甚至鞭笞了一切通常的、中产阶级的社会同情心。在《巴黎风貌》的《小老太婆》或写好心的女仆的那首诗中，他用悲惨的、傲慢的面具对着大众，却要比所有穷人的诗歌更忠实于大众。

因为我作为出发点的抒情诗观念（个体表现的观念）在今天似乎被个体的危机所动摇，诗歌的集体基础到处向上推挤，先是作为个体表现的酵素，然后恐怕就用肯定的方式预言了一种超越纯粹个体性的状况。如果翻译准确可靠的话，那么加西亚·洛尔卡（他被弗朗哥的支持者谋杀，而任何极权主义的政权都不会容忍他的存在）就是这种力量的携带者。布莱希特的名字本身就意味着一位诗人赋予诗歌表现的完整性，却不必为此付出玄奥晦涩的代价。我不敢断言，个体化的诗歌原则在这里有没有转换为另一种更高的原则，抑或其原因存在于自我的退化和弱化中。在许多个案中，当代诗歌的集体性力量来自现已彻底原子化了的状况里的语言和精神的原型，它在各个方面都是资产阶级之前的——方言诗歌。然而，传统的抒情诗，作为对现代中产阶级价值观的最严厉的审美否定，恰恰因此继续被束缚于资产阶级社会。

既然对一般原则的思考是不够的，我打算借助几首诗来帮我具体阐明诗人的主体性（它当然代表了更普遍的集体主体性）和同它对立的社会现实之间的关系。这里不仅需要解释形式的要素，也需要解释主题的要素（语言艺术没有了这一要素就无法表达自身，哪怕是纯粹的诗也不能）。尤其要注意两者相互渗透的方式，因为只有通过这样的贯通，抒情诗才能真正把握历史要素。偶尔，我宁可不选择歌德的那些诗，我对它们有所评论，却未加分析。我宁可选择后来的诗，它们没有《夜歌》的那种不完善的真实性。无疑，我讨论的诗歌的确有着某种集体性的基础，但是我想把你们的注意力转向社会的内在矛盾关系的不同层面是如何在诗歌的话语中显现出来的。我重申一遍，这里要考察的既不是诗人个人的人格，他的心理学，也不是他所谓的社会观点；重要的是诗歌本身——作为历史的哲学日晷。

首先我要念给你们听的是莫里克的《漫游即景》：

> 我从古塔进了村庄，
> 街道铺满红色霞光。
> 开着的窗户上，
> 怒放的鲜花高高开放，
> 金色的铃铛甜甜作响，
> 传来的歌声像夜莺唱：
> 花儿在摇荡。
> 微风在吹奏，
> 玫瑰照亮了更深的红。
> 我快乐地站着，呆住了。
> 我如何走出门，找到

> 离开的路，我不知道；
>
> 而这里——世界多明亮！
>
> 上空，亮紫色的巨浪，
>
> 后面，村村闪着金光，
>
> 浪花有多高，磨坊多咆哮，
>
> 我快乐得晕眩，迷茫——
>
> 哦，缪斯！从我的心中传来
>
> 你的爱的呢喃。

这一幕景象所许诺的欢乐是今天的旅行者在南德意志村庄仍然有机会碰到的，它展现给了读者，却没有丝毫妥协于陈腐的田园诗歌，妥协于小木屋和离奇的圆玻璃窗。诗人唤起了狭窄角落里的温暖舒适的感觉，同时却仍然是一首升华之作，没有被纯粹的舒适欢乐感糟蹋。它在情感上并没有赞美狭隘的纯朴（从而牺牲掉更宽阔的视野），也没有赞美无知的快乐。简单的叙事和语言珠联璧合，使得景物的天堂如在眼前敞开。叙事只承认村庄是短暂的即景，而不是久留之地。情感的深度来自窗口传出的女孩歌声带来的兴奋以及大自然的壮丽，像听见了合唱——这一切似乎超出了限定的场景，在敞亮的、绯红色的天空及其流云下，金色的村庄和喧嚣的声浪汇成了一幅理想的画卷。这一景象得到了语言的支撑，语言具有妙到毫巅、不可言传、拟古和颂歌的特征。自由的韵律仿佛来自很远的地方，让我们想起古希腊的不押韵诗歌。也许，在第一节最后一行中的情感突然爆发中，遣词造句也是最精心推敲的："玫瑰照亮了更深的红。"

关键是诗末的"缪斯"一词。这个词是德国古典主义滥用得最多的词之一。它仿佛最后一次闪耀在土地神（友好的村庄的内在精神）赐予的落日余晖中。作为某种要消失的东西，它似乎掌握了欣喜所知道的一切权力；否则，对缪斯的祈祷将没有这种权力，而是像现代的惯用词句所表达的那样无助和突兀。诗歌的灵感在这里最完美不过地显现了自身：在关键时刻选用了最令人讨厌的词，谨慎地用隐性的希腊诗歌姿态做铺垫，从而像音乐的节奏一样消除了总体的紧急行动。在最简短的形式中，抒情诗成功地获得了德国史诗（哪怕是《赫尔曼和窦绿苔》之类的观念）曾徒劳无功地寻求的东西。

这一成果的社会意义是和诗歌所揭示的历史经验的阶段相一致的。德国古典主义以普遍人性的名义清除了主观情感中的偶然成分，在人际关系不再是直接的，而是以市场为中介的社会中，这些成分威胁着情感。它追求的是主体的"对象化"，正如黑格尔在哲学中追求的那样；它试图在理想的精神王国中克服并调和现实生活中的矛盾。无论如何，这些矛盾在现实中的持续存在有了一种精神的和解方案：在商业利益的无感情的、激烈竞争的生活中，拼命想压人一头，却没有任何更深的目的（艺术家称之为"平庸乏味的"生活），在这个世界，个人的命运是由盲目的法则和规律决定的，与之相比，"艺术"——其形式意味着它为完满的人性代言——成了一个空洞无物的字眼。古典主义设想的人的概念退回到了个人的孤立存在的领域及其形象，似乎只有在那里才能保留着"人"。作为某种总体的、完整的、自我规定的存在，这种人的概念必然被中产阶级抛弃，无论是在政治还是在美学中。顽固地将人限定于现成可得之物（物本身遵从外在的强制），使得上述理想的舒适和欢乐颇为可疑。意义本身受制于个人命运和幸福的偶然性；它获得的（毋宁说，篡夺的）尊严原本只有通过和总体幸福的结合才能获得。

然而，莫里克的天才中的社会力量在于他结合了两种经验：一是古典的高尚风格，二是浪漫的、私人的小画像。在这么做的时候，他以无与伦比的机智察觉到了两种可能性的边界，并巧妙地平衡了两者。没有任何情感的表现超出了那一瞬间能够达到的东西。经常说他的作品是"有机的"，也许那就是这一历史哲学的机智，他拥有的这种机智没有第二个德国诗人能媲美。莫里克的所谓病态特征，心理学家经常要给我们解释的那些特征，是他对可能性的深刻洞察的消极一面。这位克莱维苏尔茨巴赫的忧郁牧师，被列为我们的国民诗人之一，他的诗是技艺精湛之作，没有任何一位"为艺术而艺术"的大师能超越。高尚风格的虚伪性和意识形态性也好，小资产阶级的沉闷乏味的单调也好，他都了如指掌——他的大多数诗歌似乎避免了毕德麦雅时期特有的各种总体观念的盲目性。最终，他的灵感所创造的形象既没有在毕德麦雅的窗帘里也没有在家庭餐桌的场景里背叛自己，既没有在男子汉的自信语调里也没有在草率的餐桌礼仪中出卖自己。仿佛行走在狭窄的山脊上，出现在他那里的一切都继续坚持着高尚风格，像是记忆的回声，跟一种无中介的生活的诸要素一道，允诺了圆满的实现——就在历史的发展已经否定了它们的时刻。消失中的时代的两个方面都用它们依然徘徊着的踪迹向漫游中的诗人致意。他已经体会到了抒情诗在即将到来的工业时代中的悖论。追随他的诗人写出来的作品也像他最先给出的解答一样低回和纤细，甚至包括那些和他看似有鸿沟的诗人——如波德莱尔，其风格被克洛岱尔描述为拉辛和当代报刊的混合物。在工业社会中，自我重生的直率、生活的直接性等等抒情诗的观念（因为它们并不只是想要召唤无能的浪漫主义的过去）越来越成为"可能性"顽强地闪现在抒情诗本身的不可能性之上的条件。

斯特凡·格奥尔格的短诗，我只简单地谈一下。它出现在这一发展的更为晚近的阶段。这首诗是《第七个环》中的名篇，是一首高度精练的诗。诗的节奏轻快，内容却沉重之极，毫无新艺术运动的成分。大作曲家安东·冯·韦伯恩为这首诗谱写的音乐让它和它的英勇无畏首次走出了格奥尔格小圈子的可怕的文化保守主义。在格奥尔格那里，意识形态和社会内容是分开的两极。诗歌全文如下：

清风如织
我的问题
如梦而逝。
你只给我
浅浅一笑。

璀璨今宵

烛光摇曳——

五月将至

自今而后

我心惟念

汝眼汝发

日日年年。

无疑，这首诗属于高尚风格。近在眼前的事物的欢乐，在稍早的莫里克的诗歌中还能蜻蜓点水一番，在这里则被禁止了。禁止它的是尼采意义上的"痛苦的距离"，格奥尔格知道他自己命中注定要继续保持这一距离。在莫里克和他之间，只存在着令人厌恶的浪漫主义遗迹——田园牧歌的碎片已经变成了发霉的暖心鸡汤，不可救药地腐朽了。而格奥尔格的诗呢，是杰出的个人的诗，它存在的可能性恰恰是以个人主义的资产阶级社会和只为自己存在的个人为前提条件的，然而它却禁止了资产阶级诗歌的公认形式（不仅仅是其主题）。由于这首诗只能从它所拒斥的那些资产阶级思维框架（不是先验的框架，而是带着表现的意图）出发，而不能从别的任何立场或形态出发，由于这一点，它是封闭的、源头堵塞了的死水：因此它伪造了一种封建的状况。在社会上，这隐藏在格奥尔格的所谓贵族姿态的背后。并不是这一姿态激怒了那些无法用他们习惯的方式去喜爱这些诗歌的好市民。相反，无论这一姿态看起来多么反社会，它是这个社会的辩证法带来的结果：该社会的辩证法同样也使得抒情诗作者拒绝认同现存秩序及其全部形式，他在各个细节上都唾弃这一秩序。他无法用别的立场说话，只能用过去的社会的立场，从内部稳定地统治着自身。从这个社会中提取出了高贵的理想，它规定着诗歌的遣词造句、形象和声音。其形式——以一种很难赋予语言形态的明确方式——是中世纪的。在此意义上，这首诗就像格奥尔格的所有诗歌一样，是新浪漫主义的。然而，不是现实的对象，不是号召的声音，而是一种已被埋葬的精神状况。理想的潜在力量艺术地进入了存在，粗糙的复古主义荡然无存，这就把诗歌提升到沮丧失望的故事之上的水平（它当然讲述了那样的故事）：不能误认为它是对"爱情歌"（Minnesang）和中世纪传奇的廉价装饰的模仿，也不能误认为它是现代世界的星期天增刊的诗歌。它的风格化将它从顺从主义中挽救了出来。在格奥尔格的时代，矛盾在诗歌里得到有机的和解的空间就像在现实中消除矛盾的空间一样微乎其微，只能通过选择、通过消灭不可控因素来控制矛盾。

凡是"近的"事物——亦即属于具体的、直接的经验的那些事物——在格奥尔格的抒情诗里获得承认的地方，它们为存在付出的代价是被神话化。无物可以保持原样。因此，在《第七个环》的一个场景中，捡樱桃的孩子变成了童话故事里的孩子，不言不语，仿佛带着一根魔杖，在施展魔法的暴力。诗歌的和谐是从极端的不和谐中取得的，它依赖于瓦莱里所说的"拒绝"，亦即严格摈弃抒情诗的常规假装猎取事物之灵韵的种种手段。这一方法仅仅保留了抒情诗的样子，它的形式概念和模式——丢弃了一切偶然的要素，这些形式又开口说话了，充满了表现的张力。在威廉皇帝的德国，高尚的诗歌风格可以是不诉诸任何传统的，起码可以不诉诸古典主义。高尚风格不是通过假装的修辞格和韵律达到的，而是通过禁欲地忽略掉任何会缩短与被玷污的交际语言的距离的东西。为了主体能够真正地抵抗孤独的物化过程，他甚至不再被允许退回到他自身——他的私有财产。他被个人主义的痕迹吓怕了，这种个人主义同时把它自己卖给了市场的文学补充物。相反，诗人必须通过否定他自己，从而走出他自己。可以说，为了纯粹语言的理想，他把自己改造为一个容器。格奥尔格的伟大诗作都致力于这一语言的保存。他受的是浪漫语言的教育，尤其擅长把抒情诗缩减为它最简单的要素（魏尔伦曾以此作为最精微的表现的手段），格奥尔格，这位马拉美的追随者，他的耳朵听到的是他自己的语言，仿佛那是一门外语。他克服了他同德语的异化，通过把它提升为一门不再有人说而是想象出来的语言的异化；从这门语言的可能性中，他隐隐察觉到将形成什么东西。但是，他对这一见解的应用并不十分奏效。四行诗句"自今而后 / 我心惟念 / 汝眼汝发 / 日日年年"，我认为可以列入德国诗歌里最无法抗拒的佳句，看起来却像是引用，但不是引用另外一位诗人。毋宁说，它们似乎是从被语言忽视的、永远佚失了的某个文集里摘录出来的。"爱情歌者"大概曾写出过这样的诗句，假如他们，假如一个传统——几乎可以说，德语本身传承下来的话。柏夏特之所以要翻译但丁，也是本着这一精神。

对于敏锐的耳朵来说，"惟"字听起来很刺耳。它往往用于"人心惟危、道心惟微"这个固定短语中，而且有某些韵律上的考虑。很容易承认，这个字其实没有实指意义。然而，伟大的艺术作品恰恰是在最可疑的地方才是其成功之处。例如，最崇高的音乐作品并不完全纳入其形式的框架，而是用很多多余的音符或手法突破它们。因此，这个"惟"字产生了一种"荒谬的积淀"（歌德语），语言就逃离了遣词用字的主观意图。也许，这个字使得诗歌鹤立鸡群，起到了"似曾相识"的力量：通过它，语言的旋律超出了单纯的表意。在语言衰落的时代，格奥尔格在历史进程对语言的否定中把握了理念，并建构了听上去不像他说出来的，而像是来自远古之黎明的诗句，这些诗句仿佛将永远存在下去。然而，它们的堂吉诃德特征，亦即这种诗歌复古工作的不可能性，纯手工艺制作的危险性，也为诗歌的内容做出了贡献。语言对不可能性的奇思妙想的渴望，也成了主人公的无法满足的情欲渴望的表现。他把自己从自己那里解放出来，在别人那里得到宽慰。极其夸大的个体性转变为自我的消灭（晚期格奥尔格的马克西敏崇拜岂不正是个体性绝望地放弃了用肯定的方式解释自身吗？），这一转变是必要的。只有通过这一转变，才能构造出德国语言的最伟大的大师们（在民歌中）徒劳无功地寻求的那种幻境。只有通过一种分化——这一分化再也不能忍受它自身的碎片化、极度的差异化，再也不能忍受任何未表明总体（洗雪了个体化、特殊性之耻辱的总体）的东西——只有通过这样极端的分化，抒情诗的文字才能够执行语言的最深存在的命令，并反对语言在经济组织化的目的和目标王国中的为虎作伥。自由人性的思想也为虎作伥，就连格奥尔格派对高尚的崇拜（一种卑鄙的崇拜）的背后也隐藏着这一思想。格奥尔格的真理性在于他的诗歌突破了个体性之墙，在于其特殊性的完美，在于其感性既反对陈腐也反对精美的选择。如果说，它的表现集中于个人，完全用那些从个人的孤独中搜集来的内容和经验将它填满，那么这样的言语恰恰成为被藩篱隔绝开来的那些人的声音。

12. 伪文化理论 [①]

今天的文化中明显存在的危机不仅仅是任何一门特定学科的主题，甚至也不是一门文化社会学的主题。文化衰落的症候俯拾即是，哪怕是在受过高等教育的人那里，这恐怕不能完全解释为教育制度和教学方法的缺陷，尽管一代又一代的人谴责它们。无论教育改革多么必要，仅仅靠它是不够的。有时它甚至会使危机加剧，因为它降低了对受教育者的精神要求，并幼稚地低估了教育之外的现实对这些人的影响。然而，对影响和干预文化的社会因素的零星思考和调查研究，对文化目前的功能的考察，对文化和社会的关系的方方面面的考察，也并不比教育改革更接近实际发生的权力。就像社会总体的部分要素（体制内固有的）那样，它们是文化范畴本身的一部分；它们在应予清晰理解的关系领域中运动。成为文化的东西，现在沉淀为一种否定性的客观精神（不只是在德国），它可以从社会运动的法则中推演出来，甚至可以从文化概念本身中推演出来。文化成了社会化的伪文化——无所不在的异化精神。就起源和含义而言，伪文化不

---

① 本文分析了伪文化理论的演进过程，反思了文化的进步和重要性，考察了伪文化的出现，评论了伪文化在社会中的重要影响。本文最初发表于 1959 年，题为《半文化理论》(Theorie der Halbbildung)，重刊于《阿多尔诺全集》德文版第 8 卷 "社会学论文"，苏尔坎普出版社，1972 年版，第 93-121 页。阿多尔诺明确区分了 "教化"（Bildung）和通常说的 "文化"（Kultur），考虑到中文的阅读习惯，译文中都译为 "文化"。德文中的 "教化"（Bildung）一词兼有教育、教养、构造和文化等多种含义，因此在译文中并不统一译为 "文化"，而随语境选用不同的词语，比如 "教养"。

先于文化，而是在文化之后。其中的一切都在社会化的网络中，再也没有未开发的自然了，但是自然的质朴性这一古老的虚假声称还依然存活，并顽强地再生产着自身。一个完美的例子是被剥夺了自我决定的意识，它坚持认为得到公认的文化要素是不可转让的权利。但是在它的魔咒下，这些要素败坏了，并堕落为野蛮。这不可以仅仅用近来的发展来解释，也不能用"大众社会"的口号来解释，那句空洞的口号什么也没解释，而只是认识活动应当开始的地方。尽管有启蒙和信息传播，然而毋宁说，正是在它们的助纣为虐下，伪文化才得以成为当代意识的主导形式——这一诡计需要一种更全面的理论来解释。

考虑到伪文化的实践，文化概念本身就不应该是神圣不可侵犯的了。教养和文化并没有什么不同，除了它自身的主观目标的立足点。但文化有二重性：它指的是社会，它也是社会和伪文化之间的中介。在德国的用语中，文化和其他实践有显著差别，它仅仅指精神文化。这一观点包含着一个观念，资产阶级的彻底解放并没有完成，或者说，只有在资产阶级文化再也不把自己等同于人性的那个时刻它才算大功告成。西方各国寻求通过革命来实现作为自由的文化概念，革命运动的失败又把这些概念还给了它们自己，可以说，不仅闭塞了这些概念和它们的实现之间的联系，也使之成为禁忌。文化成了自满自足的。在老掉牙的哲学术语中，文化成了一种"价值"。伟大的形而上学的思辨体系以及和它们有着紧密联系的伟大的音乐肯定受惠于文化的自律才得以存在。然而，恰恰在这种文化的精神化之中，它的无能已然得到了确证：人们的现实生活转交给了盲目的生存、盲目的交换关系。文化并非与这一现象无关。马克斯·弗里施注意到，经常热情、心照不宣地参与所谓文化商品的人能够毫无保留地支持纳粹的杀戮实践：这不仅仅是一种不断分裂的意识的衡量标准，客观上也揭穿了那些文化商品——人性及其滋生的一切——的虚假性，证明了它们只是文化商品，一无是处。其内在意义不能和人类事务的进程分离开来。否则，任何自律地设定自身、将自身绝对化的教养就会因此成为伪文化。威廉·狄尔泰的著作中有一个再好不过的例子，他把合乎德国中产阶级口味的"精神文化"概念设定为自在的目的，把它放在盘子里递给了教育学。他最著名的书里有段话，在谈及荷尔德林时说，"假如另一种诗人的生活交织着如此精细的材料，就会是另一个月光！他的生活怎样，他的诗歌就怎样。"[①]除了作者的博学，这段话和埃米尔·路德维希[②]风格的文化工业产品毫无区别。

因此，当文化将其自身理解为典型的现实生活时，它片面地强调了适应的因素，以便操控人们。它这么做，是为了巩固危险的社会化连续体，是为了包容那些混乱的突破——当建立了自律的精神文化的传统，就会周期性地发生那些突破。哲学的文化概念充其量试图保护性地塑造自然存在。它既意味着动物本能的退化（通过让人互相服从），也意味着把自然从人为秩序的压力面前拯救出来。席勒的哲学，康德的哲学和康德的批评者的哲学，是这两种倾向之间的张力的精确表达，而在黑格尔的文化理论中，在晚期歌德的文化理论中，适应这一当务之急在人文主义中大获全胜，被写在自制的名下。要是张力消解了，那么适应就成为主导——已经存在之物的尺度。由于它是个人决定的，所以它拒绝上升到实定之上，拒绝超越已经存在之物。鉴于它对人们施加的压力，它就把人心中未成熟的东西给永恒化了，它以为那是它形成的：侵略性。按照弗洛伊德的观点，这是文化中的不满的原因。用观念史的语言说，所有顺从主义者的社会都不过是达尔文式的自然历史。它给适者的生存颁奖。假如被称作文化的那个力场是由固定不变的范畴构成的，无论是精神还是自然，主权还是适应，这些孤立的范畴中的任何一个都会跟它们共有的东西相冲突：它们将成为意识形态，并带来堕落。

文化的二重性发现它的平衡只是偶然建立的，该二重性来自未解决的社会矛盾，文化想解决这一矛盾，但仅仅作为纯粹的文化，它无力解决。在文化导致的精神的实体化中，反思将社会决定的体力劳动和脑力劳动的

---

① 威廉·狄尔泰，《诗歌与经验》（莱比锡和柏林：托伊卜纳出版社，1919年），第441页。

② 埃米尔·路德维希，又名路德维希·柯亨（1881—1948），律师出身，很早就改行为传记、小说和戏剧作家，其传记最为成功。——译者注

分离变形了。统治原则的客观优越性将古老的不义说成是正义合理的，显然，只有解放被统治者，统治关系的顽固重复才有可能结束。但是适应正是不断进步的统治的图式。主体只有将其自身等同于自然，亦即将其自身限制在现存状况中，它才能够控制现存之物。这一控制在社会上表现为一种控制人的本能的手段，最终是控制整个社会生活过程的手段。而为此付出的代价是自然的胜利，因为它总是驯服了动物的驯化者——后者徒劳地接近自然，先是通过巫术，最终通过严格的科学客观性。在这种接近过程中（亦即为了主体的自我保存而剔除了主体自身）主体所知之物的反面被制造了出来：和自然的一种完全非人的关系。联合是有罪的，其要素必然是互相对立的。在不断加深的对自然的统治看来，精神已经过时了，并沦为巫术的耻辱的牺牲品（精神曾经把巫术归结为对自然的信仰）：它用客观事实的权力取代了主观的幻象。其本质，真理的客观性，已经反转为谬误。然而，在现实存在的和盲目发展的社会中，适应并没有超越它。人类事务的安排违反了权力的限制。即使是在人道地安排事务的意志中，权力仍然是否定和解的统治原则。因此适应被束缚了，它就像精神一样成了拜物教，成了凌驾于理性目的之上的普遍组织起来的手段中的佼佼者，成了缺乏任何观念的具体性的虚假合理性之光。它建了一幢玻璃屋，误以为那就是自由，这种虚假意识与一种同样虚假且膨胀的精神的自我意识结合起来了。

上述动力学同文化的动力学是一致的。文化不是一成不变的：不仅它在每个时代的内容和规范都不同，即使作为概念，它也不可任意调换。文化的概念是随着资产阶级而得到解放的。封建社会的类型学，比如绅士阶级和绅士，尤其是旧神学的学问，都已经远离了它们传统的存在形式和具体规定，而独立于它们曾经嵌在其中的社会语境了。它们成为反思的、自觉的，并运用于其他人。它们的实现被说成是符合资产阶级社会的实现：自由和平等的人的实现。然而，与此同时，它们就远离了它们的目的、它们的现实功能，正如康德的无目的的目的性美学那么彻底。文化被认为是有益于自由个人的——这个人以他自己的意识为根据，但是在社会内发展着，将他的本能升华为他自己的精神。文化隐含着一个自律社会的前提——个人越是启蒙，社会总体也就越是启蒙。不过，文化和它所期待的实践之间的关系似乎是矛盾的；它似乎沉降到异质性的水平上，成了在非层状的"所有人对所有人的战争"视角下的保护优势的手段。无疑，文化概念假设了一种人道的状况，其中没有身份地位或目的，一旦文化将某物转让给这一状况，并陷入追求特殊目的的社会有用劳动的实践，它就对自己不忠实了。它的纯粹性成了意识形态，但并没有错。目的因素是文化概念固有的，故而它们能够让个人维持自己是一个理性社会中的理性人，一个自由社会中的自由人。按照自由主义的模式，这最好是让每个人都为了他自己的利益而受教育。社会关系越少，尤其是经济差异小的地方，目的取向的文化概念就越是被拒斥。不应该老是想着"只有文化不足以保障一个理性社会"这一痛点。应该抱有希望，从一开始就错误的希望：文化将能够让人们得到现实不让他们得到的东西。文化的梦想（超越手段之专制、超越顽固而贫瘠的功利性的那一"自由"）变成了以那专制为准绳的世界的辩护词。文化的可疑性质打破了文化绝对性的文化理想。

年轻的资产阶级用来反对封建制度的"教养的进步"根本不是这一希望自以为的那种笔直的前进。当资产阶级分别在 17 世纪的英国和 18 世纪的法国夺取政权，它在经济上和意识方面都比封建制度更发达了。"文化"一词在那时就获得了一种性质，使得上升的阶级能够实现它在经济和行政管理上的目标。文化不仅仅是被解放的资产阶级的标志，不仅是资产阶级对较为次要的人民（如农民）的特权。没有了文化，资产阶级就几乎无法成为企业主、中间商、公务员或其他一切。它和资产阶级社会刚刚巩固时产生的新阶级并不相同。当社会主义理论试图唤醒无产阶级的意识时，这一阶级在主观上完全没有资产阶级先进。社会主义者从他们的客观经济状况（而不是精神状况）推导出他们的历史地位，并非不合理。即使在一个人人形式平等的社会里，财产所有者也垄断了文化。资产阶级生产方式带来的非人道化让工人无法获得文化所必需的一切，首先就是闲暇。教育的药方失败了，成了漫画像。一切所谓的通俗文化（与此同时，人们习惯于避免使用这个说法）都受苦于一个幻象：似乎仅仅通过教育，就能消除将无产阶级排除在文化之外的社会强制。

文化和社会的矛盾并不仅仅导致旧文化（农民风格）的缺失。今天的农村是伪文化的温床。在那里，前资产阶级的世界观念，尤其是传统的宗教观念在很短的时间内就被毁掉了——部分要归功于广播电视等大众传媒。取而代之的是文化工业的精神。不过，本质上属于资产阶级的文化概念（自律）的先验性来不及发展。意识直接从他律走向了另一种他律。圣经的权威被体育场、电视和"真实故事"的权威替代，后者声称是文学的、现实的，在此站在创造性的想象一边①。其中的令人惊恐之处还没有得到认识——在希特勒的第三帝国，它已经变得远远不只是社会文化现象，而要更剧烈和极端。面对这一现象将是社会反思的文化政治学的当务之急，即使伪文化很难成为中心议题。至少现在，伪文化的签名还是资产阶级，就像文化概念本身一样。它携带着下层中产阶级的面相。文化并没有从这一阶级那里消失，它被许多并不享有文化特权的人的利益延续了。修收音机的或者汽车技师，在传统意义上是没有受教育的，但他需要大量知识和技能来从事他的行业，技术只能通过数学和科学知识才能获得。如凡伯伦所言，所谓的下等阶级懂得比学术的傲慢愿意承认的更多。

资产阶级意识的现象学并不足以解释新的状况：和资产阶级对自身的观念相反，在发达资本主义的开端，无产阶级处于社会的外部，是生产关系的客体，仅仅作为劳动者的主体。早期无产阶级是被剥夺了的小资产阶级、手工艺人和农民，处在资产阶级文化之外。这一状况被生活条件的压力延长了一些时间，也就是《资本论》和《英国工人阶级状况》描写的那些年代里的极长的劳动时间和极低的工资。然而，虽然关系的经济基础没有发生决定性的变化，经济上有权力者和无权力者之间的矛盾以及为文化设置的客观限制都没有变，意识形态却发生了根本性的转变。意识形态长期掩盖了分工，哪怕是对那些不得不背负重担的人。在最近一百年，他们

① 参见卡尔－君特·格罗内森，《城市力场中的农村人口》，收录于乡镇社会科学研究所，《专题著作2》（达姆施塔特：罗特出版社，1952年）。

已经被整合进了体制之网。这一方面的社会学术语叫作整合。主观上，就意识而言，社会的边界线在欧洲越来越脆弱，就像美国早就发生的那样。大众拥有了来源众多的文化商品。这些有助于操控他们——中立化，石化。对他们来说，没有什么是太珍贵的或太昂贵的。因为就文化的内容来说，通过市场机制，它适应了被排斥在文化特权之外的那些人的意识——本来文化是要改变他们的。该过程是客观决定的，谈不上背信弃义。因为社会结构及其动力学不让文化商品变得重要，不让它们被新皈依者占用：这是文化的题中应有之义。最无恶意的恐怕就是千百万先前不熟悉文化商品的人现在被它们淹没，应接不暇，毫无心理准备。无论如何，物质生产的条件本身难以处理与文化的传统内容协调一致的、最适合它们的那种经验。结果，文化本身纵有众多支撑，也残废了。在许多情况下，作为原本不实用的和完全无用的东西，文化妨碍了进步。还知道诗歌为何物的任何人都难以找到一个薪水丰厚的广告文案撰稿人的职位。社会权力和无权力者之间不断拉大的差别使得无权力者无法获得（并已经倾向于给有权力者）自律的现实前提，而文化概念在意识形态上保留了自律。于是，不同阶级的意识渐渐被标准化了，按照最新的研究，各阶级之间的相似度没有若干年前高了。无论如何，人再也不能用客观结构的特殊性说话了，而只能用标准化的中产阶级社会的社会心理学说话，如果必要，还要参考其组成成分的波动。但以下两者皆为主观：一是整合的外表，尤其是在消费范畴中；二是当主体碰上了牢固建立起来的诸既得利益的对抗，持续存在的二元对立是明显的。下层的民众是"现实主义的"；其他人则认为自己是理想的代言人。[①] 由于整合是意识形态，它也脆弱不堪。

所有这一切都越出了界限。但是理论框架一般并不完全赞同研究的结果，并提出了相反的看法。他们走得太远了，用社会研究的语言说，他们往往弄错了归纳综合。如果不考虑行政和商业的需要，经验社会学方法的发展恰恰出于这个理由而成为必要。不过，如果不走得太远，思辨将是不

① 参见《特定德国人群体的政治意识》，社会研究所未发表手稿（美因河畔法兰克福，1957 年）。

可能的。没有了理论中无法避免的虚假要素，思辨将听从纯粹的事实梗概，而不将其概念化——地地道道的前科学。肯定找得到令人信服的经验证据来驳斥文化枯萎论，驳斥伪文化的社会化及其对大众的影响等观点。哪怕今天中产阶级的白领工人阶层是伪文化的模板，它对实际上更低的阶级的影响显然难以证明，就像难以找到信服的证据来证明意识的标准化那样。看到此时此地的情形便争辩说"伪文化是普遍的"，这是简单化和夸张。然而，这个概念并不打算不加分辨地涵盖所有人和所有阶级，而是试图描绘一种趋势，描绘一种决定了时代面貌的精神的面相学，即使其有效性在量上和质上都十分有限。伪文化的范畴并不能包括无数工人、小公务员和其他群体，至少是因为阶级意识尽管衰落了却还是重要的力量。从生产方面看，这些范畴是如此强大，它们的成果如此符合现存利益，它们如此充分地体现了无所不在的文化形式，以至于它们是值得描绘的，哪怕这不符合统计学。如果除了传统的文化概念（它本身是可以批判的）就没有什么能充当社会化的伪文化的反题了，那么这就表明了一种情形，它处理的东西都不比这条可疑的标准强，因为它已经错过了它的机会。复归过去不是我们想要的，对过去的批判也丝毫没有减少。今天的客观精神碰到的任何事情都是在自由主义的鼎盛时期已经发生过的，起码是在还以前的旧债。但是文化领域中现在发生的事情只能从其旧形式中看到，无论它多么意识形态。这是因为石化的关系已经阻止了精神超越常规文化的可能。对坏的新事物的衡量尺度只有坏的旧事物。一旦它被谴责，它立即显现出和解的色彩，并缩减为无价值之物。仅仅出于这个原因，而不是为了歌颂过去的时代，人们回到传统文化。

在伪文化的概念中，商品化的、物化的文化内容的存在是以其真理内容以及它和活生生的主体的鲜活关系为代价的。这大致符合其定义。今天，伪文化一词就像通俗文化一词那样有了陈旧的和傲慢的名声，但这个事实并不证明该现象消失了，反而证明了它的反概念即文化本身不复存在——只有文化才使得伪文化概念是可理解的。无论是好是坏，只有完全没有被钳制同化的孤立个人或者自诩为精英的职业群体还在参与文化。但是，最广义的文化工业（一切被行话叫作大众媒介的东西）利用了这一事态，并将其永恒化。经过它的亲自接纳，它对那些它曾经鄙视的人来说就是文化，对那些否则不被整合的人来说就是整合——伪文化是其精神：随大流的同一化的精神。流行的暴发户笑话嘲笑他们说话夹杂着外国单词儿，这种流行是因为通过这样的挫伤就确证了所有嘲笑他们的人的信仰。同一化在这些人身上会取得成功，但其失败也同样不可避免。一旦他们被启蒙，"他们是自由的、自主的、不需要欺骗"这一强有力的观念就要求他们至少要把它当真——哪怕资本主义社会中的所有个人并没有怎么意识到这一点。这只有在被他们觉得是精神的事物中才是可能的：客观上解体了的文化。伪文化的极权主义形式不仅要被解释为社会因素和心理因素使然，也要被解释为可能更好的事物使然——资产阶级社会规定的意识状况意味着每个人的生命的真正自主的可能性，而由于生命被安排的方式，由于生命被扭曲为纯粹的意识形态，这种可能性被否定了。同一化会失败，因为在这个社会中，作为交换原则的统治的结果，社会已经丧失了它的全部特性，所以个人既没有形式也没有结构，亦即让他能够教化（字面意思）他自己的要素。另一方面，总体对个人的权力如此悬殊，他必须亲自从外部去反映无形式性。一度被组织起来的、让主体（无论多么成问题）能够获得形式的东西已经一去不复返了。但他们仍然不自由，他们与别人在个人基础上的生活并不首先表现为真正的交往。要命的"理想"一词表明了这一点，而这个词本身就表明要确定这个词的意思是不可能的。痛苦显然来自一个社会的和精神的世界的缺席，黑格尔称之为"实体的"世界：一个没有暴力的世界，对个人有着毋庸置疑的约束力，一个与个人达成和解的真正的总体。与此同时，这一观念也证明了任意地建立某些实体的欲望（就像尼采用他的新药丸做的那样）。语言中枢已经筋疲力尽，无力意识到一个事实：对规范性理想的欲望所要求的暴力行动也恰恰揭穿了人们所理解的实体性之虚假。这一法西斯主义的特征使之存活。但它又回到了文化概念本身。文化内在地包含着二律背反的结构。它假定了自律和自由，但迄今为止它指向了一个和每个个体有关的、预先给定的秩序结构，而在某种意义上，该秩序是他律的，因此是站不住脚的。只有在这一秩序中，个人才能够教化他自己。因此只要文化存在，它就已经不存在了。目的论上说，文化的败坏从一开始就被决定了。

今天真正有效的理想是意识形态观念的混合物，它们活动于主体和现实之间并过滤掉现实。它们由情感引起，无法轻易用理性消除。伪文化将它们照单全收。没文化（仅仅被理解为天真、没知识）带来的是和客体的直接关系，而它潜在的怀疑论、机智和反讽（这些品质在没有完全驯化的人身上很发达）使得它能够被叫作批判意识。伪文化想要这样谈论。传统本质上是文化的诸多社会条件中的一个——在桑巴特和马克斯·韦伯看来，它本质上是前资产阶级的，和理性的资产阶级不相容。然而，世界的祛魅造成的传统之缺失最终导致了一种无文化的状况，导致了精神的工具化造成的精神硬化，它从一开始就和文化不相容。再也没有什么能让精神保持着和理念的重要关系了。权威成了传统和主体之间的中介，这通常是坏事而不是好事。按照弗洛伊德，自主，亦即自我的原则，产生于对父亲形象的认同（而从这一认同中产生的其他范畴直接反对着家庭关系的不合理性），所以文化被社会发展起来了。学校的改革（其人道的必要性是无人质疑的）已经消灭了过时的权威。然而，它们也削弱了已经式微的奉献给精神和精神的内化，那是自由所必需的。迄今为止，自由——强制的反面——一直在减少，而强制一直扩张着，但是还没有任何对自由的强制自卖自夸。上了高中的人有谁不抱怨要背诵席勒的诗和贺拉斯的颂词呢？谁不会被长辈亲戚故意不停地背诵这些东西而激怒？今天几乎没有人会被迫背诵了。最没有精神的人已经被没有精神的、机械的东西完全遮盖了。经过这样的过程，精神就失去了某些用来滋养自身的养分。对精神的信仰把神学的精神世俗化为某种没有本质的东西。如果说所谓的年轻一代蔑视精神，那么这一代人就用精神从一开始就造成的东西来报复它。然而，一旦这种信仰（本身是意识形态）缺失了，更坏的意识形态就迫近了。在德国，一个"精神之人"总是非常冒犯的称谓，但那种社会角色已经灭绝了。取代它的那种公认的现实主义倾向于容纳精神存在，并吞掉一切塞到里面的东西。既然今天几乎没什么年轻人梦想着成为大诗人或大作曲家，那么就可以略带一点夸张地说，他们中间没有伟大的经济理论家了，最终将没有真正的政治自发性。文化需要保护，以防外部世界的屠杀，它需要对个人主体的一定关怀，哪怕是对社会化的碎片化。荷尔德林写道："我懂得神的语言，我从未理解人的语言。"150 年之后，一位年轻人要是这么想，是要被嘲笑的，或者，考虑到他的孤独症，把他送交精神病医生照料。然而，神的语言（一种真正的语言的理念，和本质有关的语言）和实用的交际语言之间的区别不再被人察知，于是文化就失落了。无疑，处于其最伟大的时期的德国文化并不完全包含当代哲学的知识，1790 年到1830 年间，哲学本身只是为少数人预留的。但那些哲学仍然内在于文化之中。它将洪堡和施莱尔马赫这样的大人物引向了他们的文化本性论。思辨唯心主义的核心，精神的客观性学说（精神超越了单个的心理学个体），是文化的原理——是关于某种不能直接对人有用的东西、某种不能直接用目的来衡量的东西的原理。精神的形而上学的无可挽回的瓦解也把文化埋葬在它底下。这不是思想史上的孤立偶然事件，它是一件社会的事实。精神及其对象化（文化）不再为人期盼，这一事实影响了精神。于是精神证明了它自己是社会的。一种文化被普遍认可的必需之物，可以通过调查来给出并核实的东西，不过是上述期盼的影子。可检验的文化本身就成了一种规范，一种资格，而这样一来就不再是文化，正如普通教育堕落为商人的闲扯。最终在柏格森的理论和普鲁斯特的小说中得到了赞美的自发性要素，把文化界定为某种不同于社会统治自然的机制的东西，而在可检验性的耀眼光芒中，它被毁掉了。和浮士德的虚假格言相反，文化是不能买的；它的销售和买了贵货是一回事。然而，文化一旦否认自己能买到，就陷入了特权的网——只有那些已经拥有文化的人才无须购买并占有它。于是它屈从于自由和不自由的辩证法。作为旧的不自由的遗产，它不得不衰败；但只要不自由的状况客观存续着，作为主体之自由的文化就是不可能的。

在美国这个最发达的资产阶级国家（其他各国都跟在它后面蹒跚而

行）里，可以观察到生存的无文化性的最极端形式，即普遍的伪文化的社会状况。宗教的想象，赋予存在某种比存在更伟大的色彩，在这里已经衰落了；封建制的非理性想象，从那些宗教想象发展而来，也一去无踪。留下来的古代民间传说，已经是人工合成的了，不能改变了。然而，一种自我调节的存在本身是没有意义的；祛魅的存在也是平庸乏味的。在所有方面都根据等价原则复制出来的生活疲于奔命地复制着自身，重复着运动。它对个人的要求如此强硬和严厉，使得他既不能将它当作某个控制他的生活的人来反抗，也不能将它体验为他的人性的规定性的一部分。于是，绝望的生存，不祈求任何高于生活之物的灵魂，要求从伪文化中得到替代神性的形象。其要素之间的差异如此之大，以至于陷入了混乱，而哪怕是不连贯的碎片也彻底放弃了理性——这就导致了一种贫乏的意识，它诉诸巫术[①]。大众媒介从狂野西部造出了一种赝品神话，它不再面对并不遥远的过去的事实。电影明星、流行歌曲和词作者同样计算效果。歌词是所谓街中人（他本身已经被神话化了）几乎无法听懂的，却正因此而流行。一首流行金曲说一位年轻的姑娘，"你是一首狂想曲"，没有任何人会停下来想一下这一比较多么无礼——用大杂烩一般无规则的组合技术做出的比较。有时候，衣着整洁、美丽惊艳的女人被解码成伪文化的象形文字书写系统——像蒙特斯潘夫人或汉密尔顿夫人那样的脸庞，不能说任何原创的话，只能机械地重复既定情形中为人们所期待的话，以达成最佳印象，这是伊夫林·沃观察到的。伪文化早就不自限于精神了，它也扭曲了感性生活。它回答了一个心理动力学的问题，也就是说，在理性已经变得非理性的情况下如何保持主体。

内在于文化的那些原创的社会差异化的要素已经被取消了（文化本质上就是差异化），拙劣的替代品上位了。永恒不变的身份社会吸收了文化中留下来的东西，并将它改造为一种身份的象征。资产阶级文化不再对此感到陌生，它总是倾向于把它所谓的代表（以前就是那些能讲拉丁语的

---

① 可参看恩斯特·利希滕斯坦在《社会科学知识手册》（柏林和慕尼黑，1955 年）中的文章，第一部分第 2 节，第 1 页以下。

人）同人民分开：叔本华曾经天真地注意到这一点。然而，在其特权的大墙后面，只有那些面对实践的，因而也许诺了无特权状况的人类力量才能繁荣起来。文化的这种辩证法被它的社会整合所中止，因为它带来了直接控制。伪文化是被商品拜物教征服了的精神。店员和老式的销售员的社会性格已经被白领工人的文化占领了（在卡尔·克劳斯那里，他试图发现这一过程的起源，谈到了销售员的审美独裁），因此文化的可敬的利润动机就让整个文化像霉菌一样滋生蔓延。既然它很少允许偏离了它的东西通过，只有这样的极权主义文化处于新事物的前台中心。通过不断的整合，伪文化去掉了自身的幼稚性；只有白领工人的文化在清算销售员。它抓住了它曾经的精神，按照它自己的需要重塑了精神。这样一来，伪文化不仅寄生虫一般地分享了它暂时没有减少的特权，也剥夺了其中的批判距离和潜能，最终甚至剥夺了它的特权。这方面的一个榜样是所谓经典的命运。整个 19 世纪，德国的文化典籍中至少包括了这些作品的全集，即使它们已经被时代的出版利益所控制，已经屈从于可疑的社会选择的方法。席勒是储存在格言警句中的文化的完美例子。但就连这种减弱了的权威也消失了。据说年轻一代几乎不认得许多黄金级经典作家的名字，而那些名字的不朽性曾经被轻率地宣称过。能量从理念中排出去了，文化曾经关心这些理念，并将它们吸入生活。理念吸引人之处并不是因为它们是知识（只要它们还在科学的背后就显得如此）或是规范。例如，自由和人道失去了它们在总体性（一个封闭的强制系统）中的启蒙力量，因为个人生活再也不能以它们为模板了。即使它们的审美约束力也不复存在：体现自由和人道的精神创作品基本上被视为轻薄的、唠叨的和意识形态的。文化商品腐朽了，不仅是有教养的人的看法，就其自身的真理价值而论也是如此。这一真理价值并不像唯心主义所言的那样是永恒不变的，而是像人们自身一样有着社会历史动力学的生命，也会死去。

　　就连明显的进步（随着物质生产力的发展而来的生活水平的普遍提高）也并不完全是精神生活的福音。上层建筑的革命化步伐要比经济基础来得慢些，由此导致的矛盾已经激化到损害意识的地步。伪文化寄生虫一般地殖民了文化落差。认为文化受益于技术和生活水平的提高，认为每个人都受到了文化的影响，这是一种商人的伪民主意识形态——"音乐进入了大量生产"；而把怀疑这一观点的人叫作伪君子，也是同样的意识形态。意识形态可以用经验的社会研究来反驳。因此，在美国，在一项巧妙的研究中，让两个对照组听所谓的严肃音乐，一组听现场演奏，另一组只听广播，爱德华·萨克曼证明了后一组的反应比前一组更肤浅，理解得更少。严肃音乐实际上已经变成了给广播听众的轻音乐，而一般的精神创作品被人们像饿虎扑食一样追逐（克尔恺郭尔认为这种火爆是魔鬼），已经冻结为文化商品。这样的商品的接受并不遵循内在的标准，而只是遵从消费者认为他从那里得到的标准。不过，作为上层阶级的需要，对文化的要求在主观上并没有那么分化，这一需求也随着生活水平的提高而增加了。作为对这一需求的反应，大的社会部门被怂恿去假扮一种它们并不拥有的文化。一度为假内行和暴发户预备的东西成了人民的精神。文化工业的大部分生产取材自民间文化，而这又创造出了对这些伪文化的人工制品的需求。比如传记小说，它报道文化事务，同时制造出廉价的、微不足道的认同；又如考古学或细菌学等学科的售罄脱销，它们被扭曲为粗糙的刺激物，让读者产生一种跟上时代的幻觉。这样一来，文化市场所依赖的愚蠢就被复制和强化了。在当前条件下，文化的津津乐道的传播恰恰是它的毁灭。

对文化的通俗化的怀疑，以及怀疑文化在现有条件下没有作为启蒙手段的资格，已经被反动派的怀疑所替代。例如，对过去的重要哲学文本的平装版，人们不能反对说它的内容会被这一表达形式伤害，那会显得他是遭到历史唾弃的那种文化观念的可笑的代言人——该文化观念只允许少数恐龙去证明它的伟大和崇高。事实上，在技术状况和经济利益汇聚于大众生产的年代里，试图将这些文本隐匿在小的、便宜的版本中，是毫无意义的。然而，出于对不可避免之物的恐惧，人们不应该看不到这意味着什么，而更重要的是：它和文化本身内含的民主化要求格格不入。在文化的传播过程中，它所传播的意义已经被改头换面了，已经和人们引以为荣的

传播内容背道而驰了。只有线性连续的精神进步观才会轻率地掩饰文化的
质性内容已经"社会化"为伪文化。相反，辩证的观点识别出了退化总体
中的进步的二重性。对抗的倍增意味着自由意识的所有个别的进步都助长
了不自由的永续。本雅明在他的《历史哲学论纲》中曾引用了社会民主党
的旧思想宝库里的一句令人感动的欺骗性的话，它很能说明问题："我们
的任务日益清晰，人民日益聪明。"① 正如在艺术中没有近似值（对音乐作
品的平庸演奏根本没有实现它的内容，因为完全没有完成任务），整个精
神经验也是如此。半理解和半体验的东西并不是文化的初级阶段，而是它
的死敌。如果文化要素进入了意识，却没有成为其连续体的一部分，那么
它们就变成了毒素；它们倾向于变成迷信，哪怕它们也批判这种迷信。一
个重要的例子是一位渴望更高级的东西的高级勤杂工，他从《纯粹理性批
判》看起，最终走向了占星术，似乎只有在那里他才能把心中的道德律令
和天上的星空调和起来。囫囵吞枣的文化要素巩固了意识的物化，而文化
应该防止我们的意识被物化。粗粗浏览斯宾诺莎的《伦理学》的某个人并
没有打算用笛卡尔的实体学说来理解它们，所以思维和广延之间的中介难
题，亦即这本书开头的定义，就显得武断、教条、晦涩、深奥。只有理解
了理性主义的概念和动力学，理解了这些定义的作用，上述谜团才消失。
任何没有准备的人都将既不知道这些定义是什么，也不知道怎么证明它
们。他要么斥之为无稽之谈，从而轻率地对全部哲学采取了一种居高临下
的态度，要么就诉诸名人的权威，不求甚解，成了权威主义者。他们引用
所谓伟大思想家的话，这些引语就像幽灵一样徘徊在意识形态的手稿里，
佐证着业余涉猎的半瓶子醋们的鸡毛蒜皮的观点。推进了这个课题的那些
历史上的介绍和评论本身并不能为斯宾诺莎《伦理学》的读者提供适当的
互义本理解，除非他们已经熟悉了他谈到的具体问题。结果是困惑迷惘和
蒙昧主义，而首先是和未适当理解的文化产品的一种盲目关系，它残害了
这些产品（活生生的物）试图表现的精神。无论如何，这可耻地违背了哲

---

① 约瑟夫·狄慈根，《社会民主党的宗教》，见《本雅明文集》第 1 卷（苏尔坎普出版
社，1955 年），第 502 页。

学的目的，作为知识的终极源泉，它只承认可以直接查明的东西。所有哲学家都认为对的，就是对的；类似地，整个艺术也一样。天才和伟大的概念是不言自明的，是可理解的（基于天才崇拜的那种美学的残余），这就遮蔽了一个事实，要理解任何能被称为文化的东西，都是需要前提条件的。

　　一个极端的例子更能说清楚问题。一本在美国广为流传的书①毫不掩饰地迎合了伪文化的欲望——有文化的表象，能够立即辨别出音乐业里无可争议的交响乐标准作品。方法是这样的：交响乐的主题，乃至各个动机，都给出了能够唱的词句，并且像流行歌曲的乐句那样强化记忆。于是贝多芬第五交响曲的主题是这么唱的："我是命运，来，让我进！"第九交响曲的主题被拆解了，因为它的开头不好唱，只有结尾的动机才能填词："站住！强大的第九现已在手！"然而，雅斯贝斯把以下诗句献给了柴可夫斯基的悲怆交响曲的一个常常被人拙劣模仿的次要主题："这个音乐不太悲伤，它听起来很清醒而没那么痛苦，哀伤终止了，悲哀治愈了，柴可夫斯基又要冷静下来了！"从这一野蛮主义的大爆发里，可以深入了解平易近人的、平庸的伪文化，它肯定伤害了千百万人的音乐意识。白痴一般的歌词和内容没有任何关系，而是像跗骨之疽那样附加在交响曲作品的效果上，最终证明了伪文化对其对象的拜物教。艺术作品的客观性被它的人格化所扭曲——一幅柴可夫斯基的肖像将是沉淀在一首抒情歌曲里的热情的乐章。即使柴可夫斯基本人实际上已经预示着文化工业，他的音乐也是从一位语无伦次的、半疯的音乐家（他当然有平静的时刻，按照长发的斯拉夫人的陈词滥调）的理解中提炼出来的。此外，交响曲的主题并不是最重要的，它们充其量不过是材料而已。通俗化把重点转向了主题，就偏离了最本质的东西——音乐总体的结构历程，而变成了解剖学，成了零零碎碎的个别旋律。这样一来，帮助传播的东西就阻止了要传播的东西。最终（这方面找不到比恶魔更温和的绰号了），用这些可怕的词句记住了主题的人们将很难有机会忘掉它们而去听听音乐实际上是什么。伪装成热

---

① 西格蒙德·施佩特，《伟大的交响乐：如何辨识和记忆它们》，纽约：花园城市出版社，1936 年版。

爱艺术的文化信息表明自己是毁灭性的。不过，即使最无辜的平装书也多多少少有点雅斯贝斯的影子。它根本配不上启蒙的名字，它太胆怯了，无力承担这种反思。

文化特权不再被体验到，甚至很少出场，推进这种文化特权（连同对它的失败的认同）的是一种主观的、集体的自恋[①]。伪文化使得私人领域向所有人开放。集体的自恋等于是这样：人们补偿了社会的无能，这种无能以及内疚感一直渗透到个人驱力和有意识的动机的根本，因为他们不是他们应当成为的人，不做按照他们的自我形象应当去做的事。他们的补偿是把自己变成实际上的或想象中的某个更高级的、更包容的集体的成员，他们把他们缺乏的特质附加到那个集体上，并通过代理式的参与从那里获得利益。文化的概念注定是这个下场，因为它（像种族神话那样）要求个人的只是满足集体自恋所需的最小量。上更好的学校，有时甚至只要假装来自好的家庭，就已经足够。把伪文化和集体自恋联系起来的态度是负责掌管的态度、有发言权的态度、做人处事的态度和自认为专家的态度。卡尔·科恩最近描述了行政管理世界中的语言现象学，尤其是"卖弄的语言"，简直就是伪文化的本体论。他解释的语言丑八怪是对其中的客观精神的失败的认同的耻辱烙印。为了继续满足社会对人的要求，文化被缩减为社会内在性和整合的认同标志，它成了可交换的、有用的东西。在威廉时代的普鲁士，人们用文化和财产统一性这一相对无辜的谎言来为阶级制度辩护，今天它成了疯狂的真理。因此，伪文化的精神被抵押给了顺从。不仅批判和反抗的酵素从中抽离了（18世纪的文化抵抗着建制权力），对现存事物的肯定和精神复制也成了伪文化自身的内容，成了它的合法性的证明。批判堕落为抖机灵，它没有上当被骗，却愚弄其对手———一种相处的手段。

伪文化的人实践着自我保存，却没有自我。他不再能够实现资产阶级理论定义的主体性，即作为经验和概念的主体性。这就在主观上铲除了文

[①] 参见阿多尔诺，《二手迷信》，收录于《阿多尔诺全集》德文版第8卷，第155页以下。

化的可能性，正如一切都在客观上反对它。经验——意识的连续体，一切不在场之物的存在场所，实践和联想在个人身上建立传统的场所——被有选择性的、不连续的、可交换的和暂时的讯息状态所取代，而如人们已经看到的那样，讯息状态会被其他信息迅速取消。绵延的时间（和自身相对一致的、导向判断的连贯生命）被缺乏判断的一句陈述"那是"所取代，类似于快车上的旅客叫出迅速消失在远方的一个个轴承厂、水泥厂或新工房的名字，准备对任何没有问到的问题做出琐碎的反应。伪文化是对时间的障碍[①]，对记忆的障碍，经验的综合只有通过记忆才能指出进入了意识的文化。伪文化的人以非常忙甚至超负荷工作为荣，他也很有理由地以他的糟糕记忆为荣。也许这正是当代哲学意识形态里为什么有那么多拿时间说事儿的，因为大部分时间被浪费了，而人应该节约时间。可是受人热捧的具体主义和抽象主义通常只允许把个人当成普遍性的代表，只准对个人用那个称呼：它们是互补的。概念被规避了，它被归类到从辩证法的修正版里抽取出来的现成俗套中。这些俗套在极权主义制度中表现出它们的邪恶力量，就连它们的形式也是孤立、咄咄逼人、不容辩驳的"那是"。自从伪文化坚持它再也满足不了的传统范畴以来，意识的新形式就无意识地认识到自身的毁坏。因此，伪文化怒不可遏。被告知了一切，同时也就想要知道更多。怨恨是看到了更美好日子的伪文化的标语之一。然而伪文化本身是纯粹怨恨的场所，它控诉所有那些还保持着自我意识之火花的人。伪文化的毁灭潜能无疑就埋藏在占统治地位的顺从主义的肤浅性之下。它一边拜物教地扑向文化商品，把它们当作财产，一边又抓紧全部时间来粉碎它们。

伪文化和妄想狂有关——迫害情结。像伪文化这样的意识状态同无意识的、精神病的迷恋有着明显的亲密关系：假如幻觉系统没有客观的社会功能（除了它们在个人的心理经济学中的作用），那么这就将是令人困惑的前定和谐。它们弥补了被伪文化阻断的关键洞察。这些系统为任何丧失

---

① 参见阿多尔诺，《论社会学范畴的静力和动力》，收录于《阿多尔诺全集》德文版第8卷，第230页。

了判断和经验之连续体的人提供了应对现实的图式。这些图式肯定不和现实相似，但补偿了对无法理解之事物的焦虑。精神病的、现成的感觉的消费者们躲避在所有那些同样孤立的人当中，在社会彻底异化的条件下，他们有着共同的幻觉，从而在孤立中联系在一起。只要超越了直接的利益，过着隐秘生活、属于一个天选之群体的自恋满足就让人免于现实的考验——按照弗洛伊德的理论，那是古老的自我的首要任务。伪文化的幻觉系统是永远短路的。人们或许想解释对这种意识形式的集体倾向性。索雷尔和罗森伯格都将其命名为神话，因为当代的社会现实——艰难、复杂的和不可理解的——也导致了同样的短路。但就连这一明显客观的推断也不够了。和市场有关的无数机制都消除了，一如随机的作用力在许多部门里被淘汰了，社会已经变得比以往任何时候都透明。如果洞见只取决于社会的功能状况，那么众所周知的挖沟工人也有可能理解社会今天运作的方式。客观产生的东西更多的是一种主观状况，它让具有客观可能性的洞见变为不可能。觉得自己和现存的权力没有接触联系，觉得无论如何也得屈从于它，这种感觉也弄残了理解的驱动力。让主体觉得不可改变的东西成了拜物教化了的、神秘莫测的和被误解的。人们用二元对立思考，认为一些人注定要得救，一些人注定被诅咒。伪文化的人把自己算成得救的，被诅咒的是一切质疑他的统治（以及与之有关的一切）的事物。通过对那些往往是自称的或假想的敌人做出判决，那一野蛮的要素就出现了——它在客观上导致文化在那些吹嘘自己有文化的人身上垮掉了。伪文化是辩护性的，它避免和那些将拆穿其可疑性质的东西接触。不是复杂性，而是异化，导致了对社会做出精神病形式的反应——精神病本身是被主体占有和内化了的客观的异化。伪文化的集体幻觉系统调和了不可调和之物——它们述说着异化，批准了异化，似乎它是暗黑神话，并且把它拉近未被整合的人，用一种欺骗性的经验来取代它。对于伪文化的人，一切中介之物都变为直接性的，就连无所不能的过去也是如此。于是产生了人格化的倾向——客观的关系被追溯到个人，或者说救赎就指望着他了。对人格化的幻象崇拜是随着世界的去人格化发展起来的。另一方面，作为异化了的意识，伪文化和任何事物都没有直接关系，它总是执迷于它自身对事物的观念。它的态度是把某事物当作理所当然，就连最狂热的猜测，它也总觉得好像在说"什么，你连这都不知道？"批判的意识残废了，还原为一种查看幕后的混乱倾向。理斯曼把这描述为"拿到内幕消息"的一个例子。不过，伪文化的主要反应和理论还是非理性的，这就解释了它对形形色色的非理性主义的同情，尤其是对那些堕落形式，赞美自然和赞美灵魂什么的。它既矫揉造作，又是野蛮的反智主义。伪文化和小资产阶级之间的亲和力是明显的。然而，既然伪文化是社会化了的，它的可悲趋势开始感染了整个社会；这对应于小资产阶级被确立为社会的主导性格。幻觉和伪文化之间的社会关联几乎没有被社会科学提出，但还是有一种文学看到了它，尽管那从未得到公平对待。伪文化的全部面相学可见于本尼迪克斯在他的老式喜剧中描绘的坏岳母，施托伦弗里德（德语中的字面意思是"麻烦制造者"）。社会学也许能够阐述其全部的本体论，它的所有基本范畴的结构关系，而这些范畴来自社会关系。伪文化的人肯定文化，即使他自己被排斥在文化之外，他帮助自己变成了自成一类的第二文化（一种非正式的文化，与此同时又公然欢庆它和文化工业制造的文化的真正相遇），书的世界不在书柜里而在实际的阅读中，即使它们显得缺乏历史，显得像意识本身那样不关心历史的灾难。和无意识一样，伪文化倾向于不做反应，这就使得更难用教育去矫正它了。只有深度心理学的方法才能反击这一倾向，阻止它在早期发展阶段就石化，并且加强批判性的反思。

这一类方法很快就会遇到麻烦。熟悉了伪文化对社会无序的认识，就会确证：被那些让意识处于无能状态的客观条件所生产和再生产出来的东西是不能孤立地改变的。在矛盾的总体性的内部，文化问题也和二律背反交缠在一起。在清算文化的视角看来，继续谈论文化是幼稚的意识形态，清算文化的倾向本身则显得客观，似乎超越了政治制度的限制。此外，文化不能抽象地抬升到规范或所谓价值的层面，因为这种断言切断了一切文化事物与一种自我控制的、对值得过的生活的"自我意识"的实现之间的联系，并有助于毁掉文化的那种"精神的中立化"。不过，即使社会理论和多多少少面向它的实践也不能站在更强大的倾向一边，并带着一股从绝望中产生的勇气去推开落后的东西，把清算文化变成它自己的事，因为那么一来它就直接要为堕入野蛮而共同负责了。在丧失了对自己的信念的精神的诸般诱惑中，最无害的并非心理学当中的诱惑：安娜·弗洛伊德命名了对侵凌者的认同 [①]——顺从地要求被认为不可避免之事。现在，批判知识分子没有那些用智力工具（或者他用来与之交合的东西）来混淆视听的人成功。同样自负的是一种幻象，似乎任何人（这里的个人总是意味着他自己）都能够避免社会化了的伪文化倾向。当之无愧的"意识的进步"（无幻象地洞察到事物的真正本性的批判观点）伴随着文化的丧失：常识和传统文化已经不相容了。并非偶然，当马克思和恩格斯构思社会批判理论时，文化概念首先关注的那些领域（哲学和艺术）变得粗糙和原始。这种简化与最终走出野蛮状况的社会目标并不相容：与此同时，它在东方支持着赤裸裸的恐怖。进步的意识（它让拥有它的那些人能够抵抗已经堕落为财产的文化）不仅高于文化，同时也低于文化。野蛮的合金就像酵素一样和进步、"新"这个范畴混合着。人们应该渴望的是一种不再赞美文化、保留其残余或毁坏文化的状况，该状况超越了文化和没文化的对立，超越了文化和自然的对立。然而，这不仅要求打破文化的绝对化，也要求不要把对文化的非独立性、文化的实践功能的理解绝对化，不要把那些观点变成非辩证的教条。产生的东西不可还原为它的起源，不等同于它所来的地方，这一洞见也和精神有关：精神总是倾向于把自己变成起源。面对这一自我夸大的声称，有一种驳斥的方法是指出他对现实的生活条件的依赖性和不可分离性，最终指出他是一个有机体存在的事实。然而，假如精神最终还原为那一依赖性，假如它退回到纯粹必然性的角色，那么就会让人铭记它的反面。就此而言，在当下这个历史时刻对文化的关切是正当合理的。和现实生活条件分离开来并独立于它们的精神不仅不是虚假，反而是真理；任何必须遵守的知识、任何成功的艺术作品都不可能因为指出其社会起源而被打倒。如果说人们只是为了谋生才发展出精神，如果他们的精

---

① 参见阿多尔诺，《二手迷信》，《阿多尔诺全集》第 8 卷，第 168 页。

神创造品的存在没有其他原因，那么它们就不再提供任何营养了。精神对社会的独立性是无可辩驳的，这一独立性、这一对自由的承诺本身也像两者（精神与社会）的统一那样是一件社会事实。一旦否认了这种独立性，精神就被压抑了，就造成了一种关于现存事物的意识形态，恰如文化僭占了绝对性时的意识形态。在文化的拜物教之外，可以被正确地叫作文化的东西仅仅是通过自身的精神形式的完整性来实现自身的东西，它只通过这一完整性来调停，来对社会做出反应，而不是直接服从社会的法则、规律。精神这样做的权力来自曾经的文化。在那里，精神没有消解为对社会的无差别认同并仅仅遵守社会规则，于是有了一种合时宜的不合时宜：坚持文化，即使社会已经剥夺了文化的基础。精神存活下去的唯一方式就是通过对伪文化的批判反思，而对这种反思来说，文化是至关重要的。

13. 精神科学与文化笔记 [①]

　　在今天的大学的各方面当中，在表现的危机已经不只是陈词滥调的语境中，我想要特别强调公共讨论中很没有得到充分注意的一个问题，尽管肯定不是我发现它的。和这个问题有关的，然而又并不等于这个问题的，是一种普遍现象：我们称之为自我教养和专业训练之间的分歧。要说清楚这个现象并不容易，如果这里的即席发言过于含糊，过于像论文，请多多包涵。由此产生了一个问题，当代的大学文化是否依然成功地追求着其理念的主题和传统（也就是所谓的人文科学）还主张的那些追求？一般而言，人文科学的学生是否依然获得了那些思想经验和精神经验——它们不仅是文化概念的题中应有之义，也内在于他们研究的对象的意义之中。有很多东西支持如下观点：恰恰是科学这个概念，在大哲学衰落之后兴起并从此享有垄断地位的科学概念，损害了文化——科学因为其垄断地位，向文化提出了要求。科学的训练是歌德与黑格尔都以"外化"的名义呼唤的思想形式：将精神投入某种与之对立、外在于它的东西之中，精神唯有通过这一外化，才实现了自由。任何通过浅尝辄止、冲动思维和娴熟的闲聊来回避这一训练的人，都很容易掉到他以前十分反感（完全合理！）的那些东西的水准之下：方法对他形成了他律的强制。但是这种训练以及与之对应的科学概念——同时成为费希特、谢林和黑格尔所理解的科学一语的反面——获得了一种损害其对立面的致命倾向，这一倾向不能通过命令来消除。甭管如何辩解，自发性、想

----
① 本文收录于《阿多尔诺全集》德文版第 10 卷，第 495–498 页。

象、面对主题材料的自由都遭到了无所不在的质问"那是科学吗？"的严格限制。即使在它自己的地盘上，精神也面临着失去精神性的威胁。科学概念的功能已经颠倒了。经常呼唤的方法论的干净、普遍的证实、学术共同体的共识、命题的可检验性乃至推理过程的逻辑严格性，都不是精神：无懈可击的有效性标准总是反对着精神。当反对"未严格组织的知性"的冲突已经尘埃落定，辩证法和文化，主体和客体之间的内在过程（如洪堡时代设想的那样），便无法产生。组织化的人文科学是精神的一种盘点库存和反思形式，而不是精神生活本身；它想要把精神理解为某种不同于它的东西，并将那种不同最大化。但是，如果人文科学想要篡夺精神的位置，那么精神就消失了，甚至在科学中也消失了。一旦认为科学是文化的唯一工具，认为社会的组织没有批准别的工具，那么这就会马上发生。科学越是深刻地体认到它没有实现它的承诺，它就越发不能容忍和它不一样的精神，科学就越是坚持它自身的特权。许多人文科学的学生在第一学期的失望不仅要归因于他们的天真幼稚，也要归咎于人文科学已经否认了天真朴素这一要素，亦即和客体的直接关系，而精神离开了这种关系是无法存活的。人文科学的缺乏自我反思也是幼稚的。即使其世界观是反实证主义的，它们却偷偷中了实证主义的思维方式的魔咒，物化意识的魔咒。与社会的总体趋势相一致，学科的规训成了加诸一切"不顽固地复制现存事物的东西"之上的禁忌：但那恰恰是精神的定义。在一所外国的大学里，一位艺术史的学生被告知："你在这里不是来思考的，是来做研究的。"在德国，出于对传统的尊重（尽管传统除了这点尊重也几乎不剩什么了），这样的观点不会表达得如此直白，但其实工作习惯并没有不受影响。

意识的物化，它那根深蒂固的概念装置的展开常常取代了其对象，并阻碍了文化，而文化是跟对物化的抵抗合在一起的。组织化的人文科学缠住其对象的网络似乎成了一种拜物教，任何不同于它的东西都是肤浅的，在科学中没有容身之地。海德格尔学派践行的、在哲学上可疑的源始性崇拜如果没有说出一种真正的需要，是不可能赢得着迷的学生的。每一天，他们都看到，科学思维不是去阐明现象，而是削足适履，把已被歪曲的各个现象硬塞进去。由于将思维物化了的那个社会过程还没有得到认识，他们就把源始性弄成一块场域，变成所谓根本性的，因而是专门的问题。物化的科学意识想要取代其主题内容的东西，是某种社会性的东西：物化的科学意识乞灵于制度化了的科学分支的庇护，假如有人胆敢提醒这一物化意识，说它遗忘了些什么，它就立刻召唤科学分支作为它唯一的权威。这就是人文科学的隐性顺从主义。它一方面假装培养有思想精神的人，另一方面恰恰毁掉了那种人。他们在其内心安装了一种多多少少自愿的自我审查者。这使得他们首先不说在他们的学科已有的行为规则之外的任何东西，他们也就渐渐丧失了感知此类东西的能力。即使面对精神创造物，恰恰是那些在学术上和他们相关的人觉得真的很难思考某种不同于不成文的（因而更有权威的）科学理想的东西。

这一理想的压抑力量并不仅限于教育学或技术科学。实际的有用性在这里实施的命令也吞没了那些无法要求这一有用性的学科。这是因为去精神化是内在于科学的概念之中的，而自从科学与哲学分道扬镳以来（由于两者，也伤害了两者），科学概念就不可避免地扩张了。就连在学术文化介入精神事物之处，它也不自觉地陷入了科学自以为是的标准——现存事物，事实上的现实及其过程——然而精神的生命力无法满足于这种事实性。精神的匮乏是和科学化深刻、盘根错节地缠绕在一起的，于是现成的哲学问题就被拿来当作解毒剂。它们被提取为人文科学中的解释，为的是给予人文科学一种它们所缺乏的光彩，而这些哲学问题并不是认识到精神创造物自身而带来的结果。有了可笑的神圣性，事物还是那个事物，只是一成不变地被解读，一次又一次。

在精神和科学之间发展出来一个真空地带。不仅专业教育，就连文化本身也不再培养。文化两极分化了，一头是方法论的要素，另一头是信息的要素。面对这一局面，有教养的精神将成为一种不自觉的反应形式，因为它是它自己的主人。任何文化和教育制度，包括大学在内，都不能给精神任何支持。当无反思的科学化不断驱逐精神，斥之为不相干的胡说八道时，它也就更深地陷于它的活动内容和它为自己提出的任务之间的矛盾。如果大学要改变它们的取向，那就有理由去干预人文科学，而不仅仅干预被他们误认为"精神倒退了"的那些学科。

14. 评《社会科学的逻辑》^①

一般说来，讨论者必须选择是做一个学究还是做一个食客。首先，我要感谢波普尔让我摆脱了如此难堪的境地。我可以接着他的话说，而不用从最基本的事情开始，也不需要紧贴着他的论文的文本，尽管我将探讨该文本。对于有着如此多样的知识背景的作者来说，这就像无数根本性的共同点一样，并不令人惊讶。通常我不需要用反论点来反驳他的论点，而是接过他说的话并进一步思考。然而，我对逻辑这个概念的解释要比波普尔更宽泛。我把这个概念理解为社会学研究的具体方式，而不是思想的一般规则，演绎的规则。这里，我并不想谈论社会学中的后一个问题。

相反，我从波普尔所作的区分开始：知识的丰富和无限的无知。这一区分听起来很可信，尤其是在社会学中。无论如何，后者不断被人告诫，因为远远没有产生出可以与自然科学相媲美的那么多公认的定律。然而这一区分包含着一种可疑的可能性，波普尔肯定没有想到的一种流行观点。按照这种观点，鉴于社会学和精确科学相比显然姗姗来迟，所以它应该首先满足于收集事实和阐明方法，然后才是提出可靠的，同时也是有重大意义的知识。对社会及其结构的理论思考便因此被列为禁忌，成了不被允许的预测未来。但是，假如认为社会学是从圣西门开始，而不是从教父孔德开始，那么它也已经有 160 年了。无须再羞涩地与它的青春调情。暂时的

---

① 本文是对卡尔·波普尔的《社会科学的逻辑》一文的反驳。原刊于《科隆社会学和社会心理学杂志》第 14 卷（1962）。收录于《阿多尔诺全集》德文版第 8 卷，第 547–565 页。

无知不会被持续进步的研究和方法论取代——用一个令人难堪的、不恰当的词说，综合的方法。相反，事实反对着集合起来的陈述所组成的那个清晰、系统的统一体。我想到的不是自然科学与文化科学之间的传统区分，比如李凯尔特对研究普遍规律的方法和研究特殊规律的方法所做的区分，波普尔对此的看法比我更肯定。但是，认识的理想目标，连贯性，亦即简洁、数学般优雅的解释，在现实本身那里失败了，社会既不是连贯的，也不是简单的，更不是中立的，有待于范畴公式的中立。与之相反，它的对象期待着推理逻辑的范畴体系。社会充满着矛盾，却是可测定的；既是理性的，同时又是非理性的，是体系也是碎片；是盲目的自然却又以意识为中介。社会学研究的方法必须服从这一点。否则，出于避免矛盾的纯粹主义热情，它将陷入最致命的矛盾，也就是它自身的结构同它的对象的结构之间存在的矛盾。社会并不躲避理性的认识，这是说，它的矛盾及其前提都是可以理解的，而从一些与知识无关的材料中抽象出来的思想假设并不能赶跑它们——那些材料对常常与认知意识和谐一致的科学活动没有任何阻力。社会科学的活动总是面临着一桩事实的威胁：出于它对明晰性和精确性的爱，它不能理解它想要理解的东西。波普尔反对"认识经历了一系列阶段"（从观察到对材料进行排序、处理和系统化）的陈词滥调。这一陈词滥调在社会学中是荒唐的，因为社会学拿不到足够有效的数据资料供它处理，而只有从社会总体性的语境中结构化而来的数据资料。在很大程度上，公认的"社会学的无知"只不过指的是作为对象的社会与传统方法之间的分歧。如果一种知识听从自身的方法论，却否认其对象的结构，那么它几乎不可能克服上述分歧。然而，波普尔无疑也将承认这一点，经验对理论的禁欲主义不再有效。如果缺少了对总体这一结构要素的期许（个别的观察几乎无法认识到总体），那么任何个别的观察都无法找到它的相对位置。这不是要像文化人类学那样，提倡要通过一种挑选出来的并列体系，给西方文明加上某些原始社会的中心主义和总体特征。大家甚至可以像我一样对总体形式的趋势和个人的衰落不抱任何幻想，然而，前个人社会和后个人社会之间的差异仍然是决定性的。在工业社会的民主国家，总体性是一个中介范畴，而不是直接的统治和征服。这意味着，在工业市场社会中，与社会有关的一切都不可能从它的原则中推导出来。这一社会的内部包含着无数的非资本主义飞地。这里有争议的是，为了在现存生产关系下将自身永恒化，它是否必然需要诸如家庭之类的飞地。它们的特殊的非理性赞美着结构总体的非理性。社会的总体性不需要有一种居于它所统一起来的东西（反过来讲就是组成它的东西）之上的、它自己的生命。它通过它的个别要素生产和再生产自身。这些要素的大部分保留了相对的独立性，而原始的总体社会要么不知道这种独立性，要么无法容忍它。这样的总体性不再远离生活，远离其要素的合作与对抗，同样，不能把要素仅仅理解为它的功能，而看不到总体的本质在于个人自身的运动。系统和个别实体是相互作用的，只能在它们的互动中得到理解。就连这些飞地，先前的社会的遗留物，想要卸下社会概念（因为它的哲学味儿太重了）之负担的那种社会学的最爱，也只有在和它们背离了的"占统治地位的总体性"的关系中才成为它们。这一点被现在最流行的社会学观念（中层理论）低估了。

波普尔反对孔德以来的观点，提倡问题的优先性，知识和无知之间的张力的优先性。我同意波普尔对错误移植自然科学方法的一切批判，亦即对"误导的和错误的方法论上的……自然主义或科学主义"的批判。如果他指责他的社会人类学家利用"从外部观察社会现象的人"的所谓"更大的客观性"而将自己抽身出真理或谬误的问题，那么这一定是好的黑格尔。在《精神现象学》序言中，黑格尔嘲笑了那些仅仅站在事物之上的人，因为他们并不站在事物中间。我希望柯尼希不要嘲笑我，不要批评我和波普尔的讨论变成了哲学，而不是社会学。对我来说，值得一提的是，一位强烈诅咒辩证法的学者发现他自己被还原为辩证思想中的表述。此外，波普尔考察的社会人类学的问题很可能跟一种独立于现实的方法紧密相关。就像凡伯伦的野蛮文化理论那样，将晚期资本主义社会的无摩擦的习俗同特洛布里恩德人（现在已经被研究滥了）的权利作比较，肯定有其功绩。然而，在选择并列体系时的所谓自由转变为错误理解了对象，因为对现代国家的每一个成员而言，他属于国家的经济制度这一事实意味着的绝不仅仅是和图腾、禁忌的类似之处。

我同意波普尔对科学主义的批判，以及他关于问题的优先性的论点，然后我恐怕会走得更远，他将不会同意我的看法。因为社会学的对象本身，即社会，既让它自身及其成员活着，同时又威胁着要毁灭它们，这是一个值得强调的"问题"。这意味着，社会的问题通常并不通过发现"某事物同我们现有的所谓知识不相符……发现我们现有的所谓知识和事实之间存在着明显的矛盾"而产生。矛盾，并不像波普尔这里假定的那样，只不过是主体和客体之间的"所谓的"矛盾，完全可以归结为主体的判断失误。相反，矛盾其实在现实中占有一席之地，无法通过知识的增长和更清晰的表述来消除。现实中必然展开的这种矛盾的最古老的社会学模型是黑格尔《法哲学原理》第 243 节："人通过他们的需要而形成的联系既然得到了普遍化，以及用以满足需要的手段的准备和提供方法也得到了普遍化。于是一方面财富的积累增长了，因为这两重普遍性可以产生最大利润；另一方面，特殊劳动的细分和局限性，从而束缚于这种劳动的阶级的依赖性和匮乏，也愈益增长。"很容易指责我狡辩，因为在波普尔那里，问题指的是认识论的东西，而在我这里，它也是实践的——归根结底，甚至是成问题的世界状况。但是我们现在关心的正是这一区分的合法性。如果把科学的内在问题同（在形式主义中微弱地反映着的）现实问题彻底分开，人就会把科学给拜物教化。没有哪一个逻辑绝对主义的学说，无论是塔尔斯基的还是以前的胡塞尔的，能够下令让事实服从逻辑原理——而这些逻辑原理的有效性声称来自对一切和现实有关的东西的清除。我仅仅提一下《认识论元批判》中对逻辑绝对主义的批判（在那里，它和对社会学相对主义的批判有关），在这一点上我同意波普尔。社会现实的矛盾性，这个观念并不阻碍社会知识的产生，也不会揭穿它是偶然的。这样的知识的保证来自把矛盾理解为必然的，从而把理性拓展到矛盾那里的可能性。

方法并不依赖于方法论的理想，而是依赖于现实。波普尔在他关于问题的优先性的论点中默默地承认了这一点。一旦他把社会科学成果的质量建立在和它的问题的意义或利益的精确关系上，那么这里无疑已经意识到了无数的社会学研究是无关紧要的，因为它们追随的是方法的优先性而不是对象的优先性。它们要么想要进一步发展方法，为方法而方法，要么从一开始就选择了能够用现有方法处理的对象。当波普尔说到意义或利益，我们可以感觉到将要处理的对象的分量。然而，分量来自如下事实：我们始终不可能先验地判断对象的相关性。当范畴的网络织得太密，使得底下的很多东西被意见的常规（包括科学的意见）掩盖，那么尚未被这一网络容纳进来的离奇现象有时就有了始料未及的吸引力。洞察它们的构成，也有助于揭示被认为的核心领域（但往往并不是）。这种科学理论的动机肯定跟弗洛伊德关注"现象世界的碎片"的决心有关。类似地，它在齐美尔的社会学中也结出了硕果，由于齐美尔不信任系统的总体性，他沉浸于社会的特殊现象，诸如陌生人或演员。人们也不能将问题相关性的要求奉为教条，研究对象的选择在很大程度上是因为社会学家从他所选择的对象中解读出来的东西才成为合理正当的选择。这当然为无数研究计划提供了借口，它们本来只是为学术生涯服务的，在这些计划中，研究对象的无关紧要同研究技术的学究气质愉快地结合了。

然而，至于把波普尔归纳的属性以及问题的相关性视为真正的方法，我宁可相当谨慎。诚实（换言之，不欺骗，表达出自己的理解，而没有任何策略上的考虑）应该是理所应当的事。可是在科学的实际进程中，这一规范经常被骇人听闻地滥用。完全沉浸于现实，意味着面对现实时完全没有他自己，他把自己还原为一台记录仪器。放弃幻想或缺乏创造力，冒充为科学的热忱。不要忘了，康特里尔和阿尔伯特对美国的诚实性理想的批判。即使在科学中，诚实也往往用来形容一个人思考所有人都思考的东西（而没有所谓"虚荣心"，想要把某物视为特别的），因此他打算和其他人一样像绵羊咩咩叫，讲蠢话。类似地，直接和简洁也并不一定是理想的，因为事实是复杂的。常识的答复从直接存在的事物中引出它们的范畴，因此它们倾向于加强事实的不透明性，而不是要穿透事实。就直接性而言，人们取得知识的道路几乎是不可预测的。

考虑到社会学的当下状况，在波普尔提及的科学质量的标准中，我要格外强调假说的大胆和独创性，而这恰恰是备受批评的。最终，问题这一范畴不应被实体化、神圣化。任何以无偏见的态度检查自己工作的人都会遭遇到某些事态，只有所谓"无假设"的禁忌才使他难以承认它。人得出了解答，这并不是不寻常的；有些东西突然出现了，他一下子搞清了问题。但这并非偶然。社会，作为某种囊括一切、高高在上的统一体，它的优先性表现在社会知识中，社会知识来自我们从社会这个概念得出的观点，这些观点只是后来和我们对个别材料的预期发生了矛盾，才变成了个别的社会学问题。更一般地说，认识论，自培根和笛卡尔以来的伟大哲学传统相对独立地发展起来、传承下来的认识论，是自上而下地构想的，哪怕经验主义者也是如此。它们往往不适合活着的知识传统；它们让后者削足适履，以符合一种科学的概念，诸如归纳或演绎的连续体，但那些与活着的传统格格不入。正如柏格森意识到的那样，认识论的最后一项必要的任务根本不是反思实际的认识过程，而是预先描述认识的结果，以符合一种科学的或逻辑的模型。说真的，创造性的知识根本不符合这一模型。

在波普尔的范畴框架中，问题这个概念和解答有关。解答被提出来，以供批判。随着批判的关键性质，就到达了一个对立于粗糙的观察理论（一种远离了知识的理论）的关键点。社会学知识，其实就是批判。然而这里涉及的是关键的微妙区别，比方说，科学立场之间的重大区别如何体现在微妙的区别中，而不是体现在表达了世界观的宏大概念中。按照波普尔，如果一个试探性的解答无法用事实来批判，那么它就会被排除于科学之外，哪怕只是暂时的。这至少是含糊的。如果这种批判意味着还原到所谓的事实，通过所观察到的东西来彻底复原思想，那么这一渴求就把思想还原为假设，并剥夺了社会学中的预测要素（它本质上属于社会学）。有的社会学定律看穿了隐藏在表面背后的社会机制，出于社会的原因，它们基本上是和现象矛盾的，所以完全不能用后者来批判它们。对它们的批判是系统理论的责任，是进一步的反思的责任，而不是说，用约定好的陈述去诘难它们。（波普尔偶尔也不这么表述。）因此，社会中的事实不是知识的最后一根救命稻草，因为它们本身就是以社会为中介的。并非一切定律都是假说；理论是终极目的，而不仅仅是社会学的工具手段。

我们详细论述一下，批判就等于试图反驳。反驳只有作为内在的批判，才是有效果的。黑格尔早就知道这一点。《大逻辑》第二卷提出的"概念判断"的说法肯定要比从那之后对价值的大多数说法都强得多："善、劣、真、美、正确等宾词表示事情在其普遍概念里（即在全然事先建立的'应当'里）得到衡量，表示事情与概念的一致或不一致。"如果从外部考察的话，一切都可以反驳，也都不可反驳。怀疑论是可取的。它证实了，对"有组织的科学"的信任属于社会学家应当持保留意见的那种真理。面对科学思想的控制（社会学亲自为之规定了前提条件），波普尔同意将批判范畴放在中心位置，这一点尤其重要。批判冲动，也就是要反抗对一切主流观点的唯命是从。这一动机也体现在波普尔身上。在他的第 12 条论点中，他严格地将科学的客观性等同于批判传统，"尽管阻力重重，该传统往往使得对主流教条的批判成为可能"。他像杜威和之前的黑格尔一样呼吁开放、不僵化、非物化的思想。在这种思想中，实验的（不要说是游戏的）要素是不可避免的。然而，我不能确定它是否等同于"试探的解答"，甚至等同于最大量的试错。在试错的语境中，"试探的解答"一语是含混的。这一短语带着它和自然科学的联系，并直接反对一切不能检验的思想的独立性。但有些思想，归根结底，本质的思想是反感检验的，却依然具有真理内容——波普尔甚至连这一点都同意。也许没有任何实验能够令人信服地证明总体之中的每一个社会现象对总体性的依赖，因为造成了可感知现象的总体本身永远不会还原为个别的实验安排。尽管如此，观察到的社会现象对总体结构的依赖性其实要比任何可在特殊性中得到检验的发现更有效，而且这一依赖性绝不是凭空想象的臆造虚构。归根结底，如果我们不想把社会学混同于自然科学的模型，那么实验概念也必须拓展到思想上，思想厌腻了经验的力量，为了理解经验而投射到经验之外。社会学中，和心理学的情形相反，狭义的实验无论如何都没有创造性。思辨要素不是社会知识的必需品，而是它的一个不可或缺的要素，尽管曾经赞颂思辨的唯心主义哲学已成明日黄花。在此之上，人们还可以加一句，批判和解答是不可分离的。解答有时是第一手的和直接的，它们以其中介之物来掀起批判，以推进认识过程。然而，如果批判实现了它的潜能，它的图形便已经意味着解答。解答几乎不可能从外部出现。哲学上的"有规定的否定"指的正是这个意思。这个概念对波普尔来讲并不陌生，尽管他一点儿也不喜欢黑格尔。当他将科学的客观性等同于批判方法，他就把后者提升为真理的工具。今天没有哪个辩证法学家要求比这更多的东西了。

不过，从这里我将得出一个结论，波普尔的论文并没有提到它，我也不敢肯定他是否赞成它。他在一种非常不康德的意义上将他的立场命名为"批判的方法"。然而，如果谁像波普尔的某些定义（例如，把相关性和兴趣定义为社会知识的标准）所要求的那样，严肃对待方法对客观事实的依赖性，那么社会学的批判工作就只能局限在自我批判中了——反思其陈述、定律、概念框架和方法。与此同时，它是对客体的批判，事实上，所有这些落位于主体（为了组织化的科学而联合起来的主体）的要素都依赖于客体。无论处理方式诸要素的定义多么有用，仍然要求它们适合于客体，即使这样的要求被掩盖了。如果缺失了这样的适合性，处理都不会产生结果。在方法中，客体对象的处理一定要符合其重要性和意义，否则就算是最完美的方法也是坏的。同样，以理论的形式，客体的身影必须出现。有待批判的定律的内容决定了社会学范畴的批判何时仅仅是对方法的批判，以及概念和对象之间的差异何时损害了对象，因为后者自称为它并不是的东西。批判的道路并不仅仅是形式的，也是内容材料的。如果概念想成为真实的，那么按照批判社会学本身的概念，批判社会学也必须是对社会的批判，就像霍克海默在其论述传统理论和批判理论的著作中阐述的那样。康德的批判哲学也包含着这一因素。他用来反对关于上帝、自由和不朽的科学判断的论证是和环境针锋相对的，当时，在这些概念已经丧失了神学的约束力之后，人们偷偷摸摸地为了理性而努力保留这些概念。康德的术语"隐瞒"质疑了卫道士的谎言的逻辑错误。批判哲学是战斗的启蒙主义。然而，批判的冲动一旦止步于现实面前，自满于对自身的批判工作，它就很难成为一种启蒙的高级形式。它消除了启蒙的动机，本身也就被延阻了，正如行政管理式研究和社会批判理论的比较雄辩地证明了的那样。社会学是时候抵抗这一衰退了，它环伺在无形的方法背后。因为知识存在于它和不是它的东西（它的对立面）之间的关系当中。只要这一关系仅仅间接地出现在批判的自我反思中，它本身就是不充分的。它必须成为一种对社会学对象的批判。如果说，社会科学（在这里，我暂时不去评价这些命题的内容）一方面采纳了自由社会的概念，认为它意味着自由和平等，另一方面却在原则上反对这些范畴在自由主义下的真理内容（决定着人与人的关系的社会权力是不平等的），那么这些并不是逻辑矛盾，无法通过更精密的定义来消除，也不是后来产生的经验限定或临时性定义的变异，相反，它们是社会自身的结构性组成部分。因此，批判并不仅仅意味着为了科学领域的连贯性而重新表述矛盾的命题。这种逻辑连贯性是改换现实的内容才达成的，是虚假的。我要补充一句，方法上的这一变换同样影响了社会学知识的概念工具。社会批判理论将社会学知识不断进行的自我批判带向了另一个层次。我只简单提一下对组织化的社会科学的幼稚信任，以为它是真理的保证。

但是这一切都是以真理和谬误之间的区分为前提的，波普尔严格地坚持这一区分。作为怀疑论的相对主义的批评者，他激烈反对知识社会学，尤其反对帕累托和曼海姆的社会学，像我素来所做的那样激烈反对。但是，所谓的总意识形态概念，及其对真实和虚假之区分的消除，并不符合经典的意识形态学说。毋宁说，它是经典的意识形态学说的一种堕落形式。其中掺杂着将经典学说的批判锋芒弄钝的企图，以及将它中立化为科学的一个分支部门的企图。意识形态曾经被称为社会必然的幻象。因此意识形态批判有义务具体地证明某个定理或学说的虚假性。只是不相信意识形态（曼海姆所称的意识形态），是不够的。马克思跟黑格尔一样，会嘲笑它是抽象的否定。从社会必然性上推导出意识形态，并不会削弱对其虚假性的判断。它试图把意识形态的起源放在商品的拜物教特性之类的结构法则上，这些法则完全符合波普尔运用的科学客观性的标准。就连司空见惯的上层建筑和经济基础的提法也表达了这一套。知识社会学一方面取消了真实的意识和虚假意识之间的区分，认为这一步推进了科学客观性的事业，另一方面，通过上述取消，它又退回到马克思主义之前的科学概念，那是马克思完全反对的科学概念。只有通过视角主义之类的润饰和新泛逻辑主义，而不是通过符合客观事实的规定，总意识形态概念才能摆脱粗鄙的相对主义的大话空话的世界观。因此，它带有了知识社会学的或隐或显的主观主义——波普尔正确地谴责了它，在这一批判中，伟大的哲学传统和具体的科学研究工作是一致的。后者从来不会真的让自己被"所有人类知识的相对性"的总体规定误导。当波普尔批判说，科学的客观性和科学家的客观性被混为一谈时，他理解了堕落为总体概念的意识形态概念，却不理解这一概念的本真含义。真正意义上的意识形态概念指的是虚假意识的客观规定性，它们基本上独立于个人主体，独立于他们的旁征博引的观念，并且可以在社会结构的分析中得到证实。这个概念或许可以追溯到爱尔维修，如果不可以追溯到培根的话。对个别思想家的立场局限性的热情关注来自一种无能，也就是说，不能坚持把所得到的观点理解为真理的客观扭曲。这跟思想家本人无关，跟他们的心理学更是毫无关系。简言之，我赞同波普尔对知识社会学的批判，但它也是未提纯的意识形态学说。

波普尔和他之前的马克斯·韦伯一样，把社会科学的客观性问题和价值中立的问题联系起来。他也注意到了这个范畴，同时也注意到它被教条化了，过于符合实用主义的科学活动，因此有待于重新思考。客观性和价值的脱钩并不像韦伯的著作里说的那样保险。在他的文章里，它要比他的口号让人期待的更加板上钉钉。当波普尔说无条件的价值中立是自相矛盾（因为科学客观性和价值中立本身就是价值）的时候，他的这一观点并不像波普尔本人以为的那样无足轻重。可以从中得出哲学的和科学的后果。波普尔强调的事实是，不能禁止或者消灭科学家的评价，否则就会毁掉他作为一个人和作为一名科学家的资格。然而，这并不仅仅说出了认识实践的真相；"毁掉他……作为科学家的资格"涉及科学本身的客观概念。评

价和价值中立行为的分离是虚假的，因为价值乃至价值中立都是物化，它
又是正确的，因为精神的活动不能凭它的意志就脱离物化的状况。被指认
为价值问题的事项，只有在手段和目的分裂的历史阶段才能建立起来；这
一分裂是为了对自然的无冲突的统治，在这一统治中，手段的合理性超越
了不变的（乃至日益增长的）目的的不合理性。康德和黑格尔并未使用已
经出现在政治经济学当中的价值概念。它第一次进入哲学术语学，可能是
在洛采那里。康德在实践理性中区分了尊严和价格，这一区分同价值是格
格不入的。价值概念是在交换关系中形成的，是一种为他的存在。在一切
社会关系都成为交换关系、变得可替换（波普尔观察到的"真理被否定"
也揭示了同样的事态）的社会中，上述"为他的存在"就神奇地转化为一
种"自在"，变成了某种实体。这样一来，它就变得虚假，并且按照统治
利益的任性去填补感性的真空。后来被认可为价值的东西并不外在于客
体，并不对立于客体，相反，价值内在于客体。现实，社会知识的对象，
既不是"没有应该不应该"的，也不是纯粹的"是"——它之所以成为后
者，只是由于抽象的剖分；同样，价值也不能被束缚在概念的领域里。对
事物的判断，当然要求主体的自发性，然而它同时也是被事物规定的，而
不能被主体的非理性的决断所穷尽（像韦伯的概念那样）。用哲学的语言
表述，任何判断都是事物对其自身的判断，判断召回了事物的不完整性。
然而，它存在于和总体的一切关系中，而总体包含在它之中，却不是直接
给定的，不是事实性的。命题的意图就是用事物的概念去衡量事物。因
此，被社会学和其他学科当成压舱物一样拖来拖去的整个价值问题，是一
个错误地提出的问题。科学的社会意识将自身设定为价值中立的，它根本
没有理解现实，它和诉诸预先规定、任意建立的价值的那些人一样不理解
现实。如果谁赞同了替代选择，那么他就陷入了二律背反。即使是实证
主义也无法摆脱。涂尔干不承认价值中立，他的"选择"在实证主义情
怀方面胜过了韦伯，韦伯本人则在宗教社会学里把它当成了"待证标的"
（thema probandum）。波普尔也为二律背反做出了贡献，他一方面拒斥价值
和知识的分离，另一方面又渴望"知识的自我反思"能够认识到它自身隐

含着的价值。也就是说，他希望自我反思不要为了证明什么东西却搞错了知识的真理内容。他的两大渴望都是正当的要求。但是，对这种二律背反的意识也应该被纳入社会学自身之中。"是"和"应该"的二元对立是虚假的，它也没有什么历史的强制性，因此，不可忽视这一对立。它只看到无法通过社会批判来避免对立本身。事实上，价值中立的行为不仅在心理学上是被压抑的，实质上也是被压制的。如果社会学不想仅仅成为技术，就必须把认识社会作为其最终目标，但社会只能在公平社会的概念的周围凝结下来。公平社会并不是以抽象的方式和现存的社会对立，似乎它是一种显然的价值，相反，它从批判中产生，也就是说，源于社会对自身的矛盾和必然性的认识。当波普尔说，"尽管我们不能理性地证实我们的理论，甚至无法证明它们是可证实的，我们依然能够理性地批判它们"，那么这不仅适应于社会理论，也适用于社会本身。结果将是这样一种行为方式，它既不顽固地自限于价值中立，使人看不到社会学的根本旨趣，也不允许自己被抽象的、静止的价值独断论引领。

波普尔看穿了价值中立的知识社会学的隐性主观主义，知识社会学沾沾自喜于它自己的"科学的无偏见"。波普尔进而抨击了社会学的心理主义。在这里，我也赞成他的观点，也许可以看一下我在霍克海默纪念文集中的文章，在那里，阐述了两个学科的非连续性，虽然两者都被笼统地归类到"人的科学"中。然而，波普尔和我虽然同归，却是殊途。在我看来，人和社会环境的区分是外在的，是以现行的科学图绘为依据的，波普尔也基本上拒绝把现有的科学分工奉为圭臬。心理学致力于考察的被试（人的主体），不仅仅是"受社会影响的"，他们的内心深处是被社会建构起来的。反抗着环境的"人本身"（存在主义也使之复兴）这个层面不过是空洞的抽象。相反，社会活动的环境无论多么间接和不可感知，都是人生产出来的，是组织化的社会生产出来的。尽管如此，不能认为心理学是社会科学的基础学科。我简单说一下，社会化形式（英语里的 institutions，制度、规范）的内在动力学使其独立于现实的人们及其心理学。它像一个外在、陌生、压倒性的东西面对着人们，因此，像心理学研究那样把它还原为人类行为的若干基本模式，既不符合典型的行为模式（似乎是可以普遍化的），也不符合取代了人的头脑的社会过程。不过，我从社会对心理学的优先性中并不得出波普尔的结论：他认为两门科学之间存在着彻底的独立性。社会是一个总体的过程，在其中，人们被客观性包围、引导、构成着，也反作用于社会；心理学不能被社会学吸纳，正如个人不能被归并为这个物种的类存在及其自然历史。当然不可以用社会心理学的术语来解释法西斯主义，但是"权威主义人格"有时被误认为是这样一种尝试。如果权威主义的人格类型不是出于社会学可理解的原因而广泛分布的话，那么法西斯主义无论如何都找不到群众基础，也就无法在魏玛民主制那样的社会中夺取权力了。社会过程的自律性本身并不是一种"自在"，而是以物化为根据的；哪怕是和人异化的过程也仍然是人的过程。因此，两门科学之间的分界线并不像社会学和经济学之间或社会学和历史性之间那样绝对。将社会视为一个总体，意味着活跃在这一总体中的所有要素、不可相互化约的各个要素都必须被纳入知识。它不会被学术分工吓倒。社会的东西对个人的东西的优先性，可以用现实本身来解释，也就是说，个人在面对社会时的无能为力，涂尔干却恰恰把它当作"社会事实"的标准。社会学的自我反思必须警惕其历史的科学遗产，它使人过度使用了科学的自足性——在欧洲，后者还没有被公认为"得到教会认可的一切科学"（universitas literarum）的替代物。

在我做出答复之前的通信中，波普尔将我们的观点差异概括如下：他认为我们生活在曾经存在过的世界中最好的世界，而我不这么看。就他而言，他为了简化讨论，做了些许夸张。比较不同时代的社会的恶劣程度，是很危险的。我们几乎不可能认为没有哪个社会比诞生了奥斯威辛的社会更好，就此而言，波普尔对我的观点的概括是正确的。然而我并不认为这是立场的差异，而是认为它是可确定的差异。我们都对以立场为基础的哲学持否定的态度，因此也同样反对以立场为基础的社会学。对社会现实的矛盾性特征的经验不是任意的出发点，而是构成社会学本身的可能性的最初动机。用波普尔的话说，只有能够形成一个和现存社会不同的社会的概念，才能把社会作为一个问题。只有通过社会不是什么，才能揭示社会是什么，这恐怕是社会学里最根本的东西了；它和大多数社会学的研究计划不同，它不会满足于公共管理机构和私人管理机构设定的目标。所以我们在这里恰恰找到了社会之所以在社会学中没有位置的原因，社会学是单门科学的调查研究结果。如果说，在孔德那里，新学科的规划来自保护他的时代的生产趋势、解放生产力的愿望，也就是说，来自出现在那个时代的毁灭的可能性，那么，这一原初状况并未发生任何改变，除非说它变得更加极端，所以，处在这一状况中的社会学必须考虑到这一点。头号实证主义者孔德意识到社会的对抗性是一个关键的方面，后来的实证主义的发展却想要排除它，斥之为形而上学的玄想。因此，他在晚期干的蠢事反过来证明了社会现实是如何嘲笑那些以理解社会为职业的人的抱负的。与此同时，危机（社会学必须证明自己能够对付它）不再仅仅是资产阶级秩序的危机，而是真真切切地威胁到社会总体的物理存续。从社会关系的燃眉之急的强迫力量看来，孔德对社会学能够指导社会力量的希望是天真的，除非它为极权统治提供了计划。社会学放弃了社会批判理论，这是倒退和逃跑：人们不再敢设想总体，是因为丧失了改变它的信心。如果社会学想要理解事实和数字，以服务于现存事物，那么，在不自由的条件下取得的这种进步将越来越轻视社会学的详细结论（社会学自认为它们胜过了理论），并指责它们完全是不相干的。波普尔在总结其论文时引用了色诺芬的一段话，表明我们俩都不满意哲学和社会学的分离，这一分离现在保障了社会学的思想和平。尽管色诺芬是爱利亚学派的本体论，他也代表了启蒙。难怪在他那里能够找到后来出现在阿纳托利·法郎士那里的一个观念，也就是说，如果某种动物能够想象神，那么神将是动物自身的形象。这一类型的批判被整个欧洲的启蒙传统从古代一直传承下来。今天，其遗产在很大程度上落入了社会科学。批判意味着去除神话。然而，这不仅仅是理论概念，也不是不加分辨的反对崇拜偶像，因为随着真和假的区分，正义和非正义之间的区分可能会被抹杀。无论启蒙以祛魅的形式获得了什么，它必然要把人从这一魔咒中解放出来——以前是从妖魔鬼怪的咒语那里解放出来，现在是从人与人关系对人施加的魔咒中解放出来。遗忘了这一点的启蒙，不加分辨地把魔咒当成既定事实，并投身于可用的概念框架的生产，是自我毁灭的启蒙，它也阻止了波普尔用来质问知识社会学的那种真理概念。公平正义的社会组织是包含在确然的真理概念之中的，而没有膨胀为一幅未来的图景。启迪了所有批判性启蒙的"对个人的还原"（reductio ad hominem）只能实现在这样的人身上，产生他的社会是其自身的主宰。然而，在当代社会中，人唯一的指示物是社会的虚假。

15. 社会 [①]

社会概念证实了尼采的洞见："基本上是过程的速写"的概念是无法用语言定义的。因为社会在本质上是过程，它的运动规律更多的是关于它自身的，而不是可能从中推导出的常量。试图确定社会的界限，也将陷入同样的结局。比如，如果谁把社会定义为人类，包括了构成社会的、由社会分裂而成的所有亚群体，又或者谁把社会更简单地定义为生活在某一时代的所有人的集合，那么他们就因此失察了这个概念的微妙内涵。这种形式上的定义假定了社会已经是人性的社会，社会本身已经是人道的，直接就是由主体组成的社会，似乎具体的社会性并不包括制度对人的压倒优势，而人越来越成为制度造成的无能的产物。在逝去了的年代里，当时的情形并非如此，比方说，在石器时代，社会的含义就根本不同于它在发达资本主义条件下的含义。一个世纪之前，法律史学家 J. C. 布伦奇利认定"社会"是一种"第三等级的概念"，不仅是因为进入社会概念之中的平等主义倾向，从而把它同封建的或绝对君主制的"高雅"社会或"上流"社会区别开来，还因为这一概念结构符合资产阶级社会的模式。

尤其是，它不是一个分类的概念，不是社会学的最高抽象，在这个最高概念之下，所有较低级的社会形式都各安其所。那一思维方式把当前的科学理想（连续的、等级制的范畴序列）混同于知识的对象本身。社会概念所指的对象本身并不是理性地连续的。它与它的要素之间的关系并不是普遍和特殊的关系。它不仅仅是一个运动的范畴，也是一个功能的范畴。

---

① 本文写于 1965 年，收录于《阿多尔诺全集》德文版第 8 卷，第 9–19 页。

对这第一个规定，仍然十分抽象的规定，让我们加上一个限定，亦即所有个人对他们所构成的总体的依赖。在这一总体中，每个人都依赖于其他每个人。只有通过每个成员履行的功能的总合，总体才能够存续下去。为了存活下去，每个个人都毫不例外地必须亲自承担某种功能。事实上，只要他还在执行着他的功能，他就被告知，他必须感恩。

正是因为这一功能结构，社会的概念才无法以任何直接的、无中介的方式把握，它也不容易像自然科学的规律那样，经受重大的检验。社会学的实证主义倾向试图打发掉社会概念，把它当作哲学的余孽。这种实在论本身并不是实事求是的。这是因为，虽然无法从任何个别事实中推导出社会的概念，也不能把社会本身理解为一个个别的事实，然而任何社会事实都是由社会这一总体决定的。作为一个总体，社会隐藏在每个具体的社会情境背后。像经理和雇员的冲突这类典型的社会冲突，并不是无须指涉任何外部性就完全可以理解的某种"终极事实"。毋宁说，它们是更深层的矛盾的症候。可是人们却不能把个别冲突归并到更大的现象里去，就像把特殊归并到普遍中去那样。首先和最重要的是，这些对抗本身就作为规律起作用，对抗按照其规律分布在时间和空间中。因此，比方说，现行的管理社会学中流行的"工资满足"只是看起来和特定工厂的条件、特定生产部门的状况有关。其实，它不仅与个别部门相关，而且取决于整个价格体系，取决于形成价格体系的诸多平行的力量，而不仅仅取决于企业主和工人的不同集团之间的斗争（因为工人已经被整合为体系的一部分，而且代表着一个不一定符合其所属群体的潜在投票者）。在工资满足和其他问题上，起决定作用的都是权力结构，是企业主对生产机器的控制，无论是直接控制还是间接控制。如果缺乏对这一事实的具体认知，因而不指认实际上属于总体的那个部分，就不可能准确理解任何特定的个别情境。正如社会中介离开了被中介者（它的要素：单个的人、制度、情境）就无法存在，后者离开了前者的中介也不能存在。当细节因为其可感知的直接性而俨然成为一切现实中的最强大的现实，它们就遮蔽了真正的感知。

因为社会既不能被定义为通行的逻辑意义上的概念，也不能用经验来证实，但与此同时，社会现象仍然一直要求这种概念化，所以其合适的工具是思辨的理论。只有一种彻底的社会理论才能告诉我们，社会到底是什么。近来有人提出异议，认为坚持社会之类的概念是不科学的，因为真和伪是命题独有的特征，而不是全体概念的特征。这种反对意见把社会概念这样的自证概念混同于传统的定义。前者必须在被理解的同时被发展，而不能为了满足某种精神洁癖，被固定在任意的术语学上。

要求用理论来定义社会（这一要求本身就是一种社会理论），并要求社会理论告诉自己有滞后于自然科学之模式的嫌疑：上述要求仍然默认了那一模式。在自然科学中，理论代表了精确定义的概念和可重复的实验之间的清晰接触。然而，自我发展的社会理论不必在意这种吓唬人的模式，因为它有着谜一般的对中介的要求。反对意见用直接性和在场的标准来衡量社会概念，可是如果社会是中介，那么这些要求就不适用于它。下一步则是从内部认识事物的知识标准：它要求社会理论藏在这种主观性背后。这只会阻碍科学中的进步，因此这一论证溜走了，在最繁荣的科学中早就已经被淘汰了。然而我们必须指出，社会既是从内部认识的，又不是从内部认识的。就社会仍然是人类活动的产物而言，它的活生生的主体们仍然能够在其中认出他们自身，就像看到远处的自己一样，而不同于化学和物理学中的对象的情形。事实上，甚至在资产阶级社会里，理性的行为不仅是"可理解的"有目的的行为，也是客观的。这是马克斯·韦伯和狄尔泰那一代学者给我们的谆谆教导。不过，他们的可理解性理想仍然是片面的，因为它排除了社会中一切拒不让观察者确定的事物。这就是涂尔干规则的实质含义，人们不应该像对待客体对象那样对待社会事实，首先和最重要的是放弃一切"理解"它们的努力。他坚信，对每个人来说，社会基本上是一种疏离、威胁的约束和强制。既然如此，对社会本质的真正反思就恰恰应该从"理解"中止的地方开始。涂尔干赞同的科学方法就这样用社会所形成的"第二自然"（黑格尔语）来反对活生生的社会成员们。这是马克斯·韦伯的反题，两者同样偏狭，因为它没有超越社会在根本上的不可理解性概念，一如韦伯未能超越社会在根本上的可理解性概念。然而，对"理性地理解社会"的这一拒绝首先应当被理解为日益独立于社会的人与人关系的象征，晦暗不透明的社会关系就像某种异质的实体那样面对着人。今天的社会学的任务是理解那不可理解的东西，人类为何走向了非人性。

此外，脱胎于哲学的早期社会学的反理论观念本身是被遗忘或被压抑了的理论的碎片。德国20世纪初的理解概念不过是黑格尔的绝对精神的世俗化而已，亦即要被把握的总体性概念的世俗化。只不过它把自己限定在特殊的行为，有特色的形象，而不去考虑它要理解的现象的意义来源——社会总体。另一方面，对不可理解性的热衷则把长期的社会对抗转化为"事实问题"。在没有理论的情况下来思考，用一种思想的禁欲主义来思考未和解的情境本身，被接受的东西最终就变成了被赞美的东西：社会成了集体约束的机制。

以同样的方式，当代社会学的主流范畴也是它（由于其实证主义倾向）拒绝承认的那些理论关系的碎片，并产生了同样重要的后果。例如，"角色"一词近年来经常被当作社会学的关键概念之一，也被当作理解人类行为的关键。这个概念起源于个人的纯粹的"为他存在"，起源于在社会强制中将人和其他人束缚在一起的东西，未和解的、不等同于人自身的东西。人们在社会的结构机制中发现了他们的"角色"，该机制将他们规训为纯粹的自我保存，同时又否定了他们自身的保存。无所不能的同一性原则本身，社会职能的抽象的可交换性，造成了他们的个人认同的毁灭。并非偶然的是，"角色"概念（号称价值中立的一个概念）起源于戏剧，在那里，演员其实并不是他们所扮演的身份。这一差异只不过是社会基本矛盾的表现。真正的社会理论应该能够从诸如此类的对现象的直接观察走向对其深层的社会原因的理解：为什么今天的人们还要赌咒发誓地扮演角色？性格面具概念不仅预见到后来的范畴，也在社会上推导并发现了它们，也悄悄地解释了这一原因。然而，如果社会学继续使用这些概念，却害怕地退出了恰当地展现它们并赋予其最终意义的理论，那么就只能沦为意识形态的帮凶。角色概念，缺乏对社会表面的分析，有助于将角色扮演的咄咄怪事本身永恒化。

不满足于停留在那个水平的社会概念将是一种批判的概念。它将超越普遍联系的庸俗观念。与其说，这一观念的空洞和抽象是思想软弱无力的标志，不如说它是社会本身的构成中那卑劣的永恒性的标志——现代社会的市场体系的标志。首先，发生了客观的抽象，不是科学的思维中发生的抽象，而是交换体系自身的普遍发展中产生的抽象，这一抽象不依赖于生产者和消费者的主观态度，不依赖于生产方式，甚至不依赖于需要（社会机制试图满足需要，把需要当作次级的副产物）。利润第一。被归类于消费者系统的人，有着各种各样需要的人，他们的社会行为超越了任何天真的想象，这不仅是由工业发展的技术水平决定的，也是由行为赖以发生的经济关系本身所决定的，即使后者难以在经验中观察到。交换价值的抽象，先验地与普遍性对特殊性的统治、社会对受它控制的成员们的统治联系在一起，而无论社会差别的具体形式是什么。它根本不是像归纳的逻辑、劳动时间的标准化等等伪装看起来那样中性的社会现象。人对人的统治是通过把人还原为商品交换的代理人和承担者而实现的。总体的体系的具体形式要求每一个不想被毁灭的个人都尊重交换规律，至于利润是不是他的主观动机，无关紧要。

世界各地依然存在的落后地区和古代社会形式并没有取消市场体系的普遍规律。帝国主义论早就指出了发达资本主义国家的经济和那些非资本主义地区（那时的叫法）的经济之间的功能性联系。两者不仅仅是并列关系，而且相互维持着对方的存在。当旧式的殖民主义瓦解，一切都转变为政治利益和政治关系。在这一背景下，理性的经济和发展援助几乎不是奢侈品。在交换社会内部，前资本主义的残余和飞地根本不是什么外部，并不只是过去的遗迹：它们是市场体系的重要必需品。非理性的制度对于社会的冥顽不灵的非理性（手段合理，但目的并不合理）是有用的。比如，家庭这一制度发现自己起源于自然，其二元结构又避开了等价交换的管控，那么它相对的抵抗力量就来自如下事实：如果没有它这样的非理性要素的协助，某些具体的生存方式（比如小农经济）便几乎不可能继续存在，而要将那些生存方式理性化，整个资产阶级的大厦就得彻底坍塌。

日益增长的社会理性化进程，即市场体系的普遍扩张，并不发生在具体的社会矛盾和冲突之外，也不是与它们无关的。它是通过那些对抗来运行的，而这一进程中，那些对抗撕裂了社会。因为在交换体制之中，不断产生着和再生产着对抗，足以在任何时候导致组织化社会的末日灾难和毁灭。所有商业都在倾轧，在摩擦，在呻吟，付出了不可描述的人性的代价，只为了谋取利润，为了总体社会中被撕裂的个体的内化。今天，同阶级斗争概念起源时一样，社会仍然是阶级斗争。东方集团的倒退趋势表明了那里的情况并没有什么不同。尽管无产阶级日益贫困化的预言并未在长时期内得到证实，所谓阶级的消失却不过是幻觉，是次要的现象。很有可能，主体的阶级意识在发达国家中被削弱了，在美国，阶级意识从一开始就不曾强烈过。但是，社会理论不是用来预测主体意识的。随着社会对意识形式本身的控制不断加强，就更是如此。就连经常吹嘘的"消费习惯和受教育机会之间的平衡"也不过是一种主观的现象，是社会成员的个人意识的一部分，而不是某种客观的社会事实。即使从主观的观点看，阶级关系也并不像统治意识形态想要我们相信的那样容易处理。最近的社会学经验研究能够区分统计学上的上层阶级和底层阶级之间的本质区别。底层阶级的幻象更少，没那么"唯心主义"。"快乐的少数"用这种"唯物主义"来反对他们。和过去一样，今天的工人仍然认为社会被分裂为上层和底层。教育平等的形式可能性并不符合工人阶级的孩子在学校和大学里的实际比例。

在主观性的掩盖下，阶级差异在客观上同资本的日益集中一起增长。这在个体生存中起着举足轻重的作用。如果不是这样，阶级概念恐怕就只是一种拜物教了。就连消费者的需求也变得越来越标准化、等级化了（因为资产阶级和过去的封建主不一样，除了资本主义积累的原始阶段，他们总是愿意量入为出），社会权力和社会无权力之间的鸿沟从未像今天这般巨大。几乎每个人都从他自己的个人经验中得知，他的社会存在并不取决于他自己的首创精神；相反，他不得不寻找"空缺"，可以谋生的职业，而不管什么适合他自己的潜能或才能（假如他对后者还有一丝丝模糊的感知的话）。极端社会达尔文主义的适应概念（借用自生物学，并且以规范论的形式运用于所谓的人文科学中）表明了这一状况，并成为其意识形态。至于阶级状况的等级转移到民族关系上，表现为发达国家和欠发达国家之间的关系，就更不必说了。

因此，成功运转的社会就必须成功地控制若干基本的社会力量之间的关系，那些社会力量早就遍布于世界各国。这一控制必然会强化社会秩序的极权主义倾向，它是市场经济的全面渗透的政治等价物和政治调整。然而，随着这一控制，这些控制想要防止的危险却增大了。这不是工业化的技术进步的错。技术的发展不过是人类生产的镜像，控制论和计算机不过是人的感官的延伸：因此，技术进步只是生产力和生产关系的辩证法中的一个要素，而不是自足的邪恶第三方。在现存的秩序中，工业化以集中化的方式运行着；就它本身而言，它是可以用其他方式运行的。在人们以为自己最接近事物的地方，比如在卧室里看电视的时候，接近性本身是以社会距离为中介的，是以权力的高度集中化为中介的。最令人惊讶的例子莫过于人们的生活了，他们以为最靠近他们的东西，他们以为的最大现实，他们维持的私人存在，其实基本上是自上而下地获得其具体内容的。私人生活不过是再私有化，其程度远远超出了我们的想象。人们抓住的现实变成了非真实。"生活本身是无生命的。"

理性的、真正自由的社会并不是不能没有行政管理的，正如它并不是不能没有分工一样。但是，在全世界，行政管理已经尽可能地变得更为自信，更加独立于其管理的主体，并把后者还原为遵循抽象规范的行为的客体。如马克斯·韦伯所见，这一趋势可以回溯到经济的目的合理性本身。由于后者并不关心它的目的——亦即一个理性的社会——因此，只要它仍然不关心这一目的，它对它的主体来说就仍然是非理性的。专家，是这种非理性采取的理性形式。他的理性建立在技术和其他处理程序的专业化的基础之上，但是也有着意识形态的一面。劳动过程被切分得越细，各工序之间越相似，专业化的资格就越没有必要。

这些巨大的社会力量和制度曾经是人性的，这样看来，它们在本质上是活着的人的物化劳动，而它们的自足和独立的表象似乎是某种意识形态，既是有社会必然性的幻象，也是个人应当打破的、能够改变的幻象。然而，那一纯粹的表象是人的直接生活中最大的现实。社会关系的重力只会越来越巩固那一表象。在 1848 年左右，阶级斗争凸显为内在于社会的集团"资产阶级"和半在社会之外的集团"无产阶级"之间的冲突；与那时相比，斯宾塞的整合概念（日益增强的社会理性化的基础法则）开始抓住了想要被整合进社会内部的那些人的心。主体自动地、故意地被阻隔在主体的自我意识之外。淹没他们的商品供应造成了这一结果，就像文化工业和无数其他的思想控制手段（无论是直接的控制还是间接控制）那样。文化工业根植于资本的牟利倾向。它在市场的法则下发展，也就是说，必须让你的消费者适应你的商品，然而，经过辩证的转化，结果就是巩固了现存的意识形式和思想状况。社会需要这些没完没了的、复制一切的精神复制品，因为假如没有这种千篇一律的赞美，而只是有气无力地用"存在即合理"来证明存在的合法性的话，人们最终必将不耐烦地消灭这种状况。

整合走得比这更远。人对社会关系和历史进程（如果没有它们，人类恐怕难以生存）的适应已经给人打上了烙印，使得任何一种解放的可能性（哪怕是思想的解放）都不得不引起可怕的本能冲突。整合万岁！人的最内在的行为模式也认同了他们在现代社会中的命运。仿佛是对哲学上的一切希望的戏仿，主体和客体已经达成了终极的和解。推动这一和解进程的是如下事实：人把自己的生活归功于别人对他们做的事情。工业的情感再分配，大众对体育的热衷，消费商品的拜物教化，都是这一趋势的症候。曾经由意识形态提供的水泥现在改由这些现象来提供，它们一方面把大众的社会规范整合如一，另一方面把人们的心理构成整合如一。人和环境的关系还不如齿轮和机器的关系，如果要为这种状况寻找意识形态合法性，就必须毫不夸张地要求今天的人们在其生存中充当这一意识形态，因为他们试图用他们的自由意志让显然是真正生活之颠倒的状况永恒持续下去。

圆圈闭合了。为了改变目前僵化的存在状况，人必须行动，然而现状给人打下了深深的烙印，已经剥夺了他们的生活和个性，使得他们几乎没有行动所需的自发性。现存秩序的卫道士们从这一点中得出了新的辩护词，说什么人类还不成熟。哪怕仅仅指出上述恶性循环，也违反了整合的社会的禁忌。它不仅无法容忍任何完全不同于它的东西，也警惕地确保着任何思想和言论都为某种特定的交换服务，或者，如他们所言，提供了正能量。思想屈服于对目标的最缜密的审查：只要它露出一点点批判性，就不得不表明要采取的积极步骤。如果这一积极的目标被证明是当下的思维无法企及的，那么思想本身为何要退却和厌倦，似乎这一阻碍反倒是思想惹的祸，而不是事物本身的签名？在这一点上，可以认为社会是一个普遍的障碍，既是人内心的障碍，又是人外部的障碍。具体、积极的改革建议只不过巩固了这一障碍，要么是对不可管理的东西进行行政管理，要么就祈求恐怖的总体性本身的压制。社会概念和社会理论只有在它们禁止自己受任何此类解决方案的诱惑时才是合法的，只有在它们仅仅以否定的方式坚持它们固有的基本可能性时才是合法的，也就是说，它们只有在表达这样的可能性面临着窒息的危险时才是合法的。这样的意识对于它将走向哪里并无任何预设前提，它将成为最终打破社会的无所不能的第一个先决条件。

16. 哲学思维笔记 [①]

献给马尔库塞70周年诞辰

如果谁有义务对哲学思维说些什么，停留于思之中途，而不想信口开河，那么他就不应该只谈一个方面。所以我只想重述我本人的思考当中注意到的几件事，而不去探讨"思维是什么？"等一般性问题或者深入思维的心理学。在这方面，把哲学思维同"是思想的东西"（亦即其内容）区分开来，是非常有用的。这就使我跟黑格尔对哲学思维的无与伦比的洞见产生了矛盾。按照他的意见，"是思想的东西"和"如何成为思想"之间的分裂恰恰是一种谬误，是哲学根据其题中应有之义理应克服的那种坏的抽象。讽刺的是，哲学很容易引起常识的愤怒，以为哲学是抽象的，但哲学恰恰要跟抽象做斗争。无论是在前哲学的知识中，还是在哲学中，思想最好能够保持对其主题内容的一定程度的自律性。逻辑构架对原始意识的大幅度提高，要多谢这一自律性。在内容层面上，它包含、强化了标志着哲学之历史性发展的启蒙力量。尽管思维是自律的，并且发展成了一套构架，但它也成为物化的牺牲品，并凝固成一种专横的方法。控制论的机器就是这方面的一个鲜活例子。它们向人们图示了抽离了内容的、形式化的思维的无足轻重，因为这些机器表现得要比思维的主体们更强，而思维的主体曾经是主观理性的方法的值得自豪的成就。假如思维主体热衷于把自

---

① 本文写于1965年。收录于《阿多尔诺全集》德文版第10卷，第599–607页。

已变成这种形式化的工具，那他们就不复为主体了。他们接近于机器，成了机器的不完美复制品。哲学思维恰恰是从这里开始的：思维不再满足于成为可预测的认识，也就是说，从那些认识当中出现的东西只会是已经预先放置在那里的。计算机对人类的意义只是卸下了活人的思维重负，好让思想得到获取"并非已经隐含着了的知识"的自由。

在康德那里，按照他那狭隘、主观的概念（也就是说，和逻辑思维的客观规则相分离的概念），思维出现在自发性的名下。根据康德，思维首先是一种活动，正如素朴的意识将感性直观（似乎属于个人的印象，无须个人的努力）与涉及思维的费力活动区分开来时所说的那种活动。然而，康德的伟大，他让他自己的所谓根本立场服从于坚忍不拔的批判的这种能力，在这里得到了证实：与思维的实际性质完全吻合的是，他没有简单地把自发性（在他那里就是思维）等同于意识的活动。在他看来，思维的决定性的、最根本的成就并不等于已构成的世界中的思想的活动。它们的成就几乎不呈现为自我意识。我们从康德那里可以读到，幼稚的现实主义的幻觉，亦即认为"在经验中就面对着物自体"的看法，建立在如下基础上：期盼意识构成感性材料的那一活动，作为活动，还不是意识；那是它们的"深度"，完全是被动的。这一观念被有体系地、内在地体现在如下事实中——"我思维，一定能够伴随我所有的陈述"，即自发性的定义，这句话的意思仅仅是说，主观意识（其实是个人的意识）存在着统一性。因此，无论多难，它是"我的"陈述，不能被任何其他人的陈述所取代。没有人能够在自己的想象中复制他人的痛苦。先验的统觉可归结为同一样东西。"我思"是由其联系定义的，它本身则成了一个被动的实体，完全不同于对某个"我的"能动的反思。于是康德就忠实地抓住了思维活动中的被动要素。甚至在他最不可靠的命题中，他那令人印象深刻的忠诚也往往专注于现象中呈现的东西；《纯粹理性批判》已经是一种《精神现象学》了——在黑格尔命名其"意识分析"的意义上。在思维这一活动的常规意义上的思维仅仅是自发性的一个方面，几乎肯定不是中心的方面，实际上也只位于已构成的区域之内，和事物的世界相关。在康德所称的先验层面，能动性和被动性根本不是像哲学工作的外在建筑术所设想的那样彼此分开的。这一被动的要素掩盖了一个事实，康德没有提及这个事实：看似独立的东西，原初的统觉，实际上依赖于客观世界，无论它是如何未被决定的；在康德的体系中，它在经验之外的物自体学说中避难。假如思维本身不和"本身不是思维的东西"相关，那么思维活动的客观性将是不可能的：这才是人们应该探索和解决的思维之谜。

凡是在思维真正具有生产性的地方，它创造出东西的地方，它也总是一种反应。被动性居于能动要素之中，自我是以非我为原型的。这些仍然影响到哲学思维的经验形式。为了有生产性，思维必须始终为其主题内容所决定。这就是思维的被动性。心理学称之为"客体关系"或"客体迷恋"。然而，它远远超出了思维过程的心理学方面。客观性，思维的真理性，取决于它们和主题内容的关系。从主观性的角度看，哲学思维不断地面临着发展的必然性，这来自它自身的内在逻辑的连贯性，另一方面，哲学思维也必须不断接受异于它的东西和并不先验地服从于它的规律性的东西。作为主体的活动，思维首先必须沉浸于主题内容之中，哪怕思维确实像康德等唯心主义者教导的那样，构成乃至创造出其主题内容。思维依然依赖于主题内容，即使主题内容这个概念是成问题的，即使思维声称是它创造了它的主题内容。对于客体的脆弱的优先性，对于"只有在主体和客体的相互中介中才能够构想客体"这一点，最强烈的表述如下：思维必须接近一个客体对象，即使它还不拥有这样的对象，即使它想要创造出对象。在康德那里，这种方法的真实性表现在内容中。确实，他的思想指向了主体的形式，但它寻求的目标是定义客观性。尽管有哥白尼转向，也多亏了它，康德无意间确认了客体的优先性。

思维活动不能被还原为一种心理学过程，也不能还原为一种无时间性的、纯粹的形式逻辑。思维是一种行为模式，它和主题内容的关系是不可或缺的，它在这一关系中活动。思维过程的能动要素是注意。它和一切将它从手头的内容上分神的东西作斗争。注意使得自我的努力以对立于自我的东西为中介。敌对于思想的是贪婪，即分神地注视着窗外，不想忽略任何东西。诸如塔木德等神学传统已经警告过这一点。思想的专注赋予生产性思维一种特性，陈词滥调却否定了它。跟所谓的艺术灵感不无相似之处，它让自身被引领着，不容任何事情让它从手头的事上分神。主题内容向耐心开放，耐心是思之美德。谚语"天才出于勤奋"的真理性不在于拼命苦干，而在于对主题内容的这种耐心。"耐心"一词的消极含义很好地表明了这一行为的性质：既不热情地催促，也不顽固地着迷，而是长期、非强制地注视着对象。当前的科学和学术的训练要求主体为了主题内容的（被幼稚地强加的）优先性而脱离自身。哲学与此相矛盾。思维不应当把自身还原为方法；真理并非将主体彻底清除之后的剩余物。相反，必须把所有的内感觉和经验都容纳整合到对主题内容的沉思当中去，然后在其中消失——这才符合它们的理想。对这一点的不信任，正是对思维的敌意的当下化身。它紧抓住狭义上的反思，后者证明了自己之所以有用，并非通过热情，而是通过它的被动性和专注的维度。它的冷静保留了幸福的某些方面，那是常规的思维概念无法容忍的。美国人对此有个轻蔑的说法：安乐椅思维。一个人舒适地坐在摇椅上，就像是友善而肤浅的老爷爷享受着退休生活。

　　然而，对坐而论道者的恶意中伤有其可憎的合理性。这种思维往往看起来没有任何材料内容。它沉浸于自身，仿佛进入了一个所谓的纯粹王国。黑格尔否定了这一王国，斥之为空洞的深刻。对一种没有被任何具体事物玷污或败坏的"存在"的幻想最终不过是思维本身的镜像，完全是不确定的和形式的。它迫使思维成了对盯着自己的肚脐眼看的智者的戏仿；它沦为复古主义的牺牲品，因为它想要把哲学思维从其具体对象那里救出来（哲学思维无论如何不应该成为对象），所以丧失了主题内容这一要素本身，丧失了非同一性。今天的智慧模仿了一种历史地无可挽回的农业形式的精神，和那些雕塑是一个模子里铸造出来的，也就是操练一种史前的天真，以模仿源始性，并希望通过这一仪式来保持一种古代的真实性，如今的晚期工业世界显然过于忠实地提供这种从未存在过的真实性了。哲学思考的这种人工合成的复古主义做得并不比卡诺瓦和托瓦尔森的古典主义的熟石膏更好（均同雅典的古典主义相比）。将反思的思维变为一种间接的实践活动的形式，并没有什么根据；从社会的角度看，那只会培养出思维的退化。很典型的是，建立起了独立的学术制度，并非常反动地给委派到其中的那些人提供了思考的机会。没有了沉思的要素，实践就堕落为无概念的活动，然而，作为一个细心呵护的特殊领域，沉思就和可能的实践被切分开来，没有比这更好的了。

反思的思维当然难以精确描述。它大概应该被称为广泛的注意。思维通过估量其主题内容，独自意识到其中超越了先前的思想的部分，因而也就是突破了主题内容的固定范围的部分。认为思维是纯逻辑的，是严格地从一条命题发展出来的，这种陈词滥调完全证明了任何保留意见都是正当的。哲学反思必须打碎思维无折射地期待的所谓"思想系列"。诚然，思想必须在主题内容的经验中不断更新它们自身，然而，主题内容首先决定了在那些思想中的它。更新的力量（而不是测量出、标画出结论）才是哲学的严格性的本质。真理是经常进化的星丛，而不是某种持续、自动运作的东西，否则，主体的角色不但更容易一些，实际上甚至可有可无。有质量的哲学思维不容许简明的梗概，它不接受通常的科学对过程和结果的区分（众所周知，黑格尔认为真理是过程和结果的统一）——上述事实让这一经验昭然若揭。哲学思想如果可以被还原为它们的纲要或者它们的净利润，就一文不值了。无数的哲学论文是平庸的，不能为存在少操点心：这并不只是一种审美上的缺点，而且标志着它们本身的虚假。倘若哲学思想失去了"通过主题内容本身来不断自我更新"这一理想，哪怕是在重要的文本中，它也就失败了。哲学地思考，意味着思考断续性，亦即被并非思想本身的东西所打断。在确然的思维中，它不可避免地必须使用的分析判断就变得虚假了。思维的力量，不在它自己的水流中游泳的力量，是对先前业已成为思想的东西的抵抗力。确然的思维要求的是坚持自己的信念的勇气。思维着的个人必须冒险，不要用信念交换或购买任何东西——这是自律性学说的基本经验。没有了冒险，没有了犯错误的内在可能性，客观上也就没有了真理。思维中的大多数愚蠢，形成于思维固有的，永远在思维内部搅动着的那一勇气被压制之处。愚蠢根本不是私人性的，不是智力不足造成的，而是心智残疾的疤痕。尼采的悲怆知道这一点。他关于危险生活的帝国主义冒险口号基本上意味着另外一件事：危险地思考，去鞭策思想，不要在物质经验面前畏葸不前，不要被任何公认的思想的常规所吓倒。自主的逻辑连贯性，就其社会角度而言，具有阻碍这一概念的一切作用。凡是在今天的思想发挥着确然的，而不是煽动的影响力的地方，其原因恐怕不在于个人品质，比如才能或者勤奋。原因是客观的：比如其中一个原因，就是思考者得到了其成长环境的支持，不允许他的脆弱的思考被控制机制彻底消灭。科学需要的是并不服从于它的个人；让他的精神得到满足的东西会伤害科学——迟钝的纪念品：科学不可避免地谴责它自身的迟钝，并无意识地为此感到羞耻。

哲学思维的方式受到以下事实的影响：过程和主题内容之间的关系同实证科学中的那种关系有着质的区别。某种意义上，哲学思维不断地试图表现经验；其实，经验并没有被实证的经验概念所覆盖。理解哲学，意味着通过对一个问题的自主思考，并依然始终保持着和处于既定结构形态中的问题的最密切的接触，从而对自己肯定地说出这一经验。哪怕会遭到最廉价的嘲笑，我也要说，哲学思想是这样构成的，在思考它们之前就已经倾向于得出其结果了。一个人可能根本不相信海德格尔式的连字符语文学，但并不否认反思的思维（和思维相反）顾名思义指的是一种作为"重构"的"哲学建构"概念。在这里，也立刻出现了最坏的诱惑，亦即辩护的诱惑，合理化的诱惑，证明盲目声称的信条和意见的正当性的诱惑。"待证标的"（thema probandum）恰恰是思维的真实和虚假。它弃绝了它的虚假，因为它试图通过否定来追随其经验。适当的哲学思维不仅是对现状的批判以及对现状在意识中的复制品的批判，也是对它自身的批判。它公正地对待经验，不是通过顺从的整理而是通过对象化的手段来激活经验。任何哲学地思考的人，都用逻辑的连贯性使精神的经验变硬，尽管他运用的武器恰恰是那一逻辑连贯性的反题。否则，精神的经验仍然是狂想曲。只有这样，反思的思维才不仅仅是经验的重复陈述。其合理性，作为批判的合理性，超越了合理化。然而，对于观察者本人来说，哲学思维似乎使得他想要学习的知识成为可能，而这只是在"他真的知道他想要学习什么"的意义上才成立。思维的这种自我经验就和康德的限定产生了矛盾，康德意在用思想来减少思想的权力。它也回答了那个不祥的问题，一个人如何能够思考他所思考的东西，却同时仍然活着：答案是，恰恰是通过思考它。我思，故我在。

因为哲学思维的训练最初显现在问题的表述中，哲学陈述就构成了主题内容的一个至关重要的方面。或许这也是令人信服的解答为什么不像困难的加法的总和那样出现在思想者那里的原因，不是画条线，把数字堆起来就行的。这种做法在唯心主义那里大概是可行的，然而它扭曲了哲学思想的特殊性质，使之变得狂妄自负，居然声称由于真理并不从外部参与思维，所以思维就等于是真理本身了。哲学的吸引力，它的幸福，在于如下事实：就连绝望的思想也传达了对思维产物的这种确定性，上帝的本体论证明的最后一丝残余，也许是其不可根除的内核。说什么某人坐下来，并"思考某事"，以查明他先前并不知道的东西：这种观念就像跟它相反的观念"一目了然的直观"一样歪曲了事实。思维开始于对主题内容及其语言表述的劳作：它们确保了思维的被动要素。说得极端一些：我没有思考，然而那本身肯定在思考了。一个不完全合适的物质标记大概是思考时拿在手里的铅笔或钢笔，就像传说中的齐美尔还是胡塞尔那样，除了写作的时候，他们就压根儿不会思考了，类似于许多作家在写作时思如泉涌。这些工具，甚至无须实际使用，就告诫人们不应该仅仅开始思考，而是要思考某事。因此，要解释和批判的文本也对思想的客观性做出了无价的贡献。本雅明曾经暗指这一点，他说了一句格言：对于一切可敬的思想，也有一份可敬的愚蠢属于它。如果思想因为源始性的幻想而逃避这一格言，如果它在一切具体对象中都嗅到了具体化的危险，那么思想不仅不属于未来（未来将变成毫无异议，几乎与之相反），连它本身都将不令人信服。因此，那些任务（决定思想的丰富性的那种丰富性）是自律的，这一点就变得更加关键；它们不是外部强加的，而是自我设定的：这是将思维与理性技术分开的分水岭。思维必须绝望地逡巡在这种理性的技术和业余的半吊子之间。业余思维完全无视脑力劳动的社会分工，不尊敬它，并且想取而代之。天真的、全新的开端将会像狂热地服从劳动分工一样把思想变得愚蠢。假如哲学想要公正地对待它的宇宙概念（借用康德的话），那么它将上升到作为一门具体科学的概念之上（根据康德，经院哲学的先验概念并不适合哲学本身的概念），正如它将上升到世界观的夸夸其谈之上——从构成世界观的那些专门知识的残留物的可怜的贫乏中，世界观产生了一种高高在上的幻觉。对理性之衰落的抵抗，对哲学思维而言意味着：不考虑现有的权威，尤其是人文科学的权威，将自身沉浸于材料内容之中，为的是感知居于它们之内（而不是之外）的真理内容。今天，那就是思想的自由。当思想摆脱了劳动的魔咒，停留于其对象之内，它就得到了自由。

17. 论传统 [①]

一

传统一词的语源来自拉丁文的动词 tradere，意思是"传递下去"。它让人想到的是代代相传，一代人传递给又一代人的东西，哪怕是手工艺的遗产。手递手的形象表达了物理的接近性、直接性——一只手从另一只手里接过。这种直接性多多少少是一种熟悉的自然关系。传统范畴本质上是封建的，正如桑巴特把封建经济叫作传统经济那样。传统对立于理性，即使其中之一采取了另一种形式。传统的中介并非意识，而是预先设定、无反思、有制约力的社会形式的存在——过去的现实性；有制约力的存在的这种观念无意间传播到精神领域。严格意义上的传统和资产阶级社会是不相容的。生产过程中的平等交换原则并没有消灭家庭的原则。但它让家庭从属于它。频繁的通货膨胀周期证明了继承这个概念有多么不合时宜，而精神的传承同样倾向于危机。对传统的语言表达中的这种直接性（手递手相传）只不过是普遍中介的社会机器内部的一种残余物，社会机器是被物的

---

① 本文最初发表于 1966 年，收录于《阿多尔诺全集》德文版第 10 卷，第 310–320 页。本文把传统定义为代代相传的连续体，探讨了传统和身体的接触、传统和理性的对立、传统和资产阶级社会的不相容等方面。美国文化中缺乏传统这个要素，审美传统的缺失是无可弥补的。虚假的传统堕落为虚假的财富。传统在主体中变坏了，在意识形态上败坏了。历史维护着它对一切的统治权。

商品特性统治的。技术让我们早就忘掉了创造技术的手，忘记了是手创造出了技术作为手的延伸。从技术的生产方式的角度看，手工艺和工匠概念本身一样不重要，而工匠概念是传统的保障，尤其是审美传统。

在美国这样彻底的资产阶级国家中，这一切的后果都发生了。传统要么是一种可疑的价值，要么就是奇货可居的古董。美国文化缺乏传统以及与此相关的经验，从而阻挠了时间连续性的意识的产生。未能在市场上树立其直接社会功用的东西都不算数，并且被遗忘。就算有人死了，也仿佛他从未活过。他像任何功能品一样可替换。只有那些没有功能的东西才是不可替换的！这就解释了美国人绝望、陈旧的涂膏油仪式。他们似乎想通过巫术来重新唤回已经失落的年代的意识，尽管这一失落根植于社会关系。欧洲在这方面并不比美国先进。它可以自在地学习传统，反而却跟着美国的步调，毫无必要地模仿它。在德国，人们经常说起历史意识的危机，包括了对哪怕最近的过去的一无所知，这只是更深刻的困境的症候。显然，人们感受到了时间连续性的崩溃。作为哲学论题的时间已经如此流行，这一事实说明了它已经从生者的精神中消失了。意大利哲学家恩里克·卡斯特里写了一本关于这方面问题的书。当代艺术总体上符合传统的这一失落。失去了传统保证的东西（和对象、和材料与技术的不言而喻的关系）就只能从自身内部去反映它们了。艺术现在感觉到了文化的传统方面的空洞和虚构，重要的艺术家们像用锤子砸石膏那样把它们捣毁。无论如何面对客体性，都保留了这种对传统的敌意。抱怨这一点，把传统当作良方妙药，均无济于事。这一矛盾恰恰是传统的本质。功利主义的理性（认为在缺乏连贯性［不管真的缺还是假的缺］的世界上拥有传统是一件好事）不能规定被它认为无用的东西。

二

真正缺失了的审美传统是无可替代的。但资产阶级社会正是这么干的，其动机是真诚的。资产阶级的原则越是不容忍他者，它就越迫切地诉诸传统，并引用一些看起来像是"价值"的东西。它被迫这么干，因为统治着生产和再生产过程的理性、居于一切正在形成的或已经存在的事物之先的那一理性并不是理性的总体。彻头彻尾的资产阶级马克斯·韦伯把理性定义为手段和目的之间的关系，而不是这种手段本身；他把这些托付给了主观、非理性的决断。在少数人控制生产资料时，在由此引发的无情的矛盾中，总体似乎是不可理喻的宿命，并且总是威胁着人。总体的连贯与闭合越是理性，它对生者的权力压迫就越可怕，而用其理性改造它的不可能性也就越可怕。如果存在于这一不合理性当中的东西想要证明它的存在是合理的，那么就必须从它根除了的非理性那里寻找支持。它必须求助于传统，当然，面对它的拥抱，传统立刻吓得缩了回去，诉诸传统就把传统弄假了。社会有系统地运用传统，似乎是传统的拥护者；在艺术中，传统被认为是平息人民对他们的原子化（包括时间的原子化）的不安的安慰剂。从资产阶级时代的一开始，第三等级的成员就感觉到他们的进步中和他们的理性中少了些什么，进步和理性实际上压制了生活的所有定性的区别。主流诗人嘲笑了进步的大进军，从莫里哀的喜剧《布尔乔亚绅士》到哥特弗里德·凯勒的李通莱一家（他们买了假的祖先肖像）。在这个社会里，形式的平等为实质的不平等和统治服务，而势利是这样的社会形式固有的。所有嘲笑势利的文学只不过掩盖了它撒盐的伤口。被资产阶级原则操纵、中立化了的传统最终变成了毒药。一旦文化的真正传统方面（过去的重要艺术作品）被偶像化为遗迹，它们就立刻堕落为享用过去的意识形态，好让现在不受传统的影响，从而付出了日益狭隘和僵化的代价。那些珍爱过去并拒绝放弃对过去之爱（以免变得贫乏）的人立刻就面临着一种微妙的误解，也就是说，他们不会那么专注，他们甚至愿意拥抱现在。

三

虚假的传统几乎是和资产阶级社会的建立同时发生的。它沉溺于虚假的财富。这一财富招致了新浪漫主义而非旧浪漫主义。就连世界文学这个概念，虽然肯定从民族文学的限制中解放出来了，但也从一开始就受到它的蛊惑。财富之所以虚假，是因为它被操纵财产的资产阶级精神所利用，似乎艺术家获得了被历史主义首肯的某些宝贵、优雅的审美材料和形式，似乎任何一个传统都会向艺术家投降——因为它们不再是实体的或是有约束力的。黑格尔正是这样定义新艺术的，他称之为浪漫型艺术。歌德未能抵挡虚假财富的诱惑。今天只有对传统的过敏才是免疫的。而当一切都似乎有助于所谓的自律艺术家，他发掘出的财宝却没有带来任何好处。如我们所知，那些新古典主义的取向（文学中，科克托和后来的安德烈·纪德）是一场空。任何利用它们来炮制艺术和手工艺品的艺术家，他从文化中借来了与他自己的位置相矛盾的东西——无法填充的空洞形式，因为真正的艺术从来没有完成其形式。在传统瓦解之后，艺术家更多的是通过他在试图抓住传统时提出的抵抗来体验传统的。今天在各个艺术媒介上被叫作极简主义的东西与下列经验一致：除了此地此时的工作所必需的东西，别的东西都是不需要用的。美学纲领和潮流的加速变化（被市侩庸人斥为时髦的胡说八道）源自不断增强的拒绝（refus）的冲动，最先注意到它的是瓦莱里。和传统的关系被一本禁律的宝典取代了。随着批判的自我意识的扩张，越来越多的东西被这一宝典吞噬，包括那些直接或间接地从古代借用来的、看似永恒的规范，它们曾在资产阶级时代被用来和文化的传统方面的消解作斗争。

四

当传统在主体上毁灭了或是败坏为意识形态，历史仍然客观地维护着它对一切的统治权，对传统渗入的一切事物的统治。实证主义的教条（往往难以和审美客观性区分开来）认为世界是由直接给定的东西组成的，而没有它的生成性这一更深的维度：这一教条和诉诸传统的权威主义是同样虚假的。自认为没有起源、没有被历史玷污的东西，将不自觉地、命中注定地成为历史的第一个受害者。古代哲学的本体论倾向是个好例子。如果有作者回避传统的欺骗性方面，认为那和他不再有任何关系，那么他就仍然受到它的束缚，首先受到语言的束缚。文学语言不是任意的集合。每一个词的价值，每个词语的组合，客观上都从历史中获得其意义。这一历史包含了这样的历史进程。布莱希特曾经希望从遗忘中得到救赎，与此同时遗忘就成了机械的虚无性的表达。此时此地的贫乏最终不过是对虚假财富的抽象否定，许多情形下是资产阶级清教伦理的对立点。消逝的瞬间，没有任何记忆的痕迹，它为如下的幻觉所折磨：以为那个以社会为中介的东西是一种自然的形式或原生的材料。然而，历史地建立起来的技术的任何让步牺牲都是退化。弃绝的真相不是盲目的胜利，而是绝望。被反对派赞扬的传统之乐不仅仅是意识形态而已。任何受苦于既定存在的普遍统治，并渴望从未存在之事物的人都更青睐德国南方的市场，而不是围堰，尽管他知道恢复了的建筑也保留了里面令人窒息的氛围；它们的沉闷是对技术灾难的补充。坚持传统的绝对不在场就和顽固地坚持传统一样幼稚。两者都不知道过去永远存在于他们和对象的所谓纯粹的关系之中；两者都不知道灰土和碎片笼罩着他们所谓的清晰视域。遗忘是不人道的，因为累积的痛苦将会被遗忘，而对事物、词语、色彩和声音的历史印迹总是对过去的苦难的印迹。因此传统在今天处于不可解决的矛盾之中。今天没有任何传统可以召唤和祈求，然而当一切传统都被消灭了，走向野蛮的大进军就开始了。

五

这一矛盾对立规定了意识和传统之间唯一可能的关系。康德认为唯有批判的道路是开放的，这句话属于真理内容大于原初意向的那一类名言警句。它涉及的不只是康德否弃的理性主义学派的特殊传统，而且是整个传统。不忘传统而又拒绝肯定传统，意味着用最先进的意识去面对传统，并提出"什么过去了"和"什么没有过去"的问题。不存在永恒的经典，就连德国文学选集的念头也不再可行。然而存在着与过去的联系，尽管不是保守的，这一联系拒不让步妥协，从而有助于许多作品的存活。尽管过去世代的重要传统学者有着恢复传统的意图，但是格奥尔格学派的成员以及霍夫曼斯塔尔、博夏特和施罗德领会了这一精神，所以他们偏好冷静和简洁，而不是唯心主义的长篇大论。他们已经听到了文本中的空洞虚伪。他们指出传统的道路是不装腔作势，一种它不再如此自我设定的立场。他们更偏爱那些将真理内容深嵌在材料中的作品，而不是像意识形态那样停留于其中从而一无是处的作品。传统的东西最适合于此种反传统主义的地下传统：它和德国启蒙运动中被背叛的和被辱骂的部分联系了起来。可是就连恢复传统这一可敬的愿望也不得不付出它们应当付出的代价。其自信成了一种世故的复杂书写的借口。志存高洁的施蒂夫特模仿者和黑贝的诠释者在今天像浮夸的姿态一样常见。不仅在对许可的文化产品的普遍操纵中融合了明显的天真姿态，就连重要的老作品也被救援行动毁了。它们拒绝被恢复成它们曾经的样子。客观上，而不是仅仅在反思的意识方面，这些作品按照其自身的动力学分解为不同的层面。这一解体过程本身就开启了一个值得追随的传统。它的标准是通感：作为新事物，通感说明了现在，也接受了过去的启迪。这种通感不等于移情和直接的亲和性，而要求距离。坏的传统主义与传统的真理要素之间的区别在于它消减了距离并要求不可挽回之物，它开始只用一种不可挽回的意识说话。贝克特对《艾菲·布列斯特》的钦羡是距离产生的亲和性的真正典范。它证明了用通感概念设想的传统有多么不容忍把传统封为圭臬。

六

对传统的批判态度绝不说"这不再让我们感兴趣"，那无异于无礼地把现在包含在矫饰主义之类的松散历史范畴中，并偷偷摸摸地采纳了以下立场："我们以前见过它了。"这种倾向把一切都化为乌有。它们迎合了对不间断的历史连续体的迷信，从而确认了历史的判决；它们顺从。然而这一癖好是和成为第二自然的过去有关的，比如在对易卜生和韦德金德的接受中，人们忽视了那些离开了的、没有实现的、没有被历史充分发展的东西，又如在妇女解放的例子里，依然含混暧昧的东西。但这种癖性触及了反思传统的真正课题——传统是随着时间的推移离开的东西、消失的东西或者无法忍受的东西，是"过时了"的东西。传统中活着的东西在那里寻求庇护，而不是在经受了时间考验的作品的永恒存在中避难。所有这些都避开了历史主义的最高观点，在那里，对不朽性的迷信很要命地同对旧事物的恐惧结合在一起。作品的生命力深植于内部，位于被早先的阶段掩盖的层面之下，只有在其他部分枯萎凋谢之后，它们才显露出来。韦德金德的《春天的苏醒》中短命的一切——课桌，19世纪家庭里昏暗的厕所，黄昏时分镇外那条不可描述的小河，妈妈放在托盘上给孩子们喝的茶，少女们对助理林务官普法勒订婚的闲谈（造成了某些一直存在并将永远存在的形象，但只有在戏剧中的诉求），现代的启蒙运动和对青年人的宽容——实现之后很久并变得不再重要之后才是这样。让韦德金德的判断显得过时的是对客体本质的洞察，它们使客体再度现实化。只有一种将传统提交给意识而不屈从于传统的态度才能够做到这一点。正如应该保护传统免受消失的狂怒之害，也要夺去它们同样神话化了的权威。

七

和传统的批判关系是保护传统的中介，这一关系不仅涉及过去，也涉及现在的审美生产的质性。由于它是审美的生产，所以这一生产不再傲慢地从零开始，也不试图用一种人为的方法胜过另一种。相反，它是特定的否定。在贝克特的戏剧中，传统的戏剧形式在各方面都被戏仿变形了。举起橡胶重物的可怕比赛是为了可怕的喜剧效果，而最终结束时一切复原如初，这对应着兴盛和衰落的观念、变迁、灾难和人物性格的发展。这些范畴是虚幻的上层建筑，悬在恐惧和苦难的真正来源（生存的不变性）的上空。在舞台上，这一上层建筑在批判它的文学表演中瓦解，就为一种不想知道它要说什么的戏剧艺术提供了材料和内容。就此而言，"反戏剧"的陈词滥调不是糟糕的选择，"反英雄"的概念也同样不坏。贝克特的关键人物只是颤抖的稻草人，他们都是一度统治着场景的主体的残余。他们的倒下是对自视甚高的人格理想的判决，那样的理想在贝克特的戏剧中罪有应得地死去了。把贝克特及其追随者的作品描述为"荒诞戏剧"肯定是不完善的，它对这里拷问的常规智慧让步太多，让步在于它所指认的荒诞并不是这一艺术揭露的客观的无意义性，而是主观的视角。自觉的赞同试图咽下哪怕它觉得厌恶的东西。然而，"荒诞"这一笨拙的指认并非完全不正确。它认为进步文学是对传统的意义概念（世界有意义）的具体批判，所谓的高雅艺术过去常常肯定意义，尤其是在它选择悲剧作为其法则的时候。传统的肯定性质崩溃了。传统通过它的存在这一事实本身，要求时间的延续保留并传递意义。新文学（类似于新音乐和新绘画）的价值在于彻底动摇了意义的意识形态，意义已经在灾难中被彻底揭穿了，灾难甚至连过去的有意义性也怀疑上了。它否定传统而又追随传统。它完全从字面上理解哈姆雷特的问题"存在还是不存在"（生存还是毁灭）并且敢于做出否定的回答——不存在，因为那在传统中几乎没有容身之地，就像童话故事里不容许魔鬼战胜王子那样。这种创造性的批判甚至无须哲学反思，因为它通过艺术家的技巧获得了，并且吻合他精准的感受和技术操作，两者都充满了历史的经验。贝克特的每一步极简主义还原（下至语言结构和恶毒的笑话）都是以他拒绝任其死在垃圾桶、沙堆里和骨灰盒里的老生常谈和差别为前提的。这也符合现代小说家对全知全能叙述者的小说的不满。传统与每一个被它的装饰性质（在没意义的地方炮制意义）激怒的艺术家格格不入。但他们全都忠实于这一意义，因为他们拒绝被它欺骗。

八

真正的作品和批判之间的关系就像作者与批判的关系一样辩证。诗人无须成为哲学家，因为他无须把作品的被夸大的意义（被正确地、骇人听闻地称作"它的讯息"）混同于它的真理内容。贝克特强烈反对对他的作品的所谓象征性的任何反思。要点在于，作品中不能看到任何实定的内容。尽管如此，作者对待其作品的方法发生了某些实质性的变化。他们既不把自己置于传统中，也不活在真空里，这就破坏了和传统有密切联系的艺术"素朴性"概念。历史意识专注于反思存在之物和不复可能之物，反思技术和材料以及两者如何配合。这就彻底去除了被马勒等同于传统的"草率"。然而，传统也存在于对"什么东西已经历史地过时了"的反传统的意识中。艺术家和他的作品之间的关系既是完全盲目的又是完全透明的。假定一个人可以直白坦率地说话，这完全是一种传统的假设；在个人的直接性的幻象下，它只能导致一种不复可能的书写。但是这并不代表着伤感的反思艺术家的胜利：自从古典主义和浪漫主义以来，素朴的艺术家和伤感的艺术家形成了对立。他成了二级反思的对象，该反思取消了他设定意义的权利，取消了唯心主义曾经赋予他的达到"理念"的权利。就此而言，进步的审美意识和素朴的艺术家所见略同，后者的非概念的直觉从不假装意义。也许这正是它代代相继的原因。然而就连这一希望也不复可靠。诗歌只有在它和传统最接近的时刻赶走传统，才能救赎其真理内容。任何不想背叛传统依然在其形象中允诺幸福和埋在底下的可能性的人都必须抛弃传统，正是传统把可能性和意义变成了谎言。只有无情地否定传统的人才能够重新恢复传统。

18. 关于艺术社会学的提纲 ①

一

　　顾名思义，艺术社会学包括了艺术与社会之关系的方方面面。不可能把它限定在某一个方面，例如，艺术作品的社会效果。效果本身只是那一关系的总体中的诸要素之一。把它单独抽取出来，宣布它是艺术社会学唯一值得研究的对象，就意味着艺术社会学的真正关切（无法用一个概念预先定义）被方法论上的选择所取代，亦即偏好经验的社会研究方法，并认为这一方法能够查明艺术作品的接受状况，把那一接受量化。武断地限定在这个部分，将危及认识的客观性：尽管挂着客观知识的羊头，卖的是垄断的狗肉。这是因为艺术作品的效果和一般的精神创造的效果不是绝对的和最终的东西，不能由接受者来决定它。相反，效果取决于无数的分配机制、社会控制和权威，最终取决于社会结构，在其中可以发现真正起决定作用的关系。效果也取决于社会决定的受众意识水平或无意识水平。在美国，经验的社会研究早就认识到了这一点。其最著名的、最主要的代表之一保罗·拉扎斯菲尔德在《广播研究 1941》一书中收录了两项研究，明显涉及那些大众效果的决定因素问题。如果我没有理解错阿尔方斯·西尔伯

① 本文写于 1967 年。原收录于《没有模型》，收录于《阿多尔诺全集》第 10 卷，第 367-374 页。

曼的气势汹汹的观点，那个问题应该是音乐社会学的唯一合法领域。这些研究的对象是"推送"，也就是用流行金曲制作而成的高压力的广告，以及随着历史的变化而变化的音乐结构与其效果之间的复杂关系问题。相关的思考仍然是我在《忠实的乐队指挥》一书中的《广播音乐的用途》一章中所说的那些。音乐社会学应当如果不承认这些问题有同样的合法性，就会落后于美国研究已经达到的标准。

二

我觉得我完全被误解了，我归国后出版的音乐社会学著作居然被认为是反对社会学的经验研究的！我想要强调的是，我不仅认为这些方法是重要的，也适合它们自身的领域。所谓大众媒介的全部生产都先验地为经验研究量身打造，乃至削足适履，然后大众媒介又利用经验研究得出的结果。大众媒介和经验研究的这种密切关联是众所周知的：最大的商业广播公司之一，哥伦比亚广播公司，其现任总裁的上一个职位是他的公司的研究总监。然而，我同样认为，最基本的人类理性（并不一定是哲学思考）也要求将问卷调查得出的发现置于正确的语境当中，否则就无法提供对社会的认识，而只是为利益集团提供信息。就连西尔伯曼也要求这一条，如果把他的话同雷内·柯尼希的话联系起来看，也谈到了艺术社会学的分析功能。拉扎斯菲尔德在他的年代里曾经用"批判的传播研究"概念来定义这一功能，而与纯粹的行政管理式的研究相对立。在西尔伯曼那里，艺术社会学只应当关注"艺术经验"这个概念；然而，只有对"被经验的"事物及其流通的状况进行调查研究，才能解决"艺术经验"带来的问题。只有在这一语境中，调查研究的结果才有了相对的效度。所谓"艺术经验"对消费者来说几乎毫无意义，因而极其难以把握。它可能是非常弥散的，只有专家不这么看。对许多人来说，它是难以言表的。当它和大众传播所构成的全面的刺激体系有关时，个别的经验就没那么重要了，累积的效果才重要。"艺术经验"只有在和它们的客体对象的关系中才是有意义的；它们的重要性只能用客体来评价。它们看起来像是初级经验，实则是一种结果。在其背后站着好多好多东西。至于"艺术经验"是否"不适用"于它和它的对象的关系，比方说，被归类于"古典"名下的艺术作品的大众接受就放弃了"艺术经验"，这个问题和社会学紧密相关，却不能用纯粹主观面向的方法来处理。艺术社会学的理想是把客体分析（对艺术作品的分析、对结构的和具体的效果机制的分析）同可记录的主观结果的分析联系起来。

三

艺术以及有关艺术的一切事物是不是一种社会现象？这个问题本身就是一个社会学问题。有着最高尊严的艺术作品，起码按照量化效果的标准来说是没有任何社会作用的，如果我们听从西尔伯曼的意见，应该将它们排除在我们的观察范围之外。然而这只会让艺术社会学愈发贫乏：最高等级的艺术作品成了漏网之鱼。且不论这些作品的质量，假如它们真的没有产生任何重要的社会效果，那么这是一件社会事实。这就是它们的效果。艺术社会学是否打算对此一言不发？艺术作品的社会内容有时恰恰寓于它们对社会接受的抗议中，尤其是在它们和常规、僵化的意识形式的关系中。从某个历史分水岭以来（大概是从 19 世纪中叶开始），这成了自律创作的普遍规则。忽视了这一事实的艺术社会学就会沦为技术，专门为那些一门心思计算着如何获得消费者的机构服务。

四

艺术社会学应该全心全意地研究效果，为这一观念奠定基础的公设是

"把艺术作品等同于它们引起的主观反射"。这种科学主义的态度仅仅把艺术作品视为刺激。该模式极为适合于大众传播，因为这些是为了效果和所设的效果而进行的计算——这里的所谓效果，指的是传播者的意识形态目标。但它并非普遍适用的。自律的艺术作品按照它们自身的内在法则来组织自身，也就是说，照此将自身组织为有意义、和谐的东西。追求效果的意图只是偶尔起作用。它们与那些客观要素之间的关系是复杂而多变的。然而，它肯定不是艺术作品的开端，也不是艺术作品的结束。这些作品是精神，并且能够按照它们的精神构成来认识它们和规定它们。它们不是反射丛的不够格的诱因，不是既不可知，又不可分析的东西。要认识它们，单凭一套排除了客观性以及作品内容的方法是远远不够的。有社会意义的恰恰是被排除的东西。因此，无论作品的精神规定性是肯定的还是否定的，在解释传播渠道和效果时都必须予以考虑。因为艺术作品遵循的逻辑迥异于概念、判断和推理的形式逻辑，所以对艺术的客观内容的认识居于相对性的影子里。然而，从这一相对性的最高水平到原则上拒斥任何客观内容之间的差距，不啻云泥之别。要在思想中阐述贝多芬晚期四重奏的客观内容，实际上有着非常大的困难，然而这一内容同流行歌曲的内容之间的差别可以简明扼要地用技术范畴来描述。强调艺术作品的非理性的，往往是那些艺术的门外汉，而不是关注作品的纪律，并因此多多少少理解了作品的那些人。在可确定的要素中，包括了艺术作品的内在社会内容，比如贝多芬和资产阶级自律性、自由、主体性之间的关系，后者渗透到他的作曲手法的每一个毛孔里。这一社会内容，即使是无意识的，也是效果的酵素。如果艺术社会学对此不感兴趣，就未能理解艺术与社会的最深刻的关联和凝结在艺术作品自身中的深层关系。

五

这就走向了艺术的品质问题。这个问题首先是审美手段与审美目的的平衡问题，因而也是目的本身的问题——比方说，究竟是为了操控消费者，还是为了精神的客观性。这样一来，这个问题就是可以用社会学来研究的。这一社会学研究并不直接涉及批判性的分析，但它仍然需要批判性的分析作为它发挥作用的前提条件。所谓价值中立的假设并不意味着取消这一条。关于价值中立的所有讨论都已经被超越了，哪怕现在有人想要复辟它，甚至使它成为社会学论战中的关键点。另一方面，也不能找到不以社会的相互关系或精神的显现为基础的、自由漂浮的价值。那将是独断论和幼稚病。价值概念本身就表明人们对精神的客观性的意识减弱了，它是这一状况的表现。作为粗糙的相对主义的解毒剂，它被任意地物化了。另一方面，任何艺术经验乃至一切谓词逻辑的简单判断都十分依赖于先前的批判，倘若竟然对批判置之不理，那就会像把价值实体化一样独断和抽象。价值和价值中立之间的区别是自上而下的思维的结果。两个概念都带有虚假意识的烙印，无论是非理性的、独断论的实体化，还是中性化地接受任何发生的事实，都同样缺乏判断，因而都是非理性的。如果艺术社会学听凭马克斯·韦伯的假设勒死自己（韦伯把该假设当作社会学而不是方法论），那么，由于其实用主义，社会学将毫无创造力。恰恰由于社会学的中性化，它才滑向了可疑的传播效果关系，同时成为权力的利益的无意识共谋，于是权力将决定什么是好，什么是坏。

六

西尔伯曼和我一样认为，艺术社会学的使命之一是要像社会批判那样行之有效。对我来说，如果不考虑作品的内容及其质量，是无法实现那一目标的。价值中立与社会批判的功能水火不相容。我们既不可能对特定传播的所期望的、受批判的社会后果做出任何合理的假设，也不可能决定应当传播什么，不应该散布什么。作品的社会效果成了唯一的标准：这是同语反复。它贩卖的私货是：艺术社会学在给出建议时应当唯现状之马首是瞻，因此必须戒绝一切社会批判，尽管西尔伯曼并不否认批判的必要性。把广播节目里的所谓"文化圆桌"放在一起，在我看来，只不过描述了占统治地位的传播关系，而不会开启任何批判的可能性。此外，文化概念是否适用于这类分析，也是要打上一个大问号的。任何测量文化之状况的企图都注定是要失败的。被测量的文化已经变成了另一种东西了，是刺激和信息的集合，并不与文化概念本身相容。从这里可以明显看出，把哲学维度从社会学中清除出去有多么不可行，然而西尔伯曼和许多其他人却要这么做。社会学诞生于哲学，今天它仍然需要起源于哲学的那种反思和思辨——如果社会学不想一直这么缺乏概念的话。首先，正如统计学强调的那样，哪怕是调查问卷的定量分析结果，本身也不是目的。它们在那里是为了向我们揭示某些社会学的东西。按照西尔伯曼的分类法，这一"启示"完全属于哲学的范畴。诸如哲学、社会学、心理学和历史学之类学科之间的分工，并不是各门学科的研究对象，而是从外部强加于它们的。配得上科学这个名字的科学并不狭隘地面向外部，而是自我反思的，当它面对其研究对象时，绝不会尊重任意的社会分工。即使是在美国，这一结果也得到了承认。对跨学科方法的呼吁对社会学尤其有用，因为社会学在一定意义上就是覆盖一切可能的学科。作为社会的意识，它不应当把某些招致意识分工的社会错误说成是正确的。在今天的德国，几乎所有活跃的社会学家（甚至那些猛烈抨击哲学的社会学家）都出自哲学界，这不是偶然的。恰恰是在最近关于实证主义的社会学论战中，哲学的维度被纳入了社会学。

七

最后，点评一下术语：我在《音乐社会学导论》中所称的"中介"，并不像西尔伯曼认为的那样，是传播的同义词。我是严格按照黑格尔的意义来使用中介概念的，并且无意否认这一哲学方面。在黑格尔那里，中介就在客体本身，而不是客体与购买它的人之间的关系。然而，传播一词只有后面那层意思。换言之，我想说的是以头脑中的产物为目标的具体问题，诸如社会结构要素、地位和意识形态等等是如何在艺术作品之中肯定它们自身的。我故意让问题变得十分艰难，并且不想减少这些困难，因此音乐社会学的困难在于它不满足于外在的安排，不满足于艺术在社会中的地位，不满足于艺术在社会中的效果，却想知道社会如何物化于艺术作品之中。我也像西尔伯曼那样，认为传播问题是重要的，但是，作为一个批判的问题，它是十分困难的。在传播中，我们不仅要思考提供了什么，什么没有被传播，不仅要考虑接受如何发生。有时候，接受问题是分辨力的问题，只有那些严肃地试图精确描述听众反应的人才能了解这个问题有多么困难。对于传播问题而言，最核心的问题是"什么被传播了"。也许，为了说明这一点，我应该重申一下我的疑问：电台播送的交响乐，一首反复播放而令人作呕的交响曲，到底还是不是大家以为被广播传到千家万户的那首交响曲？这对于教育社会学来说具有影响深远的后果。例如，我们想知道，艺术作品的大范围扩散是否真的具有我们赋予它的教育功能，在目前的传播条件下，人们能不能获得艺术教养所指涉的那种经验。关于艺术社会学的争论直接与教育社会学有关。

19. 歌德《伊菲革涅》的古典主义 [①]

　　流俗的观点依然认为歌德的发展是一个成熟化的过程。按照这一陈词滥调，在狂飙突进阶段之后，诗人学会了自我约束。他对古典的古代的经验促进了他的自我净化过程，并有助于他采取了所谓的"纯粹的和完全的艺术作品"的立场——而这一进程符合《浮士德》中的诗句"无论葡萄汁多么荒唐，最终我们得到佳酿"。歌德本人不遗余力地为他的古典主义观点造势，于是这一观点铺平了他成为古典主义作家的道路。让这一解释显得可疑的，并不仅仅是它的陈腐，不仅仅是它把风格的原则（如果真有的话）混同于审美成就的确实性（古典这个概念恰恰指的是审美成就，因为它意味着的不只是成功的累加）。首先在于，净化或澄清过程的图式对歌德并不公平，它暗示着他的作品弃绝了黑暗的经验、否定性的力量的经验，而仿造了一种在这个时代不可能的和谐：在这个时代中，解放了的主体性反对任何现存的社会秩序。阿图尔·亨克尔的文章《可恶的人性的伊菲革涅》的一大贡献就是破除了成规俗见，强调该戏剧中的神话力量；直至《塔索》和《自然的女儿》，神话力量才是歌德的古典主义类型得以确立的最关键因素。亨克尔并没有随大流地、草率地把神话说成是超时间的或超验的形象，相反，像本雅明在论歌德《亲和力》的论文中一样，他认为神话是生活陷入的罪恶之网，亦即命运。这个意义上的神话，今天的史前史世界，贯穿于歌德作品的全体。很容易把他的全部作品设想为一个处理神话层面的过程。对他来说，这个层面不是理念的象征，而是肉身在自

① 本文写于 1967 年，收录于《阿多尔诺全集》德文版第 11 卷，第 495-514 页。

然中的纠缠。盲目的、似自然的状况依然，哪怕是在启蒙时代的社会里。
它们以这一形式进入了歌德的作品。其作品的尊严来自它给予神话要素的
重量，只有在和神话要素的辩证关系中，才能将其作品的真理内容定义为
人道，而不是一种缺乏语境的说教。这不仅把它和席勒的古典主义区别开
来（后者欢庆康德的理念世界，也把它和熟石膏雕塑界区别开来），歌德
的品位也并未受其玷污。即使是面对最高水准的艺术家，也要考虑艺术家
和他用来表达自身的那些材料之间的距离。歌德和造型艺术的关系根本不
是毋庸置疑的。这就触及了流传的谎言，说歌德是一个所谓的视觉人，"眼
睛人"。歌德的语言的力量拉伸了视觉，尽管他有着视觉般的精确，他的
语言流向了音乐。相反，歌德对音乐的保留意见更符合一种挡开神话层面
的姿态，是神话的威胁力量迫使歌德采取的姿态，而不是他自身的诗学品
格。如果一个人还是孩子的时候见证了海德威克·布莱普特罗伊主演的
《伊菲革涅》这一古典主义创制，就会回想起整部作品的运动似乎是看不
见的，和任何物质感觉的距离有多么遥远，以至于在观看它的时候似乎丧
失了感觉。

要驳斥"中期歌德是古典主义者"的概括，找不到比这更有力的论据
了。《伊菲革涅》这部戏似乎高耸于文化领域之上，古典主义一词的适当
位置是在文化领域，而《伊菲革涅》与这一领域并不相容。这部戏里的希
腊人和锡西厄人并不是从经验世界里剥离出来的一种不变的人性的代表，
而是属于历史决定的人性诸阶段。人们经常说，最近亨克尔也提到，在这
个过程中，人物性格中的心理冲突取代了宇宙（希腊人［以及黑格尔］主
张的古典主义的宇宙），无论是内在宇宙还是外在宇宙。亨克尔毫不怀疑，
在歌德那里，神话材料的吸收和转换是和积淀的基督教信仰不可分离的。
然而，依旧存在着某些愚蠢的念头，比如五十周年纪念版的一位阐释者非
常严肃地问，我们在《伊菲革涅》里看到的是希腊悲剧还是德国悲剧？同
样，他宣布这一"永恒的艺术作品"是从歌德在意大利旅行时期的散文写
作中发展出来的。艺术作品的生命力源自它被拔高到万神殿时被压制的那
些要素。神话和主体的相互作用中的历史哲学意蕴使文本具有了经久不衰

的现代特征，假如在看它的时候没有受到当下的文学史权威的影响或被其激怒的话。

进入《伊菲革涅》之中的历史运动这一维度，可以追溯到青年歌德和他的朋友们对文明的罪恶一面的控诉：在绝对君主制的最后阶段，罪恶已经昭然若揭。必须把自然从篡夺者那里解放出来，无拘无束的冲动再也不要被钳制；那些日子，以天才的名义所做的一切，包括青年歌德亲自遏制的故意粗野在内，将其批判的锋芒对准了那些目标，同时也反对以法国的"盛世"风格为样板的、在德国依葫芦画瓢的艺术形式。然而，文明的要素是艺术自身之中的要素，因为艺术是人制作的东西，是从自然状态中生产出来的东西。艺术必须再度成为自然，这一观念回荡在德国唯心主义之中，它既包含着真理又包含着虚假。说它真，因为它提醒艺术为那些被各种各样的统治（包括理性的统治）所压抑的东西发声；说它假，因为这种说法无非也是一种理性的语言，以文化的总体性为中介的语言。艺术通过去除它表面意义上的神话，将其转换到形象世界之中，就参与了启蒙。像卢梭的哲学那样，它是文明的一个阶段，同时也是对文明的矫正。由于成熟的资产阶级的声音在那时候的当代艺术中传了出来，故而其历史关联性在于它的反神话要素。它是不合法的合法性和非法的法律之敌。但是，不能把艺术设想为文明的论敌，除非是在论战的时刻；艺术的存在拆穿了席勒对"墨水四溅的世界"的指责中的浮夸、野蛮、狭隘。尤其在德国——这里的艺术中的反文明的冲动里塞满了经济的落后性（同西方资产阶级文明相比）——精神必须为文明努力工作，如果它既不想切断它和自己脚底下的土地的联系，又不想追求空洞的胜利。魏玛时期的歌德试图和上流社会建立联系，从而和国际意识建立联系，他成了去除德国精神的狭隘地方性的行动者。一百多年之后的尼采感触到了这一点，他赞扬歌德是最后一个作为欧洲事件的德国人。尽管这种去地方化从他的同时代人的政治运动那里借用了革命的口吻，然而，当歌德回归常规，中止了最终超越他并不可阻挡的激进的形式革新的时候，由于他用文明的标准衡量自己，否定了天才的做作腔调，他的立场仍然要比圣林同盟、狂飙突进、早期浪漫派更为现代。他看到，在他之前的每一个尊崇所有艺术作品订立的契约的人都把自己投入作品的内在法则之中，即艺术作品的对象化。当诗人的行动看似超越了这一法则时，他往往证明了他自身的创作无能。狂飙突进时期的文学缺乏力量，原因并不在于作者缺乏才华，伦茨这样的作者天赋极高。歌德无法不看到，直接性的姿态是无效的，因为现状是普遍中介的。歌德的古典主义不模仿古代。《伊菲革涅》里的古典古代的特殊要素，后来可能被老年歌德高估的要素，揭示了他的文学天才的一种可能性，而不是说明他已经像席勒那样招募了一大堆材料。如果不怕自相矛盾的话，可以为这一论点辩护说：在古典主义的歌德那里，真正的古典古代的要素，亦即神话要素，不过是他的青年时代的混乱要素。通过它的对象化，它被重新安置于史前史的世界中，不再装扮着永恒存在的外观。正因为歌德没有模仿古代，他的作品才获得了一种古代的要素。他有充分的理由把他的希腊戏剧放置在更古老的、外地的背景中，而不是放置在雅典的古典背景中。《伊菲革涅》的实际前提是野蛮。作为麻烦或灾难的地带，它和神话的命运是一致的。就像伊菲革涅在戏剧的一开头说的，"我［中］的魔咒"（第84行）。她寻求避难的世界，也是她想要逃离的世界，在对其自身的每一个字词中都被迫封闭了，而在语言的旋律中更甚。如果谁想要认为歌德的古典主义不只是恢复了亚里士多德的三一律和运用了抑扬格（多么神奇的抑扬格！），那么他就得从如下事实开始：文学想要打破却无法摆脱的文明，成了歌德作品的主题。《伊菲革涅》和《塔索》是关于文明的戏剧。它们反映了起决定作用的现实权力，狂飙突进运动却对此紧闭双眼。就此而言，它们比狂飙突进运动更为现实主义，其历史哲学意识也更完善。

　　这就把歌德的古典主义和一切形式主义的古典主义截然分开，和托瓦尔森、卡诺瓦的光泽区别开来。与公认的观点相反，与"形式"一词的草率用法相反，歌德的古典主义要从其内容中推出来。用歌德自己的话说，用席勒的同时期的话说，那一内容往往被称为人道或人性，其意图是提倡尊重人的自由，尊重人的自决，将其提升为一个超越了特殊习俗和民族狭隘性的普遍立场。《伊菲革涅》选择了人道，这是无疑的，然而同样不可辩驳的是，其本质并没有被那一辩护词所穷尽。人性是该剧的内容，而不是其本质。尼采有一次说到莎士比亚和席勒的区别，莎士比亚的格言包含着真正的理念，而席勒的格言是老生常谈。用这一标准，写《伊菲革涅》的歌德应该被摆在莎士比亚旁边，尽管这出戏里也不乏可引用的金句。两者的差异在于：说教一个理想，不同于为其中固有的历史张力赋予艺术的形式。在《伊菲革涅》中，人性是通过对其二律背反的经验来表现的。主体一旦获得解放，就会和文明及其规则产生冲突，而主体并没有在文明的进程中解放自己，正如它是从文明中诞生的。古典主义中的风格化要素，一种他律的要素（因为很可恶的是，风格像幕布一样遮蔽了人物），并不是古典主义的，而是表现了和谐的缺失，是未融合的客观性的残余，某种没有与主体和解的东西，并且和文明的承诺相矛盾。由于这一矛盾，歌德的历史观和他的技术便十分接近黑格尔了，尽管黑格尔的哲学是歌德不喜欢的。保罗·蒂利希在三十多年之前就注意到这层关系。文明化的主体是文明培养的，也被文明伤害，这样的主体和文明之间的冲突正是《塔索》的冲突。塔索的悲剧结局——歌德明智地避用悲剧一词，而再度讲到了戏剧——揭示了被解放的主体无法自由地生活在资产阶级社会中，因为社会在主体面前炫示自由，诱惑着主体。主体的权利只是在其死亡中才得到确认。这种二律背反在《伊菲革涅》中还不是那么明显。它转移为两个不同时代的两个民族的冲突。文明，主体成熟的阶段，要胜过不成熟的神话阶段，所以在它看来是有罪的，并陷入了神话的罪恶之网。只有否定自身，它才能成为它自己，并达致和解；这一否定的方式是狡猾的希腊人向人道的野蛮人国王忏悔。忏悔使得献祭中出现了她的文明伙伴们的自我保存精神。这是因为这一辩证法和伊菲革涅的人道一样，都是残暴的：只有在人道不再坚持它和它的更高法则之时，她才是人道的。

在那一辩证法当中，形式走向了中心：形式既是整体和部分的结构，又是德国文学前所未见的语言高峰。作品的风格是其语言的无所不在的以太。形式的首要性使得文明要素这一主题材料成为作品的本体。不断进步的精致化和最终彻底消失了的粗鄙，并不只是主人公的目标。每个句子的形式都经过了精心的雕琢，比例得当。奇怪的是，环绕着一股暖流。哪怕其中出现了极端的、可怕的事情，暖流也不因此而减损。当锡西厄的国王沉默寡言的时刻，他的简练似乎不再是某个不能充分表达自我的人的简练，他的沉默用自身对峙着文明，是愤怒爆发后的平息。最后几行里，托阿斯的简练话语（从实用的"那么走吧"［第 2151 行］到他祝福的"好好活"［第 2174 行］），这些套话在这一语境中包含着前所未有的本体之重，它们不可抵挡的魅力来自这一隐藏的丰富性。《伊菲革涅》的形式自律迥然有别于法国的古典主义，在那里，语言有助于文明的要素和任何诗学进程分开，并先于它们。歌德的语言则是和戏剧的本体一起出现的，从而有了森林和洞穴的新鲜。歌德不得不处理的问题，是这种返回到主体经验的文学特有的问题：对象化本身没有任何客观性作为其基础。在语言中，他发现了平衡的可能，仿佛语言在主观主义的时代里仍然是先于主体的，能够接受任何主体的冲动并适应它。从《伊菲革涅》起，语言开始发展成为一种对象化的要素，这一发展的巅峰是福楼拜和波德莱尔。主体同某种躲避着它的东西的和解，同语言所担负的东西的和解，形式取代了和主体对抗的内容，在《伊菲革涅》中都完全可以看到。它之所以成功，是因为内容中的张力被沉淀为某种审美的东西（严格意义上的审美），也就是说，沉积在形式的自律中。语言成了秩序的代表，与此同时从自由中、从主体性中产生出了秩序，其产生方式类似于歌德不赞成的唯心主义哲学所憧憬的方式。风格化，亦即古典古代的伪变形，来自天才想要调和的东西的不可调和性。古典主义气质或世界观与此处无关；歌德的古典主义用其碎片性证明了它作为一种正确意识的价值，它是一种本身不可公断，但其理念中包含着公断的东西的形象。

歌德的古典主义并非一个纯洁正派的人对其早期作品的绝对反向运动，而是其早期作品的辩证结果。这里有必要提及艺术的唯名论，也就是说，特殊性和个别性高于普遍性和概念。这一唯名论是歌德的创作的隐含前提。它并没有怎么付诸行动，晚期乃至中期的歌德出于普遍性的缘故而以其先入之见镇压了它。歌德和其他任何资产阶级艺术家都避免不了唯名论。它禁止自上而下地把意义灌输到艺术作品里。18 世纪中叶之后，抛弃传统意义上的情节，从经验导入的一种开放戏剧的观念，以及史诗要素的掺入，都是唯名论的外部标志。唯名论也驱使着青年歌德。他的激情，就像其他的狂飙突进的作家一样，和唯名论是不相容的。那一激情是在莎士比亚的名下形成的，是主体的一种反叛及其虚幻的希望：要让艺术作品有意义——随着本体论的无可挽回的失落，艺术作品已经丧失了意义；并且希望通过展示其原初的力量来做到这一点。在短暂的行动中保留着最尖锐的矛盾，它是对古典主义的精准概括，而不是某种无时间性的、持久的、不容置疑的东西的概念——那一矛盾是唯名论的矛盾，它在艺术中也和在思想中一样被迫不断前进，与资产阶级化的进程同步。它要求放弃一切先于各部分建立起来的，并将各部分结合起来的总体；总体必须是由各部分凝结而成的。但是，个别细节因此失去了作为那一凝结之基础的作用：不仅它们在总体之中的意义是不确定的，就连细节用来推进和提升其特殊存在的定向固定物也失去了。古典主义是对此的脆弱反应，它恪守一种靠不住的中庸，避免走极端；具体说来，它一方面避免先验的解释以及它们在激情话语中的回声，另一方面也避免无概念的细节，以免审美连续体沦为前审美的经验现实。但是，古典主义的解决方案是脆弱的，因为它实际上被唯名论的矛盾所阻止，它在不可能达成和解的地方搞平衡。它成了某种圆融的成果。通过自然性的表象，它掩盖了布局的手，赋予意义的手；通过仔细的打磨，它磨平了现已无关宏旨的细节的棱角。在掩藏或布局的行动中，依然保留着形式的先验性——尽管被唯名论遮蔽了，却没有屈服于它。这就给古典主义一种虚幻性。虚幻性反照到古典主义上，像是转瞬即逝的微光，同时使古典主义注定成为意识形态，注定成为某种不复存在的东西的秘藏。抒情诗人歌德的无与伦比的语言敏感性让他意识到唯名论的激情是空洞的。通过主体，艺术作品毫无保留地交付给了中介，而在无中介的主体自我表达中，艺术作品无法取得自我表达所抗议的东西。抗议拆穿了内容的连贯性。内容如果还想相信自己，就不得不夸张。

歌德的艺术作品迫使他走向了自然的语言。他的青年的一代，包括他在内，被自然性吸引，然而此后，作为对非自然性的抽象否定，自然性成了非自然的东西，就像席勒的《强盗》里回响的"哈哈"，其他作品也有。顾名思义，自然的语言是平和的语言、非暴力的语言。因此它和作为非暴力状态的人道携起手来。它弥漫于作品的世界里。古典古代让歌德迷恋的东西，亦即符合时代需要的东西，是这种自然性。这才是《伊菲革涅》的风格想要达到的目标，而不是什么风格化。风格化是它的伤疤。在中期歌德那里，也是德国文学的第一次，诗学的理想是无拘无束。统治自然的姿态缓解了，语言失去了它的限制性。语言现在发现，它的自律不仅在于一意孤行，也在于为了主题材料而自我克制，它热烈地依恋着主题材料。青年歌德的自然诗歌是这方面的最高典范，尽管在德国文学语言向文明化的自然转变的过程中，歌德在很多地方得益于魏兰特。

然而，歌德的无拘无束（不仅是为了诗学的主体，也是为了戏剧人物之间的关系）有其社会标志。如果说，歌德再也无法容忍抗议，这是因为对资产阶级精神的批判，歌德本人分有了这一精神。把他树立为英雄的资产阶级很厌恶他；他察觉到了革命和所谓的解放意识的黑暗秘密，就像1789年前后的法国，解放意识必须通过慷慨激昂的夸夸其谈来表达自身，因为它并不完全为真，因为人道在其中成了压制，并干涉了完整的人性。在这时的德国，革命的这一方面还晦暗不明。这就是歌德为了贵族专制的社会而遭到遗弃的原因。他害怕资产阶级的野蛮，希望在资产阶级精神憎恨的对象那里找到人性。礼貌，体贴周到，放弃自称为"不可磨灭的真理"的咄咄逼人，这些都是对人性的需求。这一未满足的需要往后倒退，并不表明歌德对他敬而远之的浪漫主义有所同情，而是表明了两难处境：人性出现了，同时又被抹杀了。以歌德的作品为基础，才能够解释他迁到魏玛的原因。在《塔索》中，歌德以一种足以与其艺术力量相媲美的坦率，暴露了社会转变中的虚幻要素，以至于他的形象被毁掉。但是他的无拘无束需要一种超然，《伊菲革涅》的每一个句子都平静地保持着这一超然。塔索因为缺乏超然而死。超然是风格化的原则，没有了超然，任何伟大的艺术作品都不可能成功。然而，作为社会的特权，它限制了人性，而艺术家是为了人性才超然的。

从这一观点出发，歌德著作里的社交要素就变得更好理解了。它看起来很像是对外部生活环境的让步，似乎和超然的风格化原则背道而驰。在《伊菲革涅》中，尤其是在《塔索》中，处理了孤独的个人彼此之间的交流问题。文化的慰藉支配着这些关系，对有文化的剧中人的描绘本身是现实主义的，这是歌德创作中的新事物。社交要素变成了日常语言。在日常语言并不装腔作势地被说出口的那些片段，即日常语言几乎不可觉察地偏离了戏剧的超然风格的那些片段，我们看穿了戏剧及其风格的脆弱。似乎讲话的资产阶级配不上所说的贵族语言。皮拉德斯有段台词："所以那些救你命的人，关心的是我：因为我无法想象，你若不活，我将变成啥样。"（第638-640行）这里的"我将变成啥样"的语言姿态并不是以受家庭关系支配的生活为前提的。皮拉德斯听起来像是资产阶级。也许是为了和主人公进行对比，歌德让皮拉德斯显得比跟他一起长大的表哥更像资产阶级。一个例子是如下的安东尼奥式语言转向："我不太在乎那种人，别人想把他捧得多高，他就把他自己看得多高。"（第697-698行）一个人怎样看待他自己和他如何被别人看待之间的区别是理性、个人主义取向的，叔本华后来认为这一区别非常重要，这一区别属于人的本性和人的功能在交换法则下分裂开来的社会，而"认为某人了不起"意味着一种自由主义的意见自由，言外之意是他考察了人们，看到他能够把他们转化成利润。在《伊菲革涅》中，歌德把这种语言形象留给了第二小提琴；皇家信使阿尔卡斯的台词也接近于这种平庸乏味："哦，如果你能检视你的灵魂，他对待你的举止有多么高贵，从你来的那一天直至今日！"（第1590-1592行）在现代语言中，举止（Betragen）所指的行为方式不再毫无疑问地属于古代封建地主（出现在《伊菲革涅》戏剧舞台上的人物）。它涉及对外部的现存事物的适应，哪怕它是一种理想，哪怕品行一词在两百年前就过时了、声名狼藉了。上述片段和总体趋向有些不搭，其原因在于社交的腔调被纳入了总体，却不接近交际语言——能够让语言形式的客观性有所松弛的一种语言。在《伊菲革涅》中，语言本身的客观性并没有以一种清晰的、毫不含糊的形式来维系，因为客观性设定了一种先验地确立了意义的本质，而根据自然性的标准，它恰恰是一种不应该被设定的本质。在古典主义的痛处，纯表现性的语言滑向了交际语言。艺术的处理不足以抑制分歧。

然而，摈弃社会道德规范的结构甚至延伸到作为戏剧意图的人性。语言的社会因素，有文化的上层人的语言，标志着人性的一种特殊、排外的性质。这一要素是德国古典主义和唯心主义时代的所有代表人物的特征，康德和席勒也不例外。成熟的歌德在 1802 年给席勒的信中说的"可恶的人性的伊菲革涅"（亨克尔的小册子以此为题），可以被解释为歌德对上述特征的认识。在那一短语中，对青年歌德的忠诚抗议着他为进步而付出的代价。静悄悄地反对着粗俗语言之粗鄙的语言表达中的"人性"有了某种迷惑力，类似于戏剧断然弃绝的神话，因此那一人性的内容也是以特权为基础的。不要把它理解为有阶级意识的党派立场，那将是一种时代错误。在社会总体性之中，歌德屈从于诗歌语言无法逃避的宿命，除非诗歌语言想要自满地卸下它的主题材料的重负（而它的真理内容需要主题材料）。文明化进程的牺牲品，被它压迫的人和为它买单的人，被剥夺了文明的成果，被禁锢在文明之前的状况中。文明是从野蛮那里历史地发展而来的，它也促进了野蛮——通过文明的原则（亦即统治自然）所发挥出来的压制力量，不断促进着野蛮。只要这一辩证关系还不能得到理解，人性的代言人就不得不用非正义来调制其文明要素。非正义，残存于对野蛮的抵抗中的，是与自然的和解的替代物：与神话的纯粹对立并未实现这一和解。在《伊菲革涅》中，非正义恰恰加诸野蛮人（按照希腊人对这个词的用法，指的是非希腊人）。非希腊人的野蛮本性在习俗中体现得相当具体，伊菲革涅中止了（但未废除）用异乡人来献祭女神。歌德，希望通过政府的人道措施来调节阶级关系（阶级的对抗关系即使在他的小邦中也十分明显了），将其对抗性转嫁给外国，就像黑格尔的《法哲学原理》所言："市民社会的这种辩证法，把它（首先是这个特定的社会）推出于自身之外，而向外方的其他民族去寻求消费者，从而寻求必需的生活资料，这些民族或者缺乏它所生产过多的物资，或者在工艺等方面落后于它。"（第246节）19世纪末的帝国主义把阶级斗争转换为国家或集团之间的斗争，直至当前的发达工业国和欠发达民族之间的对立，使得阶级斗争变得不可见了；而在这里已经朦朦胧胧地预见了帝国主义，尤其是托阿斯。没有任何反例能够减轻我们对《伊菲革涅》的自发反应：托阿斯被丑化了。有理由认为，假如伊菲革涅自愿留在年老的国王那里（国王想要娶她，因为他想要有个继承人），那么，她本人的自主、同她自己有关的康德主义的权利就被侵犯了，从而就践踏了人性。这里难以接受的东西是符合资产阶级的规范的，伊菲革涅的人性就像对自由和平等的坚持那样被接受为义务。伊菲革涅的缺乏正义可以通过内在批评来确定。自由是伊菲革涅行动的根据和她欲求的目标。它和民族特权的不相容是她在第五幕和托阿斯的对话的主题。对于伊菲革涅的"毁灭我们——如果你可以"，国王回答说，"你是否相信，粗野的锡西厄人，野蛮人，会听到真理和人性的声音，而阿特鲁斯，希腊人，却听不到？"她极其讽刺地反驳他："每一个人，生于青天之下，胸中流溢着生命的源泉，都不受阻碍，听得见它。"（第1936-1942行）人道的原则要求结束以牙还牙、欠债还钱、血债血偿，要求停止臭名昭著的等价交换——在其中，古老的神话在理性经济学中重演了。然而，这一过程的辩证节点在于，它要求超越交换的东西不可落后，要求交换的中止没有让人类（作为命令的对象）再次付出其全部劳动成果的代价。等价交换的废除将是其实现；只要平等还是主宰的法则，个人就被骗走了平等。尽管如此，歌德的著名的现实主义，《伊菲革涅》的风格原则，禁止这样的世俗范畴进入艺术作品。虽然经过了升华，那些范畴的反射光遭遇了一个结构，它知道自己将是纯粹的人性之一，同时又在某个历史时刻误认为自己是纯粹的人性：此时此刻，纯粹的人性已经被社会的功能关系压制了，后者构成了一个总体。非正义之事得以完成，这种感觉伤害了戏剧，因为戏剧的理念在客观上要求着正义和人道的实现，这一要求来自如下事实：野蛮人托阿斯比希腊人给予得更多，按照戏剧本身的精神，希腊人却认为他们要高于托阿斯。歌德在定稿时一定把作品推向了这一方向，他竭尽所能用各种技巧来避免作品遭受批评。在后面几幕中，戏剧的进程是人性为它内在的非人道辩护。歌德为这一辩护冒了很大风险。出于自由和自主，伊菲革涅服从了尚未写出的《实践理性批判》的绝对命令，放弃了她自己的利益，该利益要求欺骗，从而重演了罪恶与神话的纠缠。她像《魔笛》的主人公一样，尊重真理的命令，当她亲自做的时候就背叛了她的人民，而他们只是幸亏野蛮人的国王的人道才得救。因此，带着以社会为模板的圆融，托阿斯的最后一幕试图弱化发生的事，试图通过殷勤好客的仪式让它变得模糊不清——也就是说，锡西厄国王，尽管他的举止其实要比他的高贵的客人更高贵，但最终他被抛弃了，孤身一人。他不大可能接受给他的邀请。用歌德的话来说，他未被最高的人性接纳，被迫仍然是其对象，然而实际上他是最高人性的主体。这一结局的不完满，亦即只达到了虚假的和解，在审美上显现出来。诗人的绝望努力过头了，露出了马脚，破坏了戏剧为自身设定的自然性原则。人们注意到了意图，从而被激怒。杰作碎裂了，这样一来便控诉了杰作本身的观念。歌德对这一观点的敏感性在《伊菲革涅》中陷入了沉默，也就是当它到达了本雅明敏锐地指出的人性的界限和可能性时。在资产阶级革命的时刻，人性之光闪耀，远远超出了资产阶级的特殊利益，与此同时，它被特殊的阶级利益伤害了；在精神发展的那个阶段，人性被其界限的先验性所否定。

然而，它逐渐意识到了那些界限：在《伊菲革涅》的中心段落里，即俄瑞斯忒斯的疯狂的独白中。独白给人的印象是一种超越了"人性"概念的、无拘无束的和解，它位于不受约束、盲目的奴役自然之中途。歌德在这里确实离开了古典主义，当他早期的自由体诗歌重现时，他的格律离开了抑扬格。"我们大家在这里都没有敌意。"（第1288行）冥界神话的平息，俄瑞斯忒斯的憧憬，超越了任何古希腊式的想象。坦塔里德，不共戴天的仇敌，和解了阿特柔斯和堤厄斯忒斯、阿加门农和克吕泰墨涅斯特拉乃至克吕泰墨涅斯特拉和俄瑞斯忒斯：随着这一句暗指基督教的"注意你的儿子"（第1294行），人道主义被提升为一种亵渎的神秘主义。千禧年主义的要素突破了古典古代的限制，它不仅和正宗的西方基督教格格不入，也远离了平庸的"人性"。我们听见了复原论的回声：就连彻底的恶、天大的罪也得到了救赎。悖谬的是（歌德肯定不知道这一点），俄国宗教的核心观念，一种很久之后才在俄国文学中得到反映的观念，从这个被扔到俄国领土的希腊人嘴里说了出来。然而，正是这一憧憬毁掉了歌德在其他地方为伊菲革涅的"人性"建立的文化特别保护区。在这里，在歌德的戏剧的最高点上，他效劳于整个"人性"，而违反了半心半意的、驯化的"人性"的禁忌：地狱的永恒惩罚是"人性"不可或缺的。可以肯定，在整部戏里，后者占了上风。如亨克尔认识到的那样，作品中为乌托邦代言之人也恰恰是诋毁乌托邦为疯狂之人。一旦乌托邦在呼唤，它便被指控为不可能；任何看它一眼的人一定是心智错乱了。还不算完：复仇不可或缺的法则深植于哪怕超越了正义和非正义的乌托邦情境中，被释放了的人又被召回了。对坦塔罗斯（众神的那位自命不凡、唯我独尊的朋友）的诅咒仍在生效。俄瑞斯忒斯向鬼魂们打听他的祖先，鬼魂们回避了他的提问，再度宣告了憧憬为绝望。俄瑞斯忒斯的独白将神话的永恒不变转化为某种新的、不一样的东西，但这一独白被神话吞噬了。这就构成了对《伊菲革涅》的形而上学批判的主题。沉浸在憧憬之中的俄瑞斯忒斯冲击了神话的岩石，似乎被它撞得粉碎，他的反神话立场比他姐姐更严厉，包含了更多的反思。他的立场就是作品本身的立场。早在第二幕开始的时候，那一立场的核心，亦即理性的无可争辩和捉摸不定的含混之间的区别，就在皮拉德斯口中做出了理论概括："众神的话语从不含糊其词／绝不像苦恼的人误认的那样。"（第613-614行）也许会让人想起欧里庇得斯，俄瑞斯忒斯对神话的抗议集中在对奥林匹亚众神的直接控诉上："他们选择了我来当屠夫，／我荣幸地成为弑母的凶手，／用可耻的方式，为可耻的行径复仇，／他们给我打上烙印，毁了我。／相信我吧，这是在反对坦塔罗斯家族，／而我，作为该家族的最后一员，死有余辜／且死得光荣。"（第707-713行）这引起了皮拉德斯的反驳，他把神和神话区分开来："神并不复仇／并不要父债子还；每个人，无论善恶，都是／自食其果。父母给后代的是祝福，而不是诅咒。"（第713-717行）这其实是歌德为俄瑞斯忒斯设定的历史哲学立场。如果真的如弗洛伊德所言，神话是精神病的原型，那么资产阶级时代的诗人便将神话的治愈内化为一种精神病的冲突。他把俄瑞斯忒斯劫持到一个后神话的时代，使他符合批判投射的启蒙主题，《伊菲革涅》公开地引用了那一启蒙的主题："觉得众神嗜血 / 就误解了神：/ 他只是把他自己的罪恶愿望归结于神。"（第 523-525 行）歌德并不像他的阐释者以为的那样，反对他亲自翻译的伏尔泰。神话的主人公沉默了，在悲剧舞台上找到了他的声音，一如本雅明在他论巴洛克悲剧的书中告诉我们的那样。像戏中的另一位希腊人一样，俄瑞斯忒斯在舞台上是一位成熟的人。在他的大爆发之后，他立即觉得自己中了魔咒，他反思了自己的装殓，实际上扬弃了它："像赫拉克勒斯一样，我，一个微不足道的人，/ 想要一次可耻的死亡，把我自己封装。"（第 1178-1179 行）他和神话的关系并不是古代英雄们对神话的那种从属关系，毋宁说，是一种强制的复归，并且在疯狂的场景中化为言词。他对他的姐姐说，"请当心，不要 / 太喜爱太阳和星辰：/ 来吧，跟我下降到黑暗王国中吧"（第 1232-1234 行）——这几行诗足以彻底颠覆一切关于歌德的古典主义的陈词滥调的基础。随着这几行诗，浪漫主义的因素进入了戏剧，戏剧既否定其辩证法，又保留其辩证法。歌德描绘了这一"充满热情的忧郁"的内化运动，他的手法试图使之看起来像是一种退化运动。然而，戏剧本身的深刻的辩证法应该在如下事实中寻找：歌德让俄瑞斯忒斯与神话的尖锐对立面临着沦为神话之牺牲品的危险。《伊菲革涅》预言了启蒙向神话的转变。俄瑞斯忒斯宣告神话是某种他敬而远之的东西，避之唯恐不及的东西，从而将他自己同统治原则画上了等号；而通过统治原则，神话的命运在启蒙中并通过启蒙得以延续。离开了它自身的那一启蒙，没有在自我反思中为自然环境保留一席之地的那一启蒙（启蒙通过自由离开了自然），变成了对自然的罪，并成为自然之中的神话。这一点在作品的一个非常隐蔽的地方偶露峥嵘。托阿斯，作品暗中同情的一位更高贵的人物，用"野蛮人是更好的人类"这一观点来反对文明的希腊人。在最后一场戏中，他说道："希腊人常常贪婪地 / 觊觎远方的野蛮人的财宝，/ 金羊毛，骏马，美女，/ 纵然巧取豪夺，却并不总是能够／把战利品安全带回家。"（第 2102-2106 行）野蛮人的美女这一想象，曾引起罗马帝国的女士们的嫉妒，让人想到"人性"的非正义的一面，"人性"就是人对动物的至高无上的统治权，而正如波德莱尔在很多年之后看到的那样，这一非正义因素才是美本身的酵素。只有当人性概念开放了自身，并超越了对人类的人性，它才成其为"人性"。和解并不是神话的反题而已，相反，它把正义纳入了神话。《伊菲革涅》仅仅允许正义的微弱回声回响在剧中的成熟主人公所控诉的那种非正义的正义之上。

伊菲革涅的"人性"摆脱神话的方式并不体现在她的声明中，而体现在对历史的解释中。在第四幕的独白中，女主角思考了诅咒并不永远生效的那一希望："难道／这一种族永远无法／带着新的祝福而生？一切都消逝！／最大的幸福，生命的最美妙的能量／最终都将枯竭：诅咒为何无穷尽？"（第 1694-1698 行）要不是歌德在二十多年后写了新的梅露西娜童话（他年轻时的一个创意），上述这些话会被当作无关紧要的闲言碎语。当梅露西娜离开了她那暴躁而野蛮的情人之后，消失于一个小柜子里的王国。这是小而美的幻境，在那里受到友好款待的情人无法忍受，用暴力毁灭了它，以便重返人间。梅露西娜的故事是歌德笔下最神秘的作品，故事里的小柜子是反神话权力的力量。它并不攻击神话，而是用非暴力削弱了神话。如此说来，它就是希望，这个希望既是歌德的玄秘的元语词之一，也是《伊菲革涅》的暗号之一：包含在进步中的暴力要素，启蒙模仿神话的地方，终有一日将消亡。这一希望，用《伊菲革涅》的台词来说，就是神话"将枯竭"。希望就是人类摆脱了魔咒，也就是说，自然的安宁将取代粗暴的统治自然这一宿命。和歌德的《亲和力》不同的是，出现在《伊菲革涅》中的希望并不是人的某种情感，而是人类看得见的某种星象："安静，亲爱的心灵，／让我们快乐地航行，／向着召唤我们的希望之星。"（第 923-929 行）希望暂停了制造和生产，尽管没有制造和生产，希望也无法存在。因此它在作品中只是昙花一现。在那个时代的艺术中，希望的位置在伟大的音乐中，贝多芬的《莱奥诺拉》咏叹调以及许多柔板乐章的动机（如第一拉祖莫夫斯基四重奏的柔板乐章）都说出了比语言更雄辩的希望。超越了神话的并不是视觉的客观的歌德，他直至《浮士德》的结尾仍然是统治自然的同谋，而是一位消极无为的歌德，他不再愿意从事自打"太初"起就有的"为"，事实上，"为"看似在先，实则是最后才有的。只有这位歌德才代表了对古典主义的抗议，而古典主义最终还是站到了神话那一边，仿佛它自己本不应该存在。歌德的巅峰之作到达了启蒙和异教神学之间的零点，启蒙在异教神学中反思了自身，异教神学则消失于启蒙，从而获得了救赎。伊菲革涅的枯竭隐喻来自大自然的教诲。它指向了一种姿态，不是坚持自己的权利，而是放弃自己的权利，却并不自暴自弃。歌德的戏剧是《魔笛》的文本的延续。在莫扎特的无对象、无概念的语言中，一种亮堂堂的透明同一种彻底世俗化了的神圣要素结合在一起；在歌德的对象语言和概念语言中，喋喋和娓娓将这一要素遮蔽了。

20. 晚期资本主义，还是工业社会？ ①

按照惯例，德国社会学学会的主席在离任之前要讲一些他自己的话。在这里，他本人的立场和所提出的问题的意义并不是完全无关的，每一个方面都不可避免地同另一方面结合在一起。此外，他几乎不能提供明确的结论，这正是大会的讨论的全部意义所在。这个主题最初是奥托·施塔默建议的。在筹备本次大会的行政委员会会议上，它逐渐转变了；现在的标题是集体智慧的结晶。情有可原的是，不熟悉当前社会科学中的论战情形的那些人会怀疑这仅仅是一个命名法的问题，以为专家们吃饱了撑的，讨论起当今这个时代是叫晚期资本主义还是工业社会来了。其实，这并不仅仅是术语之争，也是根本的原则问题。发言和讨论将有助于我们查明，究竟是资本主义制度依然统治着我们（尽管是以一种改良了的形式），还是说工业的发展已经使资本主义概念本身，使资本主义国家和非资本主义国家之间的区别乃至对资本主义的批判统统过时了。换言之，当今社会学中的流行观点（"马克思过时了"）究竟对不对。根据这个观点，世界已经完全是由无法想象地扩张了的技术来决定的，以至于一度界定了资本主义的相应的社会关系（活劳动转化为商品以及由此产生的阶级矛盾）都无关紧要了，如果它们还没有变成古代的迷信的话。所有这一切都跟技术最发达的国家即美国和苏联的毋庸置疑的合流有关。就生活水平和意识而言，西方国家的阶级斗争已经远远比工业革命时期和工业革命后的年代更不可

---

① 本文是阿多尔诺在第 16 次德国社会学大会（1968 年，法兰克福）上的开幕演讲，收录于《阿多尔诺全集》德文版第 8 卷，第 354–370 页。

见。阶级理论的预测，诸如贫困化和经济危机，并没有像人们通常认为的那样成为现实，哪怕其内容还没有完全丧失。可以在玩笑的意义上说起相对贫困化。即使利润率下降的规律在系统的内在性层面并没有过时，也不得不承认资本主义发现了能够推迟经济崩溃的内部资源，包括技术潜能的巨大增长，同时也包括向发达工业化国家的成员提供消费商品。与此同时，在这样的技术发展的角度看来，生产关系表明它们要比马克思所预料的更有弹性。

阶级关系的标准（经验研究喜欢叫它"社会分层"，即按照收入、生活方式、教育程度来划分层次）是对具体的个人的研究结果的概括。就此而言，它们是主观的。与之相反，更传统的阶级概念是客观的，也就是说它独立于从主体的直接生活中获得的指标，无论这些指标表现出多少社会客观性。这一观点取决于企业主和工人在生产过程中的地位，最终取决于他们对生产资料的控制。在当代社会学主流中，这一结论基本上被摈弃为教条。论战需要理论上的解决，而不仅仅是摆事实。当然，陈述事实对批判也做出了巨大的贡献，但是在批判理论看来，它也掩盖了结构。就连辩证法的对手也不愿意推三阻四，理论有助于解释社会学本身的旨趣。论战在本质上涉及解释——即使它试图把这样的要求放逐到科学之外的炼狱中去。

辩证的社会理论关注结构的规律，它制约着事实，在事实中显示它自身，并用事实来修正它自身。结构的规律，指的是趋势，它多多少少严格服从总体系统的历史结构。马克思主义的结构规律的典范是价值规律、积累的规律、经济危机的规律。辩证的理论不会把结构变成整齐划一的先验图式，可以完全、持续、无矛盾地运用于社会学的发现，也不是体系化，而是对组织化了的社会系统进行科学认识的方法和数据。这一理论至少应该把事实挡在外面，让事实围绕着待证主题。否则它就真的再次陷入了教条主义，并在观念上重复了东方集团的冥顽不灵的权威们用辩证唯物主义的工具犯下的罪行：在根据它自身的观念只能被当作运动的东西来思考的地方，它凝固不动了。对事实的拜物教，相当于一条客观规律。辩证法受够了这种霸权的苦，它并不翻身做主人行使霸权，而是批判霸权，正如它批判如下的幻象：个别、具体的东西就已经决定了此时此地的世界进程。很有可能，在世界进程的魔咒下，个别、具体的东西都不复存在了。通过多元主义这个词，乌托邦被压制了，它似乎已经在这里了；它成了一种安慰。因此，无论辩证的理论如何自我批判、自我反思，它也不会把顺从的风格置入普遍性的中介之中。它的目的恰恰是要打破这一中介。它也不会不受到反思的思维与经验研究的虚假对立的影响。从前，一位在苏联极有影响力的知识分子告诉我，社会学在那里成了一门新科学。他当然指的是经验研究；这可能和一种社会学说在他的祖国上升为国教（对他来说这一点再明显不过）有关，而不是和"马克思本人也做经验调查"的事实有关。物化意识并不会在物化概念受到推崇的地方终止。"帝国主义""垄断"之类概念的虚张声势的咆哮是错误的，也就是说，不合理的；同样不合理的是这样一种行为模式：由于其盲目的唯名论观念，只看重手头的事实，所以它拒绝认为交换社会之类的概念具有任何客观性，亦即能够揭示隐藏在手头的事实背后的普遍性的强制——这种强制根本无法转换到事实的操作领域中来。两者都是要反对的；就此而言，本次大会的主题"晚期资本主义还是工业社会"证明了自愿进行的自我批评的方法论意义。

对主题所问的问题的简单回答，并不是我们真正想要的东西。强迫人们在两个选项中选一个，哪怕只是在理论中，就已经是强制命令的状况了，这就像一个不自由的社会那样改变了精神。面对此状况，精神应当竭尽全力用它那坚强的反思来打破不自由。就像辩证法学家坚决拒绝在晚期资本主义和工业社会之间画一条明确的界线那样，他也完全无法沉迷于那种不明确表态的"一方面，但另一方面"的快乐。和布莱希特的建议相反，他必须警惕简单化，恰恰因为陈词滥调意味着陈腐老套的反应，而相反的回答也很容易从他的对手嘴里说出来。任何不想被"结构压倒了事实"的经验所欺骗的人，都不会像他的大多数对手那样，预先就把矛盾贬低为方法论，贬低为概念错误，并试图用科学系统论的和谐来排除矛盾。相反，他追根溯源，一直追究到结构里。自从组织化的社会出现以来，结构就是对抗性的，并将一直是对抗性的，正如超出了政治的冲突和灾难性战争的永恒可能性（最近的例子是俄国侵略捷克斯洛伐克）所证明了的。这就消除了二者必居其一式的思维，那是形式逻辑的颠扑不破的无矛盾律将其自身投射到被思维的对象上去了。问题并不在于按照自己的科学观念或者品位来挑选其中一个，而在于它们的关系本身表明了当今时代的矛盾，社会学理应担负起表述这一矛盾的理论职责。

辩证的理论的许多预测是互相矛盾的。有些无法自圆其说，某些理论分析的范畴同时造成了两难境地，只有用极端的诡计才能解决。其他一些预言，原本和前者关系密切，则获得了完全的确证。即使是那些不愿意把理论还原为其预测的人，也毫不迟疑地说辩证的理论的声称是半真半假的。这些分歧需要理论解释。人们无法谈及发达工业国家的无产阶级的阶级意识，然而这并不像主流观点认为的那样，必然驳斥了阶级的存在：阶级是由其成员跟生产资料的关系决定的，而不是由他们的意识决定的。阶级意识的缺失，并不缺乏听起来可信的理由：工人们不再贫穷，他们不断被资产阶级社会及其世界观所吸纳；今天的这种状况是工业革命期间和刚刚完成工业革命的时代完全预料不到的——那时，工业无产者是从贫民中招募的，处在社会的边缘。社会存在并不直接产生阶级意识。由于大众并不比 120 年之前更能控制他们的社会命运（实际上，恰恰是因为社会对他们的整合），他们缺失的不仅是阶级团结，也失去了对此的任何意识，也就是说，他们是社会过程的客体而不是社会过程的主体，尽管社会过程仍然把他们激活为主体。阶级意识，在马克思主义理论中取决于质变的飞跃，因此它不过是次要的附带现象。如果在由阶级关系决定的国家中长期没有出现阶级意识（例如北美），如果无产阶级的问题成了一个画谜，那么量就跳回到了质，对观念神话的怀疑就只能用法令来压制，而不能用思想来平息。这一发展很难同马克思主义理论的顶梁柱分开，亦即剩余价值学说。它似乎把阶级关系以及阶级对抗的加剧解释为某种客观的经济学。如果产生剩余价值的活劳动的比例因为技术进步的普及而下降到趋势的限度，那么这就冲击了顶梁柱，剩余价值的理论。当下缺乏一种客观的价值理论，并不仅仅是学术界的烦琐经济学造成的。它也涉及了不用剩余价值理论而为阶级结构奠定客观基础的难题。非经济学家会觉得它很有启发，就连所谓的新马克思主义理论家也试图用主观经济学的碎屑来填补他们处理构成问题时的漏洞。要对此负责任的肯定不只是理论的缺陷。可以设想，当代社会并不能够用一种连贯的理论来涵盖。相比而言，马克思所做的要容易得多，他把成熟的自由主义制度编排为一门科学。为了从对现存理论体系的坚决否定中产生出一种自成一体的系统理论，他只需要问：资本主义自身的动力学范畴是否符合这一模型。此外，市场经济也变成了蜂窝结构，以至于它嘲笑任何这样的质疑。当代社会结构的不合理性隐藏在它在理论上的理性发展的背后。经济过程的方向掌握在政治权力的手中，尽管它服从着体系的逻辑动力学：这一观点同时也是客观的不合理性的观点。这有助于解释为什么长期以来一直没有出现令人信服的客观的社会理论，而不能仅仅用其拥趸的贫瘠的教条主义来解释。在这方面，对这样的理论的否定将不会是科学精神的批判性进步，而是强迫性的退却的表现。社会的退化与其思想的退化是同步的。

与此同时，我们面临着严酷的事实，这些事实本身不能用资本主义的关键概念的用法来解释，除非靠强制或诡计。经济过程继续使人对人统治永恒化。其对象不再仅仅是大众，也包括了管理者及其食客。用传统理论的话来说，他们基本上成了他们自身的生产体系的功能。屡遭嘲笑的所谓"经理革命"的问题，亦即统治从法权主人转移到官僚制，只是次要的问题。无论过去还是现在，这一过程都生产和再生产了阶级，尽管阶级不一定采取左拉的《萌芽》那种形式，其结构至少是反社会主义的尼采说的"没有牧羊人的羊群"。这个表达里掩盖了他不想看到的东西：同样古老的社会压迫，只是现在变得匿名。如果说，贫困化的理论没有彻底过时，那么在同样令人恐惧的意义上，不自由（人对掌握不可控制的体系的那些人的意识的依赖）已经普遍化了，遍及全人类。屡遭诋毁的大众的不成熟只不过是这一点的反射，这里他们几乎完全不是他们的生活的自主的主人；就像在神话中，它是大众所遭遇的命运。经验调查表明，即使在主观上，即按照他们的现实原则，阶级差别也根本不是像人们有时假设的那样被消除了。就连帝国主义理论也没有因为列强被迫撤出其殖民地而过时。它们指涉的过程继续以两大集团对抗的形式存在。所谓过时了的社会对抗理论，包括最终危机的最终目的，都被公开的政治对抗远远超越。阶级关系是否被重置为先进工业国和诸多落后的发展中国家之间的关系，在多大程度上重置了，有待于进一步的观察。

在批判的、辩证的理论的范畴中，我首先要给出一个抽象的答案，当代社会首先是一个工业社会，就其生产力水平而论。工业劳动成为一切地方的社会样板，跨越了一切政治制度的界限。它将自身发展为一个总体，因为经济的必然性已经把类似于工业的处理方式拓展到物质生产领域和行政管理领域，拓展到流通领域以及我们所称的文化之中。相反，从生产关系的角度看，社会是资本主义。人类仍然处于马克思主义在19世纪中期分析的那种状态：机器的附庸，不仅仅是字面意义上（如工人们那样，不得不适应他们操作的机器的结构），而且远远超出了这层含义，在引申的比喻意义上，人被迫承认社会机制的作用，并让他们自身依葫芦画瓢，甚至削足适履，毫无保留，乃至最内在的冲动都要适应它。生产依然故我，仍然是为利润而生产。需要已经超过了马克思在他的时代能够设想的范围，完全成为生产机制的功能，生产机制则可以一直开动，而不是相反。它们掌管了一切。可以肯定，哪怕在这一转变中，人的需要已经被绑定在制度的利益上，适应了制度，人的需要也偷偷溜进来了，这是制度一直让大众注意的东西。然而，商品的使用价值方面同时失去了它们最后的"自然形成"或自明性。需要的满足不仅是纯粹间接的，是通过交换价值进行的，在相关经济部门内部也是由利润驱动的，其代价则是消费者的客观需求，也就是对足够的住房的需求，尤其是对他们影响最大的教育需求和信息需求。在和基本生活水平没有直接关系的生活必需品的领域，使用价值濒临消解或枯竭。经验社会学中用身份象征和特权等术语来描述这个现象，并未把握问题的实质。只要地球上的发达工业化国家没有发生新的经济的自然灾难（尽管有凯恩斯主义），它们就学会了掩盖更可见的贫困形式，即使没有达到"丰裕社会"的观点所说的程度。然而，不但制度对人施加的魔咒因为这一整合而变得更强大（这样的比较是可以合理地进行的），同样不可否认的是，对物质需要的不断满足（哪怕被制度扭曲了）更为具体地暗示着一种消灭匮乏的生活的可能性。即使是在最贫穷的国家，也没有人需要挨饿了。可能性意识前面的壳确实变薄了，其证据就是惊慌失措的恐慌，官方传媒不传播的任何一种社会启蒙都造成了这种恐慌。为真正人性的社会组织而奋斗的马克思和恩格斯，反对单纯地破坏这一组织，指责这种破坏是乌托邦，但这一乌托邦已经成为显而易见的现实。现在，对乌托邦的批判已经沦为意识形态的陈芝麻烂谷子，与此同时，技术生产力的胜利试图维持一种幻象：与生产关系不相容的乌托邦似乎已经在生产关系之中实现了。但是，新形式的矛盾，国际政治的矛盾，东方和西方的军备竞赛，使得可能性同时成为不可能性。

要看穿所有这一切，就要求人们不要谴责批判一而再再而三地被技术（即生产力）转移了的目标，从而沉迷于一种理论上的卢德主义，即更高水平上的捣毁机器。技术并非灾难，灾难的是技术和社会关系的纠缠，技术被缠在这里面了。只需要想一想，利润动机和统治旨趣是如何被有意识地用来致力于技术发展的：与此同时，它们与监督的必要性成为一丘之貉。难怪毁灭手段的发明成了新技术的原型。相反，远离统治、中央集权以及对自然的暴力的那些潜能，或许能够治愈被技术毁灭（字面意义上和比喻意义上）了的东西的那些潜能，都被扼杀在摇篮里了。当代社会将静止性展现为它的动力学和生产的增长，尽管它的声称恰恰与之相反。这其中包含了生产关系。它不再仅仅是私有财产的所有制，也是行政管理的所有制，一直到国家作为总资本家的职能。无疑，由于其合理性与技术的合理性（即生产力）合二为一，因而变得更为灵活。这就产生了一种幻象，似乎普遍利益的理想就是现状和完全就业，而不是从他律的劳动中解放出来。然而，从外部的、非常不稳定的政治立场看来，这一状况不过是暂时的平衡，是威胁着要破坏它的那些张力的结果。在占统治地位的生产关系内部，人类真的成了劳动的后备军，并以此为满足。马克思的预测，生产力的决定作用一定会打破生产关系。作为德国唯心主义的死敌，马克思仍然忠于德国唯心主义的正面的历史建构。对世界精神的信任有利于证明改变后的世界秩序：根据论费尔巴哈的第 11 条提纲，世界秩序是要改变的。出于纯粹的自我保存，生产关系继续征服着不受限制的生产力，通过计件工资以及特殊的措施。这个时代的签名是生产关系决定生产力，尽管生产力有时也愚弄这些生产关系。人类的延伸的手臂可以触及遥远荒凉的星球，却不能在地球上建立和平，这就凸显了社会的辩证法正在走向的荒谬。事情的进展和人们的希望相反，这并不是因为社会消化吸收了凡伯伦所说的"底层人口"。只有那些把抽象的总体性的幸福放在活生生的个人幸福之上的人，才会希望取消这一进展。这一进程取决于生产力的发展。它绝不等于生产力对生产关系的决定作用。不能把这件事设想为某种机械论。实现它的前提条件是旨在变革生产关系的那些人的自发性，以及他们的数量是工业无产阶级的人数的好几倍。客观的利益和主体的自发性彼此打着哈欠；在现状的压倒一切的统治面前，这些都萎缩了。如果世界的结构通过有计划的措施（或自动地）阻碍了对最危险的事件的最简单的认识和经验，并通过文化工业和意识工业阻碍了不可或缺的批判概念和理论，如果它甚至变本加厉地割断了想象一个完全不同于它（对构成这个世界的那些人来说，它是压倒一切的）的世界的基本能力，那么这种封闭的、被操控的精神状况和思想状况就确实成为巨大的现实力量，一种压迫的力量，而其对立面（解放了的精神）曾想打败这一力量。

相比之下，工业社会这个术语在一定程度上意味着问题在于马克思那里的技术统治论要素，这一术语想把世界的出路直接显示在它自身中；仿佛社会的本质跟生产力水平亦步亦趋，而和社会的状况无关。令人吃惊的是，社会学的成果实际上很少考虑这一点，几乎不分析这一点。最好的东西（其实它根本不想成为最好的东西）被忘掉了，亦即总体性，或者用黑格尔的话说，社会的"穿透一切的以太"。然而它绝不是以太，相反，是现实存在。由于它戴着抽象的面具，所以不应指责其抽象性的缺陷是唯我论和脱离现实的思维，而要责备交换关系，即属于社会生活过程的客观的抽象。那一抽象对人的权力要比任何规范的权力更为具体，后者预先按照事物的图式无言地构成了自身，并灌输给人类。个人在总体性面前感到的无能为力，是这一权力的最严厉的表达。在社会学中公认的是，主要的社会关系并不体现在社会的生产关系中，而是体现在具体的普遍性中——和它们的泛逻辑的分类属性一致。它们被中性化为权力概念或社会控制的概念。在这些范畴中，锋芒消失了，因此人们甚至可以说，实际上在社会中进行交往的是社会结构。今天的社会学大会的主要任务之一就是改变这一点。

至少要允许辩证的理论把生产力和生产关系设定为对立的两极。它们互相制约，互相包容着对方。这就导致了生产力在生产关系占优势之处的枯燥乏味的重复。生产力比以往任何时候都更加以生产关系为中介；如此彻底，以至于这些关系看起来就像是它们的本质；它们完全成了第二自然。它们的责任在这里，在同可能性的不可理喻的矛盾中，地球上的大部分人生活在贫困和不幸中。即使商品的丰富成为日常，这也似乎处于魔咒之下。深埋在幻象之下的必然性，把它的幻象特征传染给了商品。客观真实的需求和虚假需求是可以分辨的，尽管世界上没有任何地方应当因此被移交给官僚制的组织化。需求中总是存在着整个社会里的好东西和坏东西；它们可能是仅次于市场调查的第二好的东西，但是在行政管理的世界中它们本身不是第一位的东西。根据对社会结构的洞察，要区分真实的意识还是虚假意识，就需要它的所有中介。虚假的东西，扭曲了今天的所有必需品的满足的东西，无疑是被无意识地感知的。这对当代文化中的不满做出了重要贡献。比几乎无所不在的需求替代品、满足、利润动机或统治旨趣更重要的是，对一种需要的持续不断的、未曾减轻的威胁，所有其他需要都依赖于这一需要，即生存的欲望。被困在炸弹随时会掉下来的地平线上，就连最喧嚣的消费品陈列也包含着自嘲的成分。然而，可想而知，第一次为真正的总体战争做准备的国际对抗正处于生产关系的恶劣背景下。灾难的威胁被他人的灾难取代了。如果没有不断发生的经济危机的末日地震，如果过剩的社会产品不用于毁灭手段的生产（否则它们卖不掉），那么，生产关系几乎无法维系自身。在苏联，作用机制也类似，虽然取消了市场经济。这么做的经济理由是明显的：欠发达国家的生产的快速增长的需要使得严厉、专制的行政管理成为必需。生产力的解放带来了新的锁链，生产关系的锁链：生产成为它自身的目的，并阻止了自由这一目的，也就是说，不折不扣的、充分实现了的自由。在两种制度下，资本主义的社会必要劳动概念都被恶搞了：在市场中，它以利润为基础，而不是以不证自明的人的功利或人的幸福为基础的。生产关系对人的这种统治首先要求的是生产力发展的完全成熟状态。尽管有必要区分两种制度，然而对于只想理解施加于现状的魔咒的那些人来说，可以把其中之一当作理解另一方的手段。生产过剩驱动了扩张——通过扩张，主观的需要被接纳和替代了；生产过剩来自一个正走向自我实现的技术系统，而在一定的生产规模下，它变得不合理了——也就是说，无利可图了；它必须通过生产关系来实现。只有从总体毁灭的角度看，生产关系才没有束缚生产力。无论如何，大众仍然在政府的干预下循规蹈矩；该方法认为集中和集权不仅仅有经济方面，也有技术方面，如大众媒介所示。这就是说，通过新闻和评论的选择和表述，就有可能使无数个人的意识变得雷同，只限于几种观点。生产关系的权力没有被颠覆，反而比以往更强大了，与此同时，作为客观的无政府状况，它们到处生病、受伤，被打得千疮百孔。它们无法靠自身来运作。经济的干预主义并不像老自由主义学派所想的那样，是从体系外部胡拼乱凑的东西，而是内在于体系的，是自我辩护的体现。没有比这更能够清晰地说明辩证法范畴的东西了。这类似于以前构成黑格尔法哲学的东西，在那里，资产阶级意识形态和资产阶级社会的辩证法深深地交缠着，也就是说，理论上国家在超然于社会的权力斗争之外，进行着干预，但实际上国家是从社会的内在辩证法中产生出来的，是为了管控社会的对抗，以免社会（根据黑格尔本人的观点）解体。并非内在于体系的东西的侵入，同时也是内在的辩证法的一部分，正如在光谱的另一端，马克思设想了生产关系的瓦解是有历史必然性的，尽管是在体系的闭环之外实现的事情，是一种异质的活动。如果谁以干预主义和宏观计划为证据，认为晚期资本主义（消费者资本主义）已经克服了商品生产的无政府状态，因此不再是真正的资本主义了，那么对他的回答是，个人在这一资本主义中的社会命运要比以往更为不确定了。资本主义的模式从来不像其自由主义辩护士们想的那样纯粹。在那个时代，一种意识形态批判已经揭示了资本主义社会对其自身的概念和现实的关系多么小。这一批判主题的讽刺之一就是，自由主义被用来支持"资本主义实际上不是它的现实存在"的观点，而自由主义在它如日中天的时候也不是这样子的。这也指向了一种转型。从无法追忆的年代起，资本主义社会就是不合理的（不自由的和不公平的）——这和自由的公平交换有关，也是其题中应有之义——现在，这种不合理已经达到了其模式的崩溃点。这造成了一种状况，其整合成了解体的原型，而解体被赞誉为优点。外在于体系的东西表明它是体系的内在本质，乃至其政治趋势。在干预主义中，反抗体系的力量确证了自身，经济危机的理论间接地确认了它。其终极目的是转向独立于市场力量的统治。"预制社会"这个关键词无意间证明了这一点。自由资本主义的这种重构和意识的重构有关，亦即人退化到今天向他们开放的客观可能性的后面。人牺牲掉了他们不再需要的、只会妨碍他们的特征；个体化的核心开始分裂。直到最近，相反的趋势才在不同群体的年轻人身上呈现出来：反抗盲目的调节，合理地选择目标的自由，厌恶这个欺诈和虚假的世界，思考变革的可能性。至于社会向着毁灭的大进军是否依然不可阻挡，只有时间会告诉我们。主体的退化有利于体系的退化。借用默顿的一个术语（他所使用的语境不一样）来说，由于功能失调，大众的意识使得体系变平，以至于它不断剥夺了固定不变的、同一的自我的合理性，这一自我仍然包含在功能社会的概念之中。

今天，生产力和生产关系是一码事，人们可以直接从生产力的角度去解释社会。这就是说，当今社会是有着社会必然性的幻象。它是社会的必然，因为先前分离了的社会过程的要素（体现在活着的人身上）达到了一种总体的均衡。物质生产、分配、消费都是同样被管理的。作为总过程之中的相互独立的领域，它们一度是分开的，被认为有着质的差别；现在它们之间的界限消解了。一切都一样。中介过程的总体性，亦即交换原则的总体性，产生了第二直接性，欺骗的直接性。这样一来，分离的和对抗的东西就有可能被遗忘，或者被意识压抑。这种社会意识当然是幻象，因为它表征的是技术同质化和组织同质化的后果，而没有看到这一同质化并不合理，它本身从属于盲目的、非理性的合规律性。已经不存在真正总体的社会主体了。纯粹的表象应该这样来表述：今天的一切社会存在都完全是被中介了的，就连中介要素本身也被总体扭曲了。已经不存在能够指向总体之外的某个立足点了，也就是说，可以叫出幽灵名字的立场；杠杆只有通过它自身的不连贯性才能撬动。这就是霍克海默和我几十年前描述的技术假面具的概念。技术的全面扩张造成了世界的结构与其居民之间的虚假同一性，它带头确证了生产关系，而生产关系的真正受益者却找不到了，正如无产阶级也已经不见踪影了。和每一个人（哪怕是官员们）都有关的体系的自我实现达到了极限。它转变为了宿命，它表现在当前情境中，用弗洛伊德的话说，表现在四处漂浮的焦虑中。它四处漂浮，因为它不再固定在活着的存在上，无论是人还是阶级。最终实现了的人与人之间的关系，仅仅是埋葬在生产关系之下的那些关系。因此，压倒一切的物的组织同时也是它自身的意识形态，实际上软弱无力。它像灾星一样弥漫，其实只是个咒语。如果社会学不仅仅是给行动者和利益致欢迎词，也要完成它曾设想过的那些任务的话，那么它就要用那些没有沦为拜物教的普遍性之牺牲品的手段，来确保咒语的自我瓦解。

21.《德国社会学的实证主义论争》导言 [1]

怀着诚挚的友谊，谨献给
弗雷德·波洛克75周岁诞辰

"芝麻开门！放我出去。"
——斯坦尼斯拉夫·耶日·莱茨

一

德国的辩证社会学与实证社会学之间的公开论战 [2] 刚刚开始的时候，拉尔夫·达伦多夫对作为论战开始之标志的图宾根讨论的两篇论文做了关键的评论 [3]，他为讨论感到遗憾，认为它缺乏"与观点的实际分歧程度相适合的强度"。在他看来，某些参与讨论者指责了"与会者的论文之间缺乏张力"。达伦多夫本人察觉到了"这种观点一致的讽刺"，并认为在表面陈述的相似性背后隐藏着深刻的差异。然而两位与会者的调和态度并不是没

---

① 本文是《德国社会学的实证主义论争》（柏林，1969）一书的导言。收录于《阿多尔诺全集》德文版第8卷，第280-353页。

② 参见涂尔干《社会学和哲学》（法兰克福，1967）一书的导言，第8页以下，脚注。这里必须预先重申一下，波普尔和阿尔伯特两人自觉地和逻辑实证主义保持着距离，仍然将他们俩视为实证主义者的理由从本文中不难看到。

③ 达伦多夫，《评卡尔·雷·波普尔和特奥多·维·阿多尔诺的笔战》，收录于《德国社会学的实证主义论争》。

有发生真正的讨论（理由和反驳的互相交锋）的唯一原因。与会者最关心的都是他们自身的立场的理论自洽。这并不仅仅是因为几位参与讨论者坚持认为他们远离哲学——对于某些人来说，这种远离是最近才发生的。辩证法家公开诉诸哲学，但是实证主义者的方法论兴趣几乎不外乎天真地实践着的研究活动。然而两位发言人应该认罪的是一种妨碍了讨论的真正匮乏。他们都没有获得他们的理论兴趣和社会学本身之间的所有中介。他们所说的大部分都指向了一般意义上的科学。所有的认识论里都有一定程度的坏的抽象，就连对认识论的批判也不例外。[①]任何不满足于科学研究过程的直接性并否认其要求的人，除了观点没那么严格，还具有一种非法的优点。可是，偶尔说出的这一声称，亦即图宾根讨论局限于"初步"的分析而对社会学这门具体学科没有任何用处，并没有抓住要害。使他们投身于分析的科学理论而不考察其原理（"初步"仅仅意味着这一点）的论争陷入了逻辑机器的无间道。只要不考虑任何特殊内容的逻辑内在性本身被拔高为唯一的标准，那么无论一个人如何忠实地观察内在批判的原理，也无法以无反思的方式来运用它。对其限制的批判也属于对一种不受拘束的逻辑的一种内在批判。思维不假思索地认同了形式逻辑的处理过程，从而肯定了这一限制。内在批判的局限性在于其拜物教化了的内在逻辑性原则：这一原则应当用更合适的名字来称呼。此外，这种所谓的初步讨论的物质相关性并未被社会学排除。比方说，一个人是否谈论意识形态，直接取决于他能否区分幻象和本质，这样一来，一种社会学理论的核心部分就扩展到了主题的所有分支。这一物质相关性听起来似乎是初步的认识论或逻辑，对它的解释是：相关的论战事实上具有潜在的物质性。要么，对社会的知识是和社会纠缠在一起的，社会以具体的形式进入了社会科学，要么，社会只是主观理性的产物，不可能对其自身的客观中介做任何进一步的研究。

　　然而，在这一讨论被指责的抽象性背后，还有比这更严重的困难。可能开展的讨论必须按照形式逻辑的方式来进行。然而，形式逻辑之优先性的论点恰恰是关于任何科学（包括社会学在内）的实证主义的——换言

---

① 参见汉斯·阿尔伯特，《总体理性的神话》，收录于《德国社会学的实证主义论争》。

之，用波普尔更能接受的术语来替换这个过于沉重的概念——科学主义的观念的核心。在论战必须考虑的论题之中，有一个问题是研究方法的不可或缺的逻辑性实际上赋予逻辑绝对的优先性。但是，要求对逻辑在具体科学中的优先性进行批判的自我反思，这样的思想最终都无法避免一种技术缺陷。它们用来反思逻辑的工具基本上也是逻辑工具——这一矛盾早就被维特根斯坦（最有反思性的实证主义者）看得一清二楚。如果现在不可避免的争论成了"世界观"之争，受外在对立的观点的引导，那么它注定是没有结果的。可是它如果进入了推理和论证，那么其危险在于，支配着论战其中一方的规则得到了双方的默认，那么这必然成为讨论的障碍。

达伦多夫答复我的评论时说，这并非立场的差异，而是可确定的差异，问题在于是否"第一个命题为真，但后来的命题为假"。按照他的看法，虽然两种立场均不排斥讨论和论证，但是论证类型上的差异如此泾渭分明，"不免让人怀疑波普尔和阿多尔诺能否同意一种能确定双方差异的方法"。这个问题是真正的问题。其答案只有在这种确定差异的尝试之后做出，而不能事先断定。这一尝试必须做，因为宽宏大量地容忍两种迥异的、共存的社会学类型实际上等于和稀泥，违背了真理的要求。任务本身是自相矛盾的。要对争论的问题进行讨论，就不能带有逻辑主义的偏见，也不能有独断论。哈贝马斯将这一努力（而不是狡猾的诡辩术）描述为"迂回策略"或"在实证主义的背后"。应该找到这样的理论立场，在那里，人们在回应对方的时候就不必接受一套正处于争议之中的规则，这一立场就是思想的无人地带。然而，源自外延逻辑的模式根本无法设想这样的立场，无法设想这一比两种对立的立场更一般的立场。它是一种具体的立场，因为包括形式逻辑在内的科学不仅仅是社会生产力，也是一种社会生产关系。大可怀疑的是，实证主义者是否认可这一点。这一论点批判地动摇了"科学的绝对独立性"以及"科学是一切知识的构成要素"的基本观点。人们应当扪心自问，在知识和现实生活过程之间到底是存在着确实的分裂，也就是说，知识并不是以现实生活过程为中介的；还是相反，科学的自主性——它使得其自身的产生独立于其起源，并使其自身客观化——可以从科学的社会功能中推演出来，或者说，虽然科学构成了一个内在的语境，但就其构成而言，科学依然处于它的周围环境之中，该环境依然作用于科学的内在结构。然而这样的二重性，无论多么可信，都和矛盾律相冲突。科学既是独立的又不是独立的。倡导这一观点的辩证法并不以"特权思想"自居。它并不能自视为一种特殊的主观能力，似乎具有这种能力的人拥有了一种别人没有的天赋。它也不能把自己表述为直觉主义。相反，实证主义者必须做出牺牲。他们必须放弃哈贝马斯称为"掩饰不理解的系统性伪饰"的那种态度，不要毫不犹豫地把一切不符合他们的"意义标准"的东西宣判为不可理喻。看到某些社会学家对哲学的敌意越来越深，人们不禁怀疑他们正在竭尽全力地和他们自己的昨天告别。然而昨天经常会报复。

论战看起来是这样：实证主义者的立场代表了客观的科学有效性这一严格的概念，而哲学损害了这种有效性；辩证法家们继续思辨，一如哲学传统让他们做的那样。不过，日常语言的用法把思辨概念变成了它的反面。它不再像黑格尔解释的那样，是理智所做的批判的自我反思，是自我反思的限制和自我矫正。相反，它逐渐有了一种流俗的含义。这样一来，思辨的人就被视为无拘无束的疯狂思想者，他贪慕虚荣，无视一切逻辑的自我批判，也不考虑任何事实。随着黑格尔体系的瓦解，也许正是这一瓦解的后果，思辨概念被颠倒了，它就像浮士德的陈词滥调所言，像是蛮荒之地的野兽。曾经用来表明思想否定自身的狭隘性，从而获得客观性的这一概念，现在等同于主观的任性。它是任性的，因为思辨缺乏普遍有效的约束；它是主观主义的，因为思辨的事实概念随着对中介的强调、随着"概念"而消解，而"概念"似乎是经院哲学的实在论的复辟，根据实证主义的习俗，概念是思想家的产物，思想家错把自身混同于实体本身了。反过来，比阿尔伯特半信半疑的"你也一样"的反唇相讥更站得住脚的，是如下论点：实证主义立场是主观主义的，热情和影响是它对客观性的承诺之中固有的。黑格尔对反映论哲学的批判已经预见到了这一点。卡尔纳普的欢呼是以"哲学只剩下了方法"这一声称为基础的。他的逻辑分析的方法正是倾向于主观理性 ① 的准本体论的原型。对实证主义来说，矛盾是可恶的，然而实证主义不知道它自己拥有着最内在的矛盾。这就是说，由于它坚持一种客观性，外在于任何情感，清除了一切主观的投射，因此它就越发陷入了纯主观的工具理性的特殊性之中。认为自己战胜了唯心主义的那些人，他们比批判理论更接近于唯心主义。他们把认识的主体给实体化了，不是把它实体化为绝对的主体或者来源，而是把它当作所有有效性的"理智之地"（topos noetikos），科学控制的"理智之地"。他们一边想要清算哲学，一边又提倡一种哲学，这种哲学依仗着科学的权威，试图让自己的矛头戳不中自己。在卡尔纳普的著作中，亦即从休谟到马赫再到石里克这根链条的最后一个环节中，和旧的主观实证主义的联系从他对记录语句的感觉主义阐释中露出了马脚。既然这些科学命题仅仅是语言给出的，而不是直接作为感性确定性给出的，这一感觉主义的阐释就产生了维特根斯坦说的问题。然而，隐性的主观主义并没有渗透到《逻辑哲学论》的语言理论中。在那里，我们读到："哲学的结果不是得到'哲学的命题'，而是对命题的澄清。哲学的任务是把不加以澄清便会像云一样暧昧而模糊不清的思想弄清楚，给它们划出明确的界限。" ② 然而明晰性只符合主观意识。本着科学精神，维特根斯坦把客观性的要求夸大到如此程度，使之消解了，并服从于哲学的总体悖论，后者造就了维特根斯坦的光环。隐性的主观主义就和整个唯名论的启蒙运动的客观主义形成了对立，形成了永恒的归谬论证。思想不需要适应它。思想有能力批判地揭穿隐性的主观主义。令人惊讶的是，包括维特根斯坦在内，科学主义的支持者并没有受到上述对立的干扰，也没有受到形式逻辑和经验主义思潮之间的永恒对立的干扰，而在实证主义的扭曲中，后一对立表明了一种极度现实的对抗。就连在休谟那里，数学的绝对有效性也是跟怀疑论的感觉主义水火不相容的。这里，科学主义显然遭到了挫折，它未能获得事实和概念之间

---

① 主观理性的概念是马克斯·霍克海默阐述的，见《理性之蚀》（纽约，1947 年），重印于 1974 年。

② 路德维希·维特根斯坦，《逻辑哲学论》，4.112。

的中介。如果这两者不能统一，那么它们在逻辑上就是不相容的。既不能倡导个人实体对"概念"的绝对优先性，也不能认为纯粹的理念王国（即数学领域）是绝对独立的。无论怎么解释，只要还保留着贝克莱的"存在即被感知"，就难以看到形式学科的有效性声称源自何处，因为这一声称不建立在任何感性的基础上。相反，经验主义的所有联系的心理操作都是以形式逻辑为前提的，因为对经验主义而言，命题的联系是真理的标准。这一简单的思考就足以促使科学主义采纳辩证法。形式和经验，这一抽象的两极对立无法令人满意，社会科学不过是这一抽象对立的更具体、更易被感知的方式。形式社会学是对哈贝马斯所称的"有限经验"的外在补充。社会学形式主义的论题，比如齐美尔的那些论题，本身都不是错误的。然而，将这些命题同经验分离，将其实体化并加以图解的心理活动是错误的。形式社会学最心爱的发现，比如无产阶级政党的官僚化，是以现实为基础的，它们并不总是源自"组织化"的更高级概念，而是源自社会状况，比如在一个压倒一切的制度内，制度的权力是通过其弥散的组织形式而实现的，那么个人的权利就会受到压制。这一压制传染给了制度的反对者，不仅仅是通过社会的毒害，也以一种准理性的方式进行——结果使得组织在任何时候都能够有效地代表其成员的利益。在一个物化的社会内，任何没有物化的事物都没有机会存在。垄断资本主义具体的、历史的普遍性延伸到了劳动的垄断之中，带着它的全部影响。经验社会学的相关任务就是分析它的全部中间成员，并详细表明对变化了的资本主义生产关系的适应过程最终是如何把那些客观利益相冲突的人包容到这一适应中来的。

占主流的实证社会学是不折不扣的主观主义，就像主观经济学那样。在经济学的主要代表人物之一维尔弗雷多·帕累托的著作中，当代社会学的实证主义找到了它的根源之一。"主观的"一词在这里有双重含义。首先，如哈贝马斯所言，这一社会学是在外加于材料的假设清单或图式中运作的。在这样的运作中，占主导的无疑是材料，取决于材料要归入哪一个部分，然而，更关键的是，对材料（现象）的解释是否符合它自身的先决结构，而不是仅仅用科学按照分类的方法建立起材料。所谓并列体系的选择有多么关键，只要看看某些社会现象是被归结为威望和身份之类概念，还是源自客观的统治关系，便可见一斑。按照后一种解释，身份和威望从属于阶级关系的动力学，原则上可以将它们视为能够消灭的东西。但是，另一种分类法倾向于认可这些范畴是给定的，恐怕是不可改变的。似乎仅仅关乎方法论的一种区别因此造成了重大的具体后果。实证社会学的主观主义的第二层意思与此相符。在其活动的大部分领域，它都把个人主体（以及社会）的行为模式和自我理解当作出发点。在这一观念下，社会基本上是必须用统计学来调查研究的东西，亦即社会化的、社会行动的主体的一般意识或无意识，而不是他们行为的中介。对实证主义者来说，结构的客观性不过是神话学的遗迹，而对辩证理论来说，结构的客观性是认识的主观理性的先验性。如果主观理性意识到这一点，那么它就不得不确定其自身的有规律性的结构，而不会说它独立于概念秩序的操作规程。源自个人主体的社会事实的条件和内容是由这一结构提供的。不管辩证的社会概念究竟在多大程度上兑现了它的客观性承诺，无论它能否兑现，辩证的概念都要比它的对手更认真严肃地对待这一承诺。它的对手似乎为其客观有效的发现购买了保险，从一开始就走在了客观性概念之前，将它等同于自在概念。实证主义者对辩论的结果怀有成见，他们暗示自己代表了一种新的、先进的思想类型，像阿尔伯特说的那样，尽管其看法尚未得到普遍认可，然而拿它一对比，辩证法就成了老古董。这种进步的观念忽视了它所付出的代价，而这将成为它的阻力。这一精神必须自我拘禁，局限于一种为事实服务的精神，才能够向前进——这真的是一个逻辑矛盾。阿尔伯特问道，"为何不让新观念有机会证明自己？"他说的"新观念"指的是一种并不倾向于概念的心智。它对现代性的承诺仅仅是高度启蒙的承诺。然而这一承诺要求的是主观理性的批判的自我反思。主观理性的骨子里都渗透了启蒙的辩证法，它的进步并不能轻易地归结为一种更高的客观性。这才是争论的焦点。

二

既然辩证法不是一种独立于其对象的方法，那么它就不同于演绎体系，不能被表述为一种自为的存在。它并不同意以定义为标准，反而批判它。更严肃的是，在黑格尔体系无可挽回地瓦解之后，辩证法丧失了原来的，相当可疑的哲学确定性的意识。实证主义者指责辩证法缺乏基础，好让其他一切事物得以建立于该基础之上，这一指控甚至被最近的主流哲学拿来反对辩证法，说它缺乏"始基"。在辩证法的唯心主义版本中，辩证法通过无数的中介（其实，因为存在自身和精神的非同一）把存在说成是和精神绝对同一的东西。这并不成功，因此在现在的辩证法版本中，辩证法对"总体理性的神话"采取了针锋相对的立场，其锋芒并不亚于阿尔伯特的科学主义。辩证法再也不能像唯心主义辩证法那样，自以为它对真理的声称是高枕无忧的。对黑格尔来说，辩证的运动可以极为勉强地自认为是一条全面解释的原理——自认为是"科学"。因为在运动最初的步骤和设定中，同一性的论题就始终存在，而在分析的展开过程中，这一论题既没有得到证实也没有得到解释。黑格尔用圆圈的比喻来描述它。这样的闭环已经被炸开了，因为它必然意味着在辩证法的外部没有任何未被认识的东西或偶然的东西。随即，体系的束缚和矛盾也就炸开了。辩证法并不拥有一本规定它的思想宝典。然而，它的存在依然有着自身的合理根据。就社会而言，客观的"自在体系"这一概念并不是一个幻觉——即使唯心主义已经崩塌，即使实证主义坚持这样认为。虽然实证主义认为伟大的哲学传统已经过时[①]，那些概念并不来自所谓思想成果的审美特征，而是受惠于经验的内容，由于这一内容对个人意识的先验性，它让我忍不住要将它实体化为绝对。辩证法的合法性就在于它将这一内容又译回为那些经验，概念是从那些经验中产生的。然而，这是中介的经验，所有个人的东西都是

---

① 参见海尔穆特·施宾纳，《你在何方，柏拉图：对一种"大哲学"的小小抗议》，《社会世界》第 18 卷，1967 年，第 2 期，第 174 页脚注。

以客观的社会总体为中介的。在传统的辩证法中，头脚是颠倒的，前述的客观性——被理解为总体的对象本身——成了主体。阿尔伯特反对我的图宾根论文，说那里只有对总体性的暗示。然而，认为一个人不能像谈论事实那样谈论总体性概念，等于什么都没说，因为总体性这个概念本来就和事实不是一回事。"对这第一个规定，仍然十分抽象的规定，让我们加上一个限定，亦即所有个人对他们所构成的总体的依赖。在这一总体中，每个人都依赖于其他每个人。只有通过每个成员履行的功能的总和，总体才能够存续下去。为了存活下去，每个个人都毫不例外地必须亲自承担某种功能。事实上，只要他还在执行着他的功能，他就被告知，他必须感恩。"①

阿尔伯特指责哈贝马斯坚持了一种总体理性的概念，从而背负着同一性哲学的全部罪名。客观上，阿尔伯特认为辩证法像过时的黑格尔那样，携带着一种社会总体的概念，这一总体无法通过研究来认识，从而属于垃圾堆。这种对总体性范畴的怀疑论足以用来解释默顿的"中层理论"掀起的迷恋，然而这些定律的对象完全脱离了周围环境。按照最简单的常识，经验渴望成为总体。如果某人研究社会冲突的个案，诸如柏林对1967年的学生运动的敌对反应，那么个人的处境并不足以用来解释它。比如以下论点：群众自发地反对它认为的危险团体（认为该团体危及了处于危机中的城市的利益），就是不完善的。这不仅是因为其假定的政治关系和意识形态关系是可疑的。这一论点根本无法解释对特定、可见的少数派的愤怒——根据大众的偏见，很容易指认那些"害群之马"，而偏见也立即化为了身体暴力。流俗的狂热中对学生的最普遍也最有效的刻板成见是，他们不去工作（工作，臭名昭著的真理），而是示威，就浪费了供养他们上学的纳税人的钱。诸如此类的判断显然和尖锐的形势毫无关系。这些标语口号和出版社的沙文主义宣传显然如出一辙。然而，如果新闻传媒没有对

---

① 阿多尔诺，《社会》，1965年，《阿多尔诺全集》德文版第8卷，第10页。英译文可见弗·杰姆逊译《社会》，《拼盘》（*Salmagundi*）第10—11期，1969—1970年，第145页。

无数个人的意见倾向和本能反应起作用，既确认它们又强化它们，那么新闻传媒的影响不会那么大。将对可疑状况的不满投射于表达了这一可疑性的那些人身上的反智主义和心理倾向，都只是借口或理性化，掩盖了对直接原因的反应。如果说，柏林的局势也是有助于释放大众心理潜能的一个因素，那么就只能在国际政治的大背景中才能理解它。从所谓的柏林局势推断出柏林冲突中体现了那些列强斗争的因素，就过于狭隘了。拓宽一下思路，就会延伸到社会网络。由于其要素的无限多元性，科学的规定几乎无法囊括它。如果科学排除了它，那么这一现象就会被归于错误的原因，而主流意识形态往往从中渔利。社会不允许它自身被确定为一个事实，这实际上只证明了中介的存在。这意味着事实既不是最终的，也不是不可穿透的，即使现行的主流社会学认为它们是这样的，是符合先前的认识论中的感性材料模式的。事实当中出现了并非事实的东西[1]。实证主义的概念和辩证法的概念之间的一个重要差别就是，实证主义遵照石里克的格言，只承认现象的真实有效性，但辩证法不会容许本质和现象的区别被人夺走。就其自身而言，决定社会过程的结构（例如所谓等价交换的不平等性）必须借助于理论的干预才能够显现：这是一条社会规律。辩证思维不赞同对尼采所说的"底下的世界"的怀疑，并不认为被掩盖了的本质就不是本质。与哲学传统不可调和的辩证思维之所以确证这一非本质，不是因为它的权力，而是因为它批判了"显现者"的矛盾，最终批判了人类的现实生活的矛盾。必须坚持黑格尔的观点，本质一定会显现。总体性不是实证范畴，而是批判的范畴。辩证的批判试图拯救（或帮助建立）不服从总体性的事物，反对总体性的事物，或者说，首先作为尚未存在的个体化的可能性而出现的那些因素。对事实的解释指向了总体性，没有这些解释，总体性本身就成了一件事实。没有哪个社会事实不在总体性中占据一席之地。所有的个人主体也是如此，因为就连他们自己，甚至在他们的单子论状况中，也服从着总体性的"约束"：恰恰在这里形成了总体性概念。就此而

---

[1]　参见霍克海默《理性之蚀》。另见于霍克海默《工具理性批判》，斯图加特，1967 年版，第 20 页以下。

言，总体性是最现实的存在。作为个人的社会关系的总和，总体性将社会关系与个人隔绝开来，因此总体性也是幻象——意识形态。解放了的人类再也不会是一个总体。他们的自在存在，就像他们的依附一样欺骗了他们，自诩为真正的社会基础。这肯定没有完成对总体性概念的逻辑分析所提出的要求，亦即对某种摆脱了矛盾的东西的分析，阿尔伯特用这一点来反对哈贝马斯，因为分析在总体性的客观矛盾那里就结束了。然而分析不会让总体性的诉求被指控为决定论的独断。哈贝马斯像其他的辩证法家一样，并没有驳斥阐明总体性的可能性，他只是驳斥了总体性的可证实性，也就是说，朝向总体性范畴的运动将超越事实的标准，故而不能将事实标准运用于总体性。尽管如此，总体性和事实并不是分开的，而是内在于事实之中，作为事实的中介。说得过火一些，总体性就是作为物自体的社会，携带着社会的一切物化之罪。但是，恰恰因为这一自在之物还不是总体的社会主体（它还不是自由，而是以异质性的方式延伸了的自然），所以对它来说，一个牢不可破的要素是客观的：涂尔干干脆片面地宣布那就是社会自身的本质了。就此而言，它也是"事实"。事实性的概念，被实证主义者当作其最终基础来捍卫，其实是这个社会的一种功能；然而，科学主义的社会学坚持这一不透明的基础，发誓要保持沉默。事实和社会的这种绝对分离，不过是反思的人为产物；必须对这一反思进行二级反思，并彻底清算之。

阿尔伯特在一个脚注中写道："哈贝马斯在这里引用了阿多尔诺，认为每一社会现象'对总体性的依赖'是无法验证的。这一引语来自阿多尔诺，在那里，阿多尔诺援引了黑格尔的评论，主张只有当反驳是内在批判时才有效。这里，波普尔在批判的验证问题上的观点的含义被'进一步的反思'颠倒了过来。在我看来，阿多尔诺的主张是无法验证的，其根本原因在于，无论他使用的总体性概念还是他声称的依赖性，都没有任何说明。可以认为，它们背后的观念无非是说一切事物都和别的事物联系在一起。就此而言，从这样的观念中产生的方法论优点确实还有待于证明。在这件事情上，总体性的是不够的。"然而，"无法验证"的原因并不在于无法给出回溯到总体性的可信理由，而在于总体性并不像个别的社会现象那样是事实性的，可是阿尔伯特的可检验性标准仅限于个别的社会现象。对于说总体性概念的背后无非是普遍联系的庸俗观念，我的答复是："与其说，这一观念的空洞和抽象是思想软弱无力的标志，不如说它是社会本身的构成中那卑劣的永恒性的标志——现代社会的市场体系的标志。首先，发生了客观的抽象，不是科学的思维中发生的抽象，而是交换体系自身的普遍发展中产生的抽象，这一抽象不依赖于生产者和消费者的主观态度，不依赖于生产方式，甚至不依赖于需要（社会机制试图满足需要，把需要当作次级的副产物）。利润第一。被归类于消费者系统的人，有着各种各样需要的人，他们的社会行为超越了任何天真的想象，这不仅是由工业发展的技术水平决定的，也是由行为赖以发生的经济关系本身所决定的，即使后者难以在经验中观察到。交换价值的抽象，先验地与普遍性对特殊性的统治、社会对受它控制的成员们的统治联系在一起，而无论社会差别的具体形式是什么。它根本不是像归纳的逻辑、劳动时间的标准化等等伪装看起来那样中性的社会现象。人对人的统治是通过把人还原为商品交换的代理人和承担者而实现的。总体的体系的具体形式要求每一个不想被毁灭的个人都尊重交换规律，至于利润是不是他的主观动机，无关紧要。"[1]辩证的总体性概念和实证主义的总体性概念之间的关键区别在于，辩证的总体性概念是"客观的"要求，也就是说，是为了理解每一个社会的个别观察，相反，实证主义的系统理论想要通过选择尽量普遍性的范畴，将观察无矛盾地吸收到一个逻辑连续体当中。它们在这么做的时候并不承认最高的结构概念是归类于其下的各种事态的先决前提。如果实证主义把这一总体性概念诋毁为神话、前科学的残余，那么在它反对神话的不懈斗争中也就把科学给神话化了。它的工具性（毋宁说，它对可用的方法［而不是现实及其利益］的优先性取向）掩盖了影响着科学的研究方法及其对象的那些基本观点。对实证主义的批判，其核心在于它既无视对盲目统治着的总

---

[1] 阿多尔诺，《社会》，1965 年，《阿多尔诺全集》德文版第 8 卷，第 13—14 页。英译文见弗·杰姆逊译《社会》，《拼盘》第 10—11 期，1969—1970 年，第 148—149 页。

体性的那些经验，又无视将总体性改造为某种完全不同的东西的那些冲动。它沾沾自喜于唯心主义被清算之后留下的无意义的废墟，却既不解释清算本身，也不说明什么被清算了，只是将清算奉为真理。实证主义关注的是分离的东西，一边是经过了主观解释的数据，另一边是与之相关的纯粹的人类主体的思维形式。当代科学主义把这些离散的认识要素结合起来，其结合方式就像先前的反思哲学一样是外在的，而思辨的辩证法对反思哲学的合理批判也正是针对这一外在性。辩证法也包含着唯心主义之傲慢的对立面。它消除了个人主体的所谓自然的、先验的尊严的幻象，并且从它的思维形式中意识到它本身是社会的东西。就此而言，辩证法要比携带着各种"意义标准"的科学主义更为"现实主义"。

　　然而，既然社会是由人类主体构成的，是通过他们之间相互作用的联系构成的，活生生的、未被还原的主体对社会的认识就要跟"现实本身"相匹配，而不像自然科学那样，由于非人的对象的外在性质，被迫完全客观地位于范畴机制当中，位于一种抽象的主观性当中。弗莱尔注意到这一点。德国的新康德主义的西南学派曾经区分了规律的和独特的，既然任何不偷工减料的社会理论都无法放弃社会结构运动的规律，上述区分就更加容易被忽视。对象（社会）和认识主体的可匹配性既存在又不存在。它很难同推理逻辑相结合。社会既是可理解的，又是不可理解的。它之所以可理解，是因为起着客观决定作用的交换关系本身就意味着一种抽象，而就其自身的客观性来说，是主体的行为。人类主体确实在其中认识到了他自己。用科学哲学的话来讲，这解释了为何韦伯的社会学聚焦于合理性概念。无论韦伯是自觉还是不自觉，他在合理性中寻找主体和客体的同一，也就是寻找某种类似于"实事求是"的东西，而不是将人对事实的认识分裂为数据及其处理。然而，社会的客观合理性，亦即交换的客观合理性，始终通过它自身的动力学而远离了逻辑理性的模式。结果，社会一旦被当作独立的对象，就变得再也不可理解；只有将它独立出来的法则是可理解的。不可理解性并不仅仅是指社会结构的本质，也包括了社会意识形态，社会用该意识形态来抵御对其不合理性的批判。既然理性或者精神被分离出来，成了脱离活生生的人类主体的一个部分环节，并满足于理性化，那么它就走向了主体的对立面。客观性成了不可改变性，这一不言而喻的假设反映在认知意识的物化中。既可理解又不可理解的社会概念的这一矛盾是理性批判的驱动力，它延伸到对社会及其合理性类型（即特殊性）的批判。如果波普尔认为批判的本质就在于进步的知识消除了它自身的逻辑矛盾，那么他自己的理想就成了对对象的批判：对象中的矛盾是可以认识的，矛盾并不仅仅存在于认识当中。如果意识没有对社会的对抗性质视而不见，也没有无视社会的合理性与不合理性的内在矛盾，那么意识就必须用理性的工具来从事社会批判，而没有别的工具。

哈贝马斯在他论述"分析的科学理论"的文章中，证明了走向辩证法的必然性，尤其是社会科学的知识。[1] 按照哈贝马斯的观点，不仅认识的客体是以主体为中介的（实证主义会承认这一点），反之亦然：也就是说，就连主体本身也构成了他所要认识的客观性的一个要素；这就是说，它构成了社会过程的一个要素。在社会过程中，随着不断的科学化，知识越来越成为生产力。辩证法将在科学主义的自留地里质疑科学主义，因为它努力获得对当代社会现实的更正确的认识。它试图穿透悬挂于现实之前的帷幕，科学却帮着编织这一帷幕。科学的和谐主义倾向，使得现实的对抗和矛盾在科学方法的处理过程中消失了，这一倾向体现在分门别类的方法中，分类法里看不到使用该方法的那些人的意图。通过概念图式的选择，并借助于其统一性，本质上并不相同的东西、相互对立的东西被还原为同一个概念。这一倾向最近的例子是塔尔科特·帕森斯提供的，众所周知，他试图建立一门统一的人的科学。他的范畴体系将个人与社会、心理学和社会学一并收纳，至少把它们置于一个连续体之中。[2] 自从笛卡尔和莱布尼茨以来就特别流行的连续性的理念，现在已经变得可疑，尽管这并不仅

---

① 于尔根·哈贝马斯，《分析的科学理论和辩证法——从波普尔和阿多尔诺之争说开去》，收录于《德国社会学的实证主义论争》。

② 参见阿多尔诺，《论社会学和心理学的关系》，收录于《法兰克福社会学报告》，1955年，第1卷，第12页以下。英译文《社会学和心理学》收录于《新左派评论》第46期，1967年，第47期，1968年。

仅是自然科学近来的发展所造成的结果。社会的连续性掩盖了普遍和特殊
之间的裂缝,持续不断的对抗在裂缝中表现了它自身的存在。科学的统一
性压制了其对象的矛盾性质。统一的科学带来的这种传染性的满足不得不
付出代价:这样的科学无法理解个人和社会的分歧以及两者各自的准则等
等社会设定的要素。学究气十足的总体框架从个人及其一成不变的常规延
伸到复杂的社会结构,无所不包,却没有涵盖个人与社会的历史性对立
(尽管两者并非截然不同)这一事实。两者之间的关系基本上是矛盾的,
因为社会总是无法兑现它(社会始终是每个人的社会)对个人的允诺,否
定了将个人结成社会的初衷;而另一方面,盲目、无法无天的个人利益阻
止了达成社会总体利益的可能。统一科学的理念配得上一个称号,尽管它
并不会为此感到高兴——那就是美学的称号:就像人们在数学中谈到“简
洁”那样。统一科学的规划是和分散的各门科学相对立的,它导致了组织
的合理性,从而极大地伤害了社会产生的科学哲学问题。如果像维尔默说
的那样,“有意义成了科学的同义词”,那么,以社会为中介,受社会指导
和控制的科学就向现存的社会及其传统献上了可观的敬意,篡夺了真和假
的仲裁者的角色。对康德来说,认识论的构成问题是科学的可能性问题。
现在,这个问题同语反复地回指向了科学。观点和处理方式,不是在有效
的科学内部批判地影响它,而是被放逐到了边缘。这样一来,看似中立的
“常规约定”就有了致命的含义。从墨守成规的后门中,科学的顺从主义
偷偷溜了进来,成了社会科学的意义标准。详细分析顺从主义的和科学的
唯我独尊之间的瓜葛,将会令我们获益匪浅。三十多年之前,霍克海默在
《对形而上学的最新攻击》①一文中注意到了整个局面。科学的概念被波普
尔当成了一个自明的概念。然而这一概念包含着它自身的历史辩证法。费
希特的《知识学》和黑格尔的《逻辑学》写于18、19世纪之交,当前的
科学概念及其独特性的声称在那时都被批判地置于前科学的水平上;而那
时被称为科学的东西(不管“绝对知识”这个名称有多么奇怪)现在都会
被波普尔的科学主义斥为非科学。实证主义认为,历史的进程(而不仅仅

---

① 现收录于霍克海默《批判理论》(法兰克福,1968年)第2卷,第82页以下。

是思想史的进程）导致了这种不容置疑的"进步"。高度发达的科学方法论的精密数学化并没有打消人们的这种怀疑：使科学成为技术的努力已经动摇了科学自身的概念。对这一点，最强的论据恐怕在于，科学解释的所谓目标（"发现事实"）只不过是达到真正的科学理论的手段。如果没有理论，为什么要从事科学事业就成了大问题。然而，科学概念的重新表述甚至在唯心主义者那里就开始了，尤其是在黑格尔那里。黑格尔的绝对知识是和实存概念完全一致的——仅此而已，别无他物。要批判这一发展，攻击的矛头并不指向某种不容置疑的科学方法的凝固化，而是指向了现在的主流假设，经过马克斯·韦伯的权威认证的这一假设认为科学之外的旨趣与科学格格不入，应当将两者严格区分开来。一边是所谓纯科学的旨趣，是死板的规矩，往往是对科学之外的旨趣的中和，使得科学之外的旨趣以弱化的形式进入了科学；另一边则是科学的工具体，作为科学的权威定义，它成了工具理性做梦也想不到的一种工具。这一工具体是解答那些既起源于科学之外，又在科学之外发展起来的问题的工具。既然科学的"目的手段合理性"无视工具主义本身包含的终极目的，反而成了它自身的唯一目的，因此它跟它自身的工具性相矛盾。然而这恰恰是社会对科学的期许。在一个确实虚假的社会中，也就是说，当社会既同其成员的利益相矛盾，也同总体的利益相矛盾时，所有的知识都倾向于服从这个社会的规则（社会规则凝结在科学之中），从而助长了社会的虚假性。

三

阿尔伯特拥护当前的学术上时髦的区分，即科学与前科学的区分，但这一区分不能成立。对该二分法的纠正之所以是正当的，在于一个经常能够观察到的，就连实证主义也确认的事实：他们的思想中存在着分裂，也就是说，无论他们如何区分科学的和不科学的，科学家和非科学家都使用着理性。被归类于前科学的东西，并不只是尚未通过（或回避了）波普尔倡导的科学自我批判工作。相反，它容纳了工具理性的统治所排斥的全部理性和经验。两个要素必然是相互依赖的。如果科学吸收了前科学的冲动而不改变它们，就会自责为外行一般的无足轻重。在声名狼藉的前科学领域，被科学化的进程分割开来的那些旨趣相遇了。但这些旨趣根本不是无足轻重的。如果没有经过科学的训练，意识当然不会取得进步，然而训练同时也麻痹了认知的器官。科学越是僵化于韦伯所预言的世界铁笼里，被它当作前科学而驱逐的东西就越是成为知识的避难所。精神和科学的这一矛盾关系是由科学自身的矛盾引起的。科学假定了一种连贯的内在关系，并成为否定其连贯性的那个社会的一个环节。如果科学想要摆脱上述二律背反，无论它用知识社会学的相对主义来取消其真理内容，还是对科学自身同社会事实的纠缠视而不见，将自身确立为某种绝对的、自足的东西，它都会自满于幻象，从而妨害科学取得更大的成就。两个要素虽然是独立的，却不是互不相关的。只有看到科学固有的社会中介，才有助于科学的客观性，因为科学无非是社会关系和利益的媒介。科学的绝对化和工具化都是主观理性的产物，两者是互补的。科学主义的核心命题是虚假的，为了逻辑的系统性，它一厢情愿地支持个人和社会的统一性，却把无法纳入这种逻辑系统的对抗要素当成次要的附带现象打发掉了。按照辩证法之前的逻辑，整体不可能是部分，被决定者不可能是其自身之前提的前提。在科学的认知框架之内对科学知识的价值的反思，必然要求超出这种无矛盾性的反思。矛盾是不可避免的，维特根斯坦直言不讳地指出了这一点。这就证明了无矛盾性不可能成为连贯性的最终结论，哪怕连贯性认可了这一规范。维特根斯坦比维也纳小组的实证主义高明的地方就在这里：逻辑学家察知了逻辑的界限。正如维特根斯坦指出的，在逻辑自身的框架之内，语言和世界的关系不可能是无矛盾的。在他看来，语言构成了一个封闭的内在环境，非语言的认识要素（如感性材料）则是以语言环境为中介的。然而，语言的目的并不是要指涉非语言的东西。语言既是语言，又是自给自足的。科学主义的规则假设只有在科学的内部才有效，与此相一致的是，它同样也是现实内部的一个要素，是一个社会事实。[1] 维特根斯坦不得不解释一个事实：科学清除了一切实际存在的东西。因为后者仅仅通过科学才是"给定的"，只有作为世界的一个要素才是可设想的，而在维特根斯坦看来，世界只有通过语言才能得到认识。在这一点上，他已经摸到了对所谓构成问题的辩证意识的大门，并且归谬地证伪了科学主义取消辩证思维的权利。这既影响到当前的科学主义的主体概念（乃至先验的认识主体）——主体被视为独立于客体的，尽管客体是主体之可能性的前提——也影响到了当前的科学主义的客体概念。客体不再是一个 X，其本质必须在主体的规定中才能综合起来，相反，自我决定的客体也部分决定着主体的功能。

可以肯定，知识的有效性（不只是自然规律的有效性）基本上独立于其起源。在图宾根，两位讨论者的一致之处在于他们对知识社会学的批判和对帕累托的社会学主义的批判。马克思的理论反对这一点。如果没有了真实意识的概念和客观真理的概念，对意识形态（虚假意识，社会必然的幻象）的研究就会沦为无意义的胡话。然而，起源和有效性的分离不可能是无矛盾的。客观有效性中保留了它的发生环节，该环节永远影响着它。无论逻辑多么无懈可击，使其避免了攻击的抽象过程恰恰是那一控制意志的处理过程。它排斥并贬低了它所控制的东西。在这个方面，逻辑是"虚假的"，它的无懈可击本身是精神化了的社会禁忌。它的虚假性明显表现在理性在其对象中遇到的矛盾。当主体远离了客体（客体实现了精神的历史），主体就让位于客观性的现实至上性。这一统治是弱者对强者的统治。

---

[1] 语言的二重性表现在它的客观性仅仅是通过主观意图才获得的——它和实证主义的关联也仅限于此。只有那些尽可能精确地表达了他们的主观意图的人，才承认和巩固了语言的客观性，而任何把语言的客观性建立在语言的自在存在上或语言的本体论本质上的尝试都将以语言图像实体化的主观主义告终。本雅明察觉了这一点。在实证主义方面，除了维特根斯坦是个例外，都没有正确地对待这一实证主义主题。许多科学主义的拥趸对风格的忽视（随着语言中的表现要素被列为禁忌，这种忽视被合理化了）体现了物化意识。既然科学被武断地变成一种无须主体中介的客观性，那么语言表达就是微不足道的小事。如果谁假设事态是自在的存在而没有经过主体的中介，那么他就对形式化漠不关心，付出的代价则是崇拜现实。

也许只有这样，人类的自尊才是可能的。如果不这样，科学的对象化过程肯定是不可能的。然而，主体越是为了它自己而抓住客体的目标不放，它反而就越是不自觉地使自己成为一个客体。这是意识的物化的史前史。科学主义视为理所当然的进步，同时也是牺牲。凡是对象当中不符合"纯粹的"自为主体这一理念的东西，远离了主体自身的生活经验的东西，都成了漏网之鱼。就此而言，进步的意识也伴随着虚假意识的阴影。主体性本身消灭了不屈服于明晰性，不认同其统治要求的东西。主体性其实始终是一个客体，它将自身还原到它的对象的水平。人们应该想一想，有哪些要素在科学方法论对客观性的大削减里头消失了，也想想主体为了掌握他自己的有限的成果，让他自己丧失了多少知识自发性。卡尔纳普，最激进的实证主义者之一，曾经把"逻辑法则和纯数学定理与现实的相符"这一事实说成是"鸿运高照"。一种思维方式，其全部激情都来于它的启蒙状态，却用一个非理性的（神话的）概念来指认这一中心点，把它说成是"交好运"，这是为了避免一种足以动摇实证主义立场的观点；也就是说，所谓命运的眷顾其实不过是以统治自然为基础的客观性理念（用哈贝马斯的话说，"实用主义的"客观性理念）的产物。现实的合理性，令卡尔纳普如释重负，但它不过是主观理性的反映。认识论的元批判否定了康德对主观的先天有效性的声称，却肯定了康德的另一个观点：他的认识论致力于建立起来的有效性，从而相当完善地描述了科学理性的起源。对他来说（作为科学主义的物化的一个明显后果）似乎构成了现实的那些"主观形式"的力量，实际上是主体性呈现为自然的全面主宰（将它自身从自然中解放出来并将自身对象化）的历史过程的总和，在这一历史过程中，主体性遗忘了统治关系，变得盲目，将这一关系重新解释为统治者所统治的对象的创造过程。在个人的认识活动和学科中，起源和有效性当然会被批判地区分。但是在所谓构成问题上，它们是不可分离地统一在一起的，不管推理逻辑对此有多么深恶痛绝。科学主义的真理想要成为总体真理，因此它并非总体真理。它是受理性支配的，而那一理性只有通过科学才能够形成。它能够批判它自身的概念，而在社会学中能够找到被科学遗忘了的对象的具体名称——社会。

四

图宾根的两位讨论者都赞同他们对批判概念的强调。[①] 根据彼得·鲁兹的评论，达伦多夫指出了这个概念的用法有歧义。在波普尔那里，批判指的是"暂时证实普遍的科学命题的纯粹机制"，而没有任何具体的规定性；在阿多尔诺那里，批判指的是"现实的矛盾通过对矛盾的认识而展开"；不过，我已经揭露了这一歧义。[②] 然而问题并不在于同一个词有不同的意义，而在于具体的根据不同。如果认同波普尔的纯认识论的（也许是"主观的"）批判概念，也就是说，这个概念只适用于知识的一致性，而不适用于所认识的现实的合法性，那么思想就根本离不开它了。因为这里和那里的批判理性是相似的。这里起作用的根本不是两种"能力"。词语的相同并非偶然。认识的批判（对知识的批判，尤其是对定理的批判）必然也考察认识的对象是否符合它们自身的概念的宣称。否则它就是形式主义的。内在的批判从来不仅仅是纯逻辑的批判，而同时也是具体的批判。批判应当去发现概念、判断和定理本身想要命名的真理，而不只是被思想形式的封闭连贯性吸干。在一个基本上非理性的社会里，科学设定的逻辑优先性是成问题的。物质的具体性是任何知识（包括纯逻辑的方法在内）都无法彻底打发掉的，它要求着内在的批判，因为内在的批判指向了科学命题想要的东西，而不是指向"命题本身"，从而往往不是以论证的方式进行的，而是要求调查研究实际情况是否如此。否则，反驳就沦为狭隘性的牺牲品，而在创造性中，狭隘性是屡见不鲜的。论证这个概念并不

[①] 抽象地概括起来，波普尔的 21 条论纲包含着某个类似于公分母的东西。参见波普尔，《社会科学的逻辑》，收录于《德国社会学的实证主义论争》。

[②] 我起初宣布我赞同波普尔对"方法论误入歧途的、错误的……自然主义或科学主义"的批判（参见波普尔《社会科学的逻辑》和阿多尔诺《评〈社会科学的逻辑〉》），随后我并不讳言我的批判超出了波普尔能够允许的限度。

像波普尔以为的那样不言而喻，它需要批判的分析。现象学的口号曾经表达了这一点，"回到事情本身"。一旦把推理逻辑和内容对立起来，论辩说理就变得可疑。黑格尔在《逻辑学》中并没有用传统的方式来论证，而在《精神现象学》的序言中，他要求"纯粹的反思"。另一方面，波普尔在批判方法的客观性中看到了科学的客观性，将其表述为"逻辑批判的主要工具（逻辑矛盾）是客观的"。这句话肯定没有提出形式逻辑的排他性声称，比方说，主张批判的工具只能在形式逻辑中寻找，但它暗示了这样的声称。阿尔伯特唯波普尔马首是瞻，很难对批判做出别的解释。他肯定会允许"对哈贝马斯本人提到的那些事实关系的研究"[1]，但他希望继续保留它们和逻辑关系。两种类型的批判的统一性（表明了它们的概念）被概念秩序用魔法祛除了。如果社会科学的命题中出现了逻辑矛盾，比如说，出现了某个社会制度既解放生产力又束缚生产力的重大矛盾，那么理论的分析可以把这种逻辑不一致还原为社会的结构要素。一定不要把它们打发为科学思维的失调，因为不管怎样，这些矛盾都只有通过现实本身的变革才能消除。即使可以把这些矛盾转译为语义矛盾，也就是说，即使可以证明每个矛盾的命题指的是不同的东西，它们的形式仍然要比别的方法（对非科学的知识对象中令人不满的东西置之不理，从而获得了科学的满足）更尖锐地表明了对象的结构。此外，将客观矛盾化为语义矛盾的可能性同如下事实有关：马克思，辩证法的大师，并没有充分阐述辩证法的观念。他想象他只是同它"调情"。思维告诉自己，它自身的意义在于并非思维的东西，这就打破了非矛盾的逻辑。它的监狱有窗户。实证主义的狭隘性在于它并不考虑这一点，而是躲在本体论之中，似乎那是它最后的避难所；就连这样的本体论也完全形式化了，是由命题的推导关系本身组成的无内容的本体论。

对科学命题与其所指之间的关系所做的批判，不可避免地走向了对现实的批判。必须理性地决定它遇到的不足究竟只是科学的不足呢，还是现

---

[1] 汉斯·阿尔伯特，《迂回到实证主义的背后？》，收录于《德国社会学的实证主义论争》。

实并不符合科学用其概念表达出来的现实。科学的结构和现实之间的分离并不是绝对的。真理的概念也不仅仅属于科学的结构。谈论一种社会制度的真理，就像谈论有关它的理论的真理一样有意义。有正当的理由认为批判不仅仅指自我批判（在波普尔那里，批判实际上就等于自我批判），也指向了对现实的批判。在这方面，哈贝马斯对阿尔伯特的答复是痛心疾首的。[①] 社会的概念，尤其是资产阶级的、反封建的社会概念，意味着自由而独立的个人主体为了更美好的生活的可能性而联合，从而意味着对自然的社会关系的批判。资产阶级社会硬化为某种不可穿透、自然必然的东西，是社会内在的退化。社会契约论里表达了若干与此相反的意图。无论这些理论在历史上多么不正确，它们都尖锐地提醒社会注意"个人的联合"这一概念，归根结底是个人的意识设定了他们的理性、自由和平等。广义上，科学的批判同元科学的理智的统一性是在马克思的著作中得到揭示的。它之所以叫作政治经济学批判，是因为它试图从交换、商品形式及其内在的"逻辑"矛盾出发来说明它所批判的总体，亦即用其存在的权利来批判。所谓等价交换的论断（一切交换的基础）被交换的后果否定了。既然交换原则的内在动力学使其拓展到了人的活劳动，那么它就被迫变成了客观的不平等，即社会阶级的不平等。不得不说，矛盾在于交换的发生既是公平的，又是不公平的。逻辑的批判和相当实际的批判"必须改造社会，以免堕入野蛮"都是同一个概念运动的要素。马克思的方法证明了即使这样的分析也不能忽视将混合起来的东西分开，即社会和政治的分离。他既批判这一分离，又尊重这一分离。他在青年时代写过《关于费尔巴哈的提纲》，却当了一辈子的理论经济学家。波普尔的批判概念抑制了逻辑，把它限定在科学命题上，而不考虑其事实根据的逻辑性——顾名思义，命题需要事实基础。波普尔的"批判理性主义"有某些康德之前的东西在里面；就形式逻辑而言，这是以其内容为代价的。然而，社会学的结构如果满足于避免了矛盾的逻辑性，就经不起具体的反思。它们无法抵挡对一个

---

① 于尔根·哈贝马斯，《被实证主义切成两半的理性主义》，收录于《德国社会学的实证主义论争》。

彻底的功能社会的反思（尽管这个社会绝不会仅仅通过残酷无情的压制就使自己永远存续），因为这个社会并不是连贯一致的。因为社会用于保存自身及其成员的那些限制并没有采取工具理性所允许的形式来进行生活的再生产，即使铁板一块的官僚统治是以工具理性为前提的。无尽的恐怖也有其功能，然而作为目的本身的功能（与功能的初衷割裂开来的功能）是和逻辑矛盾一样的矛盾，在这一矛盾面前三缄其口的科学则是非理性的。批判并不仅仅意味着判断要证明的假设命题是真还是假，它也透明地转向了客体。如果定理充满矛盾，那么化用一下利希滕贝格的话说，这不一定是定理的错。辩证的矛盾表现了现实的对抗，而在逻辑的、科学的思想系统中是看不到现实的对抗的。对于实证主义者（positivists）来说，符合逻辑演绎模式的系统是值得追求的，是"积极的"（positive）东西。对于辩证法家来说，无论是在现实中还是在哲学中，体系都是要批判的东西。在辩证唯物主义中，辩证思维的一种堕落形式驳斥了对统治体制的批判。辩证法理论一定要跟系统渐行渐远。社会不断地远离了赋予其系统性的自由主义模式，其认知系统丧失了理念，因为在自由主义之后的社会形式中，作为总体的体制统一性已经和压制水乳交融。今天，凡是在辩证思维还坚定地拥护体系的地方，甚至（尤其）在它的批判之中，它也倾向于忽视确定的存在，并退化为虚假的观念。实证主义的功绩在于它注意到了这一点，假如它的系统概念（仅仅是科学内部的、分类的系统）没有被实体化的话。实体化的辩证法就转变为非辩证的，需要用经验的社会研究所发现的事实来矫正；然而，反过来，实证主义的科学理论不恰当地把经验研究给实体化了。并不仅仅来自分类的前定结构（涂尔干说的不透明性）本质上是否定的，与其自身的目标（亦即人类的持存和满足）是不相容的。如果没有这一目标，在具体性看来，社会的概念其实就像维也纳的实证主义者常说的那样"毫无意义"。就此而言，即使作为一种批判的社会理论，社会学也是"逻辑的"。这就促使我们将批判的概念扩展至波普尔的著作给出的限制之外。科学真理的概念不可能同"真正的社会"这一概念分离开来。只有这样的社会才能消除矛盾，避免矛盾。科学主义用退却的方式把这样的概念仅仅托付给知识本身的形式。

科学主义强调其社会中立性，为自己不从事对客体的批判而辩解，并且用纯粹的逻辑连贯性的批判取而代之。阿尔伯特和波普尔似乎都知道对批判理性的这种限制是成问题的，或者用哈贝马斯的话说，他们心知肚明，科学的禁欲主义提倡的是韦伯的科学观固有的目的决定论或非理性主义。波普尔承认，"记录语句是不可侵犯的"，在他看来，这"代表了一种著名的进步"。[①]他做出了让步，认为如普遍规律一般的假说并不完全是可证实的，记录语句亦然[②]：他的妥协实际上创造性地发展了批判概念。无论是有意还是无意，他考虑到了所谓社会学的记录语句（即纯粹的观察）所指的对象是社会预先构成的，因此社会并不能还原为记录语句。但是，如果用"确证的能力"这一规定来代替传统的实证主义的"可证实性"规定，那么实证主义就失去了目标。所有的知识都需要确证，必须理性地区分真伪，而不是同义反复地按照现有科学的规则来建立真和伪的范畴。波普尔把他自己的"知识的社会学"（Soziologie des Wissens）同曼海姆和舍勒以来为人熟悉的"知识社会学"（Wissenssoziologie）做了对比。他提倡一种"科学客观性的理论"。但它并没有超越科学主义的主观主义；相反，它可以被归类到依然成立的涂尔干命题之下："说'我喜欢这个'和说'我们中间有很多人喜欢这个'并没有本质区别。"[③]波普尔将他提倡的科学客观性阐述如下："客观性只能用竞争（科学家个人之间的竞争或不同学派之间的竞争）、传统（主要是批判的传统）、社会机关（比如不同的刊物、互相竞争的出版商、会议上的讨论）、国家权力（它对自由讨论的容忍度）之类的社会概念来解释。"[④]这些范畴的可疑性质是惊人的。例如，在竞争范畴中存在着被马克思谴责的全部竞争机制及其致命因素——市场的成功能够一俊遮百丑，甚至压倒了精神的形成过程。波普尔仰仗的传统

① 波普尔，《科学发现的逻辑》，伦敦，1972 年版，第 97 页。
② "被删掉的命运甚至能落在一个记录语句上。"奥托·纽拉特，《记录语句》，收录于《认识论》杂志第 3 卷，1932—1933 年，第 209 页。
③ 涂尔干，《社会学和哲学》，英译本可参见波考克译本，伦敦 1965 年版，第 83 页，
④ 波普尔，《社会科学的逻辑》。

显然在大学里发展为生产力的桎梏。在德国，完全缺乏批判的传统（除了"会议上的讨论"），波普尔犹豫不定地将其视为真理的工具，正如他并不会高估政治"对科学中的自由讨论的容忍度"。他的假装天真中闻到了绝望的气息。对客观的社会结构的先验否定，以及用排序分类图式取而代之，就消灭了打开这一结构的思想，尽管波普尔的启蒙冲动追求着这样的思想。与其纯形式相一致的是，拒绝了社会的客观性，使得这样的思想与世隔绝。绝对的逻辑是绝对的意识形态。哈贝马斯将波普尔的立场概括如下："波普尔，在反对实证主义对基础问题的解答时，坚持认为有助于编造（像定律一样的）假说的观察语句是无法用有经验约束力的方式来证实的，相反，必须具体问题具体分析，逐一判断经验是否足以导致对某个基本命题的认可。在研究过程中，所有致力于编造出某些理论的观察者都以相关的观察语句达成了一个临时性的共识，这个共识随时会被反驳。归根结底，这种一致同意有赖于判断；它既没有逻辑的强制性，也没有经验的强制性。"[①]波普尔的图宾根论文对此做出了回应，他承认，"认定科学的客观性取决于科学家的客观性，是一个错误"[②]。但实际上，像自古以来那样，将这一客观性托付于个人，对它造成的伤害要比对象化的科学机制的客观的、社会的预构对它的伤害轻得多。唯名论者波普尔能提供的矫正不过是组织化的科学内部的互主体性而已："可称为科学客观性的，仅仅以批判的传统为基础，这一传统排除万难，尽可能地批判占统治地位的教条。换言之，科学的客观性并非个别科学家的事，而是他们相互批判的社会结果，是科学家们之间的亦敌亦友的分工的产物，是他们的合作的产物，也是他们的竞争的产物。"泾渭分明的立场因为他们都承认的合作规则而"达成一致"，从而达到了知识的客观性可能达到的高度，这样的信念不过是过时了的自由主义模式的唾余：开个圆桌会议，大家就会妥协。科学合作的形式包含了无数的社会中介。波普尔事实上将其命名为"社会关切"，但他自己并不关心这些牵连。它们来自选择的机制，控制着某人会不会被

---

① 哈贝马斯，《分析的科学理论和辩证法》。

② 波普尔，《社会科学的逻辑》。

指派或接到电话（在这样的机制中，听从主流团体的意见显然是至关重要的）以及意见共同体的形式及其不合理性。社会学讨论的问题涉及利益之争，它毕竟有它自己的形式，而不仅仅是私人的，社会学的机构和规范是它讨论的利益的具体而微的缩影——麻雀虽小，五脏俱全。分类原则本身就在照看这些利益。概念只是特定的现存事实的缩写，其范围不会越出他们的罗盘。公认的方法越是深入到社会材料之中，它的党派特性就变得越发明显。如果"大众媒介"的社会学——得到公认的观念提供了一种偏见，对人类主体即消费大众的问卷调查能够让人确立在生产领域中被计划的、活跃着的东西——试图查明那些被社会分类和检验的意见和态度，并产生"社会批判"的结果，那么现存的制度（它是中央集权的，并通过大众的反应来再生产自身）便被默认为它自身的规范。保罗·拉扎斯菲尔德所称的行政管理研究同一般的行政管理的目标有着密切的关系，两者几乎是同语反复。同样明显的是，如果你没有被迫把"统治的客观结构"这一概念当作禁忌，那么你就可以说，按照客观的统治结构的需要，这些目标往往是在个别的行政官僚脑袋里形成的。行政管理研究是社会科学的原型，社会科学则是以科学主义的科学观为基础的，反过来，社会科学成了科学主义的科学观的榜样。无论就社会而言还是具体而言，对政治的冷漠和备受推崇的科学中立性一样，都是政治性的事实。特别是帕累托之后，实证主义的怀疑论就和特定的现存权力沆瀣一气，即使是墨索里尼政权。既然任何社会理论都和现实的社会纠缠在一起，那么任何社会理论都一定会被意识形态滥用，或是以扭曲的方式运作。然而，与整个唯名论、怀疑论传统保持一致的实证主义①，由于其材料的不确定性，由于其分类的方法，最终，由于它爱正确甚过爱真理，特别有助于意识形态的滥用。

对待一切事物的科学方法——把事实当作固定的、不可化约的、不容人类主体损毁的实体——是从世界中借来的，然而这个世界中，科学的观念仍然要从事实中得来，从事实依照逻辑规则而构成的关系中得来。科学

---

① 参见霍克海默《蒙田和怀疑论的功能》，收录于《批判理论》第 2 卷（法兰克福，1968 年），第 220 页各处。

分析所导致的实体，知识的批判所设定的最终的主观现象，一种无法进一步化约的实体，其实是主体对客观性的一种不完善、简化的复制。本着忠实于客观性的精神，社会学不能仅仅满足于事实，不能满足于那种仅仅看起来最客观的东西。它在反对唯心主义的同时，却保留了唯心主义的真理内容。主体和客体的同一性在于主体也是一种客体，正如哈贝马斯强调的，社会学研究本身属于它想要研究的那个客观环境。[1] 阿尔伯特的答复是，"难道他想宣称常识（说得更崇高一些，'对社会生活世界的自然解释学'）是神圣不可侵犯的吗？如果不是，那么他的方法的特殊性在哪里呢？何以见得它比经验科学的常用方法更能'按照事实本身的意义'来对待事实呢？"[2] 但是辩证的理论并不会像黑格尔那样人为、武断地压制对所谓前科学意识的批判。在 1968 年的法兰克福社会学大会上，达伦多夫讽刺地对辩证法家们说：你们只是知道的比我多而已。他怀疑事先的社会客观性的知识，因为社会本身是以思想的主观范畴为中介的。他主张，辩证法家所攻击的方法的统治地位只不过是直接意图的不断反思，科学的进步是通过这样的反思来实现的。然而辩证法家批判的恰恰是它造成的认识论批判——间接意图。在这里，他们解除了在科学主义那里（包括"分析哲学"的最新进展）达到顶点的禁令，因为这些禁令是以知识为代价的。客体概念本身并不像阿尔伯特怀疑的那样，复活了"某些偏见"乃至思想的"起源"对"成果"的优先性；在社会学领域，科学主义的贡献并不大，这并不是偶然的。阿尔伯特提到波普尔的观点，认为定理"可被理解为说明现实之结构特征的尝试"[3]，这一观点同客体概念相去并不甚远。波普尔没有像赖兴巴哈那样否定哲学传统。如果不以某些实证主义者（比方说，德国的柯尼希和舍尔斯基）必欲除之而后快的"社会"概念作为隐含的基础，诸如"相关性"或"解释力"[4] 之类的标准（他后来的说明当然非

---

① 哈贝马斯，《被实证主义切成两半的理性主义》。

② 阿尔伯特，《总体理性的神话》。

③ 阿尔伯特，《迂回到实证主义的背后？》；另参见波普尔《经验科学的意图》（《理性》第 1 卷，1957 年），修订版收录于波普尔《客观知识》（牛津，1972 年）。

④ 波普尔，《社会科学的逻辑》。

常接近于自然科学的模式）就毫无意义。拒绝承认客观的社会结构，这一思想来自被它设为禁忌的客体。科学主义的拥趸讽刺他们的对手是异想天开的形而上学者，这样一来，他们就成了不切实际的人。理想的操作技术当然退出了研究对象所处的情境。这可以用社会心理学实验来证明，但是也可以用量表建构中的所谓改进来证明。客观性实际上来自方法论的装点和错误来源的避免，它是第二位的，是操作的理想惠赐的东西。中心成了边缘。如果说，使问题变得可毫不含糊地确定和"可证伪"的方法论意愿不经反思地成为主导，那么科学就缩减为选择，只能通过变量的筛除才出现，也就是说，只有通过抽象，从而改变客体，才叫科学。方法论的经验主义按照这一图式运作，该图式与经验背道而驰。

五

若不涉及总体性（现实的总体性，它不可转译为任何可靠的直接性），便无法构成任何社会的概念。社会学解释的力量既来自这一事实，也来自如下事实：对社会的认识程度取决于事实和个人对社会的理解程度。社会学是社会现象的面相学。"解释"一词的首要含义是在总体性的社会既定存在的特征中察觉到什么。自由主义的实证主义或许会接受总体性的"预测"这一概念，但它是不够的。回想一下康德，他实际上把总体性视为被无限取消、无限推迟的东西，在原则上却将通过现存的事物而得到实现，无论社会中的本质与现象之间的质的差别多么不可逾越。面相学才是社会应得到的，因为它在总体性与事实的双重关系中实现了总体性，它从这一关系中破译了总体性——"存在"的总体性，而这一总体性并不代表任何逻辑操作的综合。事实与总体并不同一，然而没有了事实，总体便无从存在。不始于面相学观点的社会知识是非常贫乏的。从这一观点出发，现象绝对是可疑的。但知识不能仅仅抓住这一点。通过对现象的中介因素的阐述，以及对这些中介所表现出来的东西的阐述，解释常常以激进的方式脱颖而出，并矫正了自身。配得上人类尊重的知识有别于那种其实是前科学、沉闷的记录，它的第一步是提升对每一社会现象所说明的东西的敏感度。应当把这种敏感定义为科学经验的工具。现有的社会学驱逐了这一敏感——由此导致了它的贫瘠。只有首先发展出这种敏感，才谈得上对它的学科化。学科化既要求经验观察的日益精确，又要求理论的力量，理论激发了解释，并将自身转化为解释。科学主义的某些拥趸会慷慨大度地接受上述说法，但分歧并不会因此消失。分歧是观念上的。实证主义认为社会学是一门科学，自孔德以来的社会学则认为先前的科学（尤其是自然科学）中那些得到证明的方法是可以移植到社会学中来的。现实之伪在此凝结了。因为社会学有二重性。在社会学中，一切知识的主体（社会，逻辑普遍性的支柱）同时也是客体。社会是主观的，因为它回指向了建立社会的人，其组织原则也回指向了主观意识及其最普遍的抽象形式——逻辑。逻辑在本质上是主观的东西。社会是客观的，因为考虑到它的基础结构的话，社会并不能意识到自身的主观性，因为并不存在一个总主体，社会反而通过其组织阻挠着这样的总主体的形成。上述二重性改变了社会科学知识与其对象之间的关系，实证主义却对此置若罔闻。它只是把社会（乃至自我决定的主体）当作客体，当成了由外部决定的对象。它真的把造成对象化的东西——能够解释对象化的东西——给"对象化"（物化）了。把作为主体的社会偷换为作为客体（对象）的社会，这就是社会学的物化意识。它没有看到，一旦诉诸自我异化的、与研究者客观对立的主体，主体（亦即社会学的对象）便意味着别的东西。知识取向的改变当然拥有其现实基础。社会学内部的发展朝着物化的方向，这就为物化的社会意识提供了它的对等物。但是真理要求把这一等价物也包括在内。作为主体的社会和作为对象的社会既是同一个社会，又不是同一个社会。科学的对象化活动清除了社会中不仅仅是科学之对象的东西，这一阴影笼罩在一切科学的客观性上。对于一种以消除矛盾为最高规范的学说而言，它最难办到的就是察觉这一阴影。这里正是批判的社会理论同一般意义上的社会学之间的最深刻的差异所在。尽管存在着物化的经验，批判理论恰恰在对这一经验的表达中面向了作为主体的社会概念，相反，社会学接受了物化，它的方法重复着物化，从而错失了揭示社会及其规律的良机。这又和孔德的社会学君临天下的要求相关。今天，这一要求被公然复制为一种观念：既然社会学可以成功地控制某些社会情境和场域，那么它也可以将其控制扩张到总体。如果这种转移是可行的，如果它没有粗心大意地忽略现有的社会学所仰仗的权力关系，那么，被科学全面控制的社会就仍然是一个客体（科学的对象）并永远不会得到解放。甚至在对整个社会的科学管理的合理性当中，也仍然存在着统治，即使这个社会看似摆脱了镣铐。与他们的愿望相反，科学家的统治将和权力集团的利益沆瀣一气。社会学的专家治国论同样是精英主义的。另一方面，哲学和社会学的一个共同要素，如果它们不想衰亡（衰亡是指哲学失去内容，社会学失去概念）就必须高度重视的一个要素，正是两者固有的那些无法完全转化为科学的东西。如果哲学和社会学当中没有了"意义"，那么事实的陈述和纯粹的有效性也就失去了意义。这种"不死抠字眼"（按照尼采的说法，这也是游戏的一部分）说明了将存在解释为非存在的解释概念。言外之意、弦外之音证明了本质和现象之间的紧张的非同一性。明确的知识如果不与艺术绝交，便不会陷入非理性主义。科学主义理智的"当心音乐"的嘲讽只淹没了堆放问卷的橱柜抽屉的吱吱嘎嘎声——咬文嚼字的声音。与之相关的，是对自鸣得意的社会思想的那种唯我论的异议，异议是有道理的，唯我论既不尊重社会的实际状况，也不在其中执行任何有用的功能。然而有诸多迹象表明，受过理论训练的学生对现实及其结合剂有一种天赋，他们其实能够比"方法高于一切"的特聘专家更明智地完成分配给他们的任务。然而，"唯我论"这个口号让事情取决于他的头脑。就连马克斯·韦伯也相信，他对社会行动的定义必须诉诸个人，但是个人并非辩证法的基础，辩证法并不满足于一种主观的理性概念。而所有的唯我论都有赖于个人这个基础。这一切都已经在法兰克福学派的哲学著作中得到了详细的解释。唯我论的幻象被以下事实推波助澜：在现状中，要打破主观主义的魔咒，似乎就必须对热衷于传播的主观社会学不感兴趣。这一事实在最近的舆论哗然中显露了出来，舆论觉得它只能相信那些在"传播"形式中不挑逗嗷嗷待哺的文化消费者的东西。

在实证主义的耳朵里听起来像不和谐音一样刺耳的，是不完美地呈现在客观环境的东西，它要求着语言的形式。后者越是追随客观环境，就越是超出了单纯的意义，接近于相似的表现。迄今为止，围绕着实证主义的争论没有结果，恐怕是因为辩证知识的对手仅仅照字面意思来理解辩证法。咬文嚼字和精确并不是一码事，却合二为一。如果没有破碎的、非本真的东西，就不可能有真正的知识，而只能是机械重复。因此，即使在实证主义的最坚决的代表人物那里，真理的概念也并没有被牺牲，它表达了一个根本的矛盾：知识始终是夸大其词，而这并非偶然。正如特殊的东西并不是"真的"（由于其中介，它们始终是其自身的对立面），同样，总体也不是真的。它是对其自身的否定性的一种表达，也就是说，它表达了它仍未与特殊性和解这一事实。真理是对这一关系的表述。古代的大哲学家早就洞悉了这一点：柏拉图的哲学，作为一种前批判的哲学，提出了最极致的真理要求，而其"诘难体"的对话形式却不断阻挠着对这一要求在字面上的不折不扣的实现。把苏格拉底的反讽同这一点联系起来，大概并不牵强。德国唯心主义的主要罪过在于它用主体对"主体与客体在绝对知识中的完全同一"的热情来自欺欺人，掩盖上述的脱节，所以今天它受到了实证主义批判的报复。因此唯心主义转移到了事实命题和实事求是的舞台上，从而不可避免地被科学打败：科学能够证明唯心主义并不满足它的必要条件。如果解释的方法被各门科学的进步吓坏了，自称是像其他科学一样好的科学，那么它就变得有缺陷了。对黑格尔的最严厉的批评是克尔恺郭尔式的，也就是说，按照字面意思来理解黑格尔的哲学。然而解释并不是任意武断的。作为现象与其内容的中介，历史有待于解释。表现在现象中的本质就是：在现象成其为现象之处，缄默于其中的那些过去的东西以及破茧而出的那些尚未生成的东西。面相学的取向直接面对着缄默了的东西，亦即次级现象。不要以为阿尔伯特严厉谴责的"社会生活世界的自然解释学"（哈贝马斯语①）适用于初级现象，相反，它表明的是新兴的社会过程遇到了哪些发生的现象。不应该像现象学的固定用法那样，将解释绝对化。按照哈贝马斯的说法，"这些概念和解释对社会再生产的客观图式的依赖性使我们无法停留在主观意义的水平上，即理解的解释学水平上；精神的对象化过程所独有的物化要素，只能用一种客观的理解意义的理论来说明"②。社会学跟行动者主观上从事的"目的和手段的关系"只有附带的关联。它更关注的是通过这些目的而实现的，并有违这些目的的规律。解释是赋予认知主体或社会行动者的"主观意义"的反面。那种赋予意义的概念导致了判断错误，误以为社会过程和社会秩序是与主体相调和的，是主体可以理解的或是属于主体的东西。辩证的意义概念则跟韦伯的有意义的理解过程无关，而是产生了现象的社会本质，本质既通过现象表现出来，又为现象所掩盖。它不是什么决定着现象的普遍规律（通常的科学意义上的规律）。其范例是马克思的危机规律（无论这一规律多么模糊难辨），它是从利润率下降的趋势中推导出来的。对规律的修正也是从那里推导出来的。努力避免或延迟体系的内在趋势，已经是体系的题中应有之义。根本无法确定的是，这样的努力是否永远奏效，或者它们是否有违初衷地造成了危机规律。墙上的书写意味着缓慢的通货膨胀崩溃过程。

　　诸如总体性和本质之类的概念的运用，加深了人们对辩证法家的一种偏见，认为他们只是不负责任地关注着天国，实证主义却脚踏实地地关注着实实在在的细节，并清除了成为可疑的概念陷阱的一切事实。要反对将辩证法诋毁为"死灰复燃的神学"这一科学主义习惯，就必须看到社会的体系性质并不等于所谓的总体思想。社会是一个体系，这指的是原子化的多元性的综合，指的是一种现实的，却仍然是抽象的集合体，其元素根本不是直接地（或"有机地"）统一起来的。总的说来，交换关系使体系获得了机械性。它在客观上强制着它的元素，正如有机体概念所暗示的那样——这个模型类似于天主教的目的论，每个器官都从总体那里获得它的

① 哈贝马斯，《分析的科学理论和辩证法》。
② 同上。

功能，其意义也源自总体。使生活永恒持续下去的情境同时也毁掉了生活，因此它本身就已经包含着它的动力学被推向的那一致死的冲动了。当辩证法批判总体的、有机论的意识形态时，它一点儿也不缺乏实证主义的敏锐和深刻。类似地，社会总体性概念既没有被本体论化，也不会成为某种源始的自在之物。像绍伊赫那样的实证主义者对辩证法理论的这一指控，只不过是对辩证法的误解。源始的自在之物概念并没有得到辩证法理论的普遍承认，一如它没有被实证主义者认可。辩证的社会观的终极目标恰恰与天国的观念相反。尽管辩证法思考了总体性，其方法却并非自上而下的，而是试图从理论上克服普遍性和特殊性之间的二律背反关系。科学主义的拥趸们之所以怀疑辩证法家是自大狂，是因为他们没有以歌德的男人方式纵横于有限之中，并实现可以得到的日常要求，而是无拘无束地沉浸于无限。然而，作为所有社会事实的中介，总体性并不是无限的。由于其系统性，它是封闭的和有限的，哪怕它难以捉摸。即使是宏大的形而上学范畴也是尘世的社会经验在精神中的投影，精神本身则来源于社会，一旦将诸范畴复原到社会之中，投影赋予它们的那种绝对性的幻象就荡然无存了。关于社会的任何知识都不能声称是无条件的主人。然而，对哲学的这一批判并不意味着哲学完全被知识淹没，不留一丝痕迹。通过自我反思，退回到社会领域中的意识也把哲学中的那些没有被社会消解的因素给解放了出来。如果认为系统这一社会概念是关于某种客观事物的概念，因此是形而上学的体系概念的世俗化，那么这一观点的正确性适用于一切社会概念，因此是一句空话。这就像批评实证主义的确定性概念是天国真理的世俗化一样不合理。伪神学的指控是站不住脚的。形而上学体系将社会的矛盾性质投射到存在之中，是对社会的一种辩护。如果谁想用思想把他自己从系统中拔出来，就一定会把它从唯心主义哲学翻译为社会现实，而哲学不过是社会现实的抽象。因此，波普尔之类的科学主义拥趸们保留在"演绎系统"这个概念之中的总体性概念，是和启蒙对立的。其中不仅有虚假的成分，也有真理的成分。

在具体性方面，自大狂的指控也是毫无道理的。黑格尔的逻辑学所认识的总体性是已经存在于其社会形式之中的东西：它不是在任何个别性

（用黑格尔的话说，要素）之前就预先构成了的，而是和要素及其运动不可分离的。在辩证的观点中，个别的具体性的分量要高于它在科学主义那里的分量，科学主义将它在认识论上拜物教化了，实际上把它当成了原材料或者例子。辩证的社会观要比实证主义的社会观更接近于显微分析，实证主义抽象地强调个别实体对其概念的优先性，但它对待个别实体的方法仅仅是像计算机处理那样一闪而过。既然个别现象本身掩盖了整个社会，那么显微分析就是和总体的中介截然相反的了。《社会冲突论导言》[①]的意图就在于此；这也是从前和本雅明关于社会现象的辩证解释的争论之焦点[②]。本雅明的社会面相学被批评为过于"直接"，缺乏对"总体的社会中介"的反思。他以为后者是唯心主义的，然而没有后者，对历史现象的唯物主义建构将落后于理论。牢固树立起来的唯名论，把概念当作幻象或缩略而开除，把事实描述为无概念的或不确定的东西，从而成了必然的抽象。抽象就是鲁莽地将普遍性和特殊性切割开来。它没有把普遍性理解为特殊性本身的规定。如果说，抽象可以被视为一种辩证的方法，而对立于对个别发现的社会图像学描述，那么它是由客体对象所决定的方法，是由实际上不容忍任何质性差异存在的那个社会的恒常不变所决定的——那个社会沉闷地在细节中重复着自身。然而，表现着普遍性的个别现象其实要比仅仅作为普遍性的逻辑表达的那种个别性更有意义。将社会规律表述为历史的、具体的规律，这种辩证法是跟对个体的强调相一致的，由于其内在的一般性，这一强调没有成为相对的一般性的牺牲品。个体的辩证规定（同时视之为特殊性和普遍性）改变了社会规律的概念。它的形式不再是"如果—就"，而是"既然—必定"。原则上，规律只有在缺乏自由的前提下才是有效的，既然它是个别要素固有的，那么它必定是服从特殊社会结构的一种确定的规律性，而不仅仅是对个别要素的科学综合的产物。哈贝马斯对历史的运动规律的评论应当被解释为（在特定的客观环境中的）个

---

① 参见阿多尔诺和乌苏拉·耶里施，《评今天的社会冲突》，收录于《社会、法律和政治》（柏林，1968），第 1 页以下。

② 参见瓦尔特·本雅明，《书信集》（法兰克福，1966），第 782 页以下。

体自身的内在规定性。[①] 辩证的理论拒绝把历史的、社会的知识当作同规律的知识截然对立的个别的知识，因为所谓个别的东西（个性化是一个社会范畴）自身之内就体现了特殊性和普遍性。就连两者之间的必要的区分也沾染着虚假的抽象性。处理普遍性和特殊性的方法是以社会的内在发展趋势为模板的，尤其是导致集中、过度积累和危机的那些趋势。经验社会学很久之前就认识到，它的统计概括损害了它的具体内容。普遍性的某些关键点往往是从细节中把握的，是单纯的普遍化无法捕捉的；所以用个案研究来作为统计调查的基本补充。即使是定量的社会方法，其目标也是定性的结论；量化本身不是目的，而是达到目的的手段。统计学家比社会科学的主流逻辑更能够认识到这一点。辩证思维走向个别性的行动，或许可以用维尔默引用的维特根斯坦的话来说明："最简单的命题，即原初命题，断定了一个事态的存在。"[②] 看起来不言自明的观点（对命题的逻辑分析导向了原初命题）其实根本不是自明的。就连维特根斯坦也只能老调重弹，重复着笛卡尔的《谈谈方法》里的教条，也就是说，最简单的东西（不论你认为那是什么意思）要比合成起来的东西"更真实"，因此把较复杂的东西还原为简单的东西天生就是了不起的功绩。实际上，对于科学主义的拥趸们来说，单纯是社会科学知识的一条价值标准。这反映在波普尔的图宾根论文[③] 的第五个论点里。单纯一旦和真诚结合起来，就成了科学的美德。这里的口气是不容分说的，也就是说，复杂性只是由观察者的迷惑或狂妄造成的。然而，客体对象客观地决定着社会定律应当是简单还是复杂。

六

波普尔的命题"真正存在的是问题、解答和科学传统"[④] 有赖于他自

---

① 哈贝马斯，《分析的科学理论和辩证法》；另参见阿多尔诺，《社会学与经验研究》。

② 维特根斯坦，《逻辑哲学论》，4.21。

③ 波普尔，《社会科学的逻辑》。

④ 波普尔，《社会科学的逻辑》。

己前面的一个观点，即所谓科学的学科是问题和尝试解答的集合体。将偷偷限制了的问题选定为科学的"唯一现实"，就把简单化设定为规范。科学只关心可测定的问题。物质却很少如此简明扼要地提问题。本着同样的精神，波普尔将社会科学的方法界定为"类似于自然科学的方法"。"包括对特定问题的试探性解答：我们的研究从这些问题开始，这些问题也是在调查中出现的。解答被提了出来，并被批判。如果某个提出的解答不经受公开的批判，那么它因此便被排除了科学的资格，哪怕只是暂时开除。"这里使用的问题概念就像维特根斯坦的真理标准一样，是原子化的。这里的假设是，社会学应该关心的一切都可以切分为一个一个的问题。虽然波普尔的观点猛看上去像是常识，严格分析起来，它是阻挠科学思维的非难。马克思并没有提出"对某个问题的解答"（没有提出任何解答的建议），把共识当成真理保证的天方夜谭又偷偷溜了进来。这岂不意味着《资本论》对社会科学毫无贡献？在社会环境中，对每个问题的所谓解答都是以该环境为前提的。试错的万灵药付出的代价是若干要素，清除了那些要素之后，问题就"科学地"形成了，并可能成为假问题。理论千万要牢记，随着将世界切分为个别问题的笛卡尔式分割而消失的那些关系一定是以事实为中介的。就连某个试探的解答也不是直接交给波普尔所规定的"中肯的批判"的，也就是说，如果它不可反驳，那么问题主要和客体有关。资本主义社会是否像马克思认为的那样将走向自我崩溃，这是一个合理的问题，只要提问不是被操纵的。它是社会科学应该关心的最重要的问题之一。一旦他们讨论起了问题概念，就连最温和的，因而也最有说服力的那些社会科学的科学主义观点也掩饰了实际上最困难的问题。假说概念以及相关的可检验性概念并不能轻松愉快地从自然科学转移到社会科学。这不等于赞成文化科学的意识形态，说什么"人的尊严至高无上，量化是不可容忍的"。以统治为基础的社会不仅仅夺去了它自身的尊严和人类（被压迫的社会成员）的尊严，甚至不允许人们成为康德理论中的那种享有尊严权利的自由存在。人类今天的命运，和先前一样处在延伸的自然历史之中，并未超越大数法则——令人惊讶的是，它在选举的分析中特别流行。

然而，和原来的自然科学（科学的社会学的模板）相比，环境本身有了明显不同的、更易于辨识的形式。作为人与人之间的关系，这一环境是以人为基础的，同时又把控着、构成着人们。社会规律并不符合假说概念。实证主义者和批判理论家之间的巴别塔式混乱之所以发生，是因为号称宽容的实证主义者把理论转换为假说，从而剥夺了理论的独立性，而正是这一剥夺使假说获得了对社会规律的客观统治权。此外，社会事实并不像自然科学的事实那样是可预测的，如霍克海默首先指出的那样，自然科学是相对同质的连续统。社会的客观的似规律性中也包含着社会的矛盾性，最终是社会的不合理性。社会理论的任务是反思这一点，并尽量揭示其起源，而不要过分热情地追求"要么被证实要么被驳斥"的预测理想，并为之搪塞辩解。

类似地，同样借自自然科学的概念——认识活动和观点的"普遍的、准民主的、明确的可重复性"在社会科学中也根本不是什么自明的公理。它忽视了社会强加于其成员的那种必然虚假的意识的力量——一种批判地渗透于社会之中的意识。它体现在雄心勃勃的社会科学研究助理身上，成为世界精神的当代形式。对于任何在文化工业的熏陶下长大的人而言，文化工业成了他的第二自然，他们几乎无法接受那些有关文化工业在社会结构中的功能和角色的观点。他们会说起"普遍明确的可重复性"的科学主义方针，如条件反射一般地挡开这种观点。文化工业的批判理论用了三十年时间才传播开来。时至今日，仍有无数的场合和媒介试图封杀它，因为它不利于商业。关于客观的、不变的社会常规的知识，及其毫不妥协的、不掺水的纯粹表达，根本不是反对"一致同意"的手段本身。反对压抑的总体趋势成了少数人的事，他们甚至不得不为此蒙受精英立场的污名。明确的可重复性是人类拥有的一种可能性，但在现有条件下，它并不存在于此时此地。某个人能够理解的事情，当然也有可能被其他人理解，因为总体也作用于理解者，普遍性正是通过这种作用而设定的。然而，为了实现这种可能性，仅仅诉诸其他人的智力是不够的，更不要说诉诸现有的教育了。这里要求的是改变总体——今天的总体用它自身的法则扭曲了意识，而不是发展着意识。单纯性的规定是和这种压迫倾向一致的。由于这一倾向只会机械的操作（不论他们说得如何天花乱坠），而不能从事任何理智活动，所以它甚至以它在思想上的诚实为荣。它不自觉地否认了异化、物化、功能和结构等等术语所表述的那些社会关系的复杂性。将社会还原为组成它的若干元素的逻辑方法，实际上排除了客观的矛盾。对纯朴生活的赞美和偏爱单纯的反智倾向之间有着君子协定。这一倾向规定了思想的简单性。然而，表现了生产过程和流通过程的复杂性的那些社会科学知识显然要比把生产分割成独立要素（对一家家工厂、一个个公司、一个个工人分别进行研究）更有成果，也比把生产还原为这些要素的一般概念更有成果，因为这些要素本身只是在复杂的结构语境中才有意义。为了认识工人是什么，就必须知道资本主义社会是什么。反过来，后者并不比工人"更基本"。维特根斯坦为他的方法辩护时说："对象构成世界的实体，因此它们不可能是组合成的。"他带着实证主义的天真幼稚，陷入了17世纪理性主义的独断论。科学主义肯定认为只有现实（个别对象）才是唯一真正的存在，从而抛弃了对象的所有规定性，斥之为观念的上层建筑，结果就使得唯一真正的实体在科学主义眼中成了毫无价值的东西，只是对同样毫无价值的普遍性（在唯名论看来）的图解。

辩证法的实证主义批判者们对方法模型（至少，对社会学的方法模型而言）的要求是正确的：尽管它们不是按照经验规则量身定做的，却要有意义。然而经验主义者所谓的"意义标准"必须更改。奥托·纽拉特以维也纳小组的名义而要求的禁词表应予以废除。这一模型肯定不是科学，人们可以称之为语言批判。深深影响了维特根斯坦的卡尔·克劳斯在《火炬》时期曾践行过这种语言批判。他的批判往往指向了报刊的语法堕落，其实是内在的批判。审美批判从一开始就有其社会的维度。在克劳斯那里，改善语言是改善现实的先导。在第一次世界大战中，他就已经见证了那些畸形和修辞成为现实，在很久之前他就听到了它们的无声的叫喊。语言进程是非语言的进程的原型。谙于世故的克劳斯知道，无论语言如何成为经验的一部分，它都不创造现实。在克劳斯看来，语言分析的绝对化使之具有了二重性，它既是现实趋势的扭曲镜像，又是把他的资本主义批判凝结为某种"第二直接性"的工具。他创造出了令人憎恶的语言，想要忽略现实中的可憎恶之事物的那些人最喜欢强调这种语言和现实的不相称。然而，语言中的可憎恶之物只是社会进程的排泄物，在社会进程突兀地毁掉资产阶级社会的所谓正常生活之前，它们作为原型出现在语言中——社会进程处于现代科学的观察之外，几乎是无人察觉地在资产阶级社会中成熟起来的。结果，克劳斯发展起来的语言面相学要比绝大多数的经验社会学的发现更具有社会洞察力，因为它像地震仪一般地记录了可怕的怪物，而科学缺乏纯客观性的意识，鼠目寸光地拒绝讨论怪物。克劳斯引用并嘲笑的谈话人物，戏仿并超越了被研究容忍的所谓"有趣的引语"。克劳斯的非科学乃至反科学让科学蒙羞。社会学可以提供若干将被克劳斯嘲笑的中介，来缓和他的诊断，但它们仍然不可避免地落后于现实。甚至在他的生前，维也纳的社会主义工人报纸就意识到是什么社会条件使维也纳新闻界成了克劳斯批判的那个样子。卢卡奇在《历史与阶级意识》中把记者这一社会类型定义为辩证的物化之极端。在这个极端的类型中，商品性质掩盖了、吞噬了与商品的本质相对立的东西，亦即对人类主体的自发反应能力，而把后者卖给了市场。若不是被某个宗派傲慢地打发为"艺术而已"①的那些基本经验中包含的真理内容，克劳斯的语言面相学便不会对科

---

① 必须批判实证主义对艺术概念的用法。它在实证主义那里成了垃圾桶，凡是严格限定的科学概念不要的东西就往里扔。既然科学概念太轻易地把精神生活接受为事实，那它就不得不承认，科学所容忍的范围并未穷尽精神的经验。实证主义的艺术概念强调所谓虚构现实的自由发明。这在艺术作品中从来都是第二位的，在现代绘画和文学中更是完全消隐。艺术对知识的贡献，亦即艺术能够表达科学捕捉不到的本质（这是科学不得不付出的代价），既没有得到实体化的科学标准的承认，也没有被它一笔勾销。如果谁像实证主义说的那样严格服从给定的事态，那他就被束缚在现实中了，即使在艺术中。不要以为艺术是对科学的抽象否定。尽管实证主义者像恶棍一样对待艺术，尽管他们对艺术一窍不通，却没有把他们的严厉贯彻到底，并没有认真地禁止艺术。他们无批判的中立态度要为该立场负责，其最大受益者则是文化工业。毋庸置疑，他们和席勒一样认为艺术是自由王国。然而实情并非如此。他们往往漠视或敌视激进的现代主义，因为它反对图像的现实主义。他们偷偷地用科学标准衡量非科学事物，甚至以现实的图像理论为标准，可是在维特根斯坦的科学理论中，图像论显得太奇怪了。实证主义著作中充斥着"我不理解那玩意儿"的姿态，简直成了自动反应。说到底，对艺术的敌意和对理论的敌意是一码事。

学、对历史哲学产生如此深刻的影响。克劳斯的显微分析并不像科学认为的那样"无关乎"科学。具体说来，他对商业旅行者（未来的白领工人）的心态的语言分析观点同韦伯在教育社会学中的"官僚统治的黄昏"理论是意见一致的。此外，克劳斯的分析跟韦伯理论所解释的"教育的衰落"也是一致的。克劳斯的语言分析与其客观性的严格关系，使他的分析超越了自动记录下来的纯主观反应形式的偶然性。分析从个别现象中推知了总体，那是相对的概括无法把握的总体，而在克劳斯的分析所采纳的方法中，这个总体被共同体验为前定的存在。他的著作不是科学的，却是一门学科，对不得不模仿它的科学提出了要求。扩散中的弗洛伊德理论遭到了克劳斯的驱逐。然而，尽管弗洛伊德本人的心智是实证主义的，他的理论却像克劳斯的著作一样反对着现有的科学。它是在相对少数的个案基础上发展起来的，按照科学的规则体系，它从头到尾都应当被斥为错误的概括。然而，如果没有对社会行为模式的创造性理解，尤其是对社会"水泥"的理解，人们便无从想象还有什么可以被列入近几十年来的社会学所取得的进步。弗洛伊德理论因其复杂性而令现有的科学摇头不已（精神病学还没有克服这个习惯），但它的解释为科学，否则就无法为解释的东西提供科学之内的、行得通的假说。也就是说，绝大多数人容忍了统治关系，认同它们，被它们推向了非理性的态度——这些态度同他们的自我保存的利益本身有着明显的矛盾。然而，大可怀疑的是，把精神分析转换为假说，这种做法是不是对这一特殊的知识类型太不公平了？它对研究过程的开发利用并未沉浸于新的科学知识财富所仰仗的细节，哪怕它希望得到符合传统理论模式的普遍规律一般的规律性。

阿尔伯特似乎对这些模式情有独钟。[①] 很不幸，论战实际上在争论的东西被他的"原则上的可检验性"概念掩藏了起来。如果社会学理论家不断地看到纽约地铁站的广告画里，美人的亮白牙齿用墨涂掉了，那么他就会得出结论，文化工业的光芒只是替代满足，观看者的潜意识里觉得自己

① 汉斯·阿尔伯特，《总体理性的神话》。

上当受骗了，同时对之产生了破坏欲。就认识论原则而言，弗洛伊德也是用类似的方式建构他的定律的。很难用经验来检验这些推论，除非有人发现了巧妙的实验。无论如何，这些观察可以凝结为社会心理学的思想结构，而在不同的语境中，将该结构浓缩为"事项"，有助于问卷调查和临床方法。然而，如果实证主义者坚持认为辩证法家不像他们那样能够拿出一套可靠的社会知识行为规则，因此他们仅仅在为纲要辩护，那么这一假设的前提正是辩证法家所抨击的"现实和方法的僵硬分离"。无论谁想要寻求其对象之结构，并将其概念化为自主运动，都不会手上拿着一套独立于对象的方法。

七

说到与实证主义的普遍观念"意义的可证实性"相反的价值模式，可以从笔者的音乐社会学著作中摘引一段话。这并不是笔者敝帚自珍，而是因为社会学家当然意识到材料的独立性，而方法论动机最突出地体现在他本人的著作里。1936 年的文章《论爵士乐》（发表在《社会研究杂志》上，重印于《音乐要素》一书）使用了"爵士乐主体"这个概念，指的是该音乐类型中反复出现的一种自我形象。爵士乐被视为一个总体的象征过程。在其中，爵士乐主体遇到了基本节奏所表达的集体要求，他步履蹒跚，跌跌撞撞，"婉言谢绝"，然而在"谢绝"的同时，他在一种类似于所有其他绝望的主体中暴露了自己，从而以自我取消为代价，被整合到集体之中。我们既不能在记录语句中指认出爵士乐主体，也不能把过程的象征主义完全彻底地还原为感性材料。然而，这样解释爵士乐的成规俗套，像有待破译的密码一样刻板成见，不可能是毫无意义的。这一解释将增强对爵士乐现象的内在性的研究，也就是研究它的社会象征意义，而不再仅仅研究不同人群对爵士乐的看法或爵士乐的年龄组别（尽管后者其实是以可靠的记录语句为基础的，比如随机抽样并访谈的原始评论）。把这种定律纳入经验研究的规划以后，大概就可以判断不同的立场和标准到底是水火不容还是可以并行不悖。迄今为止，社会研究都对此不屑一顾，尽管谁也不能否认中肯的观点大有裨益。只要不沉迷在廉价的许诺中，就可以为这种解释找到可能的意义标准。要么是从大众文化现象的技术分析中得出的推论——爵士乐主体的理论就是这样一个例子，要么就是把定律同其他接近于通常标准的现象（比如马戏团的小丑和某些旧的电影类型）结合起来的能力。无论如何，爵士乐主体（作为这种流行音乐类型的潜在代表）之类论点的寓意是可理解的，无须调查爵士乐听众的反应来证实它或证伪它。主观反应未必和文化现象的激发某种反应的特定内容相一致。造成爵士乐主体的完美建构的各个要素是要有例证的。无论多么不充分，前述的爵士乐文章里做了这样的尝试。作为明显的意义标准，那里出现了一个问题：定律是否说明了（以及在多大程度上说明了）否则便含糊不清的问题？通过这一定律，同一现象的不同方面是否互相得到了阐明？建构有待于深入的社会实验，例如调查垄断阶段的社会集中化，它以无力的个人为代价，也通过他们来实现。赫塔·海尔佐格在最近对美国广播的流行肥皂剧（给家庭主妇听的广播连续剧）的研究中运用了和爵士乐的理论关系密切的程式：陷入麻烦，走出麻烦。该研究采取了内容分析的形式，是符合通行标准的经验研究，但获得了相似的结果。实证主义者们必须说清楚，在所谓可证实性标准之内的实证主义扩展有没有给上述模型留下空间——也就是说，它并没有严格限定在有待证实的观察上，而是包含了一切可以验证其前提的命题[1]——抑或，这些命题的过于间接的可证实性（需要添加许多"变量"）是他们一如既往地不可接受的。

　　社会学的任务是分析什么样的问题用经验的方法来处理便足够，而什么样的问题不能这样处理，否则就会丢掉某些意义。这个问题并没有任何

---

[1]　参见阿尔布莱希特·维尔默在1967年夏季学期的内部研讨会（由路德维希·冯·弗里德伯格和笔者主持）上宣读的关于科学哲学的论文。本文要特别感谢维尔默的这一贡献。

先验的判断标准。可以认为经验研究实际上做的事情和实证主义的方法论之间存在着鸿沟。即使是以"分析哲学"的形式,实证主义方法论迄今对社会学研究的贡献也乏善可陈。原因恐怕在于,在研究中,对实事的兴趣维护着它自身(有时通过极度实用主义的考虑)而反对任何对方法论的迷恋。有活力的科学必须逃离哲学,被科学剔除了的哲学仍拥有着对科学的监护权。人们应该扪心自问,纵然《权威主义人格》的 F 量表有各种各样的不足,但如果这项使用了经验方法的研究从一开始就采取古特曼量表的实证主义标准,那么它是否可以引进并得到改善?学院教师的箴言"你是来做研究的,不是来思考的",构成了无数社会科学研究的依附性质与其社会立场之间的中介。忽视"是什么"的问题,只在乎"怎么做"的问题,或者说,忽略知识的目的,只在乎知识的工具手段,这种研究心态已经恶化了。作为他律的轮齿,它丧失了机器中的一切自由。它是理性化的去精神化。[1] 思想被办公室人员的功能所控制,本身也成了一种办公室人员的思维。去精神化了的精神必定导致荒谬,因为它在它自身的实用任务面前狼狈地挣扎着。想象遭到了诋毁,再也无法设想任何尚未存在之物,然而一旦遇到这种图式里没有的现象,中伤和无能就成了机器运作中的沙子。毫无疑问,指责美国人在越南陷入了绝望的游击战的声音,其中一部分恰恰是美国人所谓的"高管"发出的。官僚主义的将军们追求的是可计算的策略,却无法预测武元甲的战术,按照他们的规范标准,那是非理性的。战争的策略变成了科学的管理,却导致了军事的失利。此外,就社会而言,对想象的抑制也是跟社会的静态相吻合的:尽管有着各种相反的断

---

① 在哲学理性主义的巅峰期,帕斯卡明确区分了两类精神:"几何学的精神"和"敏感性的精神"(esprit de finesse)。在这位颇有先见之明的大数学家的眼中,这两种精神很少统一在某个人身上,尽管两者能够调和。在迄今仍未遭到反对的这一观点的开端,帕斯卡仍然察觉到精神的创造力成了量化过程的牺牲品。此外,他设想用"前科学的"人类常识来帮助数学的精神,反之亦然。科学在接下来三个世纪中的物化叫停了这种互助关系。"敏感性的精神"被取消了资格。这一术语在瓦斯穆特1946 年的德文译本被译为"精致的精神"(Geist des Feinsinns)就已经说明了后一精神的可耻增长以及作为理性的质性要素的"敏感"的衰落。

言，资本主义扩张的衰落趋势已经越来越明显。由于其自身的性质，追求扩张的努力变得多余，这反而损害了"不扩张就会死"的资本的利益。任何奉行"安全第一"信条的人都有失去一切的危险。他们是主流体制的缩微版，无论是周围的危险环境还是进步固有的畸变都促成了体制的停滞。

书写一部想象的思想史，将是有价值的，因为想象是实证主义禁律的真正目标。在18世纪，无论是在圣西门的著作中还是在达朗贝尔的《百科全书序言》中，想象都和艺术一道被列入创造性劳动，并且是"解放生产力"这个观念的一部分。孔德的社会学具有辩护的和静态的特征，他是第一个同时反对形而上学和想象的人。对想象的诋毁，把想象驱逐到分工标定的专门领域中，正是资产阶级精神退化的原初现象。然而，这并不是精神可以避免的错误，而是宿命的结果——社会要求的工具理性伴随着这一禁忌。只有想象被物化了，只有在它与现实抽象对立的时候，它才得到容忍，这样一来，想象就不是科学的负担，而是艺术的职责了。合法的科学和艺术绝望地试图赎回他们典当出去的抵押品。想象意味着精神的一种活动，而不是自由的发明——并没有对应想象的某种可以迅速实现的真实性。但这恰恰是所谓意义标准的实证主义理论所阻止的。其典范是著名的清晰性公设："凡是可思的东西都可以被清楚地思，凡是可说的东西都可以被清楚地说。"[1] 然而，一切没有被感性认识的东西都保持着不确定性的光晕。没有哪个抽象是很清楚的；由于具体性的多种可能性，任何抽象都是不明确的。此外，维特根斯坦的论点中的语言哲学先验论也令人惊讶。摆脱了实证主义要求之偏见的知识将不得不面对那些不仅一点儿也不清楚反而很混乱的事态。没有任何保证可以将它们表达得很清楚。这种表达的愿望，毋宁说，表达必须忠于对象的愿望，是正当的。但是这只能循序渐进地达到，而不能用语言的外在于对象的观点所期望的直接性一蹴而就，除非我们武断地认为认识工具的先验性（甚至先于主客体之间的关系）是前定的——这个观念来自笛

---

① 维特根斯坦，《逻辑哲学论》，4.116。

卡尔的"清楚明了的知觉"理论。可以肯定，社会学的对象亦即当代社会是建构起来的，所以它内在的理性要求中无疑包含着不可调和的特征。这可能会导致概念化的尝试，力图将不清晰的东西变成清晰的概念——但是不能把这作为衡量对象本身的标准。维特根斯坦丝毫没有忽视说不清楚的东西；换句话说，对并不清晰的东西的概念化本身能不能说清楚？在社会科学中，刚刚发展出来的新实验是对清晰性标准的彻底嘲讽。如果随时随地都要拿这一标准来衡量它们，那么这些探索性的实验根本无法开展。清晰性是认识过程的一个要素，却并非该过程的全部。维特根斯坦的陈述封闭了复杂的中介性表达的视域——对无法清楚、直接地表达的东西，可以用复杂的方式、用一个星丛来表达。在这方面，他自己的做法要比他的宣言更有灵活性。例如，当路德维希·冯·菲克尔把维特根斯坦捐助的一大笔钱交给格奥尔格·特拉考尔之后，维特根斯坦写信给菲克尔说，尽管他并不懂特拉考尔的诗，却相信他们是杰作。既然诗歌的中介是语言，既然维特根斯坦坦然面对这样的语言，而不仅仅是科学，他在无意之中就确认了人们可以表达无法表达的东西。这种悖论并不是他的思想方式所不了解的。试图用知识和诗歌的二分法来规避这一悖论，只能是含糊其词。艺术是自成一体的知识。在诗歌中，维特根斯坦的科学理论所强调的东西是明确的：那就是语言。

维特根斯坦把认识的要素"清晰性"实体化、本体化为知识的圭臬，这就跟他的其他的重要定律发生了冲突。他的表述"世界是事实的总和"已经成为实证主义的一个信条，然而该表述本身是含混的，按照维特根斯坦本人的清晰性规定，它不够格做"意义的标准"。它看似不容置疑，其实这跟它的含混是纠缠在一起的。命题所采取的语言形式防止了其内容的僵化。"事实"一语可以指实际存在的东西，哲学意义上的"存在者"，但也可以指具有逻辑有效性的东西，合乎理性的东西，二二得四也是"事实"。实证主义的基本原则掩盖了经验主义和逻辑主义之间的矛盾，实证主义者从未解决这一矛盾。事实上，这一矛盾贯穿于全部哲学传统之中，只是在实证主义那里才成为新事物，因为实证主义宁可对传统一无所知。

维特根斯坦的命题是以他的逻辑原子论为基础的，实证主义内部对此的批判是正确的。只有单个的事态（抽象的东西）才是"事实"。维尔默最近批判维特根斯坦说，在《逻辑哲学论》里找不到任何基本命题的例子。因为那里的命题并不"存在"维特根斯坦不得不坚持的确实性。在举例子的时候，他无意中揭示了对"第一性"范畴的批判。如果你追寻它，它就消失了。维特根斯坦和维也纳小组的成员们不一样，他反对用"感觉第一性"这一本身很可疑的哲学（最终是感觉主义的哲学）来替代实证主义对哲学的敌意。另一方面，所谓记录语句实际上超越了语言，但维特根斯坦只想限定在语言的内在性之中。二律背反是不可避免的。反思语言的魔咒循环并不能通过诉诸粗糙的、可疑的概念（如直接给定性的概念）来打破。理念、感性、辩证法等等哲学范畴，从柏拉图的《泰阿泰德篇》以来就存在的所有范畴，出现在一种敌视哲学的科学理论中，从而报复了它对哲学的敌意。我们不能这样处置哲学问题：先故意遗忘它们，再重新发现它们，并制造出"最新发明"的效果来。卡尔纳普对维特根斯坦的意义标准的修正是一种退步。通过有效性标准的问题，他压制了真理问题。他们中的大多数人都想把这个问题放逐到形而上学那里去。在卡尔纳普看来，"形而上学命题不是经验命题"——纯粹是同语反复。推动着形而上学的不是感觉经验，而是中介了的经验，卡尔纳普却认为所有的知识最终都可以还原为感觉经验。康德早就不厌其烦地指出了这个问题。

八

实证主义者从科学中推断出一大套规则，作为科学的根据和合法性证明，这一事实对科学造成了灾难性的后果，科学的进步确实包含了各种各样的经验，然而这些经验用不着科学的规定和批准。实证主义的后续发展证实了卡尔纳普的断言有多么站不住脚，他认为"记录语句……本身不需要合并，而是作为其他科学命题的基础"。看起来，无论在逻辑上还是在科学里面，直接性都是至关重要的；否则，中介范畴就失去了任何合理的意义。就连那些远离直接性的范畴，比如社会范畴，离开了直接性也是无法加以概念化的。如果不首先将社会现象感知为社会的（在社会中表现自身的）东西，就无法前进到真正的社会概念。然而在知识的进步中，直接性要素必须扬弃。社会科学家纽拉特和波普尔提出了反对卡尔纳普的意见，认为记录语句也是可修正的，这就表明了这些语句也是经过中介的。首先，它们经过了感知主体的中介，其描述符合物理学的模型。自休谟以来，实证主义便认为对这一主体的反思是多余的，结果主体总是偷偷地从未察觉的前提中溜了进来。造成这一结果的是记录语句的真理内容。它们既是真的，又不是真的。它们必须在若干问卷的基础上得到阐明，诸如政治社会学研究中使用的那些问卷。作为第一手材料，回答肯定是"真的"，尽管它们涉及主观的意见，但它们是社会客观性的一个部分，意见本身就属于社会客观性。抽样调查的对象在这里打个对勾表示肯定，在那里画个叉表示反对，别无其他。然而，另一方面，在问卷的语境中，回答经常是不一致的，自相矛盾的；在抽象的水平上，他们可能是赞成民主的，然而一涉及具体的"事项"，他们就是反民主的。因此社会学不能满足于数据，而应该努力揭示矛盾的根源；经验研究也要相应地跟上。科学哲学从一开始就对这些科学中常见的考虑嗤之以鼻，这就为辩证法提供了攻击的口实。实证主义者们从来没有彻底摆脱隐性的反智主义，这种反智主义早在休谟的独断论对概念的贬低中就露出端倪，休谟认为概念不过是印象的复写。对他们来说，思想不过是依葫芦画瓢，任何超出这一限度的东西都是魔鬼。无疑，这种披着伪装的反智主义及其无意识的政治倾向助长了实证主义的影响。在其追随者当中，有一种特别的类型，这种人既缺乏反思维度，又憎恨反思的思维方式。

实证主义将全面社会化的社会强加于思想的束缚内化于心，那些束缚是为了让思想在社会的内部起作用。束缚被内化之后，便具有了思想的表象。实证主义是知识的清教。① 在实证主义治下，新教徒在道德领域得到的东西被提升为知识的规范。这一发展的序曲是康德模棱两可的告诫"不要在可知世界中误入歧途"，黑格尔则用他那讽刺的评语"空洞的场所"来反对康德。当然，这一序曲仅仅是哲学曲谱的复调结构中的一条声线，却被实证主义视为高音部的主旋律。知识从一开始就否定了它追求的目标，它热切渴望的东西，因为那个目标被社会有用劳动的必然要求所否定。知识将它自身被强加的禁忌投射到它的目标上去，并规定了知识不能得到什么。实证主义把主体原本无法容忍的这一过程（将思想整合进它的反面、必须被思想穿透的对立面）整合进了主体之中，并且造成既定事实。知识的好日子到头了。如果想要"以彼之道还施彼身"，用实证主义经常用来对付形而上学的"诛心之论"来审查实证主义，就可以推断实证主义为性禁忌赋予了一种逻辑形式——性禁忌曾经几度成为思想的禁律。在实证主义内部，"不要吃智慧树的果子"成了知识本身的格言。新思想禁止好奇心；任何形式的乌托邦都应当被驱逐出思想，哪怕是否定的乌托邦。思想自甘堕落为一种简单重复的重构。它就像劳动规训下的

---

① 在 1968 年的法兰克福大会上，埃尔文·朔伊希提倡一种"只寻求社会学的"社会学。科学的行为模式有时让人想起身体接触恐惧症。纯洁性被高估了。如果谁想要把一切不符合韦伯在《经济和社会》开头的社会学定义的东西统统清理出社会学，那么社会学将一无所有。扔掉了经济的、历史的、心理的和人类学的要素之后，它只能无目的地罗列各种社会现象。社会学的存在根据不在于它是一个研究领域，不是学术的"学科"，而在于旧的研究方式的诸研究领域的（被忽视了的）构成环境。它是思想对分工的补偿，而不应该无条件地拘泥于分工。但这并不是说社会学仅仅让这些研究领域的内容进行了富有成果的接触。所谓的跨学科合作并不等于社会学。社会学的任务是揭示客观范畴的中介——导致下一个范畴的每个范畴。社会学面向的是经济学、历史学、心理学和人类学用相对独立的方式处理的那些要素之间的内在的相互作用。它试图科学地恢复那些社会要素本身所构成的统一性，常常在科学中失去了的统一性——尽管不只是因为科学才失去的。心理学最容易理解这一点。甚至在弗洛伊德学派中，由于其单子论的方法，社会也隐藏在无数的要素背后。个人，即社会的基础，出于社会的缘故而独立于社会。社会学理性的形式主义（作为工具化的结果）或真正的数学化彻底清除了社会学与其他科学的质性差别，从而彻底清除了科学主义的拥趸们宣称的社会学的自主性。

生活一样贫乏。在必须恪守的、不能越雷池一步的事实概念中，甚至没有经过对事实的诠释，知识就被还原为现状的复制，永远只是现存事物的再生产。这一诉求是通过"连续的演绎系统"的理想来表达的，系统将无所不包。麻木不仁的启蒙变成了退化。实证主义学说中次要的、琐碎的东西并不是其代表人物的过错。当他们扔掉长袍时，往往并没有从中获利。客观的资产阶级精神已然一跃而成为哲学的替代品。这一点从交换原则的先入之见中便可窥见一斑，交换原则被抽象为"为他的存在"这一规范，明确的可重复性标准乃至最终形成于文化工业的"传播"概念都服从这一衡量精神和思想的标准。把实证主义说的"经验"解释为"为其他事物而存在的某物"，并没有曲解他们；他们想要理解的从来就不是对象本身。实证主义者对知识"没有把握其对象"的这个缺点做出了反应，却仅仅将它置于外在于对象的关系之中，也就是说，把这个缺点记录为直接性、纯度、所得和美德。实证主义的理智为它自身建立的压制，也压抑了一切不同于它自身的东西。这就使得实证主义成了一件政治事实，尽管它号称中立（假如实证主义没有因为这一号称而成为政治事实）。它的范畴都是资产阶级可能实际使用的范畴。从一开始，资产阶级的启蒙就包含着这样的观念：不可诉诸"理念"，它将动摇现存的"理性"的合理性。

上述的实证主义面相学也是其核心概念的面相学：经验的面相学。一般说来，对待范畴的方式是不再把它们看成是实体（黑格尔的术语），似乎它们的存在也不再天经地义。精神的历史状况被记录在了实证主义之中，精神再也不知经验为何物，进而根除了经验的控诉，用它自身取而代之——它自以为是唯一合法的经验形式。系统是孤芳自赏的，它的内在性无法容忍任何被经验到的东西和它有质的差别，也无法让适应了系统的人类主体获得未受管制的经验。普遍中介的状况，亦即人与人之间的所有关系的物化，破坏了具体的对象经验的客观可能性（这个世界到底还能不能被经验为某种活生生的存在？），也破坏了相应的人类能力。舍尔斯基正确地指出了"未受管制的经验"是辩证派和实证派论战的焦点概念之一。实证主义规定的"被管制的经验"取消了经验本身，就其本意而言，也取消了经验的主体。对客体的无动于衷的态度是跟废除主体相关联的，然而，没有主体的自发感受性就没有任何客观事物。作为一种社会现象，实证主义是和那种缺乏经验和连续性的人类相适应的，它怂恿后者（像巴比特那样的人）把自己看成是创造之王。实证主义的诉求肯定只能在它对该类型人群的先天的适应中寻找。此外，它的伪激进主义扫荡一切，却不触及实存的一根毫毛，反而倒打一把，谴责任何真正激进的思想是神话、是意识形态、是老古董。物化意识自动地反对任何没有预先充满了事实和数字的思想："证据呢？"无概念的社会科学的这种粗鄙的经验主义实践往往并不在意分析哲学，却暴露了分析哲学的本质。实证主义是时代精神，类似于爵士乐粉丝的心智。无独有偶，它也吸引着年轻人。在传统的形而上学瓦解之后，实证主义允诺的绝对确定性使其魅力倍增。但这种确定性是虚假的，它许诺的"纯粹的无矛盾"不过是同语反复——空洞的重复强迫症，重复已经成了一个概念。确定性成了十分抽象的东西，从而否定了自身。思想与其自身的纯粹同一性，满足的是想要活在一个没有焦虑和恐惧的世界中的愿望。吊诡的是，实证主义痴迷的"确定性"和本真性的职员们从神学那里拿来的所谓"平安"异曲同工，因此他们其实提倡的是一种没有人相信的神学。在启蒙的历史辩证法中，本体论缩回到了原点。尽管这个原点什么都不是，却成了科学主义的拥护者们的堡垒——或者说，妙不可言的神圣。这是跟大众的意识相一致的，大众感到他们在社会上是多余、无能的，同时又死抱着如下事实：只要体制还想存续下去，就不会让他们挨饿。无能被当成毁灭来品尝，而空洞的形式主义对任何现存事物都无动于衷，最终是向一切现实妥协。现实的无能本身自觉地成为一种权威主义的心理态度。也许客观上的虚无对经验贫乏的新人类反倒有一种特殊的吸引力。与其对象相异化的工具理性思维的情感满足是以技术化为中介的。技术化将工具理性思维表达得像是先锋派一样。

九

　　波普尔倡导一个"开放的"社会。然而这样一种社会的概念是同他的科学逻辑设定为"演绎系统"的那一套严密管制的思想相矛盾的。实证主义的最新形式完美地契合被全面管理的世界。在唯名论的早期阶段，甚至是在资产阶级社会的早期，培根的经验论意味着把经验从既定概念的神性秩序中解放出来——"开放"意味着从资产阶级社会的等级制结构中解放出来。然而，既然解放了的资产阶级社会动力学现在已经走向了新的静态，思想的科学主义综合征便重建了封闭的思想控制系统，从而阻断了上述开放性。如果把实证主义的最高格言运用于它自身，那么可以说实证主义（及其与资产阶级社会的选择性亲和力）是自相矛盾的，因为它一方面宣称经验是至高无上的，另一方面又几乎同时禁止了经验。它赋予经验概念的排他性，一方面把经验加以系统化，另一方面也就凌驾于经验之上。

　　波普尔的理论要比通常的实证主义更灵活一些。他并不像自韦伯以来最有影响的德国社会学传统那样，无反思地坚持价值中立原则。比方说，阿尔伯特曾写道："阿多尔诺的判断'整个价值问题都是错误的提问'和阐明这个问题没有任何关系，因此无法评判其对错；这是一种貌似深刻的断言，却没有冒任何风险。"[①]对此的答复是：他所批判的这一表述的抽象性是同韦伯以来的德国奉为神圣的二元对立相符合的，该谴责的是其始作俑者，而非其批判者。实证主义的价值中立规范陷入的二律背反是可以具体阐明的。正如严格的非政治立场成了一桩政治事实，成了政治力量博弈中的向强权投降，价值中立同样也以无反思的方式屈从于实证主义者所谓的"有效的价值系统"。波普尔和他的要求"科学的批判的任务之一是指出价值的混淆并且将真、相关性、单纯性等等纯粹科学的价值问题和科学

_____

① 汉斯·阿尔伯特，《总体理性的神话》。

之外的那些问题分离开来"① 又在某种程度上收回了他先前的许可。这种二元对立的问题实际上在社会科学的具体问题中有迹可循。如果像韦伯在公共场合那样坚决贯彻价值中立原则（韦伯在文本中并不始终坚定），那么社会学研究就很容易违反波普尔上面列入的相关性标准。如果艺术社会学只研究艺术作品的效果，而不管其质量如何，那么它根本无法理解意识工业的操纵问题，无法理解随机抽样的人群接触到的"刺激"的真理内容或虚假内容等等复杂的相关性，最终也无法理解意识形态是虚假的社会意识。如果艺术社会学不能或者不愿意分辨一件真诚的、有意义的作品和一件媚俗之作的高下，只计算其影响，那就不仅丧失了它试图履行的批评功能，也失去了对精神作品的自律或他律之类的社会事实的认识。自律或他律是由作品的社会环境决定的，并决定了作品的社会影响。如果忽视了这一点，我们就只好玩高级的"数人头"游戏了，多少人喜欢，多少人不喜欢，空余数字，却不进一步探讨记录下来的喜欢和不喜欢有何社会意义。对社会科学的价值评价方法所做的批判不应当受到驳斥，也不应当让舍勒的中期阶段的那种实体论的价值理论死灰复燃，作为社会科学的规范。价值和价值中立的二元对立（而不是两者中的哪一个）是站不住脚的。如果波普尔承认客观性和价值中立的科学主义理想也是一种价值，那么这一判断应当扩展到"真伪"问题上来。真的判断比伪的判断好，这是一条隐含的价值判断。对任何重要的社会科学定律的分析必然会遇到它们的价值要素，即使定律并未言明这些价值。这一价值要素并非抽象地与下判断这件事情相对立，而是内在于下判断之中。价值和价值中立并非分开的，相反，它们互相包含，你中有我，我中有你。无论是固执于某种外在价值的判断，还是根除了固有的、不可消除的评价要素而自残的判断，本身都可能是虚假的。谁要是想把韦伯论新教伦理一文中的论证（待证事项）同韦伯批判马克思的经济基础与上层建筑定律的意图（一点儿也不是价值中立的）截然分开，那简直是瞎了眼了。那一意图决定了个别论点，但它首先把研究同私人神学（据说它是资本主义的起源）的社会经济起源隔绝开

---

① 波普尔，《社会科学的逻辑》。

来。韦伯的反唯物主义立场不仅提供了他在宗教社会学中提出那些问题的动机（他本人会承认这一动机），也提供了他所注意的焦点、所选择的材料和心理情结。他的论证自觉地把经济的推导赶出了他的头脑。既外在于思想也外在于对象的价值概念是严格的，这一严格性恰恰是关于价值中立的论战双方都不满意的原因。不要说韦伯了，就连涂尔干这样的实证主义者也坦言认知的理性和评价的理性是同一个理性，因此价值和知识的绝对分离是无法成立的。后者却是实证主义和存在论者的共识。阿尔伯特觉得辩证法家缺乏对所谓价值问题的解答，然而其答案应该到如下事实中探求（这里借用一下实证主义的概念）：把两个选项理解为伪问题，理解为一种抽象，一旦它碰到具体的社会观点和对社会意识的反思，就会烟消云散。问题在于价值问题的物化，也就是说，所谓价值（无论它们被视为社会科学要排除的东西还是社会科学的幸事）被抬高为某种独立的，似乎是自我建构的存在；然而，无论就现实历史而言，还是作为认识的范畴，价值都不是这种存在。价值相对主义是和价值的绝对神化相关联的。一旦价值消除了认知意识的任意性和苦恼，并且剥离了它的反思以及它出现的历史语境，它们就沦为这种相对性的牺牲品——尽管对这些价值的召唤企图消除相对性。洛采的哲学概念和西南学派乃至围绕着客观性的争论，都是以经济的价值概念为原型的，这一概念是原初的物化现象：商品的交换价值。从这里出发，马克思阐述了他的拜物教分析，从而把价值概念解释为人与人关系的物化，也就是说，价值似乎成了对象本身的性质。规范问题产生于历史的星丛，它们自身便沉默地、"客观地"要求改变它们。后来凝结为历史记忆中的"价值"的东西其实只不过是现实的提问方式，形式上和波普尔的问题概念并没有多大差别。例如，只要生产力还没有充分满足所有人的基本需要，就不能抽象地宣称"人皆有所食"是一种价值。只要还有人在这个物质财富丰盛得理应消灭饥饿的社会中挨饿，这就要求改变生产关系以消灭饥饿。这一要求产生于情境，产生于对历史情境的方方面面的分析，而和某个价值观念的普遍性和必然性无关。情境提出的这一要求所投射的价值不过是对该要求的一种苍白、扭曲的复写。中介的范畴是内在批判。它以非独断论的理性形式包含了价值中立的要素，理性被简明扼要地表达为"社会看起来是什么样子"和"社会实际上是什么"之间的对立。然而，价值要素居于必须用情境来解析的现实挑战之中；而为了完成这一任务，就需要社会理论。价值中立和价值的虚假分裂正是理论和实践的分裂。如果把社会理解为人的自我保存的运作环境，那么它就意味着这一分裂：也就是说，社会客观上追求着社会生活的再生产，这种社会生活符合社会权力的状况。否则，任何社会措施（甚至连社会化本身）都是荒谬的了。只要不被社会的或科学的权威秩序延阻，目的和手段关系的主观理性就会转化为客观理性，并作为知识的要素被包含在价值的要素中。价值和价值中立是互为中介的辩证关系。任何面向社会的中介本质的知识都不是真的，假如它想要事情变得完全不同的话。就此而言，它将是一种"评估价值"的知识。对社会的任何要求都是从概念和经验之间的关系中产生的，因此那一关系根本不是知识。

十

辩证的社会理论不会仅仅无视价值中立的要求，而是试图超越它，同时也超越与之对立的要求。对整个实证主义，它也应当采取这种态度。或许是出于对哲学的厌恶，辩证法过于轻视马克思在叙述方法和研究方法之间的区分。马克思试图用这一区分来防止人们指责他在"设计一个演绎的体系"。然而这里的真理是强调现实存在并不是概念的展开——尖锐的批判理论反对唯心主义。思想生来就受到轻视事实的诱惑。但辩证的概念是中介，而不是自在的存在。这就使辩证的概念有义务不要去假装在被中介的事实之外还有什么真理。对实证主义的辩证批判发现它最重要的攻击目标在物化中，在科学的物化和无反思的事实性的物化中。因此，这一批判也不可将其自身的概念物化。阿尔伯特非常正确地指出，社会或集体性

之类不可用感觉来证实的核心概念不应当被实体化，不应该用幼稚的现实
主义方式把它们设定或规定为自在存在的物。尽管如此，这些深受物化之
害的理论仍然要成为对象的理论，但对象本身如此牢不可破，结果它们在
理论中（假设理论仅仅"反映"对象）又成了理论的教条。如果社会（只
是功能性概念而不是实体概念）仍然在客观上凌驾于一切个别现象之上，
那么就连辩证的社会学也不能忽视其物化性质的维度。否则它就歪曲了
最关键的东西，亦即统治关系。就连涂尔干的集体意识概念（显然是精
神现象的物化）也是从社会习俗发挥的强制作用中获得其真理内容的。
不过，反过来说，这一强制来源于现实生活过程中的统治关系，而不应
被接受为一种最终的既定规定或事实。也许，在原始社会中，食品的匮
乏使得强制的组织方式成为必然，而在所谓成熟社会中，匮乏是由生产
关系引起的，强制的组织方式在匮乏状态下的重新出现并不是必然的。
至于先出现的是体力劳动和脑力劳动的社会必要分工还是巫师僭占的特
权，那是先有鸡还是先有蛋之类的辩论。无论如何，巫师需要意识形态，
而没有了巫师，意识形态也是不可能的。为了神圣的理论，我们不应该
排除社会强制是动物性或生物性遗传的可能。动物世界中无法逃脱的魔
咒又在社会的野蛮统治中复制了出来，社会仍然陷入了自然历史。但我
们绝不能从中得出强制不可改变的结论，为之开脱。即使实证主义背叛
了真理，即使真理反对实证主义的咒语，实证主义最深刻的真理要素在
于：事实（这样存在着而不以别的方式存在着的事实）只是在没有自由
的社会（社会主体并非社会的主人）中才获得了那种不可理喻的权力，
科学思想中的崇拜事实的科学主义又强化了那一权力。就连对实证主义
的哲学辩护也需要被实证主义禁止的解释方法，需要解释在世界进程中
阻止了解释的是什么。实证主义是消极负面的社会在社会科学中的无概
念的显现。在辩论中，辩证法试图让实证主义意识到这种否定性，意识
到实证主义自身的否定性。这种意识在维特根斯坦那里并不缺乏。此后
的实证主义却更加拼命地逾越了界限。维尔默强调的维特根斯坦命题
"哪怕是要让名称有意义，语言也得做很多准备工作"不仅认识到传统是

语言的一个组成部分，也是知识的成分之一。当维尔默从中探察到对维也纳小组的还原论（拒绝记录语句的有效性标准）的客观否定，他点到了穴道。还原论并不怎么要求成为社会科学的权威模式。根据维尔默的看法，就连卡尔纳普也放弃了把一切术语还原为观察表述的原则，而是在观察语言旁边加上了理论语言，却没有充分解释。由此可以推断出整个实证主义的重大发展趋势。越来越多的内部分化和自我反思将毁掉它。沿用广为人知的招牌，有利于卫道士们；对学派的主要反对意见被斥为过时之论，没有赶上学派现有的发展水平。达伦多夫最近暗示说，法兰克福学派所批判的实证主义已经不复存在。然而，实证主义者越是无法坚持他们严苛而语焉不详的规范，他们对哲学和哲学方法的蔑视就越是失去了合法性的外衣。就连阿尔伯特也像波普尔那样抛弃了禁律。[1] 到了他的论文《总体理性的神话》的结尾，波普尔和阿尔伯特的科学概念同辩证的社会反思已经不再泾渭分明。两者仅有的区别如下："崇拜总体理性的辩证法过于挑剔，从而不满足于'具体的'解答。既然任何解答都不能满足它的要求，它就只好满足于暗示、影射和隐喻。"[2] 然而，辩证理论并不沉迷于总体理性的崇拜，它批判总体理性。对具体解答的不屑一顾也和辩证理论无关，它只是不会因此而缄默。

不过，不要小觑了实证主义中原封未动的固执己见。达伦多夫讽刺地说，法兰克福学派是最后一个社会学学派。这是一个症候。这里的意思可能是指社会学中的学派时代已经过去了，统一的科学大获全胜，把学派扫进了历史的垃圾堆。无论这一预言听起来多么民主主义和平等主义，它的实现将是思想的极权主义，并将彻底埋葬被达伦多夫视为一切进步之根源的辩论本身。技术合理性的不断进步，科学的不断进步，这些进步的理想否定了辩证法的对手们原本敬仰的多元主义观念。听到"最后一个学派"之类的标签，人们不需要支持任何社会学的心理主义，就会想起小女孩遇到大狼狗时问的那个问题——这狗还能活多久？

---

① 参见阿尔伯特，《迂回到实证主义的背后？》。

② 阿尔伯特，《总体理性的神话》。

尽管辩论双方都赞成用理性的精神来争论，论战却依然剑拔弩张。对实证主义争论的评论，尤其是在第 16 次德国社会学大会之后的评论，只是老调重弹，毫无进展，自说自话，不管对方说什么。争论脱离了合理的、学术的轨道。于是开始怀疑争论毫无成果。这些满腔怨恨的疑虑并不正确。在科学进步的确实性乃至科学概念本身受到质疑的时刻，他们还在要求切切实实的科学进步。能否像波普尔设想的模式那样，两种立场经过互相批判而达成一致？不得而知。阿尔伯特对黑格尔的总体主体的廉价评论（更不要提他最新的评论了）让人绝望。抗议别人误解了他，就像指责对方不可理解一样，无助于推进讨论。如果辩证法和非理性主义的联合玷污了他，那么他就没有看到如下事实：对无矛盾的逻辑的批判不是要取消逻辑，而是要反思逻辑。在图宾根，甚至可以观察和概括一下"批判"一词中包含着多少歧义。事实上，即使双方使用的是同一个概念，即使双方达成了共识，实际上也是各指各的意思，并且努力把共识往自己的解释上靠，结果共识不过是掩盖对立的外表。争论的深化将暴露根本性的对立，迄今为止，这些对立还没有得到充分阐述。在哲学史上经常可以看到这样的情形，由于思想背景的更迭，某些学说认为他们才是其他分支的真正代表。费希特和康德的关系是最令人惊讶的例子。在社会学中，情形也一样。社会学究竟是像孔德到帕森斯的传统那样成为一门维护社会功能的科学，还是要为改变社会的基本结构（作为社会经验的产物）而奋斗，取决于科学理论使用的每一个范畴，因此并不能由科学理论来决定。起决定作用的甚至不是科学和实践的直接关系，而是人们在精神生活中、最终在现实中给予科学什么样的地位和角色。这里的分歧并不是世界观的分歧，而是逻辑问题和认识论问题上的分歧，是如何解释矛盾和无矛盾、本质和现象、观察和解释的分歧。辩证法在争论中依然毫不妥协、退让，因为它相信它将在其对手止步的地方（也就是说，在科学建制的不可置疑的权威面前）继续反思。

22. 关于社会批判理论的说明 ^①

1. 将主体的因素包括在内。"黏合剂"。客观经济学之上安置一种心理学剩余的必要性，从而将社会绑定在一起。

2. 作为社会批判理论的马克思主义意味着它并不进行假设某个基础的本体，它并不能成为一种简单的哲学。哲学的问题是开放的，而不是通过世界观预先决定的。

3. 批判理论并不是关于总体性的，而是批判总体性的。这也意味着，它在内容上是反总体性以及总体性带来的全部政治后果的。

4. 批判理论并非本体论，并非实证的唯物主义。在它的概念里，对物质需要的满足是自由社会的必要条件，但不是其充分条件。实现了的唯物主义，同时也是作为对"依赖于盲目的物质利益"的那种唯物主义的废除。超越某种交换原则同时意味着实现它：任何人的所得都不允许低于平均劳动时间的等价物。

5. 对于批判理论来说，科学是另外一种社会生产力，并且与生产关系交织在一起。科学自身屈服于批判理论所要纠正的那种物化。科学不能作为批判理论的尺度，批判理论并不像有些人宣称的那样是科学。

6. 这也就是说，必须像马克思主义的批判理论（在其没有被软化的条件下）那样，进行自我批判的反思。它与实证主义是不可调和的。实证主义是理性的一种有局限性的结构。它的非理性是内在地可决定的。批判理论是由一种改变了的理性概念推动的。

---

① 本文写于 1969 年。

7. 与作为形而上学的唯物主义相反，批判理论认为辩证法要比体系化的马克思主义重要得多。它首先也适用于意识形态。批判理论不能居高临下地打发掉上层建筑。作为有社会必然性的幻象，意识形态概念也包含了一种正确的意识。并非所有的精神都是意识形态。批判理论也把内在批判叫做精神。

8. 批判理论的推动力是对一个人类享有尊严的社会的旨趣，就此而言是实践的旨趣。但是不能把有待验证的实践作为批判理论的检验标准；批判理论对真理的客观性、理性的客观性负责。它并不假定任何理论与实践的统一，这在当今社会是不可能的。理论和实践之间没有任何连续统一体在发号施令。